Lust zum Lehren, Lust zum Lernen

Für Helmut Heuer,
der mir zur richtigen Zeit die richtige Aufgabe stellte.

Wolfgang Butzkamm

Lust zum Lehren, Lust zum Lernen

Eine neue Methodik für den Fremdsprachenunterricht

Bibliografische Information der Deutschen Bibliothek

Die Deutsche Bibliothek verzeichnet diese Publikation in der Deutschen Nationalbibliografie; detaillierte bibliografische Daten sind im Internet über <http://dnb.ddb.de> abrufbar.

Dischingerweg 5 · D-72070 Tübingen

Gedruckt auf säurefreiem und alterungsbeständigem Werkdruckpapier.

Internet: http://www.francke.de
E-Mail: info@francke.de

Titelbild: mp-fotografie Micha Pawlitzki, Augsburg
Einbandgestaltung: Atelier Reichert, Stuttgart
Satz: Informationsdesign D. Fratzke, Kirchentellinsfurt
Druck: Gulde, Tübingen
Bindung: Nädele, Nehren
Printed in Germany

ISBN 3-7720-8039-1

Du sollst dich nicht nach einer vollkommenen Lehre sehnen,
sondern nach Vervollkommnung deiner selbst.

(Hermann Hesse)

Inhalt

Vorwort ... 1

1. In und mit Sprachen leben ... 7

Die Sprache leben und lieben ... 7
Lehrers Wanderjahre ... 8
Reisefieber ... 10
Die Schule als Lebensraum ... 11
Die funktionale Fremdsprachigkeit des Unterrichts ... 13
Fremdsprachige Unterrichtsführung: die Sandwich-Technik ... 15
Ungewollte Nebenwirkungen einer unaufgeklärten Einsprachigkeit ... 17
Sprache als Nebenerwerb: Sachlernen in der Fremdsprache ... 20
Zwischen sprachbezogenem und mitteilungsbezogenem Unterricht 22
Richtig üben – lebendig kommunizieren: Analysen ... 25
Prüfliste: Wie kommunikativ ist mein Unterricht? ... 28

Praxis: die Sprache leben ... 31
Englisch im Gehen, Englisch im Stehen ... 31
Bei der Arbeit reden ... 32
Gespräche leiten: Lernen durch Lehren ... 33
Vortragen: Unterricht als Redewerkstatt ... 35
Jugend debattiert ... 36
Spontanreaktionen und der fruchtbare Moment ... 39
Zehn Projektideen ... 42

2. Zweifach Verstehen: die Grundbedingung des Spracherwerbs .. 51

Verstehen, wie's gemeint ist: das Verständigungsproblem ... 51
Verstehen, wie's gesagt ist: das Analyseproblem ... 51
Kinder knacken den Kode: 1) Mutterspracherwerb ... 54
Kinder knacken den Kode: 2) Natürlicher Zweitspracherwerb ... 57
Kinder knacken den Kode: 3) Unterricht ... 59
Bilinguale Textmethoden von der Spätantike bis heute ... 61
Warum auch altmodische Methoden effektiv sein können ... 67

Praxis: zweisprachige Textdarstellung für Selbstlernkurse ... 70

3. Input maximieren ... 75

Privatunterricht vom Feinsten ... 75
Classroom pidgin als Input? ... 75

Praxis ... 76
Zehn Vorschläge fürs Hören und Lesen ... 76
Häusliche Lektüre: endlich allein ...! ... 86
Die Krönung: Bilinguales Lernen mit DVDs ... 87

Willkommene Nebeneffekte ... 88
Doppelverstehen schließt Output ein ... 89

4. Anknüpfen statt trennen: Kehrtwendung der Methodik ... 95

Zwölf Thesen ... 95
Unterrichtsforschung ... 107
Spracherwerbsforschung ... 109
Gibt es didaktisch brauchbare Übersetzungsäquivalente? ... 110

Bilinguale Praxis ... 114
Qualität kommt aus der Vielfalt ... 114
Das Prinzip der Wirkungsgleichheit: die übersehene pragmatische Dimension ... 115
Das Prinzip der formalen Transparenz: muttersprachliche Spiegelung ... 118
Das Mitlernprinzip: mehrsprachige Vernetzung ... 122
Das Mitlernprinzip: von Wörtern erzählen ... 123
Muttersprachliche Navigationshilfen durch die Grammatik ... 127
Sprachliche Kategorien von der Muttersprache her klären ... 127
Grammatische Funktionen durch idiomatische Übersetzung klären 129
Zweisprachige Wortschatz- und Textarbeit ... 131
Ideen sammeln ... 131
Das Mitlernprinzip: Wortschatz-Grammatik ... 132
Das zweisprachige Wörterbuch ... 133
Vokabelkartei, idiomatische Wendungen und Kollokationen ... 134
Die Pflege der Muttersprache im Fremdsprachenunterricht ... 135
Abiturspeak? Redemittel müssen eingeübt werden ... 136
Wortspuren ... 138
Zweisprachige Textausgaben und Mischtexte ... 139
Wegüben hartnäckiger Interferenzen ... 145
Themenbezogene Ausdrucksrepertoires ... 148
Dolmetschübungen und Tandems ... 149
Sprachbewusstheit durch Übersetzungen in die Muttersprache und Übersetzungsvergleich ... 150
Vorschlag für multilinguale Klassen ... 155

Vom Bundesgenossen zum Erbfeind – und wieder zurück? ... 156

5. Richtig üben: das generative Prinzip 163

Vorbemerkung 163
Lob der Grammatik 163
Das generative Prinzip beim natürlichen Spracherwerb 165
Der lange Weg zum effektiven Üben 167
Analogiebildung, induktive Sprachlernfähigkeit und die unendliche Satzvermehrung 171
Weiterentwicklung: Satzvariationen als Sinnvariationen 173

Praxis: eine durchkomponierte Lehrtechnik – halbkommunikative Strukturübungen 174
Übungsverlauf und kommunikative Dynamik 174
Methodische Varianten 176
Isolierte Einzelsätze? 177
Pour toi, je ferais n'importe quoi 179
On prend un taxi? 181
Present progressive 183
Einsprachige Varianten 187

Die Vorteile bilingualen Übens 189
Von der Grammatik zum Gespräch: die Lösung des Transferproblems 191
Wenn man das generative Prinzip ignoriert 193

Exkurs: Grammatik sparsam betreiben und verständlich erklären 197

Wissen ist gut, Können ist besser 197
Grammatik: die Katastrophe im Klassenzimmer 198
Grammatik als Zeitverschwendung 202
Zur Rolle von Regeln und grammatischer Analyse: Contra 203
Zur Rolle von Regeln und grammatischer Analyse: Pro 205
Grammatische Progression der Texte: Revolution im Klassenzimmer 208

Praxis 209
Grammatischer Minimalismus 209
Exempel sind stille Regeln 211

Grammatik als Philosophie 213

6. Richtig üben: der Wille zur Meisterschaft 217

Hören und Nachsprechen als Grundform des Übens 217
Üben geht in Etappen 218

Kunstfehler vermeiden 220
Verfügbarkeitsstufen 221

Praxis: eine durchkomponierte Lehrtechnik – Dialoge einstudieren und vorspielen 222
Zielschritte: der krönende Abschluss 229
Zielerreichendes Lernen: Fundamentum und Additum 231
Dialoge schreibend variieren, inszenieren, nachbesprechen 232
Dialoge improvisieren 235

Varianten 237
Schule der Geläufigkeit: Sprechstücke rhythmisieren und skandieren . . . 238
Rekonstruieren und rezitieren: Wegnahme-Techniken 241
Texte darstellen 244

Selbstachtung durch Könnerschaft 246

7. Die Zeit nutzen 249

Als Sprachlerner und -lehrer geboren 249
Zeit für die Fremdsprache: der Schneeballeffekt 250
Kontaktzeit, reiche Lexik und grammatische Intuition 251
Der Altersfaktor 252
Frühbeginn: wenn schon, denn schon! 254
Der Zeitfaktor und die Methodenfrage: durchkomponierte, randvolle Stunden 256

Praxis: alle Schüler aktivierende, zeitnutzende Massenübungen mit hohem Sprachumsatz 257
Buzz reading als Aufwärmübung 257
Read-and-look-up als zentrale Arbeitstechnik 259
Partner trainieren ausdrucksvolles Lesen 261
Per chorum lernen 262
Partner trainieren Witze und Anekdoten 263
Gestaltendes Lesen mit verteilten Rollen 264
Partner rekonstruieren Texte nach Notizen 265
Partner sortieren ein Geschichten-Mix (Two stories in one) 267
Texte diktieren 268
Sätze behalten, Wörter zählen 270

8. Ein positives Arbeitsklima schaffen 273

Vorbemerkung 273
Emotionale Grundbedürfnisse 273
Könnenserlebnisse 274
Frustration 276

Muttersprache: Nestwärme, Geborgenheit, Vertrauen 278
Die fröhliche Klasse 279
Der fröhliche Lehrer 280
Räume und der Sinn für das Schöne 281

Praxis: Sprache und Musik 283
Lieder 284
Popsongs, Musicals und moderne Liedermacher 289
Tanz- und Spiellieder 293

Praxis: Sprache und Bewegung 297
Kommandierspiele 297
Gymnastik im Klassenzimmer 301
Laufdiktat 303
Grammatikspiel: Wörter platzieren 304
Entspannende Verstehensspiele 306
    Wort- und Satzkarten arrangieren 306
    Zeichendiktate 308
    Wegbeschreibungen 308

Praxis: Sprache und Spiel 310
Einfach und effektiv 311
Rätselgeschichten 312
Dilemmas und andere Gesellschaftsspiele 314

Praxis: Tipps zur Fehlerkorrektur 315

Über Sprechhemmungen 318
Die Macht der Affekte: Mutismus 322
Freundlichkeit, Fairness und Strenge 322
Frühe Wertprägungen: Interesse am Weltbesten 326

9. Gemeinsam lernen – miteinander, voneinander, füreinander ... 329

Sprechen heißt Zugehörigsein 329
Die Klasse als Kommunikationsgemeinschaft 330
Lehrer und Schüler 331
    Die Unpersönlichkeit der Amtsperson 331
    Die Unpersönlichkeit der Ideologie 332
    Moderne Distanzlosigkeit 333
    Lehrerrollen: Sprechvorbild, Sprachtrainer, Gesprächspartner, Erzieher, Freund 334
Schüler und Mitschüler 336
    Wessen Sprache? Eltern gegen Altersgenossen 336
    Auf wen hören Jugendliche? 338
    Eine soziobiologische Erklärung 340

Praxis: wie werden Schüler zu Verbündeten des Lernens? 341

10. Von und mit Texten lernen ... 349

Lehrziel literarische Analyse? ... 349
Vom Leichtlesen und Viellesen zum kritischen Lesen ... 350
Lehrwerke – je bunter, desto besser? ... 352

Praxis ... 355
Texte als Gesprächsanlass ... 355
Textarbeit mit doppeltem Fokus ... 358
Kreatives Schreiben ... 361
Satzanfänge als Schreibimpulse ... 361
Fünfzeiler ... 362
Minisagas ... 363
Zwischen Anfang und Ende ... 364
Lernbiografien ... 365

Grenzen des bloß Methodischen ... 367

11. Differenzieren und individualisieren ... 369

Die Verschiedenheit der Köpfe ... 369
Die Verschiedenheit der Bestrebungen ... 372
Die Verschiedenheit der Begabungen ... 373
Die Verschiedenheit der Interessen ... 374
Die Verschiedenheit der Milieus ... 376

Epilog ... 379

Die Theorie in zwölf Leitsätzen ... 381

Literaturverzeichnis ... 383

Vorwort

> Im Grunde aber sind wir alle kollektive Wesen, wir mögen uns stellen, wie wir wollen. Denn wie weniges haben und sind wir, was wir im reinsten Sinne unser Eigentum nennen! Wir müssen alle empfangen und lernen, sowohl von denen, die vor uns waren, als von denen, die mit uns selbst sind. Selbst das größte Genie würde nicht weit kommen, wenn es alles seinem eigenen Innern verdanken wollte. (*Johann Peter Eckermann, Gespräche mit Goethe*)

Es gibt keine Wundermethode für den Fremdsprachenunterricht. Es gibt aber das Wunder des kindlichen Spracherwerbs, auch des gleichzeitigen Erwerbs zweier Sprachen von früh auf. Und es gibt eine Reihe von Lehrtechniken, die etwas von diesem Wunder auch in unsere Klassenzimmer hinüberretten können.

Täglich spielt sich vor unseren Augen ab, wie Kinder Sprachen und damit das komplizierte Regelwerk der Grammatik erwerben, das noch kein Spezialist vollständig beschrieben hat. Wie sie das tun und welche Lehren daraus für den Unterricht zu ziehen sind, davon handelt dieses Buch. Nutzen wir die Tatsache, dass wir über unsere Muttersprache teil an den Tiefenschichten aller Menschensprachen haben! Wuchern wir mit unserem Kapital, der naturgegebenen Fähigkeit, "von endlichen Mitteln unendlichen Gebrauch" (Humboldt) zu machen! Gerade diese erfinderische Kraft ebenso wie die kindliche Lust zur Nachahmung machen Sprachen überhaupt erst lernbar. Ohne die Errungenschaften eines modernen kommunikativen Ansatzes zu verspielen, machen wir das "generative Prinzip" (also die Grammatik) und das richtige Üben zu Eckpfeilern einer neuen Methodik. Dazu nutzen wir konsequent die dreifache Mitgift unserer Muttersprache – unser Vorwissen von Kommunikation, Grammatik und Welt. Nutzen wir auch den nicht unbeträchtlichen Teil des Wortschatzes der europäischen Nachbarsprachen, der uns als deutsch Sprechenden schon gehört! So können wir das größte Handikap des Unterrichts, die geringe Kontaktzeit mit der Fremdsprache, (teilweise) wettmachen, Lernfreude wecken und die schönsten Erfolge erzielen.

Wir verbinden eine moderne, die Gehirnforschung einschließende Spracherwerbstheorie mit den Lehren und Erfahrungen einer zweitausendjährigen Geschichte des Fremdsprachenunterrichts in Europa, der vor allem Lateinunterricht war. Wir berücksichtigen Lernpsychologie und Unterrichtsforschung, wir verknüpfen Methodiken für die Hand des Lehrers mit Büchern zum Selbstunterricht und nehmen Anregungen aus der Grundschule, aus der Musik- und Sportdidaktik auf.

Die Zeit ist reif für eine neue Synthese. Wichtige Werke der überaus reichen abendländischen Sprachentradition liegen in sorgfältig edierten Einzelausgaben vor, von Quintilian über Erasmus und Comenius bis zu Harold Palmer. Ebenso gibt es geschichtliche Überblicke, Textsammlungen und Bibliographien, z.B. Streuber (1914), Kelly (1969), Macht (1986), Caravolas (1994). Das Überkommene ist "ein Gegengewicht dessen, was in der Welt so schnell wechselt und sich verändert", meinte Goethe. Nicht alles muss entdeckt, manches nur wiedergewonnen werden. Dieses Buch ruft manche älteren Sprachmeister und Grammatiker, deren Namen heute nicht mehr geläufig sind, in den Zeugenstand. So ist dies Buch eine nach rückwärts erweiterte Gegenwart. Heutige Erkenntnisse der Psycholinguistik, über den Muttersprachererwerb und die natürliche Zweisprachigkeit werden in die Vergangenheit zurückprojiziert, um ehemals erfolgreiche Ideen und Praktiken neu zu verstehen und ihre Geltung in der Schule von heute zu bestimmen. Imitieren, Rezitieren und Deklamieren legen den Grund und können auch die Schüler von heute begeistern. *The past is prologue.*

Wir formulieren methodische Leitsätze, mit denen das bisher Erreichte gesichert und das Fortschreiten unseres Verstehens erkennbar werden soll. Denn bisher sehe ich unsere Wissenschaft – wie mein Aachener Mentor R.M. Müller (2003) – mehr vom Wechsel als vom Wachsen der Erkenntnisse geprägt. Kein Fortschritt, sondern ein Rückschritt war der Verzicht auf die Zuhilfenahme der Muttersprache. Als Reaktion gegen Exzesse einer verknöcherten, an alten Sprachen ausgerichteten Grammatik-Übersetzungsmethode des späten 19. Jahrhunderts verständlich und in einigen Punkten historisch notwendig, ist der Rundum-Verzicht in Wahrheit eine Negation von über zweitausend Jahren erfolgreichen Sprachenlehrens und -lernens. Wir beseitigen diesen folgenschweren Irrtum. Die bilinguale Revolution findet statt!

Diese Revolution macht den Unterricht nicht ärmer, sondern bereichert ihn um viele Möglichkeiten, u.a. beim Einsatz von Büchern, Hörbüchern, DVDs und dem PC in und außerhalb der Schule. So können wir die Beschränkungen des Unterrichts – wenige Stunden Kontaktzeit pro Woche, und nur ein Sprechvorbild für bis zu dreißig Schüler – einrechnen und abmildern, ja es kann eine Lust sein, fremde Sprachen zu lehren und zu lernen.

Wie kommt es, dass so viele in ihrer Zeit hoch erfolgreiche Sprachmeister keine erfolgreichen Nachfolger gefunden haben? Hat es auch damit zu tun, dass wichtige Details ihrer Lehrkunst verloren gingen, weil sie diese nicht genau genug beschrieben haben, wohl auch nicht beschreiben konnten? Für dieses Buch wurden zentrale Techniken bis in subtile Details hinein beschrieben, erprobt, korrigiert und ihre Verlaufsstruktur wissenschaftlich unterbaut. Denn damit etwas vom kumulativen und verlässlichen Charakter der Naturwissenschaften auch auf die Pädagogik abfärbt und unverfälscht tradierbar wird, müssen wir methodische Grundsätze durch Praxen ausweisen, diese schärfer als bisher fassen, sie mitsamt ihren Nebenwirkungen "klinisch", d.h. in der Schule überprüfen, dabei Gütestandards entwickeln und pädagogische "Kunstfehler" definieren – wie in der Medizin. Genau dies ist auch ein Anliegen des von den Englischdidaktikern der Universitäten Aachen, Rostock und München gemeinschaftlich durchgeführten Forschungsprojekts MELT (2004), in dem erstmalig eine DVD samt Begleitbuch für Lehrer und Ausbilder produziert wurde.

Richtig üben, lebendig kommunizieren, und beides von Anfang an! So will dies Buch zur Erneuerung der Schule durch die Erneuerung des Unterrichts beitragen und jungen Menschen Mut zum Lehrberuf machen. Wir brauchen bessere Schulen als Keimzellen neuer Geistigkeit und moralischer Bildung. Die Fremdsprachenfächer mit ihrem relativ hohen Stundenanteil und kraft ihrer Verbindung von Sprachkönnen und Intellektualität, von praktischer Verwertbarkeit, Kulturverstehen und Menschenbildung sind besonders gefordert. Sie streben nützliche Fertigkeiten an, die allen Normalbegabten offen stehen, und wirken zugleich auf Geist, Gemüt und Seele.

Nichts ist wichtiger in einer von schlechten Nachrichten und Weltuntergangsphantasien geplagten Zeit als die gute Botschaft zu sagen: wie man nicht an den Verrücktheiten zerbricht, sondern sich als Mensch und Lehrer mit seinen Schülern über Wasser hält und ihnen zu einem neuen Vermögen und echten Können verhilft. Das ist keine Utopie. Hervorragender Fremdsprachenunterricht ist möglich. Es gibt ihn heute und hat ihn schon immer gegeben, erteilt von inspirierten Lehrern und Könnern ihres Fachs. Sie wussten und wissen: Wie die Kraft des Arztes im Kranken liegt, so liegt die Kraft des Lehrers im Lerner. Niemand muss Kinder zum Lernen zwingen – sie können gar nicht anders. Darauf gründet unsere Hoffnung. Etwas fröhlicher: Für Utopü ist's nie zu früh.

Danksagung

Dies Buch hat viele Mitautoren. Denn Fremdsprachendidaktiker sind ein fleißiges, publikationsfreudiges und hilfsbereites Völkchen. Als ich mich mit Fragebögen an meine Mitstreiter an anderen Hochschulen wandte, in denen Anglistik- und Romanistikstudenten über ihre Erfahrungen mit dem Sprachunterricht innerhalb und außerhalb der Schule Auskunft geben sollten, sandten sie mir über 3.000 Stück zurück (Butzkamm 1998). Ich danke allen Kollegen, bei denen ich in der Kontroverse um die Rolle der Muttersprache (Kap. 2–5) Rat gesucht und gefunden habe: J. Appel, G. Aulmann,

J. Bahns, Y. Bertrand, M. Frühauf, D. Gohrbandt, H. Heuer, W. Hüllen, B. Kielhöfer, J. Kurtz, J. Lüders, H.-H. Lüger, F.-J. Meißner, J. Mertens, A. Peltzer-Karpf, H. Reisener, H. Sauer, G. Solmecke, L. Schiffler, B. Voss, G. Zimmermann. Ebenso danke ich den Lehrern aus Hauptschule, Realschule und Gymnasium, die Lehrtechniken im Unterricht erprobten und sich für Filmaufnahmen zur Verfügung stellten: E. Blenkle, Ch. Bremke, A. Bretschneider, H. Ehms, A. Eiling, U. von Hagen, B. Käuffer, G. Lenze, A. Plum, J. Steinhäuser, S. Walker; besonders aber Miriam Nieswandt, die den Mut hatte, gleich ein halbes Dutzend Lehrtechniken auszuprobieren. Ein unvergessliches Erlebnis waren meine Unterrichtsbesuche bei großartigen Lehrern und wahren Könnern ihres Fachs: Stefan Eschbach in Eschweiler, Christoph Jaffke in einer Stuttgarter Waldorfschule und Robert Kleinschroth am Hölderlin-Gymnasium in Heidelberg. Sie alle haben dazu beigetragen, dass sich dieses Buch – in einem Maße wie vielleicht keine Methodik zuvor – auf *dokumentierte* Praxis stützen kann.

Meine schönste Quelle über die Schulwirklichkeit heute bilden mehr als 300 Aufsätze, in denen Aachener Anglistikstudenten unter dem Titel *Myself as a language learner* von ihrer Schulzeit, ihren Familiensprachen und Auslandserfahrungen erzählen. Die mit Vornamen und Initialen gekennzeichneten Zitate sind diesen Aufsätzen entnommen. Es sind Geschichten, geschrieben von denen, deren Erinnerungen noch frisch, deren Wunden noch wund sind, deren Freude noch nachklingt. Sie machen dies Buch auch zu einer Entdeckungsreise in die Welt des Fremdsprachenunterrichts an deutschen Schulen. Dafür allen Mithelfern Dank.

Sprachen lernt man, indem man sie lebt.

1 In und mit Sprachen leben

Das erste Wort hieß Leben, und das erste Gesetz also; die Sprache soll nicht aus der Grammatik, sondern lebendig gelernt werden; nicht fürs Auge und durchs Auge studirt, sondern fürs Ohr und durchs Ohr gesprochen, ein Gesetz, das nicht zu übertreten ist. (*Johann Gottfried Herder*)

Language is activity, purposeful activity, and we should never lose sight of the speaking individuals and of their purpose in acting in this particular way. (*Otto Jespersen*)

Die Sprache leben und lieben

Kein Kind denkt an die Sprache, wenn es zu sprechen anfängt. Es will Kontakt, sich austauschen, auf die Mutter einwirken und eins sein mit ihr. Sprache ist ein Mittel dazu. Auch als Erwachsene meistern wir fremde Sprachen erst dann, wenn wir nicht nur auf die Sprache selbst gerichtet sind, sondern durch sie hindurch auf anderes; wenn wir etwas mit ihr tun, statt sie selbst im Visier zu haben. Sprache ist Mittel des Kommunizierens, Denkens und Handelns.

Am besten: Man lebt und wirkt im fremden Lande. Da soll man sich kühnlich ins Sprachgetümmel werfen, hämmert uns der schottische Edelmann John Wodroephe (1623) geradezu ein, der als Söldner am Dreißigjährigen Krieg teilnahm und während dieser Zeit ein Sprachlehrbuch schrieb:

> Certes il vous faut parler tousiours, soit-il ou en bien ou en mal ... Il vous faut frequenter, hanter, accoynter, accoster, discourir, babiller, caquetter, baiser, lecher, parler hardiment et discretement, aymer, rire, gausser, jouer, vous rejouir, et jouir de leurs bonnes faveurs et graces: et principalement ès compagnies honestes ... (zit. bei Lambley 1920, 252)

So atmen wir die Sprache des Landes ein wie seine Luft. Goethe erlebte dies schon in seiner Geburtsstadt Frankfurt:

> Die französische Sprache war mir von Jugend auf lieb, ich hatte sie in einem bewegteren Leben, und ein bewegteres Leben durch sie kennen gelernt. Sie war mir ohne Grammatik und Unterricht, durch Umgang und Übung, wie eine zweite Muttersprache zu eigen geworden ... Von Bedien-

> ten, Kammerdienern und Schildwachen, jungen und alten Schauspielern, theatralischen Liebhabern, Bauern und Helden hatte ich mir die Redensarten, so wie die Akzentuationen gemerkt ... (*Dichtung und Wahrheit*, elftes Buch)

Gutsituierte und bildungsbeflissene Bürger hatten es schon immer verstanden, das fremde Land gleichsam in den eigenen Haushalt zu importieren. Vom gebildeten griechischen Sklaven im alten Rom bis hin zur französischen Gouvernante und dem englischen Kindermädchen der Nabokovs in Petersburg, hatten sie die Aufgabe, die fremde Sprache zugleich vorzuleben und zu unterrichten.

Auch die Sprachmeister früherer Jahrhunderte, die eigene Schulen unterhielten, empfahlen immer wieder, den Unterricht durch den Aufenthalt im Sprachland selbst zu ergänzen – bei allem Stolz auf die eigenen Leistungen. Nachdem man sich in der Heimat einen Vorgeschmack geholt habe (*linguas externas praegustare*), müsse man an den Quellen der Sprache selbst trinken (*ex ipsis fontibus bibere*), wenn man es zur wirklichen Meisterschaft bringen wolle.[1] Dabei solle man im Ausland so weit wie möglich seinen Landsleuten aus dem Wege gehen. Ist man in derselben Pension untergebracht, solle man sich absprechen, dass jeder, der in seine Muttersprache verfalle, eine kleine Geldstrafe zu zahlen habe.[2]

Sprachen wollen er-fahren sein. Fast alles, was im fremden Land geschieht, ist Wasser auf unserer Sprachmühle. Verordnete Belehrung, wie sie in anderen Schulfächern dominiert, ist weniger vonnöten. Es gebe allerdings noch einen Weg, so Wodroephe, sich viel Mühe und Mittel zu sparen: Man nehme sich doch eine Französin zur Frau – gewiss der schönste Fall von Immersion.

Lehrers Wanderjahre

Für Lehrer ist das mehrmonatige Eintauchen in den Lebensalltag ihres Sprachlandes jenseits allen Tourismus eine *conditio sine qua non*. Ihre Lehrjahre seien Wanderjahre! Der Auslandsaufenthalt gibt Sicherheit. Man schöpft aus dem Vollen und erwirbt eine sprachliche Wendigkeit, die das nötige Selbstvertrauen verleiht, als Sprachlehrer vor einer Klasse aufzutreten. Zugleich spüren wir, dass wir uns im Ausland verändern und unsere Persönlichkeit um viele Facetten bereichern:

> These little incidents and the everyday contact with people the Californian way (politeness while driving is another good example!) or, better still, using the "Californian language" made me a different person in a way. I talked to various people about the phenomena of feeling differently while thinking and speaking in a different language other than

> your mother tongue ... The people who had been to other countries and had a very good command of a second language and had dipped and dived into another mother tongue, understood what I meant. (*Sylvia E.*)

Erst im Sprachland richtet man sich häuslich in der Sprache ein, bleibt nicht im Vorraum der Sprache noch in der guten Stube, sondern gerät auch in Verschläge und Kellergewölbe oder versteigt sich in ihre Dachkammern. Zwar wird man selten von Muttersprachlern verbessert, doch spielen sie einem im Gespräch ganz ungewollt die Ausdrücke zu, die man gerade braucht. Man muss ihnen eben aufs Maul schauen! Je vielfältiger dabei die Lebenszusammenhänge, in die man verstrickt wird, umso besser:

> While working in a little shop I acquired a lot of non-academic language which I had not even heard of when I went out with my housemates or sat around with them in the kitchen of our student village house in the middle of the night. (*Kerstin Z.*)

Die Anbindung an das fremdsprachliche Leben bringt unser episodisches Gedächtnis ins Spiel, das singuläre Ereignisse im Lebenslauf aufbewahrt.

> On top of the problems with the local accents, I also lacked everyday words. In the first week I was invited for tea at six p.m. When I got there the housewife had prepared a complete meal. The situation was very embarrassing because I had already eaten at home, expecting only a cup of tea. Later I learned that in everyday life, people in Britain talk of "tea" instead of dinner, which means a big meal in the evening. (*Helga D.*)

Christine zweifelt am Können ihrer Lehrerin – was die eigene Lernlust beeinträchtigt. Erst nach einem Lehrerwechsel fühlt sie sich wohl:

> Although I knew little English at that time I somehow felt uncomfortable with her. I had the feeling that she herself was not very good at English, which as a pupil gives you a slight feeling of uncertainty as to whether you can trust what that person teaches you ... Our new teacher really was an improvement. She appeared so much more confident in her own English. This impressed me and gave me the feeling that whatever she said was right, which as a pupil you seem to demand. This is when I started getting better at English. (*Christine I.*)

Eine internationale Studie bestätigt: "Our data indicate that teacher competence in the foreign language – however acquired – makes a significant difference in student outcomes." (Carroll 1975, 277) Für Lehrer gilt: Sprachkönnen ist beileibe nicht alles. Aber ohne Sprachkönnen ist alles nichts.

Reisefieber

Eine Gelegenheit für die Schüler, die fremde Sprache zu leben, ist der Schüleraustausch. Rebecca verbrachte das elfte Schuljahr in den USA:

> This exchange year was the best thing that could have happened to me. Even though I've always enjoyed the English lessons at school and was quite good at English already, the things I learned whilst living in the USA I'm sure I would never have learned in a classroom.

Natürlich ist darauf zu achten, dass die deutsche Klasse nicht immer unter sich bleibt:

> Fortunately we did not merely go on a sight-seeing tour but we had a special programme in the club centre every evening. We played pool billiard or did a rally, always in German-English mixed groups ... I was in what one might call a kind of "England-Fieber", trying to imitate the accent of the region and trying to catch as many idiomatic expressions as possible. (*Andrea K.*)

Hier einige Ergebnisse meiner bundesweiten Befragung von Studierenden der Anglistik und Romanistik. Von den 1474 befragten Anglisten hatte knapp ein Viertel an einem Schüleraustausch teilgenommen; 70% von ihnen fühlten sich dadurch in besonderem Maße ermutigt, Englisch wirklich anzuwenden. Von 415 Romanisten hatte sich die Hälfte an einem Austausch beteiligt und 38% von ihnen berichteten, ihre Sprachkenntnisse hätten sich dadurch "enorm verbessert", während 30% nur eine "leichte Verbesserung" feststellten.

Für viele ist der Aufenthalt im Sprachland der entscheidende Moment, der ihnen die Zunge löst und ihre Schüchternheit nimmt. Wer die Sprache lebt, wird sie auch lieben lernen, als wäre sie ein Stück von ihm selbst.

> My father had never been to Great Britain before and came to like it as well, so that the whole atmosphere in our family was very positive towards Great Britain and anything British. We used to say: "Die spinnen, die Briten; aber nett!"

Als Vorstufe zum Schüleraustausch pflegen wir Brieffreundschaften, die ebenfalls den kommunikativen Ernstfall herbeiführen.

> My friendship with Michelle from Tasmania increased my vocabulary considerably – the things she wrote were so fascinating and interesting that I was looking forward to each new letter I could "work" on. I'll never forget when she wrote me she had had quite an exciting day. Looking up some of the vocabulary I found out that on that particular day the girl had shot her first snake which she had found in her dog's hut. (*Susanne F.*)

Inzwischen sind auch schon Videokonferenzen zwischen Schulklassen möglich geworden, über die man sich unter der Adresse www.global-leap.com informieren kann. Jede Kontaktaufnahme mit Menschen anderer Muttersprachen macht fremdsprachige Kommunikation real und sinnvoll.

Die Schule als Lebensraum

Eine andere Gelegenheit, Sprachen zu leben, haben Internate. In den Klosterschulen lernte man lateinisch reden, indem man den ganzen Tagesablauf auf Lateinisch bestritt. Nichts als Latein auch beim Bettenmachen und Toilettenreinigen. Und wie ernst man das nahm! Manchmal hatten die Lehrer kleine Spione beauftragt, die ihre Mitschüler verpetzen sollten, falls einer gegen das Lateingebot verstieß. So wurde in der kursächsischen Schulordnung von 1528 für die Lateinschule zu Meißen gefordert,

> das die knaben lateinisch reden, und die schulmeister sollen selbs, so viel müglich, nichts denn lateinisch mit den knaben reden, dadurch sie auch zu solcher übung gewondet und gereitzt werden.[3]

Lubinus (zit. bei Eckstein 1887, 105) fasste sogar den abenteuerlichen Plan, eine lateinische Stadt zu gründen, in der nur lateinisch gesprochen wurde.

Die Meister der modernen Sprachen folgten nur dem Vorbild des Lateinunterrichts, wenn sie mit Schülern, die als Pensionäre bei ihnen wohnten, bei Tisch französisch redeten.[4] Der Trarbacher Rektor Schatz (1724; zit. nach Streuber 1914, 138) unternimmt Spaziergänge mit den Schülern und unterhält sich mit ihnen dabei über alles, was dem Auge entgegentritt:

> So würde sich durch die häufige objecta noch wohl ehender eine Gelegenheit und Materie zum discours präsentiren als wann man solche in der Schule vom Zaun brechen soll.

Der Schulmeister von der Mosel hätte sich wohl über seinen Kollegen aus dem 20. Jahrhundert gefreut:

> It was about the time that our class had to plan an outing. Mr. H. was our class teacher and relentlessly made us put forward our suggestions in English ... So two weeks later we found ourselves walking through the regional woodlands, learning all about oaks, beeches, silver birches, maples, evergreens, and ferns. Back at school we had a big barbecue with sausages, pork chops, meat-balls, rolls, salads, and jacket potatoes. I thought I had learned more words that day than in three months at school. I never forgot those words. (*Christina B.*)

Auch die moderne Tagesschule bildet einen Lebensraum, selbst wenn man da nicht die Kühe melkt. Vieles kann fremdsprachlich geregelt, kommentiert und begleitet werden, ohne selbst Übungsstoff zu sein. Auch das haben die besten Sprachmeister früh erkannt und den Unterricht in der fremden Sprache organisiert, wie etwa aus einem der ersten für Mädchen hergerichteten Gesprächsbüchlein, *La guirlande des jeunes filles* (1564), hervorgeht. Das Buch des Antwerpener Sprachmeisters Meurier enthält die mannigfaltigsten Unterrichtsphrasen, um die täglich in der Klasse vorkommenden Ereignisse auf Französisch abzuhandeln:

> Parlez haut et distinctement, a ce qu'on puisse vous entendre. Qui a un foeillet de papier brouillard? Venez montrer vostre escriture, usw.

Jede Schulklasse ist eine Weggemeinschaft, die ihre eigene unverwechselbare Geschichte hat, aus der sich Gesprächsbedarf natürlich ergibt. Gerade für Einzelkinder ist sie ein seelisches Übungsfeld für das Leben auch außerhalb der Schule. Darin sieht Bohnenkamp (1975, 89) "ihre schönste Möglichkeit, die ihr Anvertrauten in das wirkliche Leben zu holen." Was die Schüler ähnlich sehen:

> Ich mag sie eigentlich fast alle. Alle, die diese Zeit mit mir teilen, die mit mir lachen und sich ärgern, die Würstchen essen und Himbeerlimonade trinken. Täuschen Sie sich nicht, Schule ist die beste Zeit des Lebens. Bis auf den Unterricht, versteht sich. (Gleba & Spindler 1999, 208)

So ist die Schule nicht nur Vorbereitung auf das Leben, sie ist das Leben selbst. Sie bildet einen Kommunikationsraum *sui generis*, in dem das Gespräch wahrlich nicht vom Zaun gebrochen werden muss. Manches Erlebnis, das in der Schule selbst anfällt, kann vom Fremdsprachenlehrer genutzt und reflektiert werden. Die Schüler müssen von Anfang an erfahren, dass die Fremdsprache auch für eher Privates taugt. Wie schön, wenn der Lehrer den Themen und Texten des Unterrichts eine persönliche Note geben kann:

> He told us everything about naturalism and existentialism; we read Camus and Maupassant. Mr. X gave us the feeling that what we said was important. We were only five pupils, all five learning French voluntarily, which created a very relaxed atmosphere. There was no pressure, no urgency in moving on speedily. Very often Mr. X talked about the time when he was a student in Brussels. No one was bored by his stories, but fascinated. He was such a good storyteller. In his lesson message-oriented communication was predominant. (*Sonja K.*)

Hier gibt der Lehrer für seine Schüler das Modell eines souverän in der Fremdsprache kommunizierenden, handelnden, auch selbst lernenden Menschen ab.

Auch wenn Schule immer etwas Vorläufiges und Vorbereitendes an sich hat, immer können wir einiges tun, dass Sprache nicht nur gelernt, sondern auch gelebt wird. Denn wenn wir in einer Fremdsprache heimisch werden wollen, so setzt das voraus,

> daß wir mit ihr, in ihr 'Welt', Welt um uns, Welt in uns, kennen gelernt, zu verstehen gelernt, zu erleben gelernt haben. Je mehr wir in einer Sprache, durch eine Sprache, durch sie hindurch erlebt haben, desto selbstverständlicher kommt sie uns zurück, wenn wir sie rufen, tritt sie von selbst aus dem Gedächtnis in unser Bewusstsein. (Wandruszka 1982, 14)

Die funktionale Fremdsprachigkeit des Unterrichts

> ... daß man nichts lerne außerhalb des Elementes, welches bezwungen werden soll. (*Johann Wolfgang von Goethe*)

Die Experten sind sich einig: Die französische Stunde ist "unter den Klang der französischen Sprache zu stellen". (Wähmer 1914, 22) So auch das Ergebnis einer internationalen Vergleichsstudie:

> Students placed in a teaching situation where they use French in the classroom a substantial amount of time, and rarely the mother tongue, have a decided advantage over students in classrooms where the opposite situation obtains. (Carroll 1975, 272)

Und immer wieder ist zu beklagen, dass viele Lehrer dies nicht schaffen. Wie häufig passiert gerade das, was ja alle vermeiden wollen; dass von ein paar Standardformeln abgesehen munter auf Deutsch parliert wird, solange sich das Gespräch nicht auf den Lektionstext selbst bezieht! Lob und Tadel, die Rückgabe der Klassenarbeiten, die Organisation des Stundenplans und vielerlei anderes bis hin zu den Lieblingsanekdoten aus dem Lehrerleben, all das wird muttersprachlich abgehandelt. Fast jeder meiner Studenten hat wenigstens einen solchen Lehrer gehabt, der sich auf diese Weise regelrecht gehen ließ und selbst die schönsten Anlässe, die Fremdsprache als echtes Kommunikationsmittel einzusetzen, ungenutzt verstreichen ließ. Wenn die Fotos von einer Schulfeier betrachtet und bestellt werden; wenn Geld für eine Stufenfahrt eingesammelt wird und die schriftliche Erlaubnis der Eltern einzuholen ist – alles Beispiele, die ich in Praktikantenberichten finde.

> He only spoke English with his pupils when we worked with our books lying in front of us. (*Viktor J.*)

> I recall four different English teachers of whom the first one never spoke English in the classroom except when it was required in the textbook. (*Melanie J.*)

Dies ist ein Hauptübel des Fremdsprachenunterrichts. Gerade dann, wenn die Fremdsprache Medium unmittelbar wichtiger, mitteilenswerter Inhalte werden könnte, wird sie nicht gebraucht! Ein Lehrer führt Tagebuch und klagt:

> Far too often I lapse back into my first language. I am quite aware that the message contained in this is: if it's business, it's in the first language ... I resolve to try to use English in the classroom more often. (Appel 1995, 87)

Wenn's zur Sache geht, spricht man deutsch. Solche Defizite werden auch durch systematisch angelegte Untersuchungen wie die von Mitchell (1988) bestätigt, die über hundert Französischstunden an vier schottischen Schulen analysierte.

Machen wir uns klar, wie sehr Unterricht selbst eine authentische Kommunikationssituation darstellt. Beispiele, Ausgangspunkt Lehrer:

> It's nice to see you back. We are one copy short. Could you share your book with Bernd? No hyphen, write it as one word. A clear case of German English, probably a straight translation. Can you fill me in on what she's just said? Let's try singing it in another key, that was too high-pitched for some of us.
>
> Tu as copié ça sur ta voisine? Avant la virgule, tu ne dois pas baisser le ton. Qu'avez-vous compris au texte? J'ai souligné d'un serpentin les fautes d'expression.

Ausgangspunkt Schüler:

> Sorry, which question are we on? Have you by any chance ...? Will these questions come up in the test? I haven't had my turn yet. Are we supposed to work on this in groups? Thomas keeps clicking his ballpoint pen, he is driving me crazy. Perhaps I haven't understood this properly, could you please rephrase it? I am stuck on the first word in that sentence, I can't make it out at all.
>
> Qu'est-ce qu'on a comme devoirs? Vous m'avez compté une faute de trop. Redoubler, ce serait la catastrophe pour moi. Le prof d'anglais m'a à l'œil.

So können wir die fremde Sprache benutzen, um die Schüler an eine "classroom courtesy" zu gewöhnen:

> "That's an interesting point you've just made, and we will have to keep it in mind. But now I wonder what the others think about it." "I'm

pleased to see this group working so well." "I'm afraid this table didn't hear what you've just said. Could you say it again please?" "Would it be fair to infer from what you've just said that ...?"

Versuchen wir, unsere Schüler über Sprache ein Stück zu zivilisieren. Dabei können sie auch mit *question tags* und typisch englischen *downtoners, understaters, hedges, cajolers* usw. vertraut werden. Solche "modality markers are under-used by learners of English as compared to native speakers". (Trosborg 1987, 166)

Fremdsprachige Unterrichtsführung: die Sandwich-Technik

Soll man deshalb die Muttersprache aus dem Unterricht verbannen? Keinesfalls. Scharf gilt es zu scheiden zwischen einer *funktionalen Fremdsprachigkeit* und der *Einsprachigkeit* des Unterrichts.

Einsprachig, das heißt doch wohl: muttersprachenfrei. Aber die fremdsprachige Unterrichtsatmosphäre wird paradoxerweise durch die gezielte, aber unauffällige Mithilfe der Muttersprache am ehesten erreicht. Wer das richtig macht, stiehlt der Fremdsprache kaum nennenswerte Zeit, kann sie viel schneller als allgemeines Verkehrsmittel des Unterrichts (*vehicular language; langue véhiculaire*) verbindlich machen und so eine echte fremdsprachliche Atmosphäre schaffen. Deshalb empfehlen wir, nicht nur einsprachig zu erklären (wo dies umstandslos funktioniert), sondern auch bilingual zu verfahren, wie folgt:

Lehrer: "You've skipped a line. Du hast eine Zeile übersprungen. You've skipped a line."
Lehrer: "I mean the last but one word. Das vorletzte Wort. The last but one word."

Diese Sandwich-Technik, bei der die Übersetzung eines unbekannten Ausdrucks zwischengeschoben wird, kann man sehr diskret handhaben, etwa in der Art des Beiseite-Sprechens oder des Zuflüsterns. Sie sollte eine zentrale Technik des Fremdsprachenlehrers sein, da sie ein intensives Hör- und Leseprogramm (Kap. 2) überhaupt erst ermöglicht. Dazu gehört, dass die Schüler die neuen Ausdrücke – vielleicht am Ende der Stunde – in eine Extra-Kladde eintragen und sich merken, so dass sie beim nächsten Mal nicht mehr übersetzt werden.

Die Sandwich-Technik des Lehrers hat ein bilinguales Pendant auf Schülerseite:

> Whenever words that they had not yet learned came up they slipped in the German equivalent but switched back to English straight away. Mr X

> would take up the words or phrases at some point and teach the English expressions. In an extra exercise book the pupils wrote down these expressions and built up their vocabulary respectively. (*Stefanie J.*)

Keineswegs darf man ihnen jedes muttersprachliche Wort verbieten, sondern muss ihre Einwürfe aufgreifen und das fehlende Äquivalent zur Verfügung stellen:

Schüler: "Ich wollt das auch sagen."
Lehrer: "Oh, I see. In English it is: I was going to say the same. Try it, please."

Schüler: "Können wir mal was anderes machen?"
Lehrer: "You mean: Can't we do something else?"

Schüler: Aber ich hab doch nichts getan!
Lehrer: Say: "But I haven't done anything!"

Demnach macht es der Lehrer im folgenden Beispiel *im Prinzip* falsch, obwohl er hier von der Praktikantin ein Lob bekommt:

> Sometimes a pupil said something in German. The teacher always answered in English. This meant that the pupils heard as many English words as possible and most of the time were able to understand what the teacher said. Example: Pupil: "Ich hab das anders." Teacher: "What have you written?" (*Nicole F.*)

Wenn wir die Schüler anleiten wollen, selbst fremdsprachlich einzugreifen, brauchen sie den Satz "I've got something else/different". Den müssen wir ihnen zuspielen, ebenso wie *repetition* und *hesitation gambits*:

Sorry, I didn't catch the last part. Sorry, I didn't get the bit about ...
Sorry, you've lost me.
What was I going to say? How shall I put it? It's on the tip of my tongue.

Die präzise Verwendung der Sandwich-Technik beim ersten Auftreten eines neuen Ausdrucks hat nichts mit dem regellosen Lehrverhalten zu tun, das Solmecke so oft beobachtete:

> Manche übersetzen immer dann, wenn sie befürchten müssen, nicht verstanden zu werden, bemühen sich aber auch nicht sonderlich darum, sich in der Zielsprache für die Lernenden verständlich auszudrücken. Die Folge ist, dass sich auch die Lernenden keine Mühe geben, die englischsprachigen Lehräußerungen zu verstehen, weil sie ja wissen, dass im Zweifelsfall doch alles in deutscher Sprache wiederholt wird. (Solmecke 1998, 33)

So gibt es Lehrer in leistungsschwachen Klassen, die wohl zunächst fremdsprachliche Anleitungen geben, dann aber regelmäßig alles samt und sonders übersetzen, um sicher zu gehen, dass alle verstehen. Auf diese Weise fördert man die Schüler nicht.

Ein dauerhafter Erfolg stellt sich nur ein, wenn Lehrer wie Schüler die gleiche Disziplin üben: Einmal eingeführte Redemittel müssen konsequent verwendet werden. Der deutsche Ausdruck ist nunmehr verpönt, die Muttersprache hat sich hier selbst überflüssig gemacht. Das notwendige Sich-Eingewöhnen und Verweilen in der Fremdsprache wird nicht behindert, wenn bei der ersten Sinnerfassung die Muttersprache nachhilft. Diese Scheidung von Erstsemantisierung und Verselbständigung durch Anwendung haben schon ältere Autoren vorgenommen. (Butzkamm 1973, 30ff.) Ich bevorzuge die Termini *identification* – Sinnerfassung – und *fusion* – Einschmelzung des Neuen in den vorhandenen Sprachbesitz – bei Palmer/Redman (1969, 96f.). Hawkins (1981, 132f.; 139f.) beklagt mit Recht, dass diese wichtige Unterscheidung verloren ging.

Ungewollte Nebenwirkungen einer unaufgeklärten Einsprachigkeit

Die ängstliche Vermeidung der Muttersprache kann die kommunikative Qualität des Unterrichts beeinträchtigen:

> Both in English and in French the teachers only wanted us to use known vocabulary in our essays. We had to express ourselves using these words which we had already learned. But I often felt a real urge to say something which I could only express with a new word, which I consequently looked up in a German-English dictionary. I still remember the negative reaction when I included these new words in my essays. I considered this to be rather ridiculous, as it merely widened my vocabulary – so why was it objected to? (*Sonja V.*)

> I had the same experience as documented in the lesson transcripts used by Prof. Butzkamm. When our teacher gave us homework where we had to write something about ourselves and someone asked for a particular word, she always said we should use the vocabulary we knew. After a while we just invented something because we knew that she was not at all interested in what we wrote but just in grammatical correctness. In my opinion, it was a pity because especially young pupils need to feel that the teacher is not only interested in their learning progress but also in their personality and their interests. (*Stephanie H.*)

Anders geht's besser. Eine Praktikantin berichtet:

Now the teaching became more message-oriented. The pupils had to tell their neighbours what they had done during the week. Together with the teacher, I walked from student to student and helped them if they needed a word. The new words were written on the board, and repeated by the whole group afterwards. Both students and teachers enjoyed this very much and I received the honorary title "Wandelndes Wörterbuch". (*Ursula N.*)

Großzügig gewährte muttersprachliche Wort- und Verstehenshilfen und kommunikative Qualität bedingen einander.

Immer wieder beobachten meine Praktikantinnen, dass Lehrer fremdsprachlich loben und muttersprachlich tadeln:

von Wilhelm Nüchter

They used their mother tongue for shouting. e.g.: "Wenn hier jetzt nicht Ruhe ist, dann setze ich euch zwei auseinander. Es reicht!" (*Sabine Z.*)

Wie in Nüchters nebenstehender "Notiz aus dem Lehreralltag".

It was a shame that she spoke German when she got really angry because we would have loved to learn to swear in French. (*Sandra W.*)

Natürlich muss man sich auch mal Luft verschaffen dürfen. Aber: Wie unmittelbar, wie direkt, wie reell, wenn alles, selbst die Konflikte, fremdsprachlich geregelt werden! Wie unglaubwürdig, wie wenig vorbildhaft ein Sprachlehrer, der sich hier gehen lässt?

Wenn man auf Klassen trifft, die es gewohnt sind, schnell in die Muttersprache überzuwechseln, muss unsere erste Sorge sein, die sprachlichen Mittel bereitzustellen, um eine fremdsprachige Atmosphäre zu schaffen:

Um den Schülern zunächst ein kleines Grundinstrumentarium am die Hand zu geben, im Fremdsprachenunterricht nicht nur sprachlich reagieren, sondern auch agieren zu können und somit die traditionelle Trennung der Lehrer- und Lernerrolle wenigstens ein Stück weit aufzubrechen, wurde zu Beginn der siebten Klasse ein "Klassenzimmerglossar"

> sozusagen als "survival kit", zum Daueraushang in der Klasse befestigt. Dadurch war es bereits möglich, sehr viele organisatorische Probleme sprachlich zu lösen. (Finkbeiner 1995, 322)

Mit der Sprache werden zugleich Arbeitsroutinen etabliert, und das ist zuweilen regelrechte Knochenarbeit, aber sie macht sich bezahlt. Wenn dann laut Lehrbuch *mustn't* eingeführt wird, kennen die Schüler dies schon: "I mustn't talk when others present things."

Wenn man die Nerven behält, kann man selbst Ulks und anderen Störungen gute Seiten abgewinnen:

> Once the students had put a chair on the map stand and illuminated the whole thing with the overhead projector. The teacher expressed his amazement and said it reminded him of a piece of modern art, of an installation he had once seen at an exhibition. So before they had to remove the 'installation' the pupils had learnt a couple of new English words: modern art, installation, exhibition. (*Barbara B.*)

Macht man es den Schülern zu leicht, wenn man ihnen bei Bedarf den fremdsprachlichen Ausdruck zuspielt? Lernen sie dann nie, ohne solche Hilfe auszukommen? Dafür gibt es keine empirische Evidenz. Muttersprachliche Verstehens- und Ausdruckshilfen machen es auch den Schülern nicht leicht, denn sie dienen ja dazu, die Kommunikation in der Fremdsprache fortzusetzen, statt sie abbrechen zu lassen, und das freie Formulieren in der Fremdsprache ist allemal schwer. Bald gelangt die Klasse über Routineformeln hinaus, und immer mehr gelingt in der Fremdsprache. Denn sobald die Kraft da ist, stellt man die Krücken von selbst beiseite.

Fremdsprachlich Definieren und Paraphrasieren braucht man nicht extra – sozusagen als Trockenübung – trainieren. Es ist ja schon ein selbstverständlicher Teil jeder Verständigungskunst. Es wird im Gespräch immer schon mitgeübt, von Kindesbeinen an. Der Wille zu überzeugen, das Ringen um Ausdruck und das Bemühen darum, seinen Gedanken die Form zu geben, die uns vorschwebt, fordern uns alle Kommunikationsstrategien ab, in der Muttersprache wie in der Fremdsprache.

So ist alles Drum und Dran des Unterrichts so früh wie möglich fremdsprachlich abzuhandeln. Funktionale Fremdsprachigkeit heißt: die Fremdsprache ist die tragende und regelnde Verkehrsprache. Dies eben gelingt aber am besten, wenn wir die Muttersprache mithelfen lassen, nicht nur im Ausnahmefall. Nachdem so Ausdrucks- oder Verstehensprobleme auf Anhieb gelöst werden, besteht der Lehrer darauf, dass künftig die fremdsprachige Wendung gebraucht wird. Die Muttersprache hat hier nichts mehr zu sagen. Sie hat ihren Dienst getan.

Memo:
- Absprache unter den Lehrern: Funktionale Fremdsprachigkeit in allen Klassen durchsetzen.
- Muttersprache bei der Ersteinführung vieler Redemittel unverzichtbar.
- Lehrer behält die Übersicht über eingeführte Ausdrücke.
- Selbstdisziplin und konsequente Benutzung der Fremdsprache bei Lehrern und Schülern.

Sprache als Nebenerwerb: Sachlernen in der Fremdsprache

> (Meine Methode) bildet sachenreiche Köpfe, indem sie Worte lehret, oder vielmehr umgekehrt, lehrt Worte, indem sie Sachen lehret. (*Johann Gottfried Herder*)

> Die kräftigste, wahrste, täuschungsloseste Sprache ist die unwillkürliche, die sich ergibt, wenn wir ganz selbst und ganz bei der Sache sind. (*Karl Jaspers*)

Beim bilingualen Sachfachunterricht wird ein Schulfach in einer Fremdsprache vermittelt. Dies ist überaus erfolgreich, und zwar aus drei Gründen:

1) wegen des Zugewinns an Zeit für die Fremdsprache
2) weil sich die Lehrer selbst dabei sprachlich fortbilden und erheblich dazulernen, wenn sie etwa Biologie oder Geographie in einer Fremdsprache darbieten müssen;
3) wegen der Perspektive auf die Sache hin: statt Sprachbestimmtheit Sachbestimmtheit.

Von der Sprachbestimmtheit zur Sachbestimmtheit, das eben ist der Wechsel von sprachbezogener Kommunikation hin zur mitteilungsbezogenen (*medium-oriented communication vs. message-oriented; focus on form vs. focus on message*). Statt als Spezialist fürs *imparfait* oder den *continuous aspect* zu gelten, muss man über Agrarindustrie oder Verhaltensforschung dozieren. Dabei ist Sachunterricht in der Fremdsprache, richtig verstanden, immer auch Sprachunterricht. Mitunter ist bilingualer Sachunterricht sogar der bessere Sprachunterricht. Genau genommen gibt es ihn ja seit anno Toback, wenn man bedenkt, dass auf den Klosterschulen aller Unterricht in der Fremdsprache Latein gehalten wurde. Mit Recht heißt es denn auch bei Mager (1846; zit. nach Klippel 1994, 451):

> Warum benutzt man nicht ferner die französische und englische Lectüre für den Unterricht in der neueren Geschichte, Länder- und Völkerkunde? Der Gedanke ist so einfach, dass man glauben sollte, er müsse jedem kommen ...

Sonja hospitiert in einer englischen Erdkundestunde der Klasse 13 und ist begeistert:

> I was more than astonished. These 18 year-olds spoke about a topic which was quite difficult. They didn't struggle for words or encounter any language barriers. If there were feelings of insecurity, they arose due to technical difficulties of the subject. It was clear that the bilingual students were linguistically far more developed than the "Regelschüler". These students were able to use the foreign language as a means of communication ... I also admired the teachers, because they did an excellent job. (*Sonja K.*)

Auch im normalen Fremdsprachenunterricht kann man von Anfang an mehr als nur Sprache bieten und durch sie "ein bewegteres Leben" kennen lernen. Vermeiden wir, so weit wie möglich, bloße Sprachlerntexte – also solche, die niemand eines Blickes würdigen wollte, wären sie eben nicht fremdsprachlich. Stattdessen lauschen wir Märchen, tragen Gedichte vor – denn "Poesie ist die Muttersprache des menschlichen Geschlechts" (Hamann) –, treiben an einzelnen Wörtern Sprachgeschichte als Kulturgeschichte, lernen schauspielern und uns selbst besser verstehen. Oder kochen nach fremdsprachlichem Rezept. Später verfolgen wir eine Unterhausdebatte, lernen, eine Rede zu halten, ein Produkt zu präsentieren, Diskussionen zu leiten und den Vorsitz zu führen: "auf daß zugleich mit dem Sprachunterricht die Wißbegierde gefördert werde." (Wähmer 1914, 16) Stets muss die Frage lauten: Was haben wir heute gelernt – ein Stück Sprache und was noch?

So geht ja auch der traditionelle Literaturunterricht weit über Sprache als Lerngegenstand hinaus. Er ist das eigentliche Ruhmesblatt des deutschen Gymnasialunterrichts. Während weltweit *English as a foreign language* immer stärker unter dem Diktat der Ökonomie und damit der unmittelbaren Verwertbarkeit steht, trägt hier die Beharrungskraft (Kehrseite: Unbeweglichkeit) philosophischer Fakultäten schöne Früchte. Manche Lehrer schaffen es, schon am Ende der Mittelstufe moderne englische Romane ungekürzt zu lesen und zu besprechen. Oder benutzen ins Kabelnetz gestellte Qualitätsfernsehprogramme der BBC. Die Devise kann nur sein, die fade Suppe gleichgültiger Texte ohne Tiefgang so schnell wie möglich wieder abzutragen oder gar nicht erst aufzutischen.

> We read a lot and enjoyed works such as *The Great Gatsby, A Streetcar Named Desire,* and *Pride and Prejudice*. We had finally arrived at a point where we could forget we were sitting in a language class. The English language was the background whereas discussion about literature and various topics was at the centre of attention. (*Constanze N.*)

Im Idealfall gebrauchen die Schüler die Fremdsprache so unbefangen wie ihre Muttersprache und sind ganz der Sache zugewandt. Wir "vergessen" gleichsam, dass wir uns in der Fremdsprache bewegen. Wenn wir ganz bei der Sache sind, sind wir auch ganz bei der Sprache. Umgekehrt gilt dies nicht.

Zwischen sprachbezogenem und mitteilungsbezogenem Unterricht

Guter Fremdsprachenunterricht ist gekennzeichnet vom geschickten Wechsel zwischen Mitteilungsbezogenheit und Sprachbezogenheit, vom Pendeln zwischen "eigentlichem" Kommunizieren und dem Üben, zwischen einem *focus on message* und einem *focus on form*. Der Fremdsprachenunterricht lebt von der Spannung zwischen diesen zwei Polen.

In mitteilungsbezogenen Episoden ist die Sprache gleichsam das Mädchen für alles, *une bonne à tout faire* (Jean Petit). Wir nutzen sie zur Sachinformation, aber auch für den Plausch, um Kontakt zu knüpfen, zu unserer Selbstdarstellung, zum Erzählen, um zu argumentieren, zu informieren, zu trösten usw. Solche Kommunikation ist sich selbst Lust und Lohn.

> Putting this at its simplest, what children use language for in school must be 'operations' and not 'dummy runs'. They must continue to use it to make sense of the world: they must *practise* language in the sense in which a doctor 'practises' medicine and a lawyer 'practises' law, and *not* in the sense in which a juggler 'practises' a new trick before he performs it. (Britton 1972, 130)

Wir verhalten uns dagegen sprachbezogen, wenn wir – ausschließlich oder vorwiegend – auf eins gerichtet sind, nämlich auf die Sprache und den Sprachlerneffekt. Ausschlaggebend für die Unterscheidung ist folglich die zugrunde liegende Redeabsicht: Sind uns die Inhalte im Grunde Nebensache und wollen wir eigentlich nur sprachlich vorankommen, gilt eine Äußerung als sprachbezogen. Haben wir aber quasi vergessen, dass wir uns im Unterricht befinden und verfolgen wir beim Reden die unterschiedlichsten Absichten, handeln wir mitteilungsbezogen. Gibt es eine Art "innerer Nötigung" (Goethe) zur Fremdsprache, wie wir sie im fremden Lebens- und Sprachkreis erfahren? Dort lebt und erwirbt man eine fremde Sprache, ohne es zu merken, "unwillkürlich und während der Beschäftigung mit andern Dingen". (Erasmus 1963, 132)

Den doppelten Fokus und den Wechsel zwischen beiden illustriert sehr schön Johanna Schopenhauer. Um fünf Uhr rückte die Teestunde heran

> und wie durch einen Zauberspruch waren wir nun aus Schülerinnen in eine wirkliche *société des jeunes dames* umgewandelt. Der Teetisch wurde serviert, wie es eine solche Gesellschaft erfordert. Mamsel Ackermann

> präsidierte dabei auf dem Sofa und ließ unter ihrer Leitung die ältesten von uns wechselweise die Rolle der Wirtin übernehmen; die übrigen ordneten sich um den Tisch oder standen und gingen im Zimmer umher, lachten und plauderten nach Belieben, alles was sich ziemte, war erlaubt, als wäre es wirklich eine zur geselligen Unterhaltung geladene Damengesellschaft, nur deutsch reden war und blieb hoch verpönt. (Schopenhauer 1922, 96)

Die Sprachschule war zugleich eine Benimmschule. Und gilt das heute nicht auch für guten Sprachunterricht, wenngleich in anderer Form? Der Lehrer muss seine eigenen Einstellungen und Redeabsichten reflektieren und wissen, wann und warum er von einer Form in die andere wechselt. Denn die Schüler spüren, ob er's ernst meint:

> Once we had to practise sentences starting with "I like to ..." and "I don't like to ..." Our teacher regarded this sort of exercise not as a means of getting to know something about his pupils' personal interests or hobbies, but as a means to make sure that we all understood the grammatical feature in question. (*Miriam van E.*)

> It is much more effective to ask and answer "real" questions because only then one is able to forget the fact that one is learning a foreign language. This was not the case in class 11 when answering our teacher's questions was just a compulsory exercise for us. (*Nicole D.*)

Inhaltsbezogenheit *per se* genügt nicht, es gilt auch, die Schüler emotional zu engagieren:

> Sometimes I even forgot I was talking English because it was more important for me to convince the teacher or a fellow student of my opinion (*Dagmar S.*)

Beobachtung und Analyse haben gezeigt: Unterricht ist effektiv, wenn die der Könnensstufe angemessene richtige Mischung getroffen wird.[5]

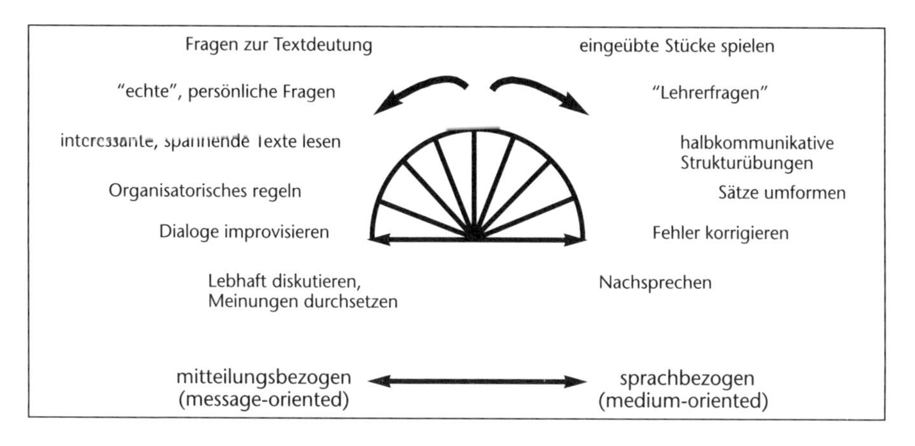

Selbst bei einem Aufenthalt im Sprachland ist der doppelte Fokus wichtig. Zeitweilig teilen wir unsere Aufmerksamkeit. Man hört sich in die Sprache hinein, ist ganz bei der Sache, und doch zugleich ein wenig bei der Sprache: Man hört auf das, worum's geht, und doch hört man zugleich einen Konjunktiv. Oder man merkt auf, wenn ein interessanter Ausdruck fällt, den man noch nicht kannte. Man kann eben Unterschiedliches zugleich intendieren. Schüler können selbst einen grammatisch überfrachteten Lehrbuchtext als mäßig spannende Geschichte lesen, und zugleich als fremdsprachliche Unterweisung.

Unterricht
Vom Üben zum Kommunizieren und zurück

Sprachland
Vom Kommunizieren zum Üben und zurück

Wir schnuppern das akustische Aroma des Sprachlandes, sind für alles offen und lassen alles auf uns wirken. Zugleich begeben wir uns auch mal mit Notizbuch, Kassettenrekorder und Schere zum Ausschneiden von Zeitungsartikeln bewaffnet auf sprachliche Spurensuche:

> The family was very nice and helpful. We got along very well and became friends very quickly. Everyone helped me and I kept a notebook in which I wrote down all the new words I had learned. I read the newspaper and watched TV. I wrote essays about films I had seen which were corrected by the mother who had been a teacher of French and sports. I had long conversations with the grandfather about politics (*Maritta H.*)

Den doppelten Fokus durchzuhalten, kostet Anstrengung, aber lohnt immer:

> Paying attention to listening, speaking, and intercultural differences for the whole day is a very exhausting thing. You don't acquire a language by a mere process of osmosis, you have to listen carefully and be attentive constantly and this is a very demanding thing. I have never been more tired in my life than I was during those four weeks. (*Norbert M.*)

Schließlich ist der Doppelaspekt von Kommunizieren und Üben auch im natürlichen Spracherwerb nachweisbar. Wir ahnen meist nicht, wieviel Üben auch Mutter Natur benötigt. Es fällt einfach nicht auf, weil die Kinder von selbst und mit Freude üben, so wie hier Charlotte unaufgefordert ein Wort repetiert, um sich ganz sicher zu sein:

> My mother tried to translate some of the Dutch bedtime stories she always read to me and which I almost knew by heart into German. On

> one of the tapes I hear myself say: Wat is mier in Duits? (What does ant mean in German?) and my mother answered: Ameise! Then I repeated the word several times in a very satisfied way. (*Charlotte L.*)

Hier wurden japanische Kinder in einem englischsprachigen Kindergarten beobachtet:

> Children were sometimes heard practicing these formulations to themselves. On one occasion, for instance, Kazu recited "Put it away, put it away" to himself as he walked to join the story circle. (Saville-Troike 1985, 54)

Kinder brauchen eben doch "dummy runs". Gerade gesprächsfreudige Eltern stellen wie Lehrer nicht nur echte Fragen, sondern auch sehr viele "didaktische" Fragen, auch "test questions" oder "display questions" genannt. (Döpke 1992, 83, 150)

Richtig üben – lebendig kommunizieren: Analysen

Üben und Kommunizieren sind die Wesensmomente des Fremdsprachenunterrichts. Es kommt auf das Mischungsverhältnis an. Das Hauptproblem des Unterrichts: nur so viel üben wie nötig. Der Hauptfehler des Unterrichts: zu vieles und falsches Üben. Das Resultat: Die um das Üben sich herumlagernde Kommunikation ist kümmerlich, befriedigt niemand so recht, ist nur sporadisch oder findet mitunter gar nicht statt.

Woran erkennt man nun, dass Unterricht erfolgreich ist und die Schüler genug Sicherheit und Selbstvertrauen besitzen, um sich fremdsprachlich zu artikulieren? Etwa daran, dass Schüler sich spontan in der Fremdsprache an oder gegen Mitschüler wenden, statt zum Lehrer hin zu sprechen, oder überhaupt spontane Einwürfe fremdsprachlich äußern. Es folgen ein paar persönliche Notizen aus dem Deutschunterricht für frankophone Schüler (*Lycée Montaigne,* Paris):

> Schüler kommentieren neuen Lektionstext, sagen ihre Meinung zum Inhalt:
> Schüler (Junge, beurteilt eine Lehrbuchfigur):
> Und sie ist ein typisches Mädchen.
> Schüler (Mädchen, das glaubt, sich wehren zu müssen):
> Und du bist ein typischer Junge!

Hier reagiert spontan ein Schüler auf einen anderen. Im vorausgegangenen Lektionstext kam die Äußerung vor: "Typisch Mädchen!" Der Schüler benutzt dies, versteht es dabei, das Wort grammatisch richtig einzubinden und dem eigenen Ausdrucksbedürfnis gefügig zu machen.

Thema Fußball.
Lehrer: Und wie nennt man "remplaçant"?
Schüler: Ersatzspieler
Schüler: (zum Vertretungslehrer) Und Sie sind der Ersatzlehrer.

Spontaner Einwurf in der Fremdsprache. "Ersatzlehrer" ist wahrscheinlich für den Schüler eine Neuschöpfung, wie sie auch schon Kleinkinder produzieren, sobald sie intuitiv Wortbildungsregeln erfasst haben.

Lehrer: Morgen bin ich nicht da, aber Freitag bin ich da
Schüler: Schade! (unklar, worauf sich der Zwischenruf bezieht, wohl auf das Dasein am Freitag, also spöttisch gemeint)
Lehrer: Du hast "schade" gesagt, das vergess ich nicht (spöttische Warnung). – Für nächste Woche habt ihr einen Aufsatz zu schreiben.
Schüler: (Zwischenruf): Das Thema?

Belebendes Geplänkel zwischen Lehrerin und Schüler, das den Unterricht auflockert.

L: Plus tard nous verrons qu'il y a des verbes qui ne prennent pas un "ge-."
S: Wie "vergessen".

Obwohl die Lehrerin hier (vielleicht unnötig?) Französisch spricht – sie hatte vorher eine bewusst knapp gehaltene grammatische Erklärung zur Bildung des Partizips gegeben – kommentiert ein Schüler spontan in der Fremdsprache.

Während einer Strukturübung:
Lehrer: Ich habe heute Geburtstag. Hast du ein Geschenk für mich gekauft?
Schüler: (erwartete Reaktion nach dem Drillschema) Nein, ich habe kein Geschenk für Sie gekauft.
Schüler: (bricht aus dem Drillschema aus) Ich habe zwei Geschenke gekauft.
Schüler: Ich habe ein Geschenk für Sie. Ich lerne immer meine Lektion.
Schüler: Ich habe ein Geschenk gekauft. Aber ich habe es zu Hause vergessen.

Die Lehrerin produziert einen bloßen Übungssatz, sie hat ganz gewiss nicht morgen Geburtstag und erwartet auch kein Geschenk von den Schülern. Sie tut bloß als ob, ist also sprachbezogen. Aber die Schüler (abgesehen vom ersten) nehmen sie gewissermaßen beim Wort, sie spielen jedenfalls mit dem Satz, bringen eigene Ideen ein. Sie zeigen Bereitschaft, mitzumischen und mehr zu sagen als absolut notwendig.

> Nach der Tonband-Präsentation des neuen Textes.
> L: Warum habt ihr gelacht?
> S: Ich habe gelacht, weil ich die Geschichte sehr lustig finde.
> S: Die Lektion ist lustig, weil Klaus ironisch ist.

Die Lehrerin stellt eine echte (?) Frage und bekommt ehrliche Antworten: Mitteilungsbezogenheit statt Sprachaufmerksamkeit.

> L: Nach der Stunde: Bringst du das Tonband für mich weg?
> S: Na gut.

Klassengeschäfte und Organisatorisches werden selbstverständlich fremdsprachlich geregelt. – Hier, im Englischunterricht einer sechsten Realschulklasse, wird's falsch gemacht. Der Fehler besteht nicht nur darin, die Hausaufgabe auf Deutsch zu stellen, sondern das Thema "Taschengeld" als bloße Sprachaufgabe zu betrachten:

> L: Und jetzt noch schnell die Hausaufgabe. Jeder schreibt auf, wie viel Taschengeld er monatlich bekommt und wie er es für seine Freizeitaktivitäten ausgibt.
> S: Was heisst "sparen"?
> L: Du kannst nur Sachen nehmen, die du selber auf Englisch kennst.

Die Anweisung, sich ans Lehrbuchvokabular zu halten, vernichtet jeden Ansatz zur Mitteilungsbezogenheit.

Uben und Kommunizieren lösen einander ab, wobei naturgemäß das Kommunizieren einen ständig wachsenden Anteil übernehmen sollte. Manche Übungen erlauben kurze Ausflüge in einen ernstgemeinten Informationsaustausch. Wir brechen aus der Übung aus und wagen *communicative sorties*, wenn eine militärische Metapher erlaubt ist. Etwa bei einer Übung zum *present progressive*. Die Schüler sollen sich vorstellen, was jemand, der nicht anwesend ist, in diesem Augenblick gerade tut. Da kann man einhaken:

> Pupil: "My sister is doing a test in class 9b."
> Teacher: "Is your sister a pupil of this school?"
> Pupil: "Yes, she is."
> Teacher: "What test is she sitting?"
> Pupil: "A maths test."

Teacher: "So she is sitting a maths test right now? I hate maths. Do you like maths?" (*Silke H.*)

Jede Grammatikübung, die freies Sätzebilden durch die Schüler einschließt, bietet solche Gelegenheiten. Im Folgenden haben die Schüler das Passiv geübt:

> Finally, the pupils were to produce their own sentences which provided potential for some short communicative interludes. A pupil said: "At school, pupils are tortured by teachers." The teacher grabbed this chance and asked: "Do you feel tortured by your English teacher, too?", to which the pupil responded, "Eh, ... perhaps sometimes I am tortured by you ... (laughter). No, you are a nice teacher, and I am tortured by our geography teacher." (*Silke H.*)

Diese Lehrtechnik (vgl. Kap. 5) wie auch unsere "Spontanreaktionen" (s.u.) sind geradezu auf kommunikative Zwischenspiele angelegt. Der Lehrer liegt schon auf der Lauer!

Die Krönung des Unterrichts ist das Gespräch, in dem wir uns einander aufschließen, auf die Sachen losgehen, die uns berühren, dabei Standpunkte klären oder erst erarbeiten. Aber im Unterricht arrangierte Konversation ist immer auch eine Konversationsübung. Manche meinen: Entweder man übt, oder man führt Gespräche, die wir uns möglichst anregend, lebendig und unterhaltsam wünschen. Für den Unterricht gilt das nicht: Das Wort "Konversationsübung" ist kein Widerspruch in sich, sondern Programm. Denn das Gespräch muss nicht nur sprachlich vorbereitet sein. Auch während des Gesprächs müssen immer wieder sprachliche Hilfen gegeben werden, darf man sich kurze "Auszeiten" nehmen, um sich auf die Sprache zu konzentrieren und Redemittel bereitzustellen: Augenblicke des Übens, seien sie noch so kurz. So gibt es beides: den (sehr) kurzen Rückzug aus dem engagierten Gespräch ins Üben, und Ausflüge aus dem Üben in die Kommunikation. Wir wollen ja nicht nur etwas klüger werden und die Welt und uns darin besser verstehen, sondern zugleich an Ausdrucksfertigkeit zunehmen. Die Kunst besteht darin, das Üben und Kommunizieren in ein rechtes, d.h. den jeweiligen Umständen entsprechendes Verhältnis zu bringen. Auf eine Formel gebracht: Richtig üben, lebendig kommunizieren, beides aufeinander beziehen und auch mischen können.

Prüfliste: wie kommunikativ ist mein Unterricht?

Wie urteilen ehemalige Schüler über die kommunikative Qualität ihres Unterrichts? Der Lehrer eines englischen Leistungskurses ist zugleich Klassenlehrer, bespricht aber alle Klassenangelegenheiten auf Deutsch, so Monika

K. Gerade dann, wenn die Fremdsprache Medium unmittelbar wichtiger, mitteilenswerter Inhalte werden könnte, wird sie oft nicht gebraucht:

> Up to class 11, they used German as the language for nearly all conversation. There are a few English sentences which I can still remember, e.g. 'Let's have a look at page six', 'Open your books at page x' or, when doing an exercise, 'What can we see in picture number x?' Classroom organization, handing back tests, organizing study trips and so on, were all carried out in German. (*Daniela G.*)

> Once, for instance, he showed us an endless series of slides from numerous summer holidays in France. I mean, that was not really boring, but I will never understand why he decided to give all his explanations and anecdotes concerning the slides in German! (*Simone S.*)

Wenn die Schüler beim eingeführten Lehrbuchvokabular bleiben sollen, mag's weniger Fehler geben. Aber: Auf der Strecke bleibt echte Kommunikation, wenn die Schüler ihre tatsächlichen Hobbies nicht nennen dürfen oder auch nicht die tatsächlichen Berufe der Eltern. "It was quite funny to hear that most of the pupils' parents were mechanics and secretaries", berichtet Cornelia aus ihrem Deutschunterricht in England, wo man auf die Rahmenvorgaben der Examensbehörden blickt wie das Kaninchen auf die Schlange, und kein Jota davon abweicht – mit verheerenden Folgen. Nach meiner Einschätzung hat man durch solche Fehler in der Unterrichtsmethodik ganze Schülergenerationen für die Fremdsprachen verdorben. Der *Guardian* zitiert eine Lehrerin:

> The German GCSE is quite easy compared to the equivalent English exam in Germany. The semantics and nuances are ignored and pupils can generally pass by learning sentence-starters and stock phrases by heart. (GUARDIAN EDUCATION, 5.11.2002, 3)

So ist's richtig:

> This teacher taught English in our first two years and I remember a situation in the second year when she was standing in front of the class with the zipper of her trousers open. A boy asked her: "What is 'Reißverschluss?' in English?", and she answered: "It means 'zip'." And the boy replied: "Mrs T., your zip is open". This, I think, shows how some of us tried to use English in our every day language, although it did not always work out. (*Silke S.*)

> Mrs C. was our form-teacher, too. Things such as organising outings, collecting money, electing a class representative and – as far as possible – complaining about too much homework in other subjects, trouble with other teachers and how to settle it, were usually mastered in English. (*Nicole D.*)

Die funktionale Fremdsprachigkeit des Unterrichts ist machbar! Ich empfehle den doppelten Fokus, also eine Art Mischstrategie. Dass es einzig und allein auf Mitteilungsbezogenheit ankomme, ist der "naturmethodische Denkfehler", der "kommunikative Trugschluss". Das Üben darf nicht aus dem Unterricht verschwinden, müsste aber wohl im Allgemeinen zugunsten der Mitteilungsbezogenheit reduziert werden.[6]

Die folgende Prüfliste kann helfen, die kommunikative Qualität Ihres Unterrichts einzuschätzen:

- Wo, wie und wie oft wird die fremde Sprache zum Medium für "serious utterances" (Searle)?
- Wäre das Gespräch/die Aufgabe noch interessant und wichtig, wenn es in der Muttersprache erfolgte?
- Wann sind die angesprochenen Inhalte bloß ein Vorwand für das Einüben von Formen, und wann nicht?
- Woher stammen die Inhalte? Entnimmt sie der Schüler einer Textvorlage oder spricht er in eigener Sache?
- Woher stammen die Wörter und Wendungen, die er gebraucht? Entnimmt er sie unmittelbar einer Vorlage oder formuliert er mehr oder weniger frei?
- Verfügen die Schüler über geeignete Wörter und Wendungen, um den Unterricht mitzugestalten? Ist mein eigenes Repertoire von *classroom phrases* reichhaltig genug?
- Kann ich unerwartet auftauchende reale Sprechanlässe beim Schopf ergreifen und Probleme fremdsprachlich regeln?
- Welche Aufgaben kann ich wie abändern, so dass sie für die Schüler an Authentizität/Mitteilungsbezogenheit gewinnen?
- Wann stört eingeschobenes sprachliches Korrigieren und Üben den Gesprächsfluss? Geht die Mitteilungsabsicht des Schülers darüber verloren?
- Umgekehrt: Wann ermöglichen solche Einschübe erst die sichere Fortführung des Gesprächs?
- Werden Schüler auch spontan in der Fremdsprache initiativ? (Es klingelt, der Lehrer aber macht weiter. Schüler: "The lesson is over".)
- Wann, wo und wie oft wenden sich Schüler in der Fremdsprache direkt an einen Mitschüler? Oder nehmen alle den Umweg über den Lehrer?
- Tonfall, Mimik, Gestik: Wann sprechen die Schüler so natürlich und auch mit der Intensität, wie sie es in der Muttersprache tun?

Je mitteilungsbezogener der Unterricht ist, desto mehr besteht die Gewähr, dass sich die Schüler auch außerhalb des Unterrichts bewähren. Denn das Ausmaß der Lernübertragung wird davon bestimmt, wie sehr sich Lernsituation und Anwendungssituation gleichen.

Praxis: die Sprache leben

Englisch im Gehen, Englisch im Stehen

"Nur die *ergangenen* Gedanken haben Wert", meint Nietzsche. So greifen wir Thierings Vorschlag (1996, 13) auf:

> Wir üben Englisch im Gehen. Albern? Man probiere es aus. Ohne zu sagen, worauf das Ganze abzielt, verteilt man an die eine Hälfte der Lerngruppe gut lesbare Kurzgeschichten zur häuslichen Lektüre mit der Auflage, sie zur nächsten Stunde zusammenfassen oder wiedererzählen zu können. In dieser Stunde dann macht die Lerngruppe einen Spaziergang nach draußen, und zwar a tempo ... Während dieses Spaziergangs, bei dem keiner stehen bleiben darf, erzählt die eine Hälfte der Teilnehmer jeweils einem Mitlernenden aus der anderen Hälfte die gelesene Geschichte. Rückfragen des Zuhörers, Einwürfe, Kommentare usw. sind erlaubt und erwünscht ... Man achte bei der Durchführung auf das vorgegebene Gehtempo und lasse möglichst jemand als Schlusslicht mitgehen, der immer wieder zum Anschluss an die Gruppe mahnt. Mancher Teilnehmer lernt neu gehen. Die Koordination zwischen einer verhältnismäßig unbewusst ausgeübten Tätigkeit, wie sie das Gehen auf ebenem Grund darstellt, und dem die ganze Konzentration erfordernden Englischsprechen will gemeistert sein. Man wird bei dieser Übung aber ebenso die Beobachtung machen, dass eine Reihe Lernender in der Bewegung weitaus größere sprachliche Wendigkeit entwickelt als an ihrem Stammplatz am Tisch.

Simpel, aber man muss erst darauf kommen. Wir haben es mehrfach ausprobiert, in Realschule, Gymnasium und Berufsschule. Ein Lehrer wählte mit Bedacht einen Text über *friendship, love, and sex* aus, ein Thema, das man nicht gerne *coram publico*, sondern lieber mit ausgewählten Freunden bespricht. Obwohl es nieselte, versammelte er die Schüler auf dem nahen Sportplatz, und sie gingen zu zweit oder dritt einmal um die Bahn. Die meisten hätten sich an die Devise gehalten: No German! Auch Themen wie "A good party", "My most treasured object" und "Childhood holiday experiences" kamen gut an. Sie wurden in der Klasse kurz vorgestellt, dann wurden die Schüler auf den Schulhof oder in die Parkanlagen geschickt.

> Plenum: knappe sprachliche Vorbereitung des Themas
> Im Freien: Schüler unterhalten sich paarweise beim Spazierengehen
> Plenum: kurze Besprechung und Auswertung

In allen Klassen freuten sich die Schüler über die ungewöhnliche Arbeitsform, genossen die Bewegung im Freien und betonten die Gelegenheit, Englisch ohne Druck und Lehrerpräsenz zu verwenden.

Englisch im Stehen: Eine verwandte, besonders durch Moskowitz (1978) bekannt gewordene Arbeitsform stellen *mingles* dar. Die Schüler stehen im Klassenzimmer herum und suchen sich einen Gesprächspartner nach dem anderen aus. Von ihnen holen sie Informationen ein, die sie in ein Arbeitsblatt eintragen. Verschiedene interviewartige Aufgaben sind möglich. Sehr gut funktioniert Moskowitz' (1978, 50) "Search for someone who: jogs, likes spinach, talks to plants ..."

Bei der Arbeit reden

Wir unterhalten uns, während wir gehen oder auch vieles andere verrichten. Arbeitsbegleitendes Reden lässt sich auch in der Schule arrangieren.

> Once we made a Salade Niçoise. The lesson before we had decided who had to bring the onions, the tuna, the French beans etc. Then we prepared the salad as it was described in our course-book. Again, we spoke only French and it worked well. (*Gabriela S.*)

Allerdings, die Idee allein genügt nicht, und das Organisatorische kann man gewöhnlich nicht aus dem Ärmel schütteln. Ob man mit dreißig Schülern kochen kann oder nur mit einem kleinen Oberstufenkurs? Die Kernfrage ist: Wo bleibt am Ende der sprachliche Ertrag?

> At the end of the ninth class we had a project day. In our textbook we had read something about London and the variety of different ethnic groups in this town. Among other things there was a recipe for Indian curry. In our school there was the possibility to cook something and so we decided to cook this dish. Everyone can imagine the chaos we produced with 30 pupils since nobody had ever cooked anything like this before. Moreover, our teacher's intention to speak English all the time increased the chaos ... At the end the rice was so sticky that it tasted like nothing and the meat was tough (because we did not roast it long enough). In addition we put too much curry on the dish so that it burned like fire in our mouths. All in all it was a catastrophe but we were too proud to admit it and so we ate this stuff and nobody said a word against it. We never cooked again but when someone asked me or another classmate about the "cooking-day" we praised it to heaven. (*Andrea S.*)

Anscheinend muss doch vieles fürchterlich schief gehen. Ich kenne allein zwei Romane, Mahlmanns *Pestalozzis Erben* (1997) und Orths' *Lehrerzimmer* (2003), in denen solche Versuche "handlungsorientierter" Englischlehrer satirisch ausgebeutet werden. Überzeugend dagegen in der Verknüpfung von Sprache und Tun ist der Bericht über die Zubereitung echter amerikanischer Hamburger in einem Abendkurs einer französischen Firma. (Klyhn 1976) Eine Einkaufsliste muss erstellt werden, nachher muss abgerechnet und umgelegt werden, die Hamburger müssen zubereitet und natürlich auch gemeinsam verzehrt werden. Das alles kann mit recht einfachen Strukturen bewältigt werden:

We'll need some __________.
How much?/How many?

I'll bring
a bottle of __________
a pack of __________
a jar of __________
some __________
two __________
a large one/two small ones.

You need to
slice the tomatoes
onions
separate the lettuce
cut the bread
slice the pickles
spread the mayonnaise
the mustard
pour on the ketchup
form the meat into patties
put a slice of cheese
lettuce leaf
slice of tomato on the bread
onion
pickle

I spent 4 francs 50.
What did you spend it on?
I spent 2 francs on a jar of mustard
and 2 francs 50 on onions.
I spent more/less than Henri.

Gespräche leiten: Lernen durch Lehren

Gespräche leiten ist eine der Hauptaufgaben des Lehrers. Warum diese nicht einmal an die Schüler abtreten? Auch hier können wir für das Leben üben.

"Lernen duch Lehren" (LdL) heißt ein Programm, das Jean-Pol Martin in jahrelanger Arbeit propagiert und ausgebaut hat (www.ldl.de). Schüler übernehmen Lehrfunktionen: *docendo discimus*. Schon die Sprachmeister früherer Jahrhunderte setzten Schüler als Lehrassistenten ein, und sei es nur zum Vokabelabfragen. Für Schüler, die in die Lehrerrolle schlüpfen und Verantwortung übernehmen, ist der "kommunikative Ernstfall" eingetreten.

Unser Vorschlag: Das als Gesprächsleitung fungierende Schülerpaar bespricht mit der Klasse einen Text anhand von Verständnisfragen in Form von Ankreuzaufgaben, die zu Hause erledigt wurden. Voraussetzung ist, dass der Lehrer diese Arbeitsform mehrfach mit der Klasse erprobt hat. Erst dann bekommt ein Schüler oder ein Schülerpaar die Aufgabe, den Lehrer bei der Behandlung eines neuen Textes abzulösen. Sie bereiten sich zu Hause darauf vor und bekommen dazu vom Lehrer eine Liste von speziellen *classroom phrases*. Im Unterricht selbst händigt ihnen der Lehrer das Lösungsblatt aus.

Die Aufgabe der Gesprächsleitung besteht darin, den Text gut vorzutragen und anschließend die Testitems mit der Klasse durchzusprechen. Der Witz an der Sache sind die Multiple-Choice-Fragen, die einen Leitfaden liefern, mit dessen Hilfe man den Text Schritt für Schritt durchgeht. Hierbei kommt es darauf an, auf Textstellen zu verweisen, die zur Lösung führen. Diese Aussagenkerne kann man schon zu Hause markieren. Hilfreich ist dabei, dass es jeweils eine Lösung gibt, die die Gesprächsleiter ja kennen und auf die sie zusteuern können. Das gibt Sicherheit.

Wir raten den "neuen Kollegen" also, das Vorlesen zu Hause gründlich zu proben, mit dem Kassettenrecorder und vor dem Spiegel. Soweit vorhanden, können wir ihnen auch eine Audioversion mit nach Hause geben. Außerdem muss man sich anhand der Liste einige Standardformulierungen merken, mit denen man seine Mitschüler auffordert, genau nachzuschauen, Textstellen zu zitieren usw.

Viel kommt darauf an, dass die ersten Versuche gelingen, d.h. sowohl den Schüler in seiner Lehrerrolle als auch die Klasse zufriedenstellen. Beide Teile müssen auf ihre Kosten kommen. *Handle with care!* Denn es gilt hier wie überall: *Nothing succeeds like success*. Es ist auch anzunehmen, dass die Klasse ihre Mitschüler in ihrer neuen Aufgabe nicht hängen lässt und sich lebhaft beteiligt.

Classroom phrases for dealing with multiple choice questions:

> You may want to use the following phrases:
> Could it be "c"?
> I'd say "a" is right./It looks like "a" is right.
> I chose ... as my answer.
> I thought that number ... was the correct answer, because ... .
> Does anybody disagree with him/her/me?
> Are all agreed on that point?
> I don't agree with you on that.
> Have you thought about "c"?
> Why should "c" be ruled out?
> Why do you think "a" is wrong?
> Perhaps we should just agree to disagree on that particular point.
> How did you find out? Can you tell us the passage which
> makes you think "b" is right?
> Can you refer us to a sentence/line in the text?
> Can you point to places in the text that support your view?
> Can you back it up with a statement from the text?

Can you back up/support your choice by referring to a place in the text?
Would you mind clarifying that point?
If you look at line ... in the text, it says that ...
This is the only sentence that fits the test item.
Because it says here .../That's the reason why ...
I can see your point, but I still think that ...
Would anyone like to add anything else?
I think that's all there is to say on that point.
Let's move on to the next item.
(When pupils take over they are advised to put this list on their desk before them in order to glance at it when necessary)

So überschneiden sich Lehren und Lernen. Lehrer und Schüler analysieren gemeinsam, was sie im Unterricht tun und warum. Zugleich sollten wir Lerntechniken diskutieren, die Schüler bei den Hausaufgaben anwenden – besonders wichtig das Vokabellernen. Der ganze Umkreis des Lehrens und Lernens wird abgeschritten und in der Fremdsprache selbst verfügbar – das beste Mittel, um Schüler zum Mitmachen und zur Mitgestaltung des Unterrichts zu bewegen.

Vortragen: Unterricht als Redewerkstatt

Wir üben die Fähigkeit, sachkundig in ein Thema einzuführen und anschließend Fragen zu beantworten, also die vorbereitete Rede mit einem fertigen Manuskript (als Übergangsbehelf für den Beginn), die Rede mit Notizen als Grundlage und die Stegreifrede. Schon in der Unterstufe erarbeiten Schüler kleine Reden zu einem Thema ihrer Wahl. Nachdem schon einige Erfahrungen gewonnen wurden, kann man dieses Arbeitsblatt besprechen:

Consider the following points:

1. You need a kind of introduction to catch your listeners' attention.
   a) You might consider starting with a question
   b) or with a joke (win the audience over to your side).
   c) Produce or show an item, a photo, statistics.

2. Now begin with your actual talk.
   a) Form short sentences, be precise.
   b) Develop your thoughts step by step.
   c) Include facts, background information, the history of your topic or product.
   d) The advantages of your product or the purpose of your talk has to be made very clear (weaknesses, disadvantages can be mentioned as well).

e) Don't forget to include a joke, a funny story, a brief anecdote to hold your listeners' attention.
f) To advertise a product or an idea you may exaggerate, so use superlatives!

3. Come to an end quickly.
a) Don't waffle!
b) You may use repetition to convince your audience of your idea or your product.
c) You should sum up your main ideas in one or two sentences and then come to a conclusion.

Remember: Deliver your speech with confidence.
a) Look at your audience.
b) Stand upright.
c) Use your hands to support your ideas, but don't overdo it!
d) Don't always look at your notes – a speech given without notes is much more impressive!
e) Rehearse your speech in front of a mirror. (aus Hermes 1991, 270)

In der Oberstufe kommt so etwas wie Rhetorik-Schulung dazu. Die Schüler werden auf bestimmte Redefiguren aufmerksam, etwa auf die Anaphora in der berühmten Rede Martin Luther Kings 1963 in Washington. Immer wieder wird der Satzanfang "I have a dream ..." wiederholt. Wort, Mimik, Gestik, Haltung, Kleidung sind konstitutive Bestandteile der Ausstrahlung einer Redner-Persönlichkeit. Besprochen wird auch, wie man seine Nervosität in den Griff kriegt.

Wir üben also die Kunst des freien Vortrags nicht nur im Deutschunterricht. Nach entsprechender Schulung gilt auch für die Fremdsprache: Wer die Sache fest im Griff hat, dem mögen die Worte schon einfallen: *rem tene, verba sequentur.* Darüber hinaus könnten unsere Schüler die Gelegenheit bekommen, als Vorsitzende eine Tagesordnung abzuarbeiten, z.B. eine Sitzung zu eröffnen und abzuschließen, einen Punkt zur Diskussion zu stellen, Beschlüsse zu fassen, abstimmen zu lassen.

Jugend debattiert

Die formale Debatte ist gekennzeichnet durch Redefreiheit innerhalb einer festen Struktur. Die *Encyclopaedia Britannica* definiert: "Formal confrontation between two teams who present arguments to support opposing sides of a question ... The topic is stated as a positive resolution – for example, "Resolved: Strikes should be outlawed"; two teams, usually of two members each, argue for and against the resolution ... ." Englische Debattierklubs blicken auf eine lange Tradition zurück. Inzwischen finden alljährlich unter großem Interesse der Öffentlichkeit nationale und internationale Redeturniere statt mit Preisverleihungen. Die dreizehnte *World Universities Debating Championship* mit über 170 Zweierteams aus vielen Ländern wurde 1992 in Oxford nach britischen Regeln wie folgt ausgetragen:

> Each team will engage in at least nine debates, with 15 minutes' notice of the motion, during the preliminary rounds. The best four teams will meet in the final.
>
> The championship aims to promote debating by reasoned argument and all debates will be judged according to prescribed criteria. Each team is allowed 14 minutes, seven for each speaker. There will be four teams in each debate.
>
> Judges will look for strategy, content and style. Strategy includes teamwork where the two speakers complement, not duplicate, each other's arguments; rebuttal, where speakers include points made by their opponents; and points of information.
>
> Rehearsed speeches, which ignore the opponents' cases, are heavily penalised – the object of the contest is to encourage competitors to think on their feet.
>
> Content is concerned mainly with the clear, logical and cogently expressed presentation of selected evidence. Style covers not what is said, but how it is said – language, fluency, oratorical skill and rapport with the audience. (THE OBSERVER, 22.11.1992)

Englischlehrer, die diese Tradition kennen, haben die Idee auch an deutschen Schulen eingeführt, vielleicht in Anlehnung an Heuer (1967):

> On my first day he arranged a 'debating society'. As topic he chose "Should cars be banished from our streets?". Lots were drawn to see who were the leaders and I became the leader of the pro-car party. My group and I were asked to think about arguments for keeping cars. It was my task to present it and to discuss it with the leader of the anti-car party. I really have to say that I am still not a fan of spontaneous discussions in which I am the leader – especially in a foreign country, in a foreign language and in front of people I have never seen before. But after a short moment of settling down and hands soaked with sweat, I managed the situation well. All of a sudden words came to my mind and as it was a lively discussion I did not have the time to think about my answers and arguments for very long. But somehow this was not even necessary because in this moment I completely forgot about my mother-tongue. (*Nicole D.*)

Mittlerweile haben deutsche Stiftungen die Idee aufgegriffen und ähnlich wie "Jugend forscht" und "Jugend musiziert" für Schulen ab Klasse 8 einen nationalen Wettbewerb "Jugend debattiert" ins Leben gerufen, mit folgenden Regeln: Eine Soll-Frage wird gestellt, die nach einer konkreten Maßnahme fragt, nur mit Ja oder Nein beantwortet werden kann und daher kontrovers zu diskutieren ist: Sollen Lehrer durch Schüler benotet werden? Es debattieren immer vier Personen, und die Debatte ist dreiteilig. In der Eröffnungsrunde beantwortet jeder Debattant die Debattenfrage aus seiner Sicht, ungestört durch die anderen. Zwischenfragen sind nicht erlaubt. Jeder bekommt dafür zwei Minuten, so dass die Runde insgesamt acht Minuten dauert. Daran schließt sich eine zwölfminütige "Freie Aussprache" an. Die Debattenbeiträge werden im freien Wechsel fortgesetzt, die Reihenfolge müssen die Debattanten unter sich aushandeln. In der Schlussrunde reden die Debattanten wie in der Eröffnungsrunde, jedoch jeweils nur noch eine Minute. Ein Zeitnehmer überwacht die Einhaltung der Redezeiten mit einem Glöckchen. Fünfzehn Sekunden vor dem Ende wird einmal geklingelt, am Ende zweimal. Das Überschreiten der Zeit wird durch Dauerklingeln unterbunden. Bewertet wird in Punkten (0–5) nach vier gleichgewichtigen Kriterien: Sachkenntnis, Ausdrucksvermögen, Gesprächsfähigkeit, Überzeugungskraft.

Der besondere Unterschied zur englischen *formal debate*: Jeder Debattant kann zu Beginn seine Meinung zur Debattenfrage frei zwischen Pro oder Contra wählen. In der Schlussrunde kann er unter Nennung der Gründe seine Meinung ändern. Weitere Informationen unter www.jugend-debattiert.ghst.de

Eine dritte Form wird als Amerikanische Debatte bezeichnet, bei der sich Antragsvertreter und Antragsgegner in zwei beliebig langen Reihen gegenübersitzen (Halberstadt 1974, 116), d.h. die ganze Klasse könnte in zwei Teams aufgespalten werden. Es gibt kein Publikum, nur einen Vorsitzenden und Schiedsrichter. Zuerst wird die These vorgetragen und begründet, entsprechend verfährt der Gegenredner. Das zweite und alle nachfolgenden Rednerpaare sollen jedoch auf die Argumente des jeweiligen Vorredners eingehen mit dem Ziel, sie zu entkräften, zu widerlegen oder ad absurdum zu führen. Jeder nachfolgende Beitrag sollte also zunächst eine Erwiderung darstellen. Hier könnte man zumindest vorübergehend zur Regel machen, das gegnerische Argument aufzugreifen, ja knapp zu wiederholen (!). Erst dann darf man zu weiteren Argumenten fortschreiten. Die Reihenfolge der Beiträge liegt durch die Sitzordnung fest. Bei kleinen Teams sind mehrere Durchgänge möglich. Jede Meinungsgruppe bereitet das Thema getrennt vor, sammelt Argumente für ihre Ansicht, aber auch Gegenargumente, um sie besser entkräften zu können.

Natürlich kann man auch alle Formalismen beiseite lassen und mit der Klasse so anregende Fragen besprechen wie folgende von Walker Percy (1954):

> Why does man feel so sad in the twentieth century? Why does man feel so bad in the very age when, more than in any other age, he has succeeded in satisfying his needs and making over the world for his own use?
> What would man do if war were outlawed?
> Why do people driving around on beautiful Sunday afternoons like to see bloody automobile wrecks?

Spontanreaktionen und der fruchtbare Moment

Das Sprachspiel "Spontanreaktionen" eignet sich gut als Stundenauftakt. Der Lehrer macht eine Äußerung (meist nur einen Satz), auf die der Schüler sinngemäß reagiert, so als ob die Äußerung ernst gemeint sei. So macht er aus dem zugeworfenen Satz, besser: der zugeworfenen Idee, eine Situation. Die Situation, auf die zu reagieren ist, wird also nicht wie üblich beschrieben ("Du bist im Restaurant und willst dir etwas bestellen ..."), sondern durch eine Äußerung direkt präsentiert. Dabei hat der die Äußerung vorgebende Lehrer Augenkontakt mit der Klasse, setzt mimische und gestische Mittel ein und bemüht sich vor allem um die passende Intonation. Obwohl es sich nur um einen einzelnen Satz handelt, kann man sich gewöhnlich sofort die dazugehörige Situation vorstellen und auf sie reagieren. Denn die Vorgabe wird als ein Sprechakt aufgefasst, dem wir einen ganz bestimmten Sinn unterstellen können.

Der Lehrer könnte die Übung wie folgt vorstellen:

> Teacher: "I'll say something to you. It could be anything. Try to understand the situation or context behind what I'm saying, because you are to say something in response that makes sense and fits in. Don't just say 'Yes' or 'No' or 'What?', because you want to show what you can do in English. I might say, for instance: 'Let's play football'. You could say in return: 'That's a good idea' or: 'But I want to watch TV.' Or: 'Can't you see that I'm doing my homework.' Or: 'All right. I'll be ready in five minutes.'"

Es sind die intonatorischen und non-verbalen Mittel, die bei geeigneten Stimulussätzen den Ausschlag geben. Damit's alle kapieren, kann man es auch einmal muttersprachlich durchspielen. "Mensch, das ist aber ärgerlich", gibt der Lehrer vor. "Wie könnt ihr darauf reagieren?". Sofort kommen die Reaktionen. Einer will beschwichtigen: "Nimm's nicht so tragisch." Ein anderer ist überrascht: "Wieso? Was ist denn so ärgerlich?" usw.

Unser Sprachspiel bietet auch Gelegenheit, das Gespräch in Richtung Mitteilungsbezogenheit zu verschieben. Der Lehrer merkt, dass eine Schülerreplik weiterführen könnte. Er nimmt nun seinerseits den Ball auf, den ihm der Schüler zugeworfen hat, und so können "echte" Gespräche entstehen. Die folgenden Ausschnitte (7. Klasse Gymnasium) zeigen die unterschiedlichen Möglichkeiten:

1) Verschiedene Schüler reagieren mit einer kurzen Replik auf den Stimulussatz des Lehrers:

Lehrer	You know, Peter's had an accident. (Stimulussatz)
S_c	Where was this accident?
S_d	When did it happen?
S_e	What happened?
S_f	Was it with the car?
S_g	Is Peter in hospital?

2) Im Folgenden nutzt der Lehrer die vierte Replik, um den Schüler in ein Gespräch zu verwickeln. Er muss die Situation ausspinnen, die jedoch reine Erfindung bleibt.

Lehrer	Can you carry this bag for me, please? Can you carry this bag for me, please? (Stimulussatz)
S_a	Oh yes, where did you live?
S_b	No, I must go another way.
S_c	Is it a long way to your house?
S_d	Oh, I have no time.
L	Oh, you're being unfriendly. You've got no time. I mean, do you have so much work to do or do you just want to play ... to watch football, or play football or do other things?
S_d	I want to go swimming with my friends and I.
L	But you see, I'm an old man and the bag is really heavy. And you are a young man and quite strong.
S_d	But I don't know where the swimming pool is. I'm only on holidays and, and my friend knows it and I must go with him.
L	Oh, I'm sorry. You're here on holiday?
S_d	Yes.
L	You're a tourist?
S_d	Not really.
L	Okay.

3) Nach der vierten Replik kommt der Lehrer auf die erste Antwort zurück und fängt ein kurzes Gespräch über "Mutters Geburtstag" an. Es ist anzunehmen, dass die Schüler nunmehr wahrheitsgetreu berichten und Persönliches preisgeben:

Lehrer	Last year I made a birthday cake for my mother.
	Last year I made a birthday cake for my mother. (Stimulussatz)
S_e	I always make a birthday cake for my mother.
S_f	Which day was the birthday?
S_g	What for a cake?
S_h	How old is she?
L	Actually do you really all of you make birthday cakes for your mother or did you just say that sentence.
S_i	I said it. So my mother makes them.
L	Pardon ...
S_i	My mother makes them for me.
L	Oh, your mother makes birthday cakes for *you*?
S_i	Yes.
L	But have you ever thought of making a birthday cake for your mother?
S_i	Sometimes.
L	What kind of presents do you give your mother then?
S_i	Flowers, vielleicht.
L	Ah, she likes flowers? Special kind of flowers?
S_i	No.
L	And what about *your* mother's birthdays? And your mother's? [zeigt auf die Schüler] What do you do for your mothers? Nothing? Then say: "I do nothing". [Schüler lachen]
S_j	I buy her chocolate or, or roses.
L	A bar of chocolate or chocolates? Chocolates sind Pralinen. A bar of chocolate or chocolates?
S_j	Chocolates.
S_k	I make the breakfast in the morning.
L	Aha, that's great. Is that, is that what your mother does every morning for you? usw.

Diese kommunkativen Ausflüge sind Minutendramen, in Übungen eingebettete Zwischenspiele, wie wir sie auch bei Strukturübungen einplanen. Es ist also falsch, wenn gesagt wird, man solle nicht mit Einzelsätzen operieren und müsse immer Kontexte bereitstellen.[7] Wählt man seine Stimulussätze sorgfältig aus und trägt sie lebendig vor, kann der Angesprochene sich gewöhnlich einen Kontext hinzudenken.

Spontanreaktionen kann man regelmäßig verwenden, aber jeweils nur für wenige Minuten. Die Schüler erfahren dabei, dass sie wirklich Englisch können und dabei auch Fortschritte machen.[8] Deshalb eignen sich unsere Spontanreaktionen auch für das Überprüfen der mündlichen kommunikativen Kompetenz, aber eine systematische Erprobung als Testform steht noch aus. In höheren Klassen verwendet der Lehrer anspruchsvollere Stimulussätze, z.B. zu politischen Themen des Tages oder der Woche. Über www.1stheadlines.com verschafft er sich einen raschen Überblick über die Schlagzeilen des Tages und hat so immer genug Sätze parat:

> Thank God the union announced it would abandon the strike/I would have liked Agassi to win at Wimbledon, but apparently he's out, isn't he?/There is a transatlantic battle over food going on. President Bush thinks the world simply needs genetically simplified food …
>
> All I want to do is sink my head on my arms and sleep./Sometimes loneliness sweeps over me like low, grey, wet November weather./What I want from my teachers is authority and expertise.

Anschließend werden die Schüler aufgefordert, selbst Aussagen aus Zeitungen oder Nachrichtensendungen zu geeigneten Stimulussätzen umzuformulieren. Schüler, die mit ihren Stimulussätzen viele interessante Reaktionen von den Mitschülern einheimsen, bekommen ein dickes Lob.

Zehn Projektideen

Die folgenden Vorschläge gehen über den Spracherwerb hinaus und dienen weiter gesteckten Zielen. Erwähnt seien einige altbewährte wie neue Ideen, Sprachenlernen interessant und relevant zu machen.

1) Karten zum Valentinstag

> I especially remember one St. Valentine's day when the teacher brought in everything one needs to make a Valentine's card. She told us what to do and taught us little English rhymes for the cards. Incidentally, I did not send my card to anyone, because I liked it too much myself. Since my talent in arts and crafts was rather modest, I was too proud of my work to give it away. (*Simone C.*)

Schüler entwerfen mit Sprüchen oder Versen garnierte Bildpostkarten, natürlich nicht nur zum Valentinstag. Die besten werden prämiert.

2) Stadtführung

In jedem Lehrbuch finden sich Texte, in denen Jugendliche die Sehenswürdigkeiten von London oder Paris bestaunen dürfen. Umgekehrt fällt uns oft die Aufgabe zu, ausländische Gäste durch die Straßen der Heimatstadt zu führen. Dann müsste man eben wissen, wie das Reit- und Springturnier in Aachen, das Glockenspiel des Rathauses, der Straßenkarneval in Köln usw. auf Englisch oder Französisch heißen und wie man das alles beschreibt und erklärt. Meist liegen schon mehrsprachige Faltblätter vor, die man ausschlachtet. Gibt es fremdsprachige Stadtführungen, nehmen einige daran teil. Ob der Ernstfall nun eintritt oder nicht: Wir bereiten unsere eigene Stadtführung oder noch spannender, eine *town rallye*, für ausländische Gäste vor, am besten zweisprachig, damit unsere Gäste auch ein wenig Deutsch mit nach Hause bringen, wenn sie es denn wollen. Wir lernen unsere Stadt in einer fremden Sprache und vielleicht auch mit neuen Augen sehen. In historischen Städten mit alten Inschriften können wir die Idee auch für die Verlebendigung des Lateins verwenden:

> In a larger project, which our class won a prize for in the "Lateinwettbewerb", our teacher encouraged us to make a brochure about our town and its historic buildings and monuments. Each of the pupils contributed a short passage and our teacher provided the vocabulary we needed. (*Barbara B.*)

3) Schatzsuche

Vorstufen zu einer Stadtbesichtigung sind Schatzsuchen, die in der Schule und drum herum durchgeführt werden. Eine englische Universität hat dies auf ihren Fremdsprachentagen auf dem Programm:

> The safari activity is a hot favourite. The leader spends a few minutes explaining new vocabulary at the start of the session, then the pupils set off. Equipped with a compass and direction sheet they are sent into the jungle to track down wild animals hiding there. If they follow directions correctly they should find pictures of 14 dangerous animals beasts. But just to confuse them a few red herrings lurk in the trees. The team that returns first with the right answers wins a prize. (Carlton 1998)

Zugleich könnten alle Schilder wie "Lehrerzimmer" usw. mehrsprachig ausgeführt werden.

4) Theater-AG

Theaterbesuche und, mehr noch, die eigene Theater-AG an der Schule selbst sind fremdsprachliche Höhepunkte:

> Das andere große Erfolgserlebnis für den Sprachenstudenten, noch dazu ein Gruppenerlebnis, ist das Theaterspielen. ... Das ist sicher eines der intensivsten Sprachenerlebnisse: die schützende Hülle der Muttersprache zu verlassen, in einer andern Sprache ein anderer zu sein, vor Zuschauern, das heißt vor der ganzen Welt. Wir wagen es, uns mit einem anderen Menschen zu identifizieren, uns seine Worte und Gebärden und das Zusammenspiel von Worten und Gebärden anzueignen, in seinem Kostüm, seiner Maske. Das Lampenfieber des Rampenlichts bewirkt einen Einschmelzungsprozess, in dem das eingelernte Wort, der Tonfall, die Gebärde uns in Fleisch und Blut übergehen. Das Theaterspielen in fremden

> Sprachen ist eine jahrhundertealte europäische Schultradition. Sie lebt heute in vielen Schulen und Universitäten wieder auf. Aus gutem Grund: in diesem Spiel verwirklicht sich für alle Beteiligten in exemplarischer Weise Welt- und Worterlebnis. (Wandruszka 1982, 20)

"Dramatische Aufführungen bilden seit der humanistischen Schulreform einen wichtigen Bestandteil des ganzen Schulbetriebs. Sie dienen vor allem der Einübung der Sprache, der Lösung der lateinischen Zunge; zugleich aber gewöhnen sie zum öffentlichen Auftreten ..." (Paulsen 1919, 363)[9]

5) Hörspiele

Schüler verfassen ein Hörspiel:

> In class 11 our teacher recorded a radio play with us. She provided us with the rough outline of a story, divided the class into small groups and the groups had to make up their own versions of the story which we taped afterwards in the school recording studio. I enjoyed it a lot. (*Miriam N.*)

6) Synchronisieren, Untertiteln, Übersetzen

Eine andere reizvolle Aufgabe wäre, Filmszenen zu synchronisieren und diese Arbeit mit dem Besuch eines Synchronisierungsateliers zu verbinden. Denn der Synchronisierungsvorgang "ist ein Musterbeispiel für das Zusammenwirken einer Reihe von Elementen, die beim Sprachenlernen, Übersetzen und Dolmetschen eine so große Rolle spielen. Von der schriftlichen Formulierung über die Phonetik, die Intonation und die richtige Akzentuierung ist hier alles vertreten, was auch in anderen Sparten der Sprachhandhabung von so ausschlaggebender Bedeutung ist." So Paul Schmidt (1954, 104), Adenauers Chefdolmetscher. Die Schüler lernen, dass die Synchronisierung in zwei Arbeitsgänge zerfällt. Ein Übersetzer stellt eine schriftliche Rohübersetzung her, ein anderer, der als eigentlicher "Autor" des übersetzten Drehbuchs gilt, stellt die Endfassung her. Er hat die Rohübersetzung vor sich und schaut sich dabei die Szenen als Stummfilm an, um seine Version den Gesten und der Mundstellung, besonders dem Lippenschluss, so genau wie möglich anzupassen.

> Wie oft haben wir im Auswärtigen Amt im Sprachendienst davon gesprochen, dass eine Übersetzung ins Englische oder Französische, wenn sie wirklich idiomatisch vollkommen sein soll, eigentlich noch von jemand durchgesehen werden müsste, der von dem deutschen Urtext auch nicht die geringste Ahnung hätte, sondern nur darauf achten würde, den Sinn der Vorübersetzung nicht zu verändern, sonst aber völlige Freiheit besitzen müsse, den englischen oder französischen Text nach seinem Sprachgefühl umzugestalten. (Schmidt 1954, 101)

Ebenso könnten wir die Untertitel von DVDs sorgfältig prüfen und verbessern. Für diese Arbeit gibt es spezielle Redaktionen, die weitgehend unabhängig von der ursprünglichen Produktion arbeiten, oft unter erheblichem Zeitdruck stehen und wohl auch deshalb schlampig arbeiten. Natürlich ist auch die Anzahl der vom Auge maximal erfassbaren Zeichen pro Sequenz ein Problem. Manchmal wird eben viel mehr gesprochen, als auf dem Bildschirm untergebracht werden kann. Eine knifflige Aufgabe, die viel Sprachgefühl erfordert! – Hochinteressant wäre auch, kleine Übersetzungsaufträge von Firmen und Privatpersonen einzuholen und als Schulklasse an Übersetzerwettbewerben teilzunehmen.

7) Führerscheinprüfung

Andreas' Lehrer hat eine ausbaufähige Idee:

> One day he wanted to explain how to drive a car. First of all he listed everything necessary to understand the vehicle (oil, ignition system and its timing, the clutch and the brake, etc.) and then he drew a picture of the clutch, brake and the throttle on the blackboard. All of a sudden he sat on his desk and put his feet on the blackboard. It was very funny for us to see him "driving" with his feet on the blackboard and it was also very interesting because we were 18 and most of us wanted to get our driving licence in that year. (*Andrea S.*)

What action would you take when elderly people are crossing the road?

Mark one answer

- ❍ a Wave them across so they know that you have seen them
- ❍ b Be patient and allow them to cross in their own time
- ❍ c Rev the engine to let them know that you are waiting
- ❍ d Tap the horn in case they are hard of hearing

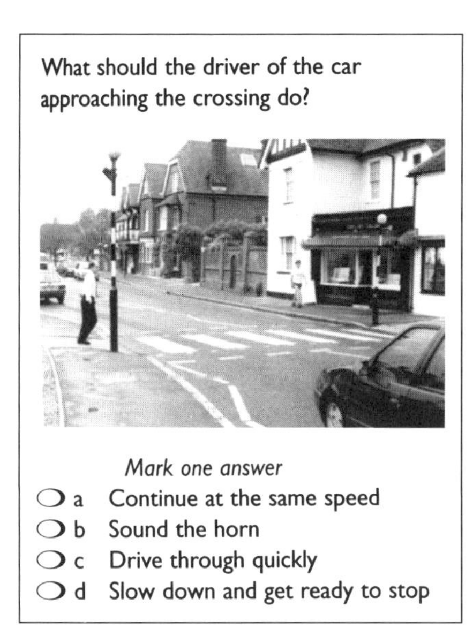

What should the driver of the car approaching the crossing do?

Mark one answer

- ❍ a Continue at the same speed
- ❍ b Sound the horn
- ❍ c Drive through quickly
- ❍ d Slow down and get ready to stop

Wir können die Schüler systematisch auf die Führerscheinprüfung vorbereiten. In den Fahrschulen sind Arbeitsbögen in mehreren Sprachen vorhanden. Bebilderte Ankreuzaufgaben bieten reichlichen Arbeits- und Gesprächsstoff. Schüler, die die Prüfung schon bestanden haben, könnten als Gesprächsleiter eingesetzt werden (LdL).

8) Schach

Was spricht dagegen, unsere Schüler das Spiel aller Spiele zu lehren? In Deutschland ist das Schachspiel mit seinem ehrwürdigen orientalischen Ursprung schon um das Jahr 1000 bezeugt. Im Mittelalter entstand mit dem Schachbuch sogar eine neue Literaturgattung, eine Art Sitten- und Ständerevue, in dem das Spiel allegorisch als ein Spiegel der Gesellschaft benutzt wurde, in dem jeder seinen vorgezeichneten Platz hatte.

Wir brauchen ein Demonstrationsbrett mit Magnetfiguren (erhältlich von Schach Niggemann, www.niggemann.com). Wir führen das Spiel ein, stellen nacheinander die Figuren vor, ihre Ausgangsstellung und Bewegungsweisen und das Benennungssystem der Felder. Das lässt sich sprachlich sehr ergiebig gestalten:

> Many centuries ago it was the King who led his army into battle. Later kings became wiser and stayed safely at home while the battles were fought. This is what they do in chess as well. They try to stay away from the battle. Because the King is the man the enemy is after. He may move in any direction, but he may move only one square at a time (demonstration). He cannot run away from danger. So he must be strongly defended by his men/pieces ...

Meist kann schon ein Schüler Schach spielen, der über die einzelnen Figuren Auskunft gibt und einige Eröffnungszüge vorstellt.

Dann fangen wir einfach an zu spielen. Man teilt die Klasse in zwei *teams* ein. Jeder einzelne Zug wird vorher begründet und auch danach diskutiert. Nebenbei werden endlos Konditional-Sätze geübt:

> If we capture a bishop, it's probably worth three pawns. – Attack the Queen. You'll be checkmated if you don't. – If I move my bishop to C4, they won't be able to take it. If I took his pawn, he could take my knight. If you had moved the Castle away, you could have captured the bishop. – If the pawn is moved to ..., it cannot be captured. – If it were White's turn to move, he could either move one square forward or two squares. – You should have moved the knight instead of the pawn. – Suppose we moved the King away. – Suppose we had moved the King away. – Let's find a way of blocking this attack. – How can we prevent White from taking our pawn?

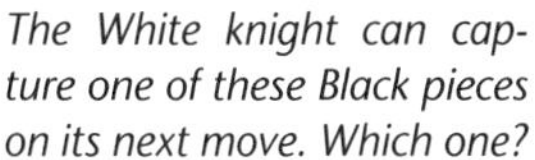

The White knight can capture one of these Black pieces on its next move. Which one?

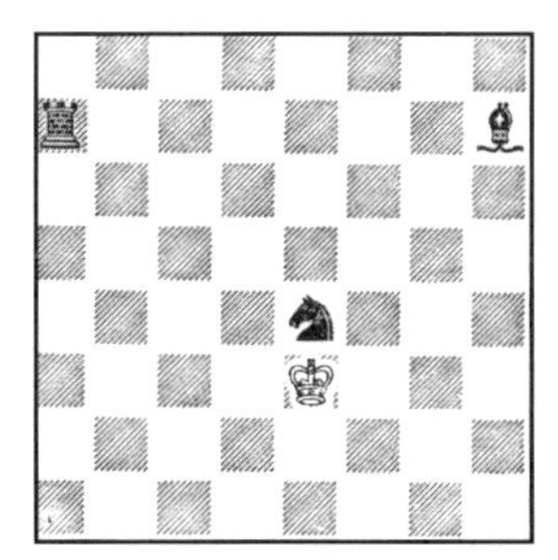

How can a Black piece check the White king in one move?

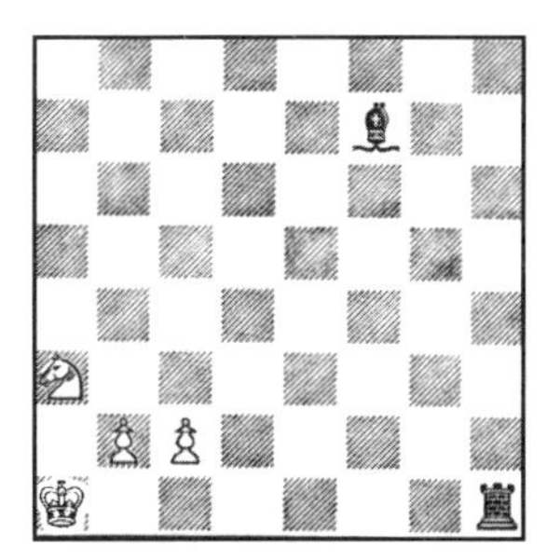

How can this King get out of check?

"The advantage of using chess rather than the other games, which will soon become obvious from the enthusiasm of the students, is that it is basically simple, yet infinitely challenging, and captures the interest of younger as well as older students much more effectively than most of the games typically used for language practice", schreiben Morrissey & Morissey (1983, 20), die dies mit einer Klasse 10 ausprobiert haben. Als pikante Vorspeise kann man die Schachszene aus dem ersten Harry-Potter-Film anbieten.

9) Muttersprachler im Unterricht

Christel unterrichtet über zwanzig Jahre an der Hauptschule. Mit vielen ehemaligen Schülern hält sie Kontakt und weiß, was aus ihnen geworden ist. Sie lädt den einen oder anderen gelegentlich ein und lässt ihn über seinen Lebensweg nach der Schule erzählen. Ihren Sohn, der im Hochschulsport einen Karategürtel erkämpft hat, hat sie in die Sportstunde zu einer Demonstration gebeten – ein Volltreffer. Alle kommen sie, und sie kommen gerne. Die Schüler hören interessiert zu, bekommen einen Vorgeschmack aufs Leben nach der Schule. Genauso können wir Ehemalige einladen, die in ihrem Beruf fremde Sprachen können müssen. Zugleich machen wir *native speakers* im Einzugsbereich der Schule ausfindig und holen sie in die Klasse.

Zur Erinnerung: Bei den Bildungsreisen Adliger oder reicher Bürgersöhne ging es nicht nur um landschaftliche und kulturelle Sehenswürdigkeiten. Besonders war man darauf aus, von Berühmtheiten empfangen zu werden und mit ihnen ein Gespräch zu führen. (Fuhrmann 2001) Gesucht war also der persönliche Umgang mit fremden Muttersprachlern, die ihre Kultur verkörpern. Den kann man heute aber auch zu Hause haben, etwa wenn unsere Schüler ihre ausländischen Brieffreunde eingeladen haben.

> I was also fortunate to be in classes where we often had guest students especially from the US and once even from Australia. Having them around made lessons different and offered us the chance to constantly talk to native speakers and also to make new friends. (*Sandra H.*)

Solche Besuche sind das Echtheitssiegel, das wir unserem Unterricht aufdrücken. Leider werden auch die schönsten Möglichkeiten zuweilen nicht genutzt:

> I found it surprising that the English teacher took no notice of the foreign guests. He welcomed them only at the beginning of the lesson. It would have been a wonderful opportunity for the teacher to include the native speakers in the lessons. ... It would have been a chance for all the pupils who did not take part in the exchange to hear native speakers. Was the teacher afraid or unsure about his ability in front of "experts" or why did he not use this opportunity? (*Monika K.*)

Der Clou ist schließlich, Muttersprachler permanent im Unterricht zu haben, als Mitschüler und Lernpartner. Das haben einige internationale Schulen in Großstädten geschafft. Sie werben gezielt solche Schüler an, die die im Lehrplan angebotenen Sprachen als Muttersprache haben. Dann richten sie einige Klassen bzw. Fächer ein, in denen etwa die Hälfte der Schüler die jeweilige Verkehrssprache als Muttersprache beherrschen. Damit überwinden sie das – neben dem Zeitfaktor – größte Hindernis, mit dem der Unterricht im Vergleich zum natürlichen Spracherwerb zu kämpfen hat, das ungleiche Verhältnis von fertigen Sprechern zu unfertigen Lernern. Wir müssen eben die Natur studieren, ihr die Mittel abschauen und uns fragen, wie weit wir ihr unter den Bedingungen der Schule entgegenkommen können. Im zusammenwachsenden Europa könnte diese Praxis der "Kohabitation" erheblich ausgeweitet werden, nicht nur in Großstädten, sondern auch in Grenzstädten. Schüler, die unsere Schulfremdsprachen als Muttersprache haben, sind eine Art natürliche Ressource.

10) Konfliktmanagement und Schulkultur

Empfehlenswert das Projekt "Friedvolle Schule", in dem auch deutsche Schulen mitmachen. Da das Projekt ursprünglich von Amerika ausging, liegen die Materialien schon auf Englisch vor. (Peaceful Schools International Deutschland e.V.)

Überhaupt kann sich der Fremdsprachenunterricht in eine ganze Reihe unterschiedlichster fächerverbindender Projekte sinnvoll einbringen, in denen Schüler das Ziel mitbestimmen, den Ablauf planen, das Projekt durchführen und das Ergebnis reflektieren. Stets müssen Schüler miteinander handeln und kommunizieren – warum nicht auch in den Fremdsprachen? Diese sind für alles Schöne und Interessante offen. Wie kein anderes Fach können die Sprachfächer auf individuelle Interessen eingehen.

[1] Nathanael G. aus Orléans (1583), zit. nach Streuber (1914, 29f.). Vgl. etwa Thomas Grantham (1644): "Let a boy of seven or eight years of age be sent out of England into France: he shall learn in a twelvemonth or less to write and speak the French tongue readily." Ebenso wurden die französischen Gottesdienste im London der Restaurationszeit nicht nur der Erbauung halber, sondern auch wegen der Sprache frequentiert (nach Lambley 1920, 341; 328ff.).

[2] Du Grès (1636), nach Lambley (1920, 351)

[3] zit. nach Streuber (1914, 137)

[4] Lambley (1920, 399) berichtet z.B. von Thomas Watts, der um 1670 eine Privatschule in London unterhielt und einen Französischlehrer verpflichtete, der nicht nur Unterricht gab, sondern auch bei Tische saß, um sich dort mit den Pensionären auf Französisch zu unterhalten. Thomas Tryon (1695) meinte, eine Schule müsse etwas abseits liegen, um jeden Verkehr mit "wilden" Kindern zu unterbinden. Die Schüler sollten nur noch Latein oder Französisch hören und sprechen.

[5] "The Bilingual Project experience has demonstrated that an integration of medium and message, of structure and communication, and of the first and second language is possible, and that there is a middle ground between teaching strategies which emphasize acquisition of linguistic structures divorced from students' communicative needs on the one hand, and those that emphasize message-orientated communication which is divorced from considerations of linguistic structure, on the other." (Cummins & Genesee 1985, 46)

[6] Weitere empirische Studien empfehlen ebenfalls "a combination of functional and formal approaches", u.a. Politzer (1980) und Harley et al. (1990).

[7] "There are serious questions to be raised about the use of de-contextualised sentences for grammatical practice. If sentences are to function as utterances, part of extended discourse, then *all* practice materials which claim to attend to the meaning of sentences must use *only* sentences which occur with co-text. This statement dismisses the value for meaningful grammar practice of many, if not most, of the grammar exercises in textbooks and practice books which are currently available." (Lewis 1993)

[8] Eine ähnliche Arbeitsform findet sich bei Thiering (1996, 12), der sie aber auf den Sprechakt des Vorwurfs beschränkt. Ein Vorwurf ist natürlich besonders geeignet, Reaktionen hervorzurufen wie Zurückweisungen, Gegenangriffe usw.

[9] Über das Schuldrama der Lateinschulen und seine Verwandtschaft mit dem Schulgespräch siehe auch Fuhrmann 2001, 72f.

Sprachen lernt man, wenn sie uns – dem Sinn und der Form nach – *verständlich zugesprochen werden.*

2 Zweifach Verstehen: die Grundbedingung des Spracherwerbs

Verstehen, wie's gemeint ist: das Verständigungsproblem

Dass man eine Sprache lernt, indem man sie lebt, sprich: auf jede erdenkliche Weise ausübt, ist nun geradezu trivial. *Throw enough mud on the wall, and some will stick.* Aber welche Minimalbedingungen müssen erfüllt sein, damit Spracherwerb zustande kommt? Es gibt deren nur zwei.

Sprache ist zuallererst Rede. Ihr Erwerb beginnt da, wo wir Sprache hörend (oder hörend und mitlesend) aufnehmen und verstehen. Wer nichts von dem versteht, was er hört, lernt auch nicht. Man holt sich nicht Sprachen wie einen Sonnenbrand, indem man sich ihnen bloß aussetzt. Wir lernen auch nicht sprechen wie die Spinne das Weben, das einfach heranreift. Damit Zugesprochenes nicht von uns abprallt, sondern aufgenommen und verarbeitet wird, müssen wir verstehen, was gemeint ist, was man von uns will, worum es geht. Das ist die erste Bedingung.

Verstehen, wie's gesagt ist: das Analyseproblem

Verstehende Sprachaufnahme ist notwendig, aber ist sie auch schon hinreichend? Nein. Zwar mag sie dem Touristen genügen. Für ihn kommt es darauf an, dass die Verständigung momentan funktioniert. Aber: wer eine Sprache erlernen will, muss darüber hinaus verstehen, *wie's gesagt ist.* Das ist die zweite Grundbedingung. Da beide Arten des Verstehens – nennen wir es: funktionales und formales – bei den nah verwandten, üblichen Schulfremdsprachen oft zusammenfallen, wird das Verstehen der Form als Grundbedingung des Erwerbs oft übersehen.

Wer zum ersten Mal *s'il vous plaît* hört, könnte meinen, es handele sich wie im Deutschen um ein Wort. Erst im Druck wird klar, dass das Wort für 'bitte' aus vier Teilen besteht:

s(i)	il	vous	plaît
wenn	es	euch	gefällt/beliebt

Muss man das wissen? Nicht, um höflich zu bitten. Wir haben ja den Ausdruck richtig verstanden und können ihn richtig anwenden. Es genügt, den *Sinn* dieser Formel zu kennen. Die *Bauform* wird erst interessant, wenn wir die fremde Sprache erlernen wollen, statt nur auf momentane Verständigung aus zu sein. Dann können wir aus unserem Verständnis der Form Kapital schlagen und nach ihrem Muster Dinge sagen wie *'si l'hôtel vous plaît'* 'wenn das Hotel euch gefällt'; *'si le vin vous plaît'*, 'wenn der Wein euch gefällt'. Damit wird etwas Entscheidendes möglich, das den Spracherwerb bestimmt: Erst jetzt können wir den Satzgenerator ankurbeln bzw. von "endlichen Mitteln unendlichen Gebrauch machen". (Humboldt 1963, 477) Ohne solches Verständnis bliebe der Gebrauch von *s'il vous plaît* reine Vokabeldressur.

Nehmen wir ein Beispiel aus einer weniger bekannten Sprache. In einem Buchladen auf der Insel Malta kommt uns eine Titelillustration vertraut vor. Der Name des Autors "Saint-Exupéry" beseitigt dann alle Zweifel: "Il-princep izzghir" ist "Der kleine Prinz". Damit haben wir den Titel nicht nur verstanden, sondern auch schon halb analysiert. "Il-princep" muss "der Prinz" sein. Wir brauchen aber die vollständige Analyse, um weiterzukommen: "Der Prinz der kleine", so sagt es der Malteser, und nun verstehen wir auch Fügungen wie "il-bahar il-mejjet", "das Meer, das tote" also: "das Tote Meer" und können uns daran wagen, eigene Ausdrücke nach diesem Muster zu stricken:

il-princep iz-zghir	Der Prinz der kleine
il bahar il-mejjet	Das Meer das tote
il bahar l-ahmar	Das Meer das rote

Auch im folgenden italienischen Beispiel bleibt unser strukturales Verstehen zunächst auf halbem Wege stecken:

un mese fa	vor einem Monat
tre ore fa	vor drei Stunden

Wir denken uns die Struktur in Analogie zu:

a month ago
three hours ago

und können zahllose weitere Fügungen bilden:

due ore fa	vor zwei Stunden
tre anni fa	vor drei Jahren

Die Analyse ist aber erst vollständig, wenn wir "fa" als "(es) macht" verstehen, also:

un mese fa	einen Monat macht's
tre ore fa	drei Stunden macht's

Wir erkennen die Logik dieser Ausdrucksweise, ähnlich dem Französischen:

il y a un mois
il y a trois heures

und können "fa" richtig einordnen und weiter verwenden:

non fa niente	er tut nichts
il dolce far niente	das süße Nichtstun
così fan' tutte	so machen's alle (Frauen)

Das bloße Verstehen aus der Situation heraus führt den Sprachlerner nicht weit genug. Er muss auch verstehen, wie die fremde Sprache das macht, und dabei das Systemhafte heraushören:

> I could read the Irish names for places and streets in Dublin. But with most phrases that I learned I only gained a situational understanding, not a structural one. I knew that I could reply: "Berit is ainm dom" to the question "Cad is ainm duit?", but I only really understood which element was what and how they were structured in very few sentences. (*Berit M.*)

Es gibt aber auch die umgekehrte Erfahrung. Man versteht einen Satz in allen Einzelteilen, ohne den Sinn zu erfassen – wie es Martin Luther unnachahmlich formuliert: "Wir hatten wohl das wort, aber wir verstunden nicht *sententiam.*"

Am deutlichsten klafft die Lücke zwischen Gesagtem und Gemeinten bei bildlichen Redensarten und der Ironie. Autistische Kinder, d.h. solche, die trotz ihrer Behinderung zur Sprache fanden, haben damit ständig Schwierigkeiten. (Butzkamm & Butzkamm 1999, 172) Es gibt Hinweise, dass sich das Gehirn an dieser Stelle die Arbeit teilt. Das Gesagte ist primär Sache der linken Hirnhälfte, beim tatsächlich Gemeinten leistet die rechte die Hauptarbeit.

Fazit: Erst das Verstehen von Sinn *und* Form setzt unseren Spracherwerbsmechanismus in Gang und macht aus *input* verarbeitbaren *intake*. Jetzt erst kann's weitergehen. Jetzt erst kann ich Eigenes, noch nie Gehörtes sagen. Nur so sind Sprachen überhaupt lernbar.[1] Sonst stünden wir vor einem unübersteigbaren Berg des Memorierens.

Kinder knacken den Kode: 1) Mutterspracherwerb

Wie lösen Kleinkinder diese Doppelaufgabe? Wie schaffen sie vor allem den zweiten Teil der Aufgabe, nämlich die einzelnen Bedeutungsträger aus dem Lautstrom herauszulösen, um sie immer wieder neu zu kombinieren?

Eltern wollen verstanden werden und sprechen deshalb mit ihrem Kind auf eine besonders hilfreiche Weise. Ohne dass sie es bewusst darauf anlegen, dient das "Mutterische" nicht nur der Verständigung, sondern hilft auch bei der Entschlüsselung der Sprachform. Hierzu gehören das langsamere und deutlichere Sprechen, der einfachere Satzbau, der Bezug auf das Hier und Jetzt, die Wiederholungen und besonders das Betonen der neuen, den Sinn tragenden Wörter, die aus dem sie umkleidenden Redeschwall herausgehoben werden. Wort- und Satzgrenzen werden intonatorisch markiert. So ermöglichen sie ein doppeltes Verstehen. Das Kind ist demnach kein Münchhausen, das sich am eigenen Schopf aus einem Meer von Sprache emporziehen muss.[2] Durch die Art, wie Eltern zu ihnen sprechen, begreifen Kinder nicht nur, was man jetzt von ihnen will und wie das Gespräch weitergehen soll, sondern wo die Dinge sich im Lautstrom wiederfinden. Mit der Entschlüsselung der Botschaft geht es zugleich um die Entschlüsselung der Sprachstruktur.

Typisch für Elternsprache ist das korrigierende und erweiternde Wiederaufgreifen einer kindlichen Äußerung:

Tochter: Gisabeth Mama sind?
Vater: Ja wo sind denn Elisabeth und Mama?

Der Vater macht die Frage des Kindes grammatisch vollständig: Das Fragewort *wo* und das Bindewort *und* werden hinzugefügt, dazu kommt die Frageinversion. Das Kind bekommt die grammatischen Informationen, die ihm noch fehlen. Solche Expandierungen, mit denen Eltern mehr oder weniger automatisch auf den kindlichen "Telegrammstil" reagieren, scheinen mit einem schnelleren Spracherwerb zu korrelieren. (Döpke 1992, 83f.)

Folgendes Gespräch, das der Papa mit der zweijährigen Gisa führt, zeigt, wie beim gemeinsamen Betrachten eines Bilderbuchs gleichsam stückchenweise Satzteile abgefragt werden.

Gisa: Wurst aufagessen.
Papa: Ja der Hund hat die Wurst aufgegessen. Und jetzt, was macht der Mann jetzt?

G:	Wiedaholen, Wurst.
P:	Ja, der läuft hinter dem Hund her und hat'n Stock in der Hand. Was will er denn mit dem Stock machen?
G:	Hauen.
P:	Wen will er denn hauen?
G:	Hund.
P:	Aha.
G:	Hund hauen.
P:	Warum denn?
G:	Mit'm Tock.
P:	Warum will er denn den Hund hauen?
G:	Mit'm Tock.
P:	Ah so, mit'm Stock. So. Gut.

Gisa baut schon selbstständig die beiden Teile "hauen" und "Hund" zu "Hund hauen" zusammen; den Instrumentalis "mit'm Tock", den ihr der Vater – ungewollt – entlockt, kann sie wohl noch nicht in diesen Satz einbauen. Dazu muss sie neu ansetzen. Aber später wird aus dem, was hier untereinander steht, ein Nebeneinander. Aus "vertikalen" Strukturen werden "horizontale": die Information, die auf zwei Gesprächsteilnehmer verteilt ist, kann sie dann in einen Satz zusammenziehen. Die Warum-Frage überhört sie großzügig bzw. beantwortet sie, als ob nach dem "Womit" gefragt worden wäre. Wahrscheinlich versteht sie erstere noch gar nicht, ist jedenfalls noch weit davon entfernt, als Antwort einen Nebensatz mit "weil" zu bilden. Souverän sortiert das kindliche Sprachhirn die Probleme aus, mit denen es noch nicht fertig wird, und ersetzt somit gewissermaßen den Lehrer, der den Sprachstoff vom Einfachen zum Komplexen hin stuft.

Aber die Eltern assistieren und zeigen eben ihren Kindern nicht nur, wie man ein Gespräch führt, sie geben neben "conversational lessons" und "mapping lessons" so etwas wie "segmentation lessons", die man mit Fug und Recht auch "grammar lessons" nennen könnte:

> Many of the utterances addressed to young children contain *segmentation lessons,* lessons that suggest how utterances ought to be divided up into words, phrases, and clauses. For example, adults speak very slowly and pause at the end of each utterance. With one-word utterances, this serves to pick out the boundaries of each word. Adults also help children identify boundaries by placing new words in familiar frames such as *Look at ... or There's a ...* . Finally, when adults repeat themselves, they repeat single words, phrases, and occasionally whole sentences. These repetitions provide further information about the constituents of each utterance. (Clark & Clark 1977, 328)

Das Kleinkind muss ja ohne die Sinn und Struktur klärende Segmentierung der Schrift auskommen.

"Gib mir den Ball", könnte die Mutter sagen, und das Kind überreicht den Ball. Ohne Zweifel hat es die Mutter verstanden. Aber um Sprache zu lernen, muss es noch mehr leisten. Es muss herausfinden, an welcher Stelle im Lautstrom einmal der Akt des Überreichens, dann das zu Überreichende und schließlich auch die Person, der etwas überreicht wird, präsent sind. (Oder auch, ob sie im Lautstrom gar nicht vorhanden, sondern rein aus der Situation zu erschließen sind!) Um dem Kind diese Zuordnungen zu erleichtern, sagen Mütter ganz instinktiv: "Gib Mama den Ball." Denn "Mama" ist eindeutig, während "mir" mit seinen wechselnden Bezügen schwieriger zu erfassen ist. Ebenso heißt es eine Zeitlang: "Gisa muss jetzt ins Bettchen" statt "Du musst jetzt ins Bettchen." So kann das Kind das Handlungsarrangement mit dem sprachlichen Arrangement leichter zur Deckung bringen. Wo im Lautstrom versteckt sich die im Spiel so offenkundige Tatsache, dass eben noch ein Ball, jetzt aber mehrere Bälle da sind? Das Kind muss darauf aufmerksam werden, wie sich Situation und Sprache – aus "Ball" wird "Bälle" – im Einklang miteinander verändern.

Hat es erkannt, welche Art von Bündnissen die situativen mit den verbalen Ordnungen eingehen, kann es Vergleiche anstellen, Analogien bilden, sprachliche Regelungen erfassen – und das alles unbewusst. Die Grammatik wird also erst dann erzeugt und der Spracherwerb in Gang gesetzt, wenn das Kind im Zugesprochenen den gegliederten Sinngehalt der gegliederten Form Punkt für Punkt zuordnen, somit den Kode knacken kann.

Dass dies bei komplizierten Mustern nicht auf Anhieb, sondern nur etappenweise gelingt, davon zeugen halb analysierte Formen wie "*wenns du kommst", wo das häufige Vorkommen von Sätzen wie "wenn's regnet", "wenn's schön ist" Pate gestanden hat. Folglich besteht die Lernaufgabe darin, die Formel aufzubrechen und in Einzelwörter als die Grundbausteine der Rede zu zerlegen: "wenn's" = "wenn es".[3]

Kinder können gelegentlich auch die Analyse zu weit treiben. So können Standardermahnungen wie *I want you to be good./I want you to behave.* zu folgenden falschen Segmentierungen geführt haben:

> I'm going to be very very /heyv/.
> Daddy, Laura's not being /heyv/. (Peters 1983, 38)

Die vierjährige Christine löst dieses Problem fast auf Anhieb. Sie unterhält sich mit einem Erwachsenen, Steven.

> Steven tells Christine she "must behave", if she wants Steven to read her a book. He is, however, paying more attention to a cassette tape that is playing music than he is to Christine. A couple of minutes later:
> C: Steven I am /heyv/.
> S: What? You hate? What do you hate?
> C: /heyv/. I am /heyv/.
> S: You hate? You hate me? The music? What?

C: No, I am /heyv/. /heyv/.
S: I don't know what you are talking about.
(Silence. A bit later)
C: I /heyv/.
S: You hate me?
C: (shakes her head no)
S: What do you hate?
(Silence. A bit later):
C: I am behaving. (Peters 1983, 43)

Das ist fast schon zu gut, um wahr zu sein!

Eltern sind weit mehr als Kommunikanten und Sprachlieferanten. Sie legen es darauf an, dass ihre Kinder mit dem Gesamtsinn einer Äußerung zugleich erfassen, wie einzelne Sinnelemente im Satz platziert sind, und geben dadurch Hinweise auf die Grammatik, ohne allerdings grammatisch zu belehren. Ein solcher Versuch müsste auch kläglich scheitern.

Kinder knacken den Kode: 2) Natürlicher Zweitspracherwerb

Natürlich haben auch Zweitsprachenlerner ein Segmentierungsproblem. Von jungen Türken hörte ich Äußerungen wie "Du ichheiße?" (= Wie heißt du?) und "Ich wieheißtdu Fathma" (= Ich heiße Fathma). Lilly Wong-Fillmore (1976), die ein Schuljahr lang fünf mexikanische Einwandererkinder in einer kalifornischen Grundschule, in der Familie und auf dem Spielplatz beobachtete, hat bei Aufspaltung von Äußerungen mehrere Etappen unterschieden. Die Kinder schnappen als erstes Äußerungsganze auf, die sie situationsgerecht verstehen, ohne sie strukturell zu durchschauen. Dann erst beginnt die unbewusste Analysearbeit, bei der die Kinder zunächst feste Ausdrücke allmählich auseinanderklamüsern, bis alle ihre Bestandteile frei variiert werden können. Es gibt undurchschaute Komplexe wie halb analysierte Formen, bis schließlich die vollständige Zergliederung erreicht ist. Fillmore unterscheidet folgende Schritte:

1) Kinder hantieren mit Äußerungsganzen, mit *formulas:*

gimme
lemme see
stopit
I dunno

2) Sie spalten die Ausdrücke in einen festen und einen variablen Teil auf. Die Variationen beschränken sich jedoch auf übernommene Teilstücke. Die festen *formulas* sind unterstrichen:

– I can say it the story
I can say it cat all right.
Lemme see it the tweedle.
I wanna read it dese story.
I wannit the scissors.

3) Der variable Teil wird noch offener. Es entstehen eigene, nicht abgelauschte Äußerungen. Die Struktur wird in einem Teilbereich produktiv:

I wanna	I wanna three.	I wanna dese
	I wanna here.	You wanna here and me here?
Gimme ...	Gimme dese. Gimme dese one. Gimme one for dese.	
	Gimme you telephone (i.e. your telephone number)	

4) Die Struktur wird in allen Positionen variabel. Eine Reihe von Wörtern wird zu einer Klasse verallgemeinert. Die Struktur enthält also keine spezifische Lexik mehr, sondern ist nun als abstrakter Satzrahmen definiert, etwa Subjekt – Verb – Objekt oder Artikel – Eigenschaftswort – Hauptwort. Alle Positionen können mit Wörtern einer Klasse besetzt werden. Am Ende kann alles, was der Augenblick zuträgt, neu komponiert werden.

In französisch-deutschen bilingualen Kindergärten hat Petit (2002, 436) ebenfalls das Aufbrechen von zunächst ganzheitlich aufgefassten Ausdrücken wie "Hände waschen" beobachtet:

> After a short time they are reanalysed by the children, as permutations of constituent elements show: *Hände waschen* is then differentiated from *Nase waschen.* The capacity to analyse such phrases marks an important step in the acquisition of productive skills in German.

So ordnet sich die Sprache dem Kind, so ordnet sich das Kind die Sprache. Wie beim Mutterspracherwerb, können die Eltern dem Kind dabei helfen. Döpke bezeichnete in ihrer Studie deutscher Auswandererfamilien einen Teil der Elternsprache als "Lehrtechniken" (wie schon Clark & Clark beim Mutterspracherwerb):

> Parental utterances were considered teaching techniques when they presented the child with verbal models, rehearsed language information for the child, made pattern structures transparent, or elicited verbalizations from the child. (Döpke 1992, 146)

Vielleicht sind sich Eltern bilingualer Kinder ihrer Lehrfunktion um einige Grade bewusster als Eltern in einer einsprachigen Situation.

Kinder knacken den Kode: 3) Unterricht

Den Kode knacken, das heißt also, die Wörter als Grundbausteine der Rede erkennen, die Wortstämme von ihren Formativen trennen, sie aus ihren jeweiligen Kontexten herauslösen und erfassen, wie sie sich regelhaft zu Sätzen zusammenfügen. Wie sieht dies im Unterricht aus?

Wir haben das Zeugnis eines erfahrenen Linguisten, der in der Berlitz-Schule einen Japanisch-Kurs belegt und seine Selbstbeobachtungen richtig zu analysieren versteht:

> In addition errors of segmentation like those children sometimes make. Hearing again and again the question *Kore wa nan desu ka?* (What is this?) but never seeing it printed I conceived of *korewa* as a single word; it is spoken without pause. Some lessons later I learned that *wa* is a particle, an unchanging uninflected form, that marks the noun it follows as the topic of the sentence. Interestingly enough I did not, at once, reanalyze my word *korewa* and such others as *sorewa* and *arewa* into noun and particle forms. I did not do that until I started to hear such object forms as *kore o* and *sore o* and *are o* in which *o* marks the direct object. Then the truth dawned on me, and the words almost audibly cracked into *kore, sore,* and *are,* three demonstratives which took *wa* in the nominative form and *o* in the objective. How beautifully consistent! Children learning English as their native language also sometimes mistake often repeated forms like *What's this?* or *it's* or *Put it* for single words. (R. Brown 1973, Vorwort)

Das Analyse- bzw. Segmentierungsproblem besteht also auch im Unterricht, was ja auch wohl nicht anders sein kann. Wir können es uns aber bei wenigen Wochenstunden nicht leisten, zu warten, bis der Groschen schließlich von selber fällt. Mit anderen Worten, wir müssen der grammatischen Induktion auf die Sprünge helfen und Schüler bei ihrer Zerlegungsarbeit unterstützen.

So sind falsche Segmentierungen im Unterricht ebenso belegt wie im natürlichen Spracherwerb:

> So a class can have "done" the topic of television and know that *j'aime* means "I like" while forgetting that *j'* means "I". Thus, to say "Rebecca likes East Enders", many pupils typically come out with "*Rebecca j'aime le East Enders*"... (Elston, TES 1998)

Unterricht:

> I'm want some dinner.
> It's looks like a bus.
> What's was that?

Mutterspracherwerb:

> It's went.
> It's played.
> It's was going.

"Fragen zum Text" haben deshalb nicht nur die Funktion, die Schüler zum Sprechen zu bringen. Wenn Meidinger (1795) z.B. empfiehlt, seine Texte "fragweise" durchzugehen, werden regelrecht Satzglieder herausgefragt, also die Struktur verdeutlicht:

> Qui étoit allé un jour dans une boutique?
> Un gentilhomme.
> Où étoit allé un jour un gentilhomme?
> Dans une boutique.
> Pourquoi y étoit-il allé? (zit. nach Macht 1986, 23)

Die Ähnlichkeit mit dem weiter oben wiedergegebenen Vater-Kind-Dialog über den diebischen Hund ist frappierend. Solche Fragen sind ein Stück Grammatikarbeit.

So ist es zwar richtig, wenn die Didaktik auf Kollokationen und Wortverbindungen aller Art pocht, auf Floskeln und Formeln, *lexical phrases*, die, als ganzes abgerufen, schnelles und flüssiges Sprechen ermöglichen.[4] Aber das Einzelwort ist nicht "wertlos", wie etwa Lewis (1993) meint. Es muss als Grundbaustein der Rede erst einmal gewonnen werden: Befreit die Wörter! Unanalysierte Sprachstücke (*chunks*) müssen erst aufgebrochen, dekomponiert werden, um dann wieder zu größeren Einheiten zu verschmelzen. So moniert Rück den in der Didaktik vorherrschenden "Kontextdogmatismus" und betont:

> Man muß die Wörter auch behalten und im Bedarfsfall müssen sie abrufbar vorhanden sein. Das aber läßt sich nur bewerkstelligen mit freien, nicht gefangenen Wörtern. (Rück 1998, 345)

Erst nach dem Aufbrechen der Strukturen können Einzelelemente wieder zu größeren Bauteilen verschmelzen, die fertig gespeichert und abgerufen werden und uns damit zu schneller, flüssiger Spontansprache verhelfen. Wir kürzen uns den Weg ab, analog zu Formen wie *zum, im, am,* die wir aus *zu dem, in dem, an dem* zusammengezogen haben und auch wieder auflösen können.

Schnelles Reden ist also nur möglich, weil wir Bauteile unterschiedlichster Größe in unsere Äußerungen montieren. Routineformeln, die wir stereotyp verwenden, sind zwar als Abkürzungen nicht von der Oberfläche her erkennbar, dennoch als mentale Kürzel psychologisch real. So kommt der Phraseologie im Fremdsprachenunterricht besondere Bedeutung zu. Erst müssen aber die Bausteine der Sprache aus dem Redefluss herausgefiltert werden, dann können sie wieder zu größeren Fertigteilen verschweißt werden. Aufspalten und Verschmelzen; *fission* und *fusion* sind einander ergänzende Strategien des Spracherwerbs. (Peters 1983)

Bilinguale Textmethoden von der Spätantike bis heute

Denn was der Mensch ist, sagt ihm seine Geschichte. (*Wilhelm Dilthey*)

Wie ein roter Faden zieht sich das Bemühen der Sprachlehrer um ein doppeltes Verstehen durch die geschichtliche Überlieferung. Viele Lehrarrangements erscheinen als Variationen über ein Thema: das doppelte Verstehen.

Das augenfälligste Mittel ist die Doppelgabe von sinngetreuer und wortwörtlicher Übersetzung. Ihr Spannungsverhältnis beherrschte schon die Anfänge der Bibelübersetzung, die Überführung hebräisch-aramäischer Texte ins Griechische, dann ins Lateinische und ins Gotische. Die Entscheidung fiel schließlich zugunsten einer sinngetreuen gegenüber einer literalen Übersetzung, jedoch waren "das Fortschreiten zu immer neuen Sprachen und die Freiheit der sinnorientierten Übersetzung immer wieder Gegenstand erbitterter theologischer Auseinandersetzungen." (Schlieben-Lange 1999, 5) Wo es dann nicht mehr um heilige Texte ging, sondern schlicht um das Lernen von Sprachen, lag es nahe, beide Mittel zugleich einzusetzen und didaktisch miteinander zu verknüpfen. Wäre dies die Geburtsstunde der abendländischen Sprachlehrmethodik?

Schauen wir in die lateinische Grammatik des Aelius Donatus aus dem 4. Jahrhundert, seiner *Ars minor*, die in der karolingischen Renaissance verwendet und ein Standardwerk des Mittelalters wurde. Dazu gehört die in der Heidelberger Universitätsbibliothek aufbewahrte Donathandschrift des ausgehenden 15. Jahrhunderts, die der kaiserliche Notar Konrad Bücklin aus der Diözese Speyer fertigte. Jeder Sinnabschnitt ist dreifach vorhanden: 1) der lateinische Originaltext, 2) derselbe Text, deutsch Wort für Wort hintereinander glossiert, unter der Überschrift "Ußlegung", 3) eine freie Übersetzung, genannt "der sin jn tütschem": "Diß ist der Donat jm latin Vnd die Vsslegung von wort zu wort ouch der sin jm tütschem als hie nach geschriben stet."[5]

In diese Tradition der Doppelübersetzung gehören die berühmte Pädagogik der Jesuiten, wie sie in ihrer *Ratio Studiorum* festgehalten ist, ebenso wie der vielfach aufgelegte *Nouveau cours ... de langue anglaise* (1842) von T. Robertson sowie die im 19. Jahrhundert immens erfolgreichen Studienbriefe nach der "Methode Toussaint-Langenscheidt", die als Lehrtext Dickens' "A Christmas Carol" zugrunde legen:

A Christmas Carol in Prose by Charles Dickens.
ă krĭß''-măß kăr'-ĕl ĭn prōs'' beĭ tschā-ls dĭk''-ĕns
Ein Weihnacht**) Lied in Prosa durch Carl Dickens.

Marley's Ghost.
mār'-lĕs gōßt''
Marley's Geist.

1*) Marley was dead:]***) 2 to begin with.] There is no**
mār'-lĕ wŏs dĕd'' tĕ bĕ-gĭn'' wĭdh dhēr. ĭs nō
Marley war todt [2]zu †) [3]beginnen [1]mit. Da ist kein

doubt whatever about that. 3 The register of his burial]
daut hwŏt-ĕw''-ĕr ă-baut' dhăt dhĕ rĕdG'-ĭß-tĕr ŏw hĭs bĕr''-rĭ-ĕl
[2]Zweifel [1]welcher auch immer an das. Das Protokoll von sein Begräbniß

was signed 4 by the clergyman, the clerk, the undertaker,
wŏs ßeĭnd beĭ dhĕ klŏr''-dGĭ-măn dhĕ klārk'' dhĭ ŏn-dĕr-tēk''-ĕr
war unterzeichnet durch der Geistliche der Küster der Leichenbesorger

and the chief mourner.] 5 Scrooge] signed it: and 6 Scrooge's name
ănd dhĕ tschīf mōrn''-ĕr ßkrūdG ßeĭnd'' ĭt ănd ßkrūdG'-ĕs nēm
und der Haupt Leidtragende. Scrooge unterzeichnete es und Scrooge's Name

was good 7 upon 'Change,] 8 for anything] he chose to put 9 his
wŏs gŭd'' ŏp-ŏn' tschēndG fŏr ĕn''-ĭ-thĭng hī tschōs tĕ pŭt hĭs
war gut auf Börse für irgend etwas er wählte [4]zu [5]setzen [1]sein

hand] to. 10 Old Marley] was 11 as dead as a door-nail.]
hănd'' tū ōld mār'-lĕ wŏs ăs dĕd ăs ă dōr''-nēl
[2]Hand [3]zu. Alt Marley war so todt wie ein Thürnagel.

B. Deutsche Uebersetzung.

Ein Weihnachtslied in Prosa von Carl Dickens.

Marley's Geist.

Marley war todt; (da)mit beginnen (wir).*) Daran ist (gar) kein Zweifel. Das Protokoll über sein Begräbniß wurde von dem Geistlichen, dem Küster, dem Leichenbesorger und dem ersten Leidtragenden unterzeichnet. Scrooge unterzeichnete es, und Scrooge's Name war auf der Börse gut für Alles, was ihm zu unterschreiben beliebte. Der alte Marley war so todt wie ein Thürnagel (mausetodt, s. S. 34, Note).

*) Die in der deutschen Uebersetzung in runden Klammern () stehenden deutschen Wörter sind entweder im englischen Texte nicht wörtlich enthalten und nur hinzugefügt um einen guten deutschen Ausdruck zu erzielen, oder sie wurden aus gleichem Grunde frei (von der wörtlichen Bedeutung abweichend) übersetzt.

Übrigens macht Robertson (1842, 5; 7) klar, dass die zweisprachige Textdarstellung in den einsprachigen Unterricht einmündet: "Il doit se faire comprendre de ses élèves en ne leur parlant qu'anglais ... Les rapports entre eux et le professeur s'établissent sans l'intermédiaire de la langue française."

Ein Beispiel aus dem 20. Jahrhundert ist Heeschens (1990, 199f.) Versuch, uns die Sprache und Gedankenwelt der Eipo aus Neuguinea nahe zu bringen:

Metek mape,	metek kilmape	yupe-ak	lebnamne.	Urasin	malye	ublye
Kleine Jungen,	kleine Mädchen	Rede-Lok	ich=w.=reden.	Gesicht	schlecht	sie=seiend

kilme	malye	ublye	me	are	mape	malye,	kilmape	malye.	Min
Mädchen	schlecht	er=seiend	Junge	T	Jungen	schlecht	Mädchen	schlecht.	Zuerst

fole	gun	nebikirye	talena	dakce-ara	kilmape,	mape
Schnell	nicht	sie=wachsend-Ko	zwergenhaft	sie=werdend-	T Mädchen	Jungen

malye .	Urasin	deibuka,	min	fole	nebikce-ara,	mape	teleb.
schlecht	Gesicht	entstanden	zuerst	schnell	sie=wachsend-T	Jungen	gut.

Dei	aik	dam	yabre,	mem	deibuka,	mem	talye talye	deibikye,	yil
Faeces	Hütte	nah	machend	Tabu	gelegt	Tabu	umfassend	sie=setzend,	schlecht

dakye	mape	kilmape,	mape	malye.
sie=werdend	Jungen	Mädchen,	Jungen	schlecht.

> Von kleinen Jungen und Mädchen werde ich reden. Die Mädchen und Jungen, die böse Mienen machen, sind schlecht. Die Mädchen und Jungen, die von Anfang an nicht schnell gewachsen sind, die im Wachstum zurückgeblieben sind, sind schlecht. Die ein freundliches Gesicht mitbekommen haben und die von Anfang an schnell gewachsen sind, das sind gute Jungen und Mädchen. Die in der Nähe der Hütten defäzieren, die so geboren sind/die von solcher Art sind, dass sie auch Verbotenes anfassen, das sind bösartige Jungen, das sind schlechte Mädchen und Jungen.

Man sieht, dass die Interlinearversion noch durch zusätzliche Hilfszeichen erläutert werden muss. Das Gleichheitszeichen = z.B. fügt freie Morpheme oder Wörter zusammen, denen im Original ein Wort aus mehreren gebundenen Morphemen entspricht, "T" weist auf Thema-Rhema-Gliederung hin usw. Es gibt Sprachen, die Tempusunterscheidungen am Nomen kennzeichnen. Da man dies nicht im Deutschen spiegeln kann, braucht man auf jeden Fall zusätzliche grammatische Hinweise. So wird uns mit einem Schlag klar, wie absurd die Vorstellung ist, man könne fremde Sprachen unter den Bedingungen der Schule am besten ohne grammatische Hilfen erlernen.

Die Doppelgabe von wörtlicher und freier Übersetzung ist gewiss die klarste Umsetzung des Prinzips, vielleicht aber auch die aufwendigste und umständlichste. Sparsamer und zugleich eleganter scheinen solche Autoren vorzugehen, die ein doppeltes Verstehen durch Zeile-für-Zeile-Zuordnung erreichen. Wir beginnen mit einer Probe aus William Caxtons *Dialogues in French and English* aus dem Jahre 1483, die ihrerseits nur eine Bearbeitung einer in Brügge gedruckten französisch-flämischen Dialogsammlung aus dem Jahrhundert davor sind. Hier enthält die linke Spalte den zielsprachlichen Originaltext, die rechte die Übersetzung in die Muttersprache:

Quand vous alles par les rues,	*Whan ye goo by the streetes,*
Et vous encountres aulcuns	And ye mete ony
Que vous cognossies,	That ye knowe-,
Ou quilz soyent de vostre cognoissaunce	*Or that they be of your knowe-lech,*
Soyes ysnel et apparailleis	*Be swyft and redy*
De luy ou deulx premier saluer	*Him or hem first to grete*[6]

Das gleiche Verfahren benutzt auch Pierre du Ploiche, *A Treatise in English and Frenche righte necessarie and profitable for al yonge children* (1553). Auch hier soll der Zeilenbruch die Satzstruktur klären; ebenso bei Mathurin Cordier, dessen *Principia latine loquendi scribendique* (1556) für englische Schüler adaptiert wurde. Sie sollen in der Lage sein, über ihren eigenen Alltag zu reden – was uns sehr bekannt vorkommt:

P	When got you up?	Quando surrexisti?
S	A little before six, Master.	Paulo ante sextam, Praeceptor.
P	What do you say?	Quid ais?
S	It is just as I say.	Sic est, ut dico.
P	You are up too early.	Tu nimes es matutinus.
	Who waked you?	Quis te expergefecit?
S	My brother.	Frater meus.
P	Did you say your prayers?	An precatus es Deum?
S	As soon as my brother had comb'd me, I said them.	Cum primum frater me pexuit, precatus.
P	In what tongue?	Qua lingua?
S	In the English.	Anglica.

Comenius hat sich noch etwas Besonderes einfallen lassen. Neben der Zuordnung Zeile für Zeile sind einzelne Wörter sowohl im Original wie in der Übersetzung mit einer Ziffer versehen, die auf bezifferte Bildelemente neben dem Text verweisen:

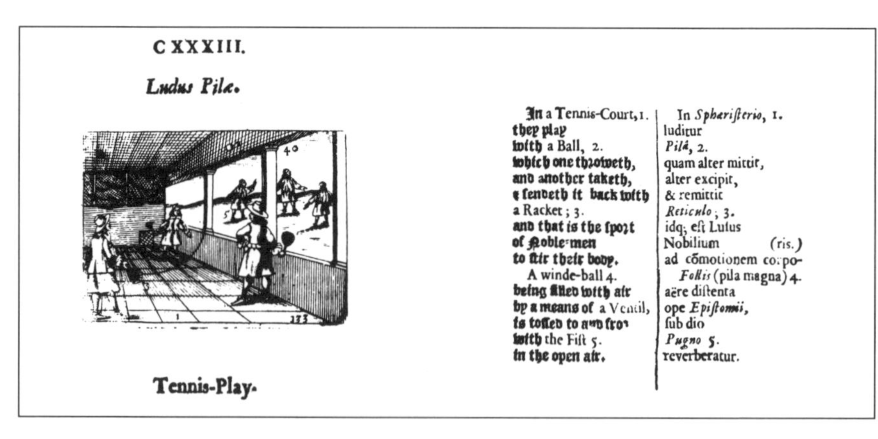
CXXXIII.

Ludus Pilæ.

Tennis-Play.

In a Tennis-Court, 1.	In *Sphæristerio*, 1.
they play	luditur
with a Ball, 2.	*Pilâ*, 2.
which one throweth,	quam alter mittit,
and another taketh,	alter excipit,
& sendeth it back with	& remittit
a Racket; 3.	*Reticulo*; 3.
and that is the sport	idq; est Ludus
of Noble-men	Nobilium
to stir their body.	ad cōmotionem corpo-(ris.)
A winde-ball 4.	*Follis* (pila magna) 4.
being filled with air	aëre distenta
by a means of a Ventil,	ope *Epistomii*,
is tossed to and fro	sub dio
with the Fist 5.	*Pugno* 5.
in the open air.	reverberatur.

Weiterhin benutzen die Zeilen-Zuordnung Johann G. Otliker in seinem *Sprachbüchlein in Frantz. und Teusch* (Nürnberg 1702) wie auch Madame La Roche in ihrer *Nouvelle Méthode pour traiter la Grammaire Française*, Leipzig (1727).[7] Einen Beleg aus dem 20. Jahrhundert liefert Belasco (1975), der für amerikanische College-Studenten einen französischen Lesekurs entwarf und dafür einen Roman von Pierre Boulle zugrunde legt, den er in die rechte Spalte setzt:

Because I tell them both off,	Parce que je les renvoie dos à dos,
Lachaume and Dubreuilh;	Lachaume et Dubreuilh;
he damned well deserves	il n'a pas volé
what he's getting;	ce qui lui arrive;
it'll teach him	ça lui apprendra
not to play both sides.	à miser sur les deux tableaux.
If he's an intellectual,	Si c'est un intellectuel,
then he shouldn't sacrifice	alors qu'il ne sacrifie pas
intellectual virtues to politics;	à la politique les vertues de l'intellectuel;
if he considers them	s'il les considère
as a useless luxury,	comme un luxe inutile,
let him say so	qu'il prévienne
and when it comes to	et pour ce qui est
thinking independently	de la pensée libre,
we'll knock on somebody else's door.	on ira s'adresser ailleurs.

Dabei berücksichtigt Belasco die Fortschritte, die seine Studenten machen. Es erscheinen immer mehr Lücken im englischen Text, so dass die Studenten mit immer längeren Stücken des Originals allein fertig werden müssen (Belasco 1975). Die Effizienz des Kurses wurde auch statistisch getestet. (Parent & Belasco 1970)

Bei manchen "Gesprächsbüchlein" mit Parallelübersetzungen wird das Prinzip, Satzteile einander zuzuordnen, nicht beachtet. Aber aus "Durchführungsbestimmungen" der Autoren geht oft klar hervor, dass es nunmehr dem Lehrer zufällt, auch das Verstehen der Bauform zu sichern, wie hier bei Hezel (1799; 1985, 48):

> Nun sagt man ihm den ganzen Satz deutsch; hierauf zeigt man ihm, welche deutsche Wörter und wie sie den einzelnen französischen entsprechen, und wie sie, in Verbindung, nun diesen, oder jenen Sinn geben.[8]

Die dritte und sparsamste Lösung, das zweifache Verstehen zu gewährleisten, besteht darin, solche Lehrtexte zu wählen, die der Schüler muttersprachlich schon kannte oder sich leicht besorgen konnte. Der Lehrwerkautor konnte sich also mit einer wörtlichen Übersetzung begnügen. Hören wir Goethe, der "um von dem Hebräischen Meister zu werden, sich mit dem Alten Testament ausschließlich beschäftigte, und solches nicht mehr in Luthers Übersetzung, sondern in der wörtlichen beigedruckten Version des Sebastian Schmid, die mir mein Vater sogleich angeschafft hatte." Kein Zweifel, dass Goethe dabei den Luthertext schon im Kopf und damit keine weitere Übersetzung nötig hatte.[9]

Die Verwendung der Evangelien als Sprachlehrtexte hatte also noch einen anderen Grund als den, die Schüler auf fromme Gedanken zu bringen. Bei älteren Schülern zumindest konnte der Lehrer sicher sein, dass es kein inhaltliches Verständnisproblem mehr gab und er sich ganz auf die Sprache konzentrieren konnte. So lernte Schliemann, der Ausgräber Trojas, Russisch mit einer russischen Übersetzung von Fénelons *Aventures de Télémaque*, einen Text, den er schon zum Französischlernen benutzt hatte. Auch Sandra lernt ganz im Sinne der alten Sprachmeister, die ihren Schülern schon vertraute Texte verwendeten:

> We went to the Methodist church twice every Sunday. The priest always created a very personal atmosphere by telling jokes and asking questions. As I already knew the meaning of the different prayers, e.g. The *Lord's Prayer*, I was able to concentrate on the words themselves. The repetition of the same prayers over and over again enabled me to internalize the underlying grammatical patterns as well. (*Sandra B.*)

Schließlich gibt es noch eine Mischform von freier und wörtlicher Übersetzung, bei der die Fortschritte der Lerner einkalkuliert sind. Es werden also nur dort wörtliche Übersetzungshilfen (meist in Klammern) beigegeben, wo beide Sprachen strukturell voneinander abweichen und der Schüler diese Abweichungen noch nicht versteht. Bei eng verwandten Sprachen und Kulturen reduziert sich die doppelte Semantisierung oft auf das methodische Prinzip der Spiegelung einiger abweichender Strukturen in der Eigensprache. Man vergleiche etwa die Lehrbücher nach der Assimil-Methode für verschiedene Fremdsprachen. Das Japanisch-Buch z.B. hat ungleich mehr in Klammern gegebene Zusätze wörtlicher Übersetzung plus grammatische Hinweise als etwa das Italienisch-Buch. Wie bei der Eipo-Sprache reicht selbst die Doppelübersetzung nicht hin:

1 – 今日(きょう) は 日曜日(にちようび) です。(1) kyô wa nichi yô bi de su (kjoo ua nitschijoobi deß')	1 — Heute ist Sonntag. (heute / [Hinweis] / Sonntag / das ist)
2 お 天気(てんき) が いい です ね。 o ten ki ga i i de su ne (o tenki ga i.i deß' ne)	2 Es ist schönes Wetter! ([ungezwungen]-Wetter / [Satzgegenstand] / gut sein / das ist / [übereinstimmend])
3 ピクニック に 行(い)きましょう か。 pi ku ni k ku ni i ki ma shô ka (pikunik'ku ni ikimaschoo ka)	3 Wollen wir ein Picknick machen? (Picknick / [Ziel] / gehen wir / [Frage])

> Memo: Die Doppelnatur verstehender Sprachaufnahme ist an den Arrangements vieler alter und einiger moderner Sprachlerntexte sichtbar. So kommen verschiedene Präsentationsformen vor und dienen doch nur

dem einen Ziel, das Verstehen eines Textes dem Sinn und der Form nach zu gewährleisten:
- das Nacheinander: Original mit wörtlicher Übersetzung plus freie, d.h. richtige Übersetzung;
- das Untereinander: Original mit der Übersetzung unter der Zeile, Wort für Wort, meist Interlinearversion genannt, plus freie Übersetzung;
- das Nebeneinander von Original und Übersetzung, Zeile gegen Zeile, Phrase um Phrase: Parallelversionen;
- das Ineinander von zwei Übersetzungen, d.h. die "gute" Übersetzung mit wörtlichen Zugaben in Klammern und grammatischen Fußnoten;
- allein die wörtliche Übersetzung. Die gute Übersetzung wird als bekannt vorausgesetzt (z.B. Bibeltexte; Schliemanns Methode).
- Macht das Arrangement die Absicht des Doppelverstehens nicht klar, soll der Lehrer Sinn und Form zugleich klären.

Das Geheimnis des Erfolgs – die meisten der angeführten Bücher erleben mehrere Auflagen – steckt wohl in der gründlichen Aneignung von auf doppelte Weise verstandenen Texten. Immer wieder empfehlen die Autoren auch die Rückübersetzung ins Original, oft nach längerem Abstand, um Halbvergessenes wieder aufzufrischen. Grammatische Erklärungen werden zurückgedrängt, am deutlichsten bei Hamilton (1829), wo sie erst in der zweiten Lehrgangsstufe ihren Platz haben, als nachträgliche Systematisierung und Vergewisserung des schon Erfassten. So lange sollen der Text und seine Übersetzungsarrangements Grammatik und Wörterbuch ersetzen.

So sind die hier dargestellten Sprachlehrwerke bilinguale Textmethoden, mit einem Text als Ausgangs- und Kernpunkt des Lehrbuchs, mit unterschiedlichen Beimischungen grammatischer Belehrung. Damit hat der Grundsatz des Doppelverstehens seine Erklärungskraft unter Beweis gestellt. Unterschiedliche Lehrarrangements führen zum Erfolg, weil sie die Grundbedingungen des Spracherwerbs erfüllen. Wir verstehen die Einheit in der Vielfalt der angebotenen Arrangements.

Warum auch altmodische Methoden effektiv sein können

> Tradition means giving votes to the most obscure of all classes, our ancestors. It is the democracy of the dead. Tradition refuses to submit to the small and arrogant oligarchy of those who merely happen to be walking about. (*Gilbert Keith Chesterton*)

Die Grammatik-Übersetzungsmethode ist das Gegenstück bilingualer Textmethoden. Dort wird das Pferd vom Schwanz her aufgezäunt. Schüler bekommen zunächst die Wörter als Einzelbausteine zusammen mit den Regeln und fügen dann die Wörter zu Sätzchen zusammen (Einzelsätze zum Hinübersetzen). Sie müssen sich gewissermaßen "die englische Sprache selber aus Regeln und Wörtern zusammenstellen." (Macht 1986, 105) Zunächst wird also ein Trockenkurs absolviert. Der Schüler darf erst ins Wasser, wenn er schwimmen kann. Später erscheinen Originaltexte, die von den Schülern zu übersetzen sind, so dass auch hier ein doppeltes Verstehen gewährleistet ist. Nach meiner Einschätzung erreichen die bilingualen Textmethoden das Doppelverstehen auf elegantere und zeitsparendere Weise. Sie werden mit Recht "analytische" Methoden genannt, während man Grammatik-Übersetzungsmethoden nicht eigentlich "synthetisch" nennen sollte, sondern analytisch-synthetisch. Im Übrigen herrschten in der Praxis Mischformen vor: auch die Textmethoden verzichten nicht ganz auf grammatische Regeln, und die Grammatikmethoden nicht auf authentische Texte. Ältere Grammatikmethoden früherer Jahrhunderte, bei denen die Texte lediglich ein Anhängsel zu einem ausufernden Grammatikteil bildeten, sind heute überholt. Zu ihnen führt kein Weg zurück. Gegen sie richtet sich auch Herders berühmter Satz: "So lernt man Grammatik aus der Sprache; nicht Sprache aus der Grammatik" (1769/1967, 389).

So wünscht sich keiner die Grammatik-Übersetzungsmethode jüngeren Datums zurück, wie sie von "engherzigen, froschblütigen Mikrologen" (Nietzsche) betrieben wurde. Da bestand sie aus der ewigen Wiederkehr von häuslichem Präparieren (gerade die mühselige Arbeit mit Wörterbuch und Grammatik wollen die bilingualen Methodiker ja vermeiden!), gefolgt von Lesen und Übersetzen im Unterricht. Und außer ein paar Routineformeln wie "asseyez-vous" wurde weiter kein Wort Französisch gesprochen. So schildert es der expressionistische Lyriker Klabund (1890–1928):

> Sowie es klingelte, riß Professor Runkel die Tür auf und stand mit einem Ruck in der Klasse.
>
> "Asseyez-vous." Penschke, setzen Sie sich, Bubenreuther, die Lektüre lesen Sie, wir sind Seite ...?"
>
> "Zweiundsechzig, Herr Professor" klang es unisono.
>
> "Was, Fessor, Fessor? Das ist ja teuflisch! Nennen Sie mich meinetwegen Herr Gelehrter, meinetwegen Heinrich, aber nicht dies gottverdammte Professor. – Bubenreuther, Sie Schächer, lesen Sie."
>
> Bubenreuther las "Nous avions perdu Groß-Goerschen; mais cette fois, entre Klein-Goerschen et Rahna, l'affaire allait encore devenir plus terrible ..."
>
> Runkel fauchte und biß auf die Unterlippe, dass sein Bart wie eine borstige Wand dastand: "Kein Franzose sagt avions, es heißt a-wü-ong, die zweite Silbe kurz a-wü-ong. Lesen Sie weiter."
>
> Bubenreuther las und übersetzte leidlich ... "Präparieren vierundsechzig und fünfundsechzig. Unsern Ausgang segne Gott. Penschke wird die Aufgaben erst ins Klassenbuch schreiben. Amen ..." (Klabund 1986, 335ff.)

Aber hüten wir uns, die Grammatik-Übersetzungsmethode pauschal abzutun. Könnte man nicht Ausschnitte aus einem modernen, sich als kommunikativ verstehenden Unterricht ebenso gut der Lächerlichkeit preisgeben wie den Professor Runkel? Im Deutschunterricht in England scheint zumindest zeitweilig ein hochmoderner kommunikativer Ansatz ganz aus dem Ruder gelaufen zu sein.

> This school used a book called *Deutsch Jetzt* (Heinemann Educational, 1987) which didn't contain any grammatical explanations but provided only pattern sentences which the pupils had to learn by heart. It turned out during the exercises that the pupils hadn't understood the structure of a sentence. It wasn't possible to use grammatical terms to help explain the concepts because the pupils didn't know them. A teacher told me that the school believed the teaching of grammar to be superfluous and that in any case it was not a grammar school. (*Helga B.*)

Ein zweifaches Verstehen kommt nicht zustande, zumal Helga der Ausweg der wörtlichen Übersetzung auch nicht gestattet ist. Ein auf die Produktion bestimmter Alltagsszenen fixierter Lehr- und Prüfungsplan kann gute Noten bringen, aber keine verwertbaren Deutschkenntnisse.

Beurteilen wir jedenfalls Unterrichtskonzeptionen nicht nach Praktikern, die nur eine Karikatur zustande bringen. "Jede Didaktik lässt sich leicht verhunzen, wenn sie inkompetent und unprofessionell inszeniert wird." (Grell 2000, 45) Wer kennt denn die zahlreichen methodischen Mischformen, die der einzelne tatsächlich praktizierte? Wer weiß, wieviel an Zeit der einzelne Pädagoge tatsächlich der Grammatik opferte, wie lang der Trockenkurs tatsächlich dauerte und wieviel an Text seine Schüler rezipierten? Man vergesse jedenfalls nicht die positiven Zeugnisse:

> Er wiederholte ständig, dass nur die wörtliche Übersetzung die grammatikalische Erklärung sei, und mit durchdringender Stimme schrie er: "Text, Text, beachten Sie den Text!" Erst wenn die wortgetreue Übersetzung einer Klassikerstelle, bis zum letzten korrekt, geschehen war, schloß sich die Umwandlung in ein gutes Deutsch an. Diese Methode erschien uns anfangs pedantisch und langweilig. Sie war aber vortrefflich. Wenn wir, wie man uns zu sagen pflegt, zu "schwimmen" und ein Ungefähr für richtig zu halten gewohnt gewesen waren, lernten wir nunmehr durch verdoppelte Aufmerksamkeit die Schönheit. (Uhde-Bernays 1986, 209)

Das Miteinander von freier und wörtlicher Übersetzung ist eben auch Bestandteil der Grammatik-Übersetzungsmethode. Die Zuordnung Wort für Wort *ist* aber schon die grammatische Erklärung – so hatte es auch Hamilton gesehen. Nur: Sie wurde dem Schüler präsentiert und nicht abverlangt – ein entscheidender Punkt!

> Er las erst den lateinischen Text vor (Catulls zehn Zeilen "An Cornelius Nepos"), übersetzte ihn dann wortgetreu, wonach er die Verse in freier Fassung rezitierte ... Die Lateinstunden im Zeichen Catulls waren für mich eine Art Offenbarung. (G. Strauss 1973, 311)

Hier ist auffällig, dass der Lehrer vorübersetzt, also den Text nicht von den Schülern zusammenstoppeln lässt. Das aber ist eigentlich typisch für die bilinguale Textmethode, die dem Schüler das Übersetzen abnimmt und damit auch das Nachschlagen und Raten erspart. Ist das nicht der Königsweg für alte Sprachen, die um ihrer großen Texte willen gelernt werden? Wieviel Zeitgewinn für mehr *comprehensible input*! Wenn altmodische Methoden zu reichlich verstehender Sprachaufnahme führen, müssten sie auch effektiv sein.

Praxis: zweisprachige Textdarstellung für Selbstlernkurse

Die zweisprachige Textexposition ist hauptsächlich für Selbstlernkurse, aber auch als Ergänzung herkömmlicher Sprachlerntexte in der Schule gedacht. Die Schüler haben eine das Doppelverstehen gewährleistende Parallelversion des Textes vor sich liegen und hören den Text zugleich vom Lehrer oder über einen Tonträger. So könnte man schon in den ersten Monaten des Französischunterrichts einen Ausschnitt aus Saint-Exupérys *Le petit prince* präsentieren:

Adieu, dit-il ...	Adieu, sagte er ...
Adieu, dit le renard.	Adieu, sagte der Fuchs.
Voici mon secret.	Sieh-hier mein Geheimnis.
Il est très simple:	Es ist sehr einfach:
On ne voit bien qu'avec le cœur.	Man nicht sieht gut als mit dem Herzen. (= Man sieht nur mit dem Herzen gut).
L'essentiel est invisible pour les yeux.	Das Wesentliche ist unsichtbar für die Augen.

Ich habe eine Pararallelversion gewählt, vielleicht ist aber für den Selbstunterricht und bei einem anderen Sprachenpaar eine Interlinearversion für die Anfangslektionen angebrachter, da sie eine eindeutigere Zuordnung erlaubt. Sind schon einige Kenntnisse vorhanden, ist die paralelle Anordnung vorzuziehen, weil sie lesbarer ist. –

Dies ist die Lektüre ohne Wörterbuch und Grammatik, wie sie die alten Textmethodiker offeriert haben. Mit Text und Tonspur werden Aussprache, Wortschatz und Grammatik zugleich frei Haus geliefert, so dass nur noch wenige Erklärungen und Systematisierungen nachgeschoben werden brauchen. Denn wenn man das Deutsche so gleichsam dem Französischen anverwandelt, bleiben in der Tat nur noch wenige Fragen: Der doppelt verstandene Text *ist* schon die Grammatik.

Mit der bilingualen Präsentation können die Schüler selbstständig arbeiten und ihr Lerntempo selbst bestimmen. Jeder hat einen Kassettenrekorder oder Walkman mit Kopfhörer und mit Pausentaste. Die drückt er, sooft es ihm nötig erscheint, um den Text zu verfolgen und dabei zu verstehen. Optimal wäre die häusliche Nacharbeit mit CD-ROMs. Es müsste eine ganz langsame und eine sprechübliche Tonspur aufgezeichnet werden, und die Übersetzung – parallel oder interlinear – müsste man ebenso ausblenden können wie den Originaltext. Nachdem die Schüler schon einige Fortschritte gemacht haben, können die Hilfen zurückgenommen werden und die Technik der Interlinear-Präsentation schließlich ganz aufgegeben werden.

Nach einem ersten Textdurchgang im Plenum können die Schüler mit ihrem Walkman auch schon mal auf den Hof geschickt werden, um sich den Text einzuprägen – Englisch im Gehen. Solche Einzelarbeit heißt hundertprozentige Schülerbeteiligung. Irgendwann sind die Schüler in der Lage, den Text ohne Hörvorlage zu lesen, aber im eigenen Tempo. Sie halten sich dabei die Ohren zu, um von den anderen nicht gestört zu werden, und üben, indem sie sich selbst nachsprechen: Der Schüler liest einen Satz laut ab, schaut dann vom Buch auf und spricht ihn noch einmal. Diese Technik wurde schon von Bärwald (1899a, 70) mit Nachdruck empfohlen. Dabei gehen die Schüler in der Klasse mit dem Buch in der Hand und dem Finger zwischen den Seiten herum. Beim nochmaligen Durchgehen des Textes versuchen sie das freie Nacherzählen. Sie schauen bewusst viel seltener als vorher in den Text und schließen Erinnerungslücken durch freies Nachbilden. Diese Übungssequenz erlaubt den besseren Schülern mehr Spielraum. Auch die Lernschwachen werden gefördert, weil sie sich so weit fordern, wie es ihnen möglich ist.

Neuerdings erinnert sich auch die Didaktik des altsprachlichen Unterrichts an ihr Erbe und versucht einen Neubeginn mit bilingualen Textmethoden. (Fritsch 1998; Nickel 1999; Waiblinger 1998; 2001) Waiblinger verweist auf spätantike bilinguale Textmethoden, mit denen schon die Römer Griechisch und die Griechen Latein lernten. Hier ein Ausschnitt aus den *Hermeneumata Pseudodositheana* aus dem dritten Jahrhundert nach Christus:

Ὄρθρου	Ante lucem	Vor Tagesanbruch
ἐγρηγόρησα ἐξ ὕπνου	vigilavi de somno,	Wachte ich aus dem Schlaf auf
ἀνέστην	surrexi	Stand auf
ἐκ τῆς κλίνης,	de lecto,	Von (meinem) Lager
ἐκάθισα,	sedi,	Setzte mich
ἔλαβον ὑποδεσμίδας, καλίγια	accepi pedules, caligas,	Nahm die Fußbekleidung, Stiefel
ὑπεδησάμην	calciavi me ;	Zog sie an (beschuhte mich)
		(Zit. bei Waiblinger 1998)

Und ein Lehrtext aus Waiblingers Griechischkurs

Θαλῆς ὁ φιλόσοφος,	Der Philosoph Thales,
εἷς τῶν ἑπτὰ σοφῶν,	einer der sieben Weisen,
περὶ τοῦ κόσμου	spricht über den Kosmos
ὧδέ πως λέλει.	ungefähr folgendermaßen:
Ὁ κόσρος νόον ἔχει,	Der Kosmos hat Verstand,
ὥσπερ καὶ οἱ ἄνθρωποι	wie auch die Menschen
νόον ἔχουσιν.	Verstand haben.

Die altsprachliche und neusprachliche Methodik sind im Aufbruch![10]

---

[1] Hiermit widerspreche ich Standop: "Hat aber jemand einen Text verstanden, muss er notwendigerweise auch seine grammatische Struktur verstanden – in meinem Sinne 'intuitiv durchschaut' – haben." (Standop 1986, 38)

[2] Vgl. H. Grimm (1999, 40): Die Mutter unterstützt den Spracherwerbsprozess aktiv, "indem sie kommunikativ anregende Kontexte herstellt, eine an die jeweiligen Fähigkeiten des Kindes angepasste und verständnissichernde Sprache verwendet sowie ganz besondere Techniken einsetzt, die geeignet sind, dem Kind Informationen über Regelmäßigkeiten der Sprachstruktur zu geben."

[3] Vgl. dazu auch Peters (1983) und Peltzer-Karpf (1994, 123) über Fehlsegmentierungen und anschließende Reorganisation.

[4] Vgl. Dietrich (1968, 49): "Wir sprechen nicht in einzelnen Wörtern, sondern in Sätzen oder wenigstens in ganzen Satzpartien (phrases, Wortblöcken und intonatorischen Sprechgruppen). Die Handhabung der Alltagssprache fällt damit unter die mechanisierten (nicht: mechanischen) Tätigkeiten, d.h. solche, die zumeist nur von geringer Aufmerksamkeit begleitet sind ..." Aber auch schon der Lateinunterricht achtete auf die Phraseologie, vgl. Eckstein (1887, 184).

[5] nach Ising (1966, 24). Die Sicherung des elementaren Wortverständnisses wurde meist *expositio* genannt; z.B. wurde in einem Glossar aus dieser Zeit *exponere* mit *van worden tho worden vthdüden* wiedergegeben. (Ising 1970, 257)

[6] Übrigens ist in vielen Texten Caxtons die Absicht erkennbar, neben der Sprache Sachkenntisse zu vermitteln und erzieherisch auf den Leser einzuwirken.

[7] S. 220. Allerdings ist darauf hinzuweisen, dass manches konsequent zweisprachig angelegte Lehrwerk auch dem Zweck diente, für Angehörige beider Sprachen benutzbar zu sein, also für frankophone Deutschlerner ebenso wie für deutsche Französischlerner.

[8] Vgl. auch Mager (1846) und Munde (1846): "Der Lehrer liest jeden Satz der Vorübungen langsam und deutlich vor, und läßt ihn den Schüler so lange nachsprechen, bis dieser jedes Wort vollkommen richtig und den ganzen Satz mit gehöriger Betonung vorbringt. Hierauf übersetzt der Schüler mit Hilfe der untenstehenden Phraseologie, erst Wort für Wort, dann den ganzen Satz im Zusammenhange ..." (zit. nach Macht 1986, 240). Es mag überraschen, dass auch der Reformer Max Walter, den man als Anhänger der direkten Methode kennt, das wörtliche Übersetzen von Textabschnitten empfiehlt (Walter 1931, 38).

[9] Genau diesen Trick, nämlich bekannte Bibeltexte zum selbständigen Fremdsprachenlernen zu verwenden, benutzten z.B. James Murray, Begründer des Oxford English Dictionary, T.B. Macaulay (Trevelyan 1876) und Trotski (1929).

[10] Hierzu zählen auch die Selbstlernkurse von Vera Birkenbihl (1992). Schade nur, dass sie ein Verfahren, das fast 2.000 Jahre lang gang und gäbe war, als ihre Erfindung ("Birkenbihl-Methode") ausgibt.

Sprachen lernt man von denen, die sie können,
und mit guten Texten.

3 Input maximieren

The proper study of mankind is books. (*Aldous Huxley*)

Privatunterricht vom Feinsten

Ferienzeit, eine Schlossruine in Südwales. Plötzlich, unverkennbar deutsche Laute. Ein Vater spricht mit seinem kleinen Sohn: "Jetzt müssen wir uns noch ein klein wenig gedulden. Siehst du, die Mama? Die ist da drüben. Die ist gleich wieder da. Gehen wir noch'n Stückchen auf der Mauer balancieren. Aber schön festhalten, nicht loslassen." usw. Der Kleine ist quengelig. Mama kommt immer noch nicht, und der Vater redet unverdrossen weiter, muntert auf, redet gut zu. Als die Mama zurückkommt, spricht sie Englisch mit ihm. Das Kind wächst offensichtlich zweisprachig auf, hat einen deutschen Vater und eine englische Mutter.

Die fünf Minuten Deutsch, die ich mitbekommen habe, würden wahrscheinlich ein paar Seiten füllen. Ich hatte eine Woche nur Englisch gehört, und mir war schon beim ersten Satz klar: Das ist Mutterprache, Mutterlaut. Alles stimmte, Wortwahl, Grammatik, Pragmatik, Melodie und Rhythmus. Sprachunterricht vom Feinsten, passend zu jeder Regung des Kleinen.

Kinder lernen normalerweise ihre Sprache gleich von mehreren Muttersprachlern. Sie lernen auch zwei Sprachen zugleich, wenn sie von genug Muttersprachlern umgeben sind, die einwandfreie Sprechvorbilder abgeben. Der Input stimmt – qualitativ wie quantitativ. Was aber der Unterricht nicht kopieren kann, muss er kompensieren. Denn in Abhängigkeit vom Input strukturiert sich unser Sprachhirn und festigt zugleich seine Strukturen.

Classroom pidgin als Input?

Können Schüler von Schülern lernen? Nicht, wenn sie einander "junky input data" liefern. Wong-Fillmore (1985, 25), die in intensiver Arbeit Unterricht aus 40 Klassen mit vielen Einwandererkindern analysiert hat, warnt:

> The problem is especially acute in open classrooms, since students generally spend more time interacting with classmates than they do with teachers; under such circumstances, the major source of second language input comes from other language learners, a situation which is hardly conducive to successful language learning.

Gruppenarbeit kann dazu führen, dass sich der Unterricht in minimale Sprechakte von Tischgruppen auflöst, die sich gegenseitig in ihren Fehlern bestärken und obendrein zu Tode langweilen. Wie überwinden wir dann das Handikap, dass sich im Unterricht so viele Lerner ein Sprechvorbild teilen müssen? Der Lehrer kann sich gleichsam vervielfältigen, indem er immer wieder neue Hör- und Lesetexte anliefert und einspeist. Verstehende Aufnahme einwandfreier Texte rangiert vor dem Gestammel von Mitlernern einer Anfängergruppe. Kommunikationsversuche, so fehlerhaft und unbeholfen sie auch sein mögen, sind notwendig, aber das dort produzierte *classroom pidgin* hilft den Sprechern, nicht den Hörern, und braucht ein Gegengewicht, das wir in den sprachlich einwandfreien, mitunter etwas vereinfachten authentischen Texten finden. Wer also zu sehr auf Gruppenarbeit und Schüler-Schüler-Interaktionen setzt, verkennt die Bedingungen schulischen Sprachenlernens.

Schüler brauchen unbedingt *well-formed input.* Aus diesen Gründen sollte handlungsorientierte Gruppenarbeit stets in lehrergeführten, strukturierten, didaktisch geordneten und zielbestimmten Unterricht eingebettet sein. Deshalb machen wir Vorschläge für eine reiche und gehaltvolle Sprachrezeption, vom Lehrer ausgehend.[1] Dabei können unbekannte Ausdrücke sofort und umstandslos im Sandwich-Verfahren muttersprachlich geklärt werden. Das ist meist eleganter als das mehr oder weniger kontextlose Vorwegerklären und Anschreiben von einem Dutzend Vokabeln. Da wir früh auch qualitativ hochwertige Texte verwenden, die weit über dem Produktionsniveau der Schüler liegen und nicht in die ausgeklügelte Progression eines Lehrwerks passen, ist die Muttersprache nicht wie bisher üblich für den "Notfall" reserviert. An anderen Stellen wieder bleibt man einsprachig, setzt auf den Kontext, auf intelligentes Raten und ein mehr oder weniger globales Verständnis.

Praxis

Zehn Vorschläge fürs Hören und Lesen

Vor mehr als hundert Jahren wurden den Reformern "Kellner-Englisch" und "Bonnen-Französisch" vorgeworfen. Nicht ganz zu Unrecht! Die sich so kind- und jugendgemäß gebenden Texte heutiger Elementarbücher sind geistlos und ihre Inhalte unterfordern die Schüler. Setzen wir wieder stärker auf die Autorität und Anziehungskraft gehaltvoller Texte, des authentischen Sprachstoffs und des guten Sprechvorbilds! So verbinden wir einen modernen kommunikativen Ansatz mit seiner Betonung der Alltagssprache, der Dialogarbeit und der Lebenspraxis mit einer inputmaximierenden Hör- und Lesebuch-Methode. Wir haben Zeit für beides, weil wir durch konsequenten Einsatz der Muttersprache Zeit gewinnen und unergiebige Übungsarbeit (z.B. *workbooks*) reduzieren.

1) Reden

"There are stages of language-development in which good teacher-talk is probably the single most important kind of input" (O'Neill 1998, 369). Immer wieder wird der Lehrer Sprech- und Sprachvorbild, indem er, immer die Schüler einbeziehend, viel erzählt – von sich, seiner Familie, seiner Not mit der Zensurenfindung, seiner Lektüre, seinen Erfahrungen auf Reisen, wie er sich seine Meinungen gebildet hat, usw. Also Infomation und viel gemeinschaftsstiftendes Kontaktgeplauder, "phatic communion", wie es Malinowski nannte. Er wird die zahllosen Gelegenheiten zu kommunikativen Exkursen nutzen und die Schüler, die sich zunächst nur mit recht einsilbigen Beiträgen beteiligen können, in ein Sprachbad tauchen – solange sie aufmerksam zuhören. Er weiß, was die Schüler können, und kann ihnen genau das liefern, was sie brauchen: auf doppelte Weise verstandenen Input. Er redet mit der gerade notwendigen Redundanz, d.h. er zieht neben dem bilingualen Sandwich-Verfahren alle Register einsprachiger Bedeutungsvermittlung, umschreibt, definiert, gestikuliert. Allerdings braucht er dazu hervorragende Sprachkenntnisse und große Gewandtheit des Ausdrucks schon im ersten Lehrjahr. Der Lehrer vertritt hier den Muttersprachler! Dies ist natürlich nur Vorstufe zu späteren Gesprächen, in denen sich die Schüler immer stärker selbst einbringen, bis der Lehrer ganz zurücktreten kann.

> The atmosphere in the classroom was always very relaxed and we never stuck to the textbook, but were always willing to leave it and talk about all sorts of things. The only condition was that it had to be in English (*Klaus B.*)

2) Arbeitsanweisungen, Spielanleitungen

Im Rahmen des kommunikativen Ansatzes ist eine kaum noch übersehbare Anzahl interessanter Arbeitsvorschläge gemacht worden. Sie müssen sprachlich sorgfältig geplant sein, mit eingestreuten muttersprachlichen Soforthilfen, wenn nötig. Die Schüler hören aufmerksam zu, sie wollen ja verstehen, was sie nun zu tun haben. In einer sechsten Realschulklasse erklärt die Lehrerin, wie die Schüler sich einen eingeführten Dialog selbst diktieren:

> The last thing we are going to do today is we do a little self-dictation. And I'm going to explain to you what you have to do. All you need is your dialogue-text and a pencil or a pen, and nothing else. What I want you to do is to practice writing. So, you start reading, you read for yourself silently the first sentence, then you try to remember the sentence. Read it, you remember it, you turn your paper over and you put it down and on the other side, you write the sentence down (Gestik). As correctly as possible. And then you read the second sentence for yourself, you can move your lips to remember it (Mimik), and then you turn your paper over again and on the other side, you write down the next sentence. That's what I want you to do now. Everybody works for him- or herself. Do not speak, just try to concentrate and do that now, please.

Solmecke (2000) hat gezeigt, wie schwer sich Lehrer mit klaren Anleitungen in der Fremdsprache tun, dabei die Schüler verwirren oder ganz ins Deutsche ausweichen. Das gilt es zu vermeiden.

3) Vorlesen

Regelmäßig liest der Lehrer eine neue Geschichte oder einen Text aus einer Fortsetzungsgeschichte vor, ohne dies mit vielen lästigen Nacharbeiten zu verbinden. Unbekannte Wörter werden – ein- oder zweisprachig – so vermittelt, dass sie das Leseerlebnis nicht stören.

> There was a time when our English teacher finished the lesson five minutes early and used the time to have a short reading session. There were some stories that we preferred and wanted to hear over and over again – "The emperor's new clothes" or "Little Red Riding Hood". But I know there were also fairy tales that we didn't like and didn't understand. Our teacher stopped immediately if we lost interest. In the "Waldorfschule" it's a tradition that fairy tales are told to give pleasure and a sense of achievement. (*Iris B.*)

> What I find (nearly) always works is listening to or reading a piece of English which is, in structure and vocabulary, within the pupils' grasp; which tells a good and sensible story; or which otherwise refers to a topic that really arouses the pupils' interest. Pupils are much more likely to be attracted by English that is interesting, rhythmical and memorable than by language that is commonplace and of little or no educative value. (R.A. Close in Heuer & Klippel 1987, 198)

Geschichten sind die Form, in der wir unser Erleben am besten ordnen und begreifen.

4) Hörtexte mit Aufgaben

Natürlich kann man auch authentische Hörtexte aus dem Radio abspielen. Besonders interessant sind Szenen oder Interviews, an denen mehrere Sprecher beteiligt sind. Im *Bundeswettbewerb Fremdsprachen* müssen die Schüler dabei Aussagen ankreuzen und angeben, ob sie zutreffen oder nicht oder eine nicht im Text enthaltene, irrelevante Information enthalten. Wir gehen wie folgt vor: Die Schüler lesen vorher die *statements* auf dem Arbeitsblattt durch und dürfen Fragen stellen. Anschließend wird der Text zweimal verlesen oder abgespielt und die Schüler dürfen von Anfang an ihre Kreuze eintragen. Zum Schluss gibt es noch etwas stille Zeit zum Überlegen und Korrigieren.

Read the following statements relating to a text you are going to hear:
- German tourists are reported to be rude and ruthless.
- German tourists pinch sunbeds in order to take them home.
- Germans don't trample on the feelings of others, says a German tourist organisation.
- The average German tourist reads a lot more books than his British counterpart.
- The author could not sleep on account of the noise made by Germans.

Now listen to a report written by an English journalist on the holiday island of Tenerife. As you listen, decide which of the above statements are (1) correct or (2) wrong, according to the report, or simply (3) irrelevant because not mentioned in the report.

They're rude and ruthless
(From Sue Caroll in Tenerife)
Question: What drinks lager by the gallon, swallows sausages by the yard, wears starched shirts, Rupert Bear trousers and grabs the best sunbeds at dawn? Answer: A German tourist. That's the standing joke on the holiday island of Tenerife. I saw for myself Germans doing their wurst and living up to their reputation – that Krauts Are Louts.
We Brits may not be angels, but Mein Gott, compared to the Germans abroad we're well on our way to be getting wins. Even their own organisation *Tourism With Discretion*, admits: "Most Germans trample on the feelings of others."
They got it wrong. The beer-swilling Sour Krauts don't trample – they bulldoze their way through and:
- Pinch the poolside sunbeds at the crack of dawn.
- Push small children aside in their mad rush for lifts in the hotels.
- Pile their plates high with food, leaving just a few crumbs for the Brits.
- Force their way to the front of queues in bars, club and cafes.

From dawn till dusk Krauts dominate everything.

> My day in the sun went like this:
> 8 am: Breakfast at the hotel. All the hot food, breadrolls and ham had been eaten.
> 9 am: Not one sunbed remained by the pool and there was an entire line of beds covered in towels and chairs.
> 10 am: I am subjected to a soaking by a large German child shaking water off himself.
> 11 am: I tried to sleep, but cannot on account of the noise made by two German families.
> 12 am: I dip my toe in the pool, which is full of German kids arguing.
> (from *The Sun* 1987)

Noch andere Aufgaben können zum aufmerksamen Zuhören hinleiten. Stets sollten sie so sparsam dosiert werden, dass noch ein zusammenhängendes Hör- und Leseerlebnis zustande kommt. Am Anfang sollten sich die Schüler erst einmal ohne Unterbrechungen in den Text hineinfinden. Andere Aufgaben eignen sich nur bei einem zweiten oder dritten Textdurchgang. Zu diesen Aufgaben gehören:

Wiederholen. Gelegentlich unterbricht sich der Lehrer und lässt die Schüler den letzten Satz oder Halbsatz wiederholen. Oder er benutzt einen Tonträger und betätigt die Pausentaste an passenden Stellen.

Voraussprechen. Der Lehrer bricht ab, und die Schüler sprechen den Satz zu Ende. Möglich bei Textsorten mit viel Redundanz.

Heraushören. Der Lehrer liest vor und gibt Such-Aufgaben: "Look for a verb like frown, which expresses some kind of body-language; look for a sentence in which someone makes a reproach; look for a present perfect continuous" usw. Die Schüler melden sich, sobald sie den Ausdruck hören (auch als Wettbewerb möglich), oder notieren die Wörter.

Kunstwort ersetzen: Woggle-Texte. Der Lehrer ersetzt beim Lesen ein Wort durch ein Kunstwort wie "woggle", das er grammatisch dem Kontext anpasst. Nur zur Illustration treten sie hier massiert auf:

> Once upon a woggle (time) there was a good girl woggled (called) Little Red Riding Hood. One morning her mother woggled (baked) some woggles (cookies) and asked Little Red Riding Hood to take them to woggle (her) grandmother.

Die Schüler unterbrechen und rufen ihm das richtige Wort zu. Dies ist eine zentrale Technik zur Auffrischung längst behandelter Texte und ganz verschieden von einer mechanischen, schriftlichen Lückenfüll-Aufgabe.Wenn wir einander intensiv zuhören, gehen wir innerlich mit und können oft, wenn der Partner stockt, seinen Satz für ihn vollenden. Sind in den Woggle-Texten die Leerstellen geschickt gewählt, wird dieses innere Mitgehen trainiert.

Mitlesen. Die Schüler haben den Text vor sich und murmeln den Text mit, den der Lehrer vorträgt oder über einen Tonträger abspielt.

"Dem Text nachlaufen" (shadowing). Der Lehrer liest vor, macht kleine Pausen nach Sinnabschnitten, die Schüler sprechen ohne Texteinsicht mit leichter zeitlicher Verzögerung halblaut mit, so wie das Simultandolmetscher tun müssen. Halb mit-, halb nachsprechen.

5) Erzähllesen und Erzählen

"Erzähllesen" (H. Heuer) besteht darin, einen Text halb erzählend, halb lesend vorzutragen. Dabei vereinfacht, erklärt und paraphrasiert der Lehrer den Text, verkürzt oder erweitert ihn spontan, moduliert seine Stimme, gestikuliert, dramatisiert und blickt immer wieder vom Text auf in die Klasse. Man kann Erzählzeiten richtiggehend inszenieren. Es sind Minuten der Sammlung und Ruhe und der Freude auf das, was jetzt kommt. "Are you all sitting comfortably?" Bei kleineren Klassen bildet sich ein Halbkreis um den Lehrer, bei besonders guten Geschichten kann man feierlich eine Kerze anzünden. Dabei benutzt der Lehrer auch großformatige Bilderbücher (*big books*), wie sie in Kindergärten verwendet werden oder auch "Knie-Bücher" mit Spiralbindung (Klippel u.a. 2002). Geeignet sind Märchen, Sagen, Legenden, Erzählungen aus der Geschichte, auch biblische Geschichten, Textsorten, die früher in unseren Lesebüchern viel stärker vertreten waren. Erfahrenen Märchenerzählern schauen wir ab, wie sie die Schüler zum Mitmachen ermuntern, z.B. alle laut nach dem Kasper rufen lassen usw. Natürlich gehört das Nachspielen kleiner Szenen dazu. Später händigt man den Schülern die Texte aus, zum stillen Nachlesen. Man behält besser, was man auf mehrere Weisen aufnimmt.[2]

Big books

Knee books

Meist handelt es sich um längere Texte, die nicht in ihrer Gänze Punkt für Punkt verstanden werden müssen. "Once upon a time, way back in time (Geste), long, long ago, many years ago ..." Es genügt in diesem Augenblick, wenn man mit viel Redundanz die Vorstellung erweckt: Das war vor langer Zeit. Wir bleiben in der fremden Sprache, solange die Kinder von der Geschichte mitgerissen werden. Sie erleben, wie sie eine lange Geschichte ganz auf Englisch verstehen. Das schafft Vertrauen zum eigenen Können. Genau dieses Erlebnis wird ihnen aber viel häufiger zuteil, wenn an anderen Stellen die Muttersprache konsequent mithilft. Denn irgendwann müssen natürlich halbanalysierte Formen wie "once upon a time" durchschaut werden, muss die Gleichung: *once – einmal* implizit oder explizit gemacht werden. Ich halte z.B. gar nichts davon, wenn die Kinder, wie ich es erlebt habe, monatelang einen Kanon singen, den sie nur halb verstanden haben. Wir geben stattdessen ohne Umschweife gleich bei der Einführung die wörtliche Übersetzung – meist mündlich – dazu:

Row, row, row your boat gently down the stream;
Rudre, rudre, rudre dein Boot sanft hinunter den Fluss;

Merrily, merrily, merrily, life is but a dream.
Fröhlich, fröhlich, fröhlich, (das) Leben ist nur ein Traum.

Zweisprachige Techniken machen den Unterricht reicher und flexibler, einsprachige werden nicht einfach abgeschafft (Kap. 4).

Ich habe gern einen vollständigen Text in der Hand oder vor mir liegen. Wollen wir aber den Schritt vom Erzähllesen zum richtigen Erzählen tun, muss der Text verschwinden. Die Profis – meist Muttersprachler – erzählen frei. Sie empfehlen, sich vorher ein paar Notizen (Handlungsfaden, Eröffnung und Schluss, Kernsätze) zu machen, diese aber auch beim Erzählen wegzulegen. Es hilft, die Texte auf Kassette zu sprechen, sie abzuhören und zu üben.

6) Geschichten erzählen und verändern

Professionelle Erzähler beziehen auch die Zuhörer durch Rückfragen usw. ein. Meist muss das sehr sparsam geschehen, um den Erzählfluss beizubehalten. Für den Unterricht empfehlen wir, eine Geschichte mit inhaltlichen Veränderungen (einfachen und raffinierten) ein zweites Mal zu erzählen. Die Schüler müssen sich an das Original erinnern, bei jedem "Fehler" melden sie sich und verbessern den Lehrer.

Hier ist der Anfang einer Geschichte, Original und veränderter Text:

This is a story about two Buddhist monks from China, Hsuan and Chang, who undertook a long journey, wandering from monastery to monastery. They wanted to learn more about the Buddha's teachings, his

> miracles, and the traditions of other monasteries. They wanted to be instructed by fellow monks and learned men to enrich their inner lives. They wanted to achieve what all monks seek: enlightenment. Not riches nor renown, but wisdom. They wanted the truth, because they knew that the truth can set us free …
>
> This is a story about three Buddhist monks from China, Hsuan and Chang, who undertook a short journey through China, wandering from monastery to monastery. They wanted to learn more about the Buddha's teachings, his misdeeds, and the traditions of other monasteries. They wanted to instruct their fellow monks and learned men to enrich their inner lives. They wanted to achieve what all monks have: enlightenment. Not riches nor renown, but wisdom. They wanted the truth, because they knew that the truth can make us slaves … (Butzkamm & Remy 2002)

Der gefälschte Text bleibt grammatisch korrekt, enthält aber an geeigneten Stellen statt der Originalwörter Synonyme, Antonyme, Paraphrasen. Als schriftliche Variante unterstreichen die Schüler das unpassende Wort und schreiben das richtige an den Rand.

7) Bilder beschreiben und verändern

Dies ist eine Variante von (6). Der Lehrer wählt geeignete Bilder mit vielen Einzelheiten aus, so auch Postkarten. Sie werden eingescannt und auf Folie gebrannt. Er beschreibt das Bild ausführlich, erfindet eventuell auch eine kleine Geschichte dazu. Dabei unterlaufen ihm absichtlich Fehler. Lehrer: "Am rechten unteren Bildrand sieht man noch Teile einer alten Befestigungsmauer." Schüler: "Nein, die Mauer ist unten links".

Selbstverständlich können auch hier gute Schüler nach einer Gewöhnungszeit die Lehrerrolle übernehmen, zunächst mit einem Spickzettel des Lehrers versehen, danach ganz selbständig arbeitend (LdL).

8) Fantasiereisen zur Entspannung

Eine besondere Textart stellen sog. Fantasiereisen dar. Die Schüler nehmen eine bequeme Sitzhaltung ein und schließen die Augen. Der Lehrer trägt mit warmer, ruhiger Stimme einen unbekannten Text vor, in dem vieles Schöne vorkommt. Neue Wörter erklärt er am besten mit der Sandwich-Technik, im Tonfall des Beiseite-Sprechens, um nicht weiter von der Geschichte abzulenken. Die Schüler versuchen, innere Bilder in sich aufsteigen zu lassen.

> I am a cloud
> A summer meadow, on it a dark shadow, my shadow. I float above the meadow, high up in the blue sky. White and soft, that's me, like a fluffy

(flaumig – fluffy) pillow made of feathers. I move lightly and gently and look at the scenery from above. Everything is tiny. Cows are grazing near a farm. A boy is on a swing. A girl is cycling through the field on her bike. My shadow covers her for a short moment. I discover the town's roofs. I float above the roofs, my shadow moves down and glides over roof gables (Giebel – gables) and streets, falls on market squares and cars. Sometimes somebody looks up at me. I go on floating, further and further away. Where will the summer wind take me? – The sun dissolves me – like sugar in water. I get thinner and thinner, I get more and more see-through, until I disappear completely.

Nach oder während einer Sherlock-Holmes-Lektüre:

Today I'll take you on a fantasy trip. Let's all try to be Sherlock Holmes. We are sitting in our armchair. The armchair is in front of the fireplace. So let's all relax and be very quiet. The only sound we can hear is the crackling of wood in the fire. The dry sticks are crackling in the fire. Crackle. Crackle. Can you all hear it? A lovely sound. We are deep in thoughts. There is a difficult problem to solve. We know we are going to solve it. But we need time, and peace, and quiet. We've got the pieces of the puzzle, all the pieces. We just have to put them together, so that they fit. We are smoking our pipe. It's the famous briar pipe. We are blowing a ring, a ring of smoke. A gentle wind is stretching it, making it longer and longer. It is floating upward. We are following it with our eyes, as it is floating upward. Now it's distorting its shape. It's enlarging it, and thinning it. It's growing larger, and it's getting thinner. It's still there – vaguely. Now it's disappearing. Yes, it's gone. Ah, that must be the solution! We know who the murderer is. We know how he did it. And it's so simple. "Elementary, dear Watson!"

Man kann solche Ideen aktualisieren, z.B. anstelle von Sherlock Holmes Gandalf aus Tolkiens *Herr der Ringe* auftreten lassen, der auch so schöne Kringel aus seiner langen geschwungenen Pfeife blasen kann. Fantasiegeschichten können auch mit Merkaufgaben verbunden werden: "In this story you will hear three new words/ phrases from the textbook story we've just read. Can you find them?" Oder die Schüler sollen sich ein Dutzend Wörter oder Wendungen merken, die typisch sind für die Atmosphäre oder die der Lehrer besonders betont hat usw.

9) Entspannende Verstehensspiele

Zu unserem Programm der Inputmaximierung gehören auch die im 8. Kapitel dargestellten Verstehensspiele.

10) Lese- und Hörecken

Großen Gewinn verspreche ich mir von einer neuen Ausstattung unserer Klassenräume: Bücherregale mit Büchern, Audiobüchern, Kassettenrekordern mit Kopfhörern, d.h. eine Leseecke und eine Extra-Hörecke mit Sesselchen, in die einzelne oder Kleingruppen sich zurückziehen können – Einrichtungen, die ebenso wichtig sind für den eigensprachlichen Unterricht (Apeltauer 2003). Auch in Deutschland sollten wir Erfahrungen mit einem verstärktem Hör- und Leseunterricht sammeln, wie er u.a. in Kanada erprobt wurde:

> It is the English period at a primary school in a French-speaking area of New Brunswick, Canada. Students (aged nine to ten) enter the classroom, which looks very much like a miniature language lab, with small carrels arranged around the perimeter of the room. They go to the shelves containing books and audio-cassettes and select the material which they wish to read and listen to during the next 30 minutes. For some of the time the teacher is walking around the classroom, checking that the machines are running smoothly. She does not interact with the students concerning what they are doing. Some of the students are listening with closed eyes; others read actively, pronouncing the words silently. The classroom is almost silent except for the sound of tapes being inserted or removed or chairs scraping as students go to the shelves to select new tapes and books. (Lightbown & Spada 1993, 88)

Jeden Tag eine halbe Stunde hören und lesen diese frankophonen Grundschulkinder Englisch, ohne Englisch zu sprechen! Die Lehrer sorgen nur dafür, dass die richtigen Materialien jeweils zur Verfügung stehen. Und die Ergebnisse: Sie lernten gleich gut, teils sogar besser Englisch als die Kinder im konventionellem Unterricht (Lightbown & Spada 1993, 89). Gewiss ein Hinweis darauf, dass unsere Grundbedingung, das zweifache Verstehen des Gehörten und Gelesenen, erfüllt war. Leider stammen die beachtlichen Resultate, die Krashen (1993) darüber hinaus zugunsten seiner *reading hypothesis* anführt, meist aus dem muttersprachlichen Unterricht.[3]

Gleichwohl werden wir nicht in eine neue Einseitigkeit verfallen und ein radikales "Just listen"-Programm verkünden. Aber es könnten doch einzelne Schulen und Lehrer vorangehen und viel stärker als in Deutschland üblich auf Hören und Lesen setzen. Die Ergebnisse sind abzuwarten.

Dazu brauchen wir entsprechende Materialien: Comics, *simplified readers,* Vokabelhilfen auf gleicher Höhe am Zeilenrand ebenso wie zweisprachige Textausgaben und die neuartigen Mischtexte von Sullivan/Rösler (Vgl. Kap. 4), überhaupt Texte, die mit behutsam gestuften Sprachmitteln und Lesehilfen zwischen *reading age* und *interest age* vermitteln. Stehen genügend Materialien bereit, können die Schüler mehr Eigeninitiative bei der Auswahl entwickeln.

Irgendwann kann es auch ganz still im Klassenzimmer werden, wenn jeder ein Buch vor der Nase hat.

> We had a small library of English comics and easy-reader stories in a cupboard of our classroom, and we could borrow them or read them in our "Freiarbeit"-lessons. We never felt we had to read them, and I think about 50% of the class regularly used the opportunity.

Schließlich könnten Schulen, so sie über einen eigenen Etat verfügen, sprachkundige Rentner und andere anheuern, um in solchen Ecken mit maximal drei Kindern zu lesen. Deutschland muss viel mehr in seine Kinder und Jugendliche investieren.

Häusliche Lektüre: endlich allein ...!

Der Lehrer hat seine Schätze angeboten. Durch seinen Vortrag, seine Stimme, seine kurzen Erläuterungen hat er das Verstehen leicht gemacht und die Distanz zum fremdsprachigen Buch verringert. Aus seinem Unterricht kommen dann auch die Impulse, die Schüler dazu bringen, zu Hause zu ihrem eigenen Vergnügen in der Fremdsprache zu lesen. Bücher und Kassettenrekorder ermöglichen es dem Kind, sein eigener Lehrer zu sein: entspanntes Lernen, das von den Zwängen und Irritationen sozialer Situationen frei ist. Die Fremdsprache wird quasi ein Selbstläufer.

> Apart from the books read in school, our teacher encouraged us to read English books at home. Privately, I often read simplified school editions or bilingual editions of short stories, especially detective stories, and novels such as *Treasure Island* and *The Third Man*. (*Berit M.*)

> As soon as I could I started to read English books for the younger reader, e.g. books written by Enid Blyton in a somewhat simplified language. The words which could not be expected to be known were explained at the bottom of each page. Reading has always been one of my favourite hobbies, it was the most appropriate way to flee from reality and enter another world in which I could give way to my own imagination. (*Birgit L.*)

> I was about fifteen, and I began reading an English book called *At Risk* in my normal, careful foreign language way of reading: looking up words, reading very slowly, minding each word, translating to myself many sentences. But it was such an exciting story, and so sad and dramatic, that suddenly I couldn't stop reading, and only when I had finished the whole book, I remembered it had been in English. A real, normal English book. It took me literally about five minutes to get over the shock of seeing I had read the 200 pages in English without ever noticing, but then I hastened to the library to see if it would work again. It did.

Nur der hat sich emanzipiert, der selbständig liest und sich auch außerhalb des Unterrichts vor fremdsprachlicher Lektüre nicht scheut. Unabdingbare Voraussetzung: eine große Anzahl von Lektüren und Texten steht zur Verfügung. Das Kind kann herumschmökern, Seiten überspringen, nicht zu Ende lesen – genau wie wir es alle machen. Beim selbständigen Lesen wollen wir den individuellen Interessen der Schüler so weit wie nur möglich entgegenkommen. Es ist immer leicht, an schon ausgeprägte Interessen anzuknüpfen, und je ausgefallener und spezialisierter, um so besser. Wo sie vorhanden sind, müssen sie genau getroffen werden. Wer zu Hause ein Herbarium betreut, darf nicht mit einem Sachbüchlein über Aquarien abgespeist werden. Dann werden sie nicht ausbleiben, die Momente der Übereinstimmung zwischen Kind und Buch.

Viel trainiert werden muss die richtige und effektive Benutzung des zweisprachigen Wörterbuchs, zunächst im Frontalunterricht, dann in Gruppen- und Einzelarbeit. Schüler können auch *füreinander* zweisprachige Vokabellisten aufstellen, denkbar auch als Spezialaufgabe für Schüler höherer Klassen.

Sprachlich zu schwierige Texte wirken sich lähmend aus. Entsprechende Passagen können durch Übersetzungen überbrückt werden (Kap. 4). Die Motivation, die aus der Tatsache rührt, dass der Schüler seine persönliche Wahl trifft, darf nicht leichtfertig aufs Spiel gesetzt werden. Deshalb beginnen wir mit der Privatlektüre im Unterricht, wo der Lehrer zur Stelle ist, um auszuhelfen.

Das kenntnisnehmende Lesen ist schon eine gehörige Leistung. Andere Aufgaben dürfen der Privatlektüre nicht aufgepfropft werden. Lesekontrollen müssen daher so behutsam wie möglich durchgeführt werden. Lektüreberichte vor der Klasse nur für die, die Interesse bekunden.

Wer seine Schüler zum Lesen verlockt hat, "macht Masse" mit sprachlich stets einwandfreien, oft auch qualitativ hochstehenden Texten, und darauf kommt's an.

Die Krönung: Bilinguales Lernen mit DVDs

Die Krönung des Fremdsprachenlernens in der Schule wie zu Hause ermöglicht uns ein neues Medium: die DVD. Wir erhören und erlesen uns eine Szene, so dass wir sie am Ende fast auswendig können, etwa in folgenden Schritten:

1) Deutsche Fassung
2) Fremdsprachige Fassung, mit deutschen Untertiteln
3) Fremdsprachige Fassung mit fremdsprachigen Untertiteln
4) Fremdsprachige Fassung ohne Untertitel
5) Bilder ohne Tonspur, erst mit, dann ohne fremdsprachige Untertitel

Beliebt ist das Ton-Bild Splitting. Die eine Hälfte der Klasse dreht sich mit dem Rücken zum Bildschirm und versucht, aus dem Gehörtem zu erschließen, was vorgeht. Die andere Hälfte schaut normal zu. Danach stellen die Nur-Hörer Vermutungen über das Geschehen an und fragen die anderen aus (Bach & Lausevic 2003).

Stets wird man von der Pausentaste reichlich Gebrauch machen, dabei je nach Lust und Laune mitsprechen oder nachsprechen. Szenen können übersprungen oder mit deutschem Ton oder nur mit deutschen Untertiteln überbrückt werden. Leider entsprechen die Untertitel der synchronisierten Fassungen oft nicht dem tatsächlich Gesagtem, so dass man eine DVD nicht unvorbereitet einsetzen sollte. Anderseits ist es eine reizvolle Aufgabe, die Untertitel richtig zu stellen. Nebenbei: Kulturelle Unterschiede werden in keinem anderen Medium so deutlich wie im Film und geben Anlass zu vielfältigen Beobachtungen und Betrachtungen. Außerdem brauchen wir für jedes neue Medium auch neue Ausdrücke zur fremdsprachigen Unterrichtsführung:

> Don't leave any fingerprints on the disc, they may cause a distorted picture/We've got to access the menu first and select an item from it/We've got sound-tracks in several languages with subtitles/Let's resume play from the point where we stopped; usw.

Wir zeigen im Unterricht, wie man's macht, und regen die Schüler an, zu Hause weiterzumachen.

Dabei statten wir auch die Schüler mit Büchern und dazugehörigen Audiokassetten aus. Hier haben wir die Gewähr, dass Buchtext und der von Schauspielern gesprochene Hörtext genau übereinstimmen. Buch, Hörbuch und Film werden nebeneinander benutzt. Wir tragen also der Tatsache Rechnung, daß man heute dank moderner Medien Sprachen auch allein erwerben kann. Entsprechend müssen wir Einzelarbeit stärker als bisher einbeziehen, die häuslichen Möglichkeiten der Schüler nutzen und im Unterricht Plenararbeit mit Partner- und Gruppenarbeit verrechnen.

Mit diesen den Input maximierenden Vorschlägen geht der Fremdsprachenunterricht neue Wege. So kann auf eine grammatische Progression der Texte weitgehend verzichtet werden, ebenso auf eine strenge Dosierung und Progression des Wortschatzes. Klotzen, nicht kleckern, heißt die Devise. Abheben und durchstarten! Noch nie war Sprachenlernen so interessant wie heute!

Willkommene Nebeneffekte

Verfechter des *comprehension-based second language teaching* – so der Titel eines Sammelbandes (Courchêne u.a. 1992) – machen auf die affektive Seite dieses Ansatzes aufmerksam:

Die Schüler sind (zeitweilig) von der Mühe der Artikulation und des Ausdrucks entlastet. Es gibt einen Wohlfühleffekt, wenn man entspannt einer Geschichte lauscht, die der Lehrer erzählt. Trotzdem wird es als Leistung empfunden – und es ist ja auch eine – wenn man einem fremden Text folgen und ihn genießen kann. Außerdem gibt es mehr Gelegenheit, selbstständig zu arbeiten, das eigene Lerntempo zu bestimmen und sich das Hör- und Lesematerial auszuwählen, das einem persönlich zusagt.

Dem Lehrer bringt die Arbeit mit Hör- und Lesetexten Entlastung vom permanenten Zwang zum aufmerksamen Reden, der zum chronischen Erschöpfungszustand mancher beiträgt.

Doppelverstehen schließt Output ein

Natürlich sind wir keine Kübel, in die man Sprache einfach hineinschüttet. Sprache ist etwas, was sich zwischen Menschen ereignet. Sprache ist zuallererst Ansprache, dann aber auch Mitsprache. Das gesunde Individuum ist ein aktiver Problemlöser, der Dinge erkundet, unternimmt und riskiert, auch mit, in und durch Sprache. So sprechen wir uns frei durch freies Sprechen.

Ein Grundgesetz des Lernens lautet, dass man eine Funktion auch in der Form üben muss, in der sie am Ende verfügbar sein soll. "No language is more readily got than by familiar discourse in it" (Charles Hoole 1659, zit. nach Lambley 1920, 334). Kürzer: *Loqui loquendo discimus*. Erfolgreiche Kinder aus der Langzeitstudie von Wong-Fillmore (1976) verfahren sogar nach dem Grundsatz: "Speak now, learn later", d.h. sie warten nicht ab, bis sie ein Sprachstück durchschauen und beherrschen, sondern versuchen's einfach, radebrechen gewissermaßen drauflos. Am Ende müssen wir's selbst probieren und brauchen ein Gegenüber, damit uns die Zunge gelöst wird. Gute Sprachenlerner, so sagt uns die Forschung, sind aktiv und wollen ihr Können ausüben. Als Goethe auf seiner italienischen Reise in Trient angekommen war, schrieb er:

> Der Wirt spricht kein Deutsch, und ich muß nun meine Sprachkünste versuchen. Wie froh bin ich, dass nunmehr die geliebte Sprache lebendig, die Sprache des Gebrauchs wird.

Denn es ist ja viel schöner, wenn man sich aktiv in das soziale Miteinander einbringen, das Gespräch mitsteuern, die Themen mitbestimmen kann, oder auch ganz einfach nachfragt, wenn etwas unklar geblieben ist. Wir haben unser Leben viel mehr in der Hand, können mitgestalten. *Negotiation of meanings* heißt das Stichwort aus dem Muttersprachererwerb. Und so stößt auch der Selbstunterricht an seine Grenze:

> Je mehr ich lernte, desto mehr empfand ich den Mangel an wirklicher Kommunikation. Selbst- oder Scheingespräche befriedigen auf die Dauer eben doch nicht. Irgendwann möchte man erworbenes Können auf die Probe stellen und sei es nur im Gespräch mit anderen Lernenden. (Rück 1998, 348)

Wir sind Täter des Worts, nicht Hörer allein. Texte regen zu Fragen und Kommentaren an oder fordern Widerspruch heraus. "Aus der Klasse hört man nur Französisch, frisch vom Lesestoff gezapft" (Wähmer 1914, 22). Neben der Quantität der Sprachaufnahme gibt es auch eine Qualität, die durch eigene Sprechanteile mitbestimmt wird. Mit wachsendem Können, sauberer Aussprache und guter Grammatik wird auch das, was sich Schüler einander zu sagen haben, immer mehr zu wertvollem Sprachinput. Output erzwingt oft eine (unbewusste, halb-bewusste, bewusste) syntaktische Analyse des Sprachmaterials, d.h. es ergibt sich die von Krashen übersehene formale Transparenz. Es geht darum, "to move the learner from a purely semantic analysis of the language to a syntactic analysis of it" (Swain 1985, 252).[4] Genau das meint unser Doppelverstehen, das Output mit einschließt, insofern Interaktion die Verarbeitung semantisch *und* syntaktisch transparenter Sprache eher ermöglicht als Input allein. So hat auch Cook (1993, 61) das zweifache Verstehen als Grundbedingung des Erwerbs klar herausgestellt. Er unterscheidet *decoding* und *codebreaking,,* was ich als Doppelverstehen zusammenfasse. Krashens Irrtum bestehe darin, diese Unterscheidung nicht getroffen zu haben: "Krashen's theory conflates decoding and codebreaking; to Krashen decoding *is* codebreaking." Wir tragen zu dieser Debatte bei, indem wir die zur Theorie passende geschichtliche Praxis aufdecken.

Lassen wir uns nicht beirren, wenn Schüler beim freien Formulieren reihenweise Fehler produzieren, wie im folgenden Ausschnitt, in dem Bilder so zu ordnen sind, dass sie eine Geschichte ergeben:

> L: Could you please explain how you would order the pictures?
> S: Hm. Because there seemed a man must do the washing up and then he has an idea. He speaks to number two. Then he telephoning a wife, then he ask the wife if she want married him and then she, he married her and she must do the, then he must do the washing up.

Auch im natürlichen Spracherwerb durchlaufen Lerner Phasen des Umbruchs. Sie produzieren schon längere Äußerungen und man versteht wohl, was gemeint ist, aber es wimmelt nur so von grammatischen Fehlern. Mal wenden sie eine Regel an, mal wieder nicht. Neue Strukturen werden nur ansatzweise in Bestehendes integriert. Alles nur mögliche kommt vor, so auch im Unterricht:

> Play your father football?
> Plays your father football?
> Playing your father football?
> Are your father play football? (Peltzer-Karpf 2003)

Dazu kommen noch muttersprachliche Beimischungen und Interferenzen aller Art:

> Du eat nix?
> Leon, das ist nicht dein knife!

> S: Können wir nicht zwei Stunden machen?
> L: In English, please!
> S: Can we make two stunds? (Peltzer-Karpf 2003)

Die falsche Reaktion darauf wäre, freies Kommunizieren einfach hinauszuschieben, in der Erwartung, noch mehr kontrolliertes Üben richte das alles von selbst. Aber in all diesen Fällen muss der Lehrer zu Hilfe kommen und den Schülern die korrekten Formulierungen zuspielen. Und es sind die Gewichtungen neu zu verteilen und dem Primat der hörenden und lesenden Textaufnahme Rechnung zu tragen. Krashen (1992) hat eine eindrucksvolle Anzahl von Studien zugunsten seiner Input-Hypothese zusammengetragen. "Beginning methods rich in comprehensible input have been consistently shown to be more effective than competing methods" (1992, 21). Denn: "The amount of language that can be presented and practised within a production-based course is small when considered in relation to the total fund of language required to communicate effectively" (Courchêne 1992, 97). Wir brauchen einfach reiches Eingangsmaterial für unsere "intuitive Heuristik" (Chomsky 1970, 108) und müssen den Vorsprung und Überhang des Verstehens als Entwicklungsprinzip von Sprache ernst nehmen. Wer eine Sprache hörend und lesend versteht, hat einen entsprechenden Wortschatz und eben auch die verstehensrelevante Grammatik.[5] Verstehende Sprachaufnahme ist der Brennstoff für unseren Sprachsinn, der von selbst auf die Regeln kommt, wenn ihm eine Fülle korrekter Sprachproben zugespielt werden. Die bekommt das Kleinkind auf dem Schoß der Mutter ebenso reichlich wie das Kind, das in den Kindergarten geht, wo man eine andere Sprache spricht. Input von bester Qualität, was die phonetische Seite betrifft, und von guter bis befriedigender Qualität auf anderen Sprachebenen. Kinder brauchen Kontaktzeit für den kindlichen Eigenweg durch die Grammatik, für das Ausreifen innerer Hypothesen über die Grammatik, für entdeckendes Lernen, für die Selbstorganisation des Lernens (hierzu besonders Bleyhl 2003). Diese Kontaktzeit steht im Unterricht normalerweise nicht ausreichend zur Verfügung, und deshalb haben sich auch immer wieder eher "künstliche" Mittel, nämlich sprachbezogenes Üben, grammatische Analyse und methodisch gestützte Produktion als hilfreich, ja als unverzichtbar erwiesen.

Wer die Geschichte des Fremdsprachenunterrichts kennt, wird jede Einseitigkeit vermeiden, wie etwa Palmer (1922/1964, 108f.) mit seinem "multiple line of approach" und viele vor ihm, so auch Erasmus in seiner Schrift "Über die Methode des Studiums". Er hielt z.B. grammatische Regeln für unentbehrlich, obwohl er wusste: "Eigentliche Sprachfertigkeit erwirbt man sich am besten durch Unterhaltung und Verkehr mit richtig Sprechenden, namentlich aber durch fleißiges Lesen guter Schriftsteller ..." (1511/1963, 31).

---

[1] Ich verweise auf Günthers *Kritik des offenen Unterrichts* (1996). Vgl. auch Helmke (2003, 66f.) über "Gefährdungen und Schieflagen der neuen Lernkultur." – Die Sprachrezeption betonen u.a. O'Neill (1998, 370) und Bleyhl (1999, 261): "But I don't believe at all that a 'good lesson' is one in which students do all or even most of the talking." "Ich klage an den psycholinguistisch unsensiblen Unterricht, der Sprachrezeption und Sprachproduktion in einem Verhältnis von 1:1 sehen will."

[2] Dazu die Videos von R. Martin (Martin & Koch 2000), von dem man viel lernen kann. Mehr zum Geschichtenerzählen bei Schmid-Schönbein 2001, 105ff.

[3] Über Ergebnisse von Leseprogrammen im Zweitsprachenunterricht berichtet Elley (1991).

[4] Vgl. auch Zydatiß (2002b, 317ff.). In diesen Zusammenhang gehört Sharwood Smith' "input enhancement" und Harleys (1992, 371) Forderung nach "focussed input in persistent problem areas".

[5] Bedenken wir auch die Ergebnisse der Hirnforschung: Sprechen ist immer auch ein (Sich-selber-) Hören, so dass automatisch die Hörregion mit aktiviert wird. Umgekehrt wird aber auch beim "reinen" Zuhören die sprechmotorische Region mit beansprucht. Wenn Pianisten Klaviermusik hören, so werden außer der Hörregion auch die für die Fingerbewegung zuständigen Bereiche angeregt. Es gibt ein "passives" Training durch Zuhören und Zusehen.

Man lernt nur einmal sprechen.
Fremdsprachen müssen an muttersprachliches
Wissen und Können anknüpfen.

4 Anknüpfen statt trennen: Kehrtwendung der Methodik

> Alles Lob, das man den alten Sprachen als Bildungsmitteln erteilt, fällt doppelt der Muttersprache anheim, welche noch richtiger die Sprach-Mutter hieße; und jede neue wird nur durch Verhältnis und Ausgleichung mit der ersten verstanden ... (Jean Paul Friedrich Richter, 1806)
>
> Jede neue Sprache trifft in uns unausweichlich auf die schon vorhandene Muttersprache. Die Muttersprache ist die Wegbereiterin für alle weiteren Sprachen und steht ihnen gleichzeitig immer im Weg. (*Mario Wandruszka*)

Zwölf Thesen

Die Muttersprache ist bei allen Schulfächern, auch dem Fremdsprachenunterricht, der stärkste Verbündete des Kindes. Dagegen steht das vom fremdsprachendidaktischen *Mainstream* betonte negative Bild: Der Fremdsprachenlehrer baut Inseln, die ständig in Gefahr sind, vom Meer der Muttersprache überspült zu werden. Man muss sie zurückdrängen, Dämme gegen sie aufrichten, auf ein Minimum beschränken.

Richtig daran ist: Jede neue Sprache trifft auf die schon vorhandene Muttersprache. Alle Sprachen sind aber insofern Konkurrenten, als ohne Kontaktzeit Sprachverlust droht und die Gesamtkontaktzeit nicht erweiterbar ist. Weil nun die Muttersprache immer schon da ist, lässt es sich so leicht aus der Fremdsprache flüchten – eine ständige Versuchung für Schüler und Lehrer. Im Unterricht aber muss der Schüler in die Fremdsprache eintauchen können. Man lernt keine fremde Sprache, indem man eine andere gebraucht. Es ist dieser Anteil des Wahren im Falschen, von dem man sich täuschen lässt.

Falsch ist nämlich, dass man die Muttersprache am besten nur in Ausnahmefällen zu Hilfe nehmen soll, denn: In der Muttersprache und durch sie haben wir 1) denken gelernt, 2) kommunizieren gelernt und 3) eine grammatische Grundordnung intuitiv zu erfassen gelernt. Dabei stößt die Muttersprache nicht nur das Tor zur eigenen Grammatik, sondern zu allen Grammatiken auf, insofern sie das in uns schlummernde universalgrammatische Potenzial aktiviert. Zugleich ist 4) unsere Gefühlswelt muttersprachlich durchtönt. Dieses Geprägt- und Schon-Informiertsein, d.h. die umgreifende, in der Erstsprache heranreifende Sprachlichkeit des Menschen, ist das Fundament unserer Selbstwerdung und der größte Aktivposten des Fremdsprachenlerners. Die Muttersprache ist darum *das* Instrument zur Erschließung fremder Sprachen, ihrer Bedeutungen, ihrer grammatischen Formen und Funktionen, der Dechiffrierschlüssel, der den schnellsten, den sichersten, den genauesten und vollständigsten Zugang zur Fremdsprache bildet – so lange, bis diese sich selbst weiterbauen kann.

Erläuterungen

Diese Theorie soll gelten für Kinder ab sieben Jahren, d.h. ab einem Alter, in dem sich eine Muttersprache fest etabliert hat. Allerdings deuten die Kommunikationsstrategien bilingual aufwachsender Kinder darauf hin, dass die Muttersprache auch schon früher zum Aufbau einer Fremdsprache eingesetzt werden kann. Die positiven Auswirkungen gezielter muttersprachlicher Mithilfe sollten darüber hinaus bei lernschwachen Kindern und im Unterricht mit den üblichen zeitlichen Beschränkungen stärker ausfallen als unter den Bedingungen der Immersion. Die Theorie wird hier in zwölf Thesen entfaltet, von denen einige im Praxisteil des Kapitels wieder aufgegriffen werden.

These 1: *Einsprachiges Unterrichten ohne Zuhilfenahme der Muttersprache ist zwar äußerlich möglich, einsprachiges Lernen aber lange Zeit eine innere Unmöglichkeit.*

Niemand kann sein Vorwissen einfach abschalten. Für den Anfänger postulieren wir eine ununterdrückbare "stille" Präsenz der Muttersprache auch bei absoluter Einsprachigkeit des Unterrichts. Jeder Sprachunterricht müsste scheitern, wenn der Schüler nicht diesen Anschluss an das Mächtigste in ihm immer schon von selbst vollzöge. Genauso wenig wie man auf unsere an der Mutterprache ausgebildete Stimme oder die an und von ihr geformte Schreibhand verzichten kann, kann man das muttersprachlich geprägte Welt- und Sprachverständnis ausschalten. Wenn die Muttersprache in der Fremdsprache nicht mitdenken würde (bis diese sich allmählich verselbständigt), könnten die Schüler überhaupt nicht mitdenken! Typisch, wie in einem rein fremdsprachlichen Kontext die Muttersprache durchbricht:

Schüler	Bob's missing.
Lehrer	Yes. The school bus is late because of the snow.
S	Mike is nich missing. John is nich missing.

Im Französischen sind auch Genusfehler wie "la mouvement" ein Indiz für die heimliche Präsenz der Muttersprache. Die Unvermeidbarkeit muttersprachlicher Assoziationen ist zumindest seit Aronstein (1926, 71) ein Standardargument, das Lehrer immer wieder durch Beobachtungen aus dem eigenen Unterricht abstützen können.[1] Jeder Lehrer setzt doch bei seinen Erklärungen von *birthday* oder *postman* schon voraus, dass seine Schüler wissen, was ein Geburtstag oder was die Post (in unserem Kulturkreis) ist. D.h. das Innewerden der Bedeutung schließt die Vernetzung mit der Muttersprache immer schon ein – bis die Fremdsprache selbst ein immer dichteres Netz geknüpft hat. Man halte sich vor Augen, wieviel Erlebtes vorangegangen ist, bis das Kind einen richtigen Begriff von "Geburtstag" oder "Postboten" hat. Auch grundlegende Sprechakte wie das Fragen, Danken oder Grüßen brauchen nicht mehr erarbeitet werden.

Damit ist auch ein Gegenargument entkräftet, das man häufig hört: "Wenn die Einwirkungen der Muttersprache schon nicht auszuschalten sind, so sollte man sie durch zweisprachige Vokabeleinführung und Vokabelverzeichnisse nicht auch noch verstärken. Nur in solchen Fällen, wo sich beim besten Willen keine vertretbare Definition innerhalb des Vokabelschatzes der Schüler finden lässt ... nur in den ganz dringenden Fällen ..." (Toth 1973, 12) Hier werden "die Einwirkungen der Muttersprache" zugegeben, aber sie sind eigentlich unerwünscht. Unsere Theorie dagegen sagt: Die Mitwirkung ist nicht nur unvermeidlich, sondern notwendig. Deshalb machen wir sie auch explizit, präzisieren sie oder stellen sie richtig. Unklares und Ungenaues kann sich erst gar nicht einnisten. Das Einsprachigkeitspostulat hingegen ignoriert die lernpsychologische Grunderkenntnis, dass neues Wissen anschlussfähig sein muss und alles Lernen ein Hinzulernen ist.

Die Hirnforschung bestätigt diese Sichtweise, denn die jeweils vorhandenen neuronalen Strukturen organisieren jene neuronalen Verbindungen, die zur Strukturierung neuer Netzwerke führen. Die Fremdsprache benutzt also in den Anfangsstadien das neuronale Netz der Muttersprache. Karpf (1990) konnte statistisch nachweisen, dass in den ersten Lernjahren die Fremdsprache an die Muttersprache andockt und erst mit zunehmender Kompetenz systemspezifisch dissoziiert.

These 2: *Erklärungshilfen wie Abbildungen, Tafelzeichnungen und fremdsprachige Paraphrasen bereichern den Unterricht, können aber auch als Stützpraktiken funktionieren, die verschleiern, dass das Postulat der Einsprachigkeit zu revidieren ist.*

Im Vergleich zu muttersprachlichen Wort- und Satzäquivalenten handelt es sich um Kompensationen, die oft auch dort zu Missverständnissen führen, wo man sie nicht vermutet hätte. Sie dürfen die innere Anbindung an die muttersprachlich durchtränkte Erfahrungswelt nicht verhindern ("Aha, *anniversaire* ist Geburtstag."). Mehrfach wird von informellen Verstehensüberprüfungen nach einsprachiger Textdarbietung berichtet. Stets wurden bei den Schülern viel mehr Missverständnisse aufgedeckt, als man erwartet hatte ("Look at the sky, Pam. It's going to rain". Über 50% der Kinder meinten, "sky" sei "Wolke" usw.). Bei vielen Wendungen schafft allein die muttersprachliche Klärung eine Sicherheit des Gefühls und Vertrauen zum fremdsprachlichen Ausdruck ("Il faut te ressaisir". "Du musst dich einfach mal zusammenreißen" "Tu suivras peut-être sur le livre de Pierre?" "Könntest du vielleicht bei P. mit reinschauen?").

Bei einsprachigen Erklärungen fühlt man sich auch bei fortgeschrittener Lektürearbeit oft im Stich gelassen. Man kann sie sich fast willkürlich herausgreifen: *surly*, erklärt mit *rude and ill-mannered* oder *gambol* mit *run about, tart* definiert als *sexually immoral woman* usw. Was hier englisch erklärt wird, ahnt man aber schon aus dem Kontext. Alles Feinere, Konnotative, Gefühlsmäßige geht flöten. Warum hat nun der Autor genau diesen Ausdruck gewählt? Oft sagt einem das erst die gute Übersetzung, die wirklich zum Text passt: 'mürrisch', 'verdrießlich' oder 'Freudensprünge machen' und 'Flittchen'. Und dann hat man die Textstelle viel besser verstanden. Einsprachige Worthilfen sind in dieser Situation oft nur ein schlechter Ersatz, eben Kompensationen. Und sollten wir nicht auch an Ausbau und Verfeinerung der Muttersprache denken?

These 3: *Die lexikalisch-grammatische Ausdünnung der Lehrtexte und damit ihre inhaltliche Anspruchslosigkeit sind ebenfalls eine direkte Folge des Prinzips der Einsprachigkeit, das sie stützen sollen.*

Die moderne Didaktik hat clevere Visualisierungen für die Wortschatz- und Grammatikarbeit entwickelt. Dennoch ist weitgehende Einsprachigkeit am Anfang nur machbar, wenn darüber hinaus die Texte entsprechend gestaltet und entlastet sind. Man mache die Umkehrprobe. In früheren Jahrhunderten hat man Dickens' Weihnachtsgeschichte oder das Johannesevangelium als Einführungstext verwendet. Das wäre ohne reichliche Mithilfe der Muttersprache undenkbar. Inzwischen wurden niveauvolle Texte immer mehr der Einsprachigkeit geopfert. So empfindet ein Lehrer, der selbst noch einmal einen Sprachkurs besucht: "We followed a multi-media course of a type that would be familiar to most EFL (English as a foreign language) teachers, but to my dismay it was devoid of anything approaching a substantial text." (Gower 1999, 10) Immer bunter werden die Lehrwerke, und die Texte immer mehr zu Fragmenten.

Die Inhaltslosigkeit geht bis in die Grammatik hinein. Sprachmeister früherer Jahrhunderte forderten in der Nachfolge Quintilians, als Beispielsätze Sentenzen, Sinnsprüche, geflügelte Worte usw. zu verwenden, die sich dem Gedächtnis dauerhaft einprägen können. Wo sind sie geblieben?

Die Reduktion des Wortschatzes ist auch aus psycholinguistischer Sicht ein ganz falsches Mittel, um Schüler zu Erfolgen zu führen. Im natürlichen Spracherwerb ist der Einstieg in die Grammatik mit dem Wortschatzwachstum eng verbunden. Die "critical mass hypothesis" besagt: "Vocabulary development is a strong predictor of subsequent achievements in morphology and syntax" (Marchman & Bates 1994, 243)

These 4: *Muttersprachliche Verstehenshilfen erlauben eine frühe Verwendung gehaltvoller authentischer Texte, die in den Lehrbüchern fehlen, weil sie nicht rein fremdsprachig zu vermitteln sind. Sie können je nach Lehrsituation sowohl explizit und gründlich als auch beiläufig und unauffällig erfolgen.*

Genau solche Hilfen erfordern auch der Sachfachunterricht in der Fremdsprache und fächerübergreifende Projekte, die auf inhaltsschwere, authentische Texte gar nicht verzichten können. "Viele landeskundliche Inhalte, die für die Schüler zu bestimmten Augenblicken im Verlauf des Fremdsprachenunterrichts interessant wären, können bei einsprachig geführtem Unterricht nicht behandelt werden, weil die fremdsprachlichen Mittel der Schüler noch nicht ausreichen", urteilt Erdmenger (1982, 360), Autor einer Landeskunde-Didaktik.

Wo moderne Lehrwerke authentische Texte schon früh verwenden (meist moderne *songs* als Zusatzstoffe), werden sie muttersprachlich erklärt, z.B. *Yellow Submarine* als Zusatzstoff im zweiten Lehrjahr (English G 2000). An dieser Stelle scheint es mir, als sei die Praxis der Theorie schon davongelaufen. Banale, anspruchslose, papierdünne Texte ohne Bildungswert aber gefährden besonders den Unterricht der spät einsetzenden Fremdsprachen.

These 5: *Muttersprachliche Verstehenshilfen, richtig eingesetzt, erleichtern die fremdsprachige Unterrichtsführung, statt sie zu verhindern.*

Der Unterricht und was dort zu regeln ist, spielt sich natürlich grundsätzlich in der Fremdsprache ab. Damit ist eine wichtige und richtige Forderung der Direktmethodiker erfüllt, die Fremdsprache als unterrichtstragende, allgemeine Verkehrssprache zu etablieren. Allerdings: Die Unterrichts- und Schulgeschäfte, die es zu erledigen gilt, die Vielfalt der Arbeitsanweisungen mit wechselnden Sozialformen, Disziplinarisches, mehr noch der freundlich besorgte Umgang miteinander, erfordern oft sprachlich komplexe Kommunikation, so dass sich drei Optionen ergeben:

- Der Lehrer wickelt alles auf Deutsch ab.
- Was nicht unbedingt gesagt werden muss, bleibt schlicht ungesagt.
- Der Lehrer benützt unsere Sandwich-Technik (Kap. 1).

Mit der bilingualen Sandwich-Technik ist es leichter, die Fremdsprache als Verkehrsprache im Unterricht konsequent zur Geltung zu bringen. Da hat ein Schüler noch Schwierigkeiten mit einer neuen Zahnspange, die die Artikulation behindert ("Oh, I see you've got a brace on your teeth – eine Zahnspange – a brace on your teeth to make them straight"). Hier erfahren die

Schüler, dass die fremde Sprache etwas taugt, dass man mit ihr seine Alltagsprobleme ansprechen kann. Das geht aber nicht ohne die Muttersprache quasi als Schmiermittel. Die Muttersprache wird so geschickt eingeschleust, dass sie kaum fremdsprachige Kontaktzeit kostet. In wenigen Sekunden wird den Schülern die jeweils gebrauchte Wendung zugespielt, dann geht das Gespräch weiter, so dass die neu sich bildenden neuronalen Verbindungen gestärkt und am Ende dauerhaft verankert werden. Das Standardargument: "Wird die Muttersprache verwendet, bleibt weniger Zeit für die Fremdsprache", stimmt einfach nicht, wenn man es auf die hier empfohlenen zweisprachigen Techniken bezieht.

Viele Kollegen haben erfahren, wie energieverzehrend das Bemühen der Lehrer um einen einsprachigen Unterricht ist. "Da beißt man sich als Lehrer bei den meisten Schülern die Zähne aus", zitiert Appel einen Lehrer. Der punktuelle, gezielte Einsatz der Muttersprache wird den "alltäglichen, langen, zähen Kampf" der Lehrer (Appel 2000, 142; 238) um Durchsetzung der Fremdsprachigkeit bei den Schülern wohl nicht ganz abschaffen, aber doch erheblich abmildern.

These 6: *Die Forderung nach echter Kommunikation ohne Beihilfe der Muttersprache ist die Quadratur des Kreises. Muttersprachliche Verstehens- und Ausdruckshilfen, richtig eingesetzt, ermöglichen mehr echte, nicht planbare gehaltvolle Kommunikation als ein Unterricht, der auf solche Hilfen verzichtet.*

Spontaneität, persönliches Engagement und ein gehaltvolles Unterrichtsgespräch gelten als zentrale Merkmale eines modernen kommunikativen Ansatzes. Die Äußerungswünsche und Kommunikationsbedürfnisse der Schüler lassen sich aber nicht an die Kette eines vorausgeplanten, dosierten Wortschatzes und einer grammatischen Progression legen. Der Lehrer muss seinen Unterricht an seine Klasse und die Situation vor Ort anpassen. Die Schüler äußern sich spontan, riskieren mehr eigene Meinungen und erzählen Privates, die Lehrer können Aktuelles und Unvorhergesehenes zur Sprache bringen – eben weil knappe muttersprachliche Einhilfen das Gespräch in der Fremdsprache weiterbringen. Die Verweigerung der Muttersprache aber kann Gefühle des Ungenügens und der Frustration nähren.

Ein Schnappschuss aus einer 5. Gymnasialklasse zeigt, wie die Muttersprache mitwirkt und Mitteilungsbezogenheit ermöglicht. Wie schnell lernt man seine Schüler und ihre Umstände kennen, wenn man das "echte" Gespräch sucht! Sein Wissen kann man wieder an anderer Stelle für weitere authentische Kommunikation nützen: eine sich selbst verstärkende Aufwärtsspirale. Arno und Daniel haben gerade ein eigenes Stückchen verfasst und vorgespielt:

Lehrer	Do you have any questions? Questions for Arno and Daniel? ... Daniel, do you like watching TV?
Daniel	Hmm, yeah.
L	Yes? What do you watch?
D	I watch football games/matches and ... hmm Horror/Horror Filme.
L	Horror films? Oh, I don't like horror films. Do you like horror films?
D	Hmm kommt ganz drauf an.
L	It depends.
D	Yes.
L	And how many hours do you watch per day? ... Do you watch TV every day?
D	No.
L	Not really? Only at the weekends?
D	At the weekends I play with my friends.
L	And when do you watch TV?
D	When no friend there is.
L	When there are no friends around.
D	Yes.
L	Or when my friends are away (When my friends aren't around).
D	Yes.
L	And how long (= much) do you watch? An hour or two hours, three hours, five hours?
D	What's the meaning of "hours"?
L	Ah, Stunde, sorry.
D	No, I watch a half hours.
L	Half an hour. Oh, that's not much.
Lizzy	Haven't you not friends in your city?
L	Don't you have friends?
Li	Don't you have friends in your city?
D	No, die meisten sind zur Eifel gezogen.
L	Most of them, most of them
D	Most of them
L	have moved to the Eifel
D	have moved to the Eifel.

Das Gespräch wäre ohne Beihilfe der Muttersprache schnell an seine Grenzen gelangt oder erst gar nicht zustande gekommen! Wir bekommen also einen sehr hohen Gegenwert für die kurzen muttersprachlichen Einsprengsel. Da wundert sich ein *German assistant* an einer englischen Schule, warum die Eltern seiner Schüler alle die gleichen Berufe haben. Oder Praktikanten fällt auf, dass immer nur die gleichen Hobbies genannt werden. Das sind typische Belege für die ungewollten Nebenwirkungen der Einsprachigkeit, die die Kommunikation abschneiden: Schüler bleiben beim eingeführten Lehrbuchvokabular, ja werden noch dazu angehalten. Und bleiben somit ständig unter ihrer Form! Niemand muss Kinder zur Kommunikation zwingen. Sie wollen sie von sich aus. Geben wir ihnen doch die nötigen Hilfen dazu!

These 7: *Idiomatische Übersetzungen können manche grammatischen Funktionen umstandslos klären und erlauben so einen weitgehenden Verzicht auf die grammatische Progression der Lehrtexte, was ebenfalls die Wahl authentischer Texte erleichtert.*

Allein die Beachtung dieses Punktes könnte den Fremdsprachenunterricht weltweit revolutionieren. Unsere Schüler können schon in der ersten Unterrichtswoche mit englischen *do*-Konstruktionen, dem Gerundium oder auch dem *gérondif* problemlos fertig werden. Wieso soll einer nicht schon in der ersten Unterrichtswoche "I enjoy speaking English" sagen können? Kein Warten mehr aufs Gerundium!

Das wahre Ausmaß der muttersprachlichen Fundamente samt ihrer Bedeutung für allen weiteren Spracherwerb wird uns erst bewusst, wenn wir die grammatischen Vorleistungen der Muttersprache analysieren. Kinder müssen ihre Muttersprache laufend umorganisieren, von semantisch begründeten Verstehensstrategien zu syntaktisch orientierten übergehen und die Grammatik etappenweise erwerben:

- Sie lernen erst allmählich den unbetonten, wenig auffälligen Strukturwörtern und den kleinen Veränderungen der Wörter Beachtung zu schenken.
- Es dauert, bis sie Personal- und Possessivpronomen als "Wechselwörter" erkennen.
- Weil das erstgenannte Nomen gern als Akteur der nachfolgenden Handlungen verstanden wird, werden Passivstrukturen zunächst falsch interpretiert und semantisch irreversible Passivsätze vor reversiblen erworben. (Ein Mädchen kann einen Jungen schlagen und umgekehrt. Semantisch nicht umkehrbar: Der Hund wird von dem Jungen geschlagen).
- Kinder haben noch Schwierigkeiten mit der Zeitstruktur der Ereignisse. Lange Zeit setzen sie Äußerungsfolge mit Ereignisfolge gleich. Diese *order of mention*-Strategie verhindert zunächst, dass Sätze wie "Bevor er ging, trank er noch ein Bier" richtig verstanden werden.
- Kausativ-Strukturen bereiten bis ins Schulalter hinein Schwierigkeiten. "Bettina lässt Walter die Milch holen." Fragt man nun, wer denn da die Milch holt, machen auch Siebenjährige noch Fehler und sind nicht in der Lage, zwischen dem Ausführer und dem Veranlasser der Handlung zu unterscheiden.

- Bei Relativsätzen werden Schachtelsätze, die einen Hauptsatz unterbrechen, später gemeistert. Überhaupt bevorzugen Kinder das Aneinanderreihen von Sätzen, anstatt mit Relativsätzen zu operieren. (Peltzer-Karpf 1994, 140ff.)

Die hier genannten Regelungen sind uns nicht als Sprachintuitionen angeboren. Wir eignen sie uns erst in der Muttersprache an und durch sie. Der Fremdsprachenschüler macht sich dieses Können zunutze, er rechnet schon mit Zahlwörtern, Bindewörtern, Fragewörtern usw. und kann gar nicht anders. Er rechnet auch mit kleinen Veränderungen an Wörtern, die viel bedeuten können. Wir aber können ihn dabei gezielt unterstützen. Dass uns neue Sprachen darüber hinaus auch mit ganz ungeahnten Tricks überraschen können, versteht sich von selbst.

Wir gewöhnen uns in neue Grammatiken ein, weil wir schon eine haben. Schon als Jugendliche wären wir vermutlich über die Zeit hinaus, in der es unserem Hirn möglich ist, eine Grammatik von Grund auf zu erwerben – wenn uns bis dahin Sprache vorenthalten worden wäre. (Ähnlich den von Geburt an Blinden, deren Augen nach einer Operation tadellose Bilder liefern, die aber dennoch nicht mehr richtig sehen lernen.)

These 8: *Die gezielte Ausnutzung lexikalischer und syntaktischer Verwandtschaften zwischen der Muttersprache und den europäischen Schulfremdsprachen fördert das Behalten und vertieft das Verständnis der Geschichtlichkeit von Sprache und Kultur.*

Die Verbindungen zwischen den Sprachen sollten ausdrücklich hergestellt und nicht unterdrückt werden. Damit treiben wir als Fremdsprachenlehrer bewusst auch muttersprachliche Wortschatzarbeit. Also: "Interlingual vernetzend lernen und auf Bekanntes zurückgreifen", auch und gerade auf muttersprachliches Vorwissen. (Meißner 2000, 17) "Die konsequente Nutzung der Verwandtschaft oder Ähnlichkeit zwischen Sprachen ist ein bisher kaum genutztes Reservoir für einen leichteren Zugang zur Vielsprachigkeit." (Klein/Stegmann 2000, 17)

These 9: *Störende muttersprachliche Interferenzen ("I become a beefsteak" "Ever body needs today a computer") können nie ganz vermieden, paradoxerweise aber gerade durch bilinguale Techniken verringert werden.*

"Tout bilingue a pu constater avec quelle facilité il fait des interférences même lorsqu'il essaie de les éviter à tout prix." (Grosjean 1984, 28) Paradoxerweise kann man die Muttersprache am besten wegüben, indem man sie nicht ängstlich vermeidet, sondern richtig einsetzt. Manche *faux amis* (lexikalischer und grammatischer Art) bleiben ohne Kontrastierung mit der Muttersprache unerkannt. Im Nijverdal Experiment (Meijer 1974) konnte die Hypothese, dass der Einsatz zweisprachiger Techniken zu mehr muttersprachlich bedingten Interferenzfehlern führte, zurückgewiesen werden.

Die muttersprachenähnliche Formulierung in der Fremdsprache ist gewissermaßen der *Default*-Fall, der automatisch eintritt, wenn unser Gedächtnis stumm bleibt und uns im Stich lässt. Die Sichtweise, die Muttersprache "sei schuld", verhindert die tiefere Erkenntnis: Lexikalische und grammatische Interferenz ist nichts anderes als Unkenntnis bzw. Noch-nicht-Können. (Newmark & Reibel 1968; James 1972, 36)

Bei einer Schreibaufgabe in der achten Klasse produziert jemand "I would she questions ..." Will sagen:"Ich würde sie fragen ..." Ein anderer: "I dignity go ..." Er hatte "würde" im Lexikon nachgeschlagen. Diese Schüler haben einfach in drei Jahren Unterricht so gut wie nichts gelernt.

These 10: *Lehrer müssen die richtige Verwendung der Muttersprache lernen. Ausgefeilte zweisprachige Unterweisungstechniken sind aber in der Schule so gut wie unbekannt.*

Der Grund dafür: Die amtlichen Richtlinien fordern die Lehrer auf, die Muttersprache auf ein Mindestmaß zu beschränken. Generell ist sie nur als Ausweichmanöver für den Notfall anerkannt.

Mein Vorschlag zur Neufassung der Unterrichtslinien für den Fremdsprachenunterricht aller Schulformen: "Am Prinzip der Einsprachigkeit ist das richtig, was selbstverständlich ist: Die fremde Sprache lernt man nur, indem man sie auch benutzt. Nur der Unterricht kann erfolgreich sein, der sich zum allergrößten Teil in der Fremdsprache selbst abspielt. Gleichwohl gibt es unverzichtbare effektive bilinguale Arbeitstechniken sowohl bei der Wortschatz- als auch bei der Grammatik- und Textarbeit, die das Methodenrepertoire sinnvoll erweitern. Sie sind auf klar definierte Übungsziele hin zu entwerfen und müssen stets in rein fremdsprachige Kommunikation einmünden. Kombinierte monolinguale und bilinguale Übungen können schnell und sicher zu ernstgemeinter, sachbezogener fremdsprachiger Kommunikation überleiten. Wo letztere ausbleibt, ist der Unterricht gescheitert – gleichviel ob der Lehrer nur einsprachige oder auch bilinguale Arbeitsformen mit eingesetzt hat."

Unsere These ist jedoch in einem Punkte einzuschränken. Zwar sind ausgearbeitete zweisprachige Arbeitsformen unbekannt, aber führende deutsche Lehrwerke haben zweisprachige Grammatik- und Vokabelteile. Hier hat die praktische Vernunft gesiegt und einen Teil des Problems entschärft. Ich meine allerdings weniger die muttersprachlichen Regeln und Erklärungen, die z.T. verzichtbar sind, sondern die unverzichtbaren sinngetreuen Übersetzungen der Beispielsätze.

So wird in reichen Ländern mit eigenen Bildungstraditionen und starken Schulbuchverlagen das Schlimmste verhindert, nicht aber in armen Ländern oder auch in Ländern mit "kleinen" Sprachen, in denen rein englischsprachige Lehrwerke verbreitet sind. Die in diesem Punkt vorzügliche deutsche Lehrbuch-Praxis bleibt aber ein theoretisch unaufgeklärter Kompromiss, zumal der weltweit agierende anglo-amerikanische *English-as-a-foreign-language*-Komplex nach wie vor rein englischsprachige Lehrwerke favorisiert.

These 11: *Der Verweigerung muttersprachlicher Beihilfen wirkt sich verheerend auf lernschwache Schüler aus, denen man keine wichtigen Lernhilfen vorenthalten darf.*

Wer es Schülern *unnötig* schwer macht, der hat das Scheitern gerade der lernschwachen vorprogrammiert. Wenn Schüler vage oder nur halb verstehen, werden kognitive Ressourcen gebunden, die sie für den freien Gebrauch der Fremdsprache einsetzen könnten. Die Folge ist eine kontraproduktive, wilde Verwendung der Muttersprache als ungewollte Nebenwirkung. Auch durchaus flexible und sprachgewandte Lehrer geben unter schwierigen Bedingungen einfach auf. Sie sehen, dass die offiziell geforderte Einsprachigkeit nicht funktioniert, kennen aber keine zweisprachigen Techniken. So herrscht statt des verantworteten kalkulierten Gebrauchs der Muttersprache vielerorts der Missbrauch, den keiner will. Es sind immer wieder Stunden zu beobachten, die ganz unnötigerweise zu einem hohen Prozentsatz in der Muttersprache durchgeführt werden. (Johnstone 2002, 173) Diese Dammbrüche, vor denen die Direktmethodiker warnen, haben sie z.T. selbst zu verantworten.[2]

Denn wer nicht versteht, ist schnell frustriert. Geht man auf diese Befindlichkeiten nicht ein, können aufgestaute Frustrationen explodieren, und alle gebrauchen ungeniert die Mutterprache.

Ergebnisse einer Schülerbefragung von ca. 1.300 Jungen und Mädchen der Klasse 9 an vier englischen Gesamtschulen:

> One of the biggest frustrations for underperforming boys was not understanding the point of a lesson and what the teacher was trying to get them to do. This was particularly so when the lesson was solely or mainly conducted in the foreign language. "When a lesson is all in the target language, those underperforming hadn't a clue what was going on. They were vociferous about that. The feeling of being lost in language lessons was so clear. It's sad really. I had never thought of them not quite knowing what is going on. They may vaguely know, but not why they are doing it." (Thornton 1999, 11)

Englische Schüler haben es da besonders schwer. Viele haben kein Lehrbuch mit einem zweisprachigen Vokabelanhang. Frust aber auch bei Lehrern, die sich wieder in die Lernerrolle begeben und einen Sprachkurs belegen:

> Of course meaning is central. So why did my coursebook tell me not to worry if I didn't understand everything? On the contrary, faced with a teacher's or coursebook's refusal to help me understand everything, I was outraged and frustrated. (Gower 1999, 12)

Natürlich gehen gewiefte Lehrer pragmatisch vor und finden einen auf ihre Person zugeschnittenen passablen Kompromiss. Wer heilt, hat Recht, heißt es in der Medizin. Aber kann die Wissenschaft es dabei bewenden lassen? Es geht nicht um eine unverkrampfte Mitbenutzung und vorsichtige Tolerierung der Muttersprache, sondern um eine radikale Neubewertung und damit auch um die Mitverwendung ausgefeilter bilingualer Techniken im Rahmen eines fremdsprachig durchgeführten Unterrichts.

Leider gibt es auch *hardliner*, oft Ausbilder und Schuldezernenten, die Referendaren gegenüber die offizielle Ideologie unmissverständlich geltend machen. So werden dem Unterrichtsbesucher auch Mogelpackungen serviert. Es fällt kein deutsches Wort, es wird aber auch nicht frei und ernsthaft kommuniziert. Dazu kommen noch Lehrer als *native speaker*, von denen viele die Muttersprache ihrer Schüler nicht ausreichend kennen. In der Praxis eine unklare Gemengelage, die durch eine falsche Theorie gedeckt wird.

These 12: *Jeder fremdsprachliche Zugewinn muss so tief Wurzeln schlagen, dass er letztlich ohne Dazwischentreten der Muttersprache verfügbar wird und die Fremdsprache immer stärker ihre Eigendynamik entfalten kann.*

Die Verselbständigung der Fremdsprache geschieht durch ihre sinnvolle und vielseitige Verwendung, nicht durch prinzipiellen Verzicht auf muttersprachliche Hilfen – so wie man sich auch erst allmählich an Preise in Euro gewöhnt und sie noch lange Zeit in DM umdenkt. Mit wachsendem Können macht sich die Muttersprache allmählich von selbst überflüssig, oder fast überflüssig. Bei der meisterlichen Ausführung sind andere Hirnregionen als beim Anfänger stärker aktiv, so etwa auch beim Schachspiel. (Amidzic u.a. 2001)

Der Gestaltwandel (und der Wechsel der Hirnregionen) wurde von einer älteren Assoziationspsychologie als Wegfall vermittelnder Zwischenglieder erklärt. Unbewusst vollzogene muttersprachliche "Anleihen" werden weggekürzt (heute: *chunking*-Hypothese). "The indirect bond (= the mother tongue) is short-circuited out by practice just as memorial dodges for remembering people's names are eliminated once the name is established." (West 1962, 48) Ein unmittelbares, übersetzungsloses Verstehen stellt sich von Anfang an ein, aber nur stückweise, etwa bei Routinen wie *bonjour* und *merci*. Der Weg in die Fremdsprache bedeutet den Aufbau eines weiteren Assoziationsnetzes, verbunden mit einer Relativierung der Muttersprache. Diese beginnt schon bei bilingualen Kindern, wenn sie sich klarmachen: "Papa sagt *puppa di neve*, und Mama sagt Schneemann." Oder wie hier die zweieinhalbjährige Giulia: "Mami, pettinare ist auf Italienisch, kämmen ist in deutsch." (Taeschner 1983, 171) Das Problem, wie man die Geister, die man rief, auch wieder los wird, entsteht erst gar nicht, weil man mit der Muttersprache besser als ohne sie das erreicht, worauf es ankommt: Viel qualitativ hochwertige kommunikative Kontaktzeit mit der Fremdsprache, die immer mehr aus sich selbst heraus verstanden und gelernt wird:

> Die aktive und passive Verfügbarkeit von Wörtern und Phrasen ist *nicht eine Funktion der Mühe*, die der Lerner bei der Semantisierung aufwenden muß ..., sondern sie ist eine *Funktion der Menge der lernwirksamen, sinnvollen sprachlichen Operationen*, die sinnvolle Verbindungen zwischen bekannten Elementen und dem neuen Element schaffen. (Preibusch & Zander 1971, 134; vgl. auch Kielhöfer 2001, 52)

Das Netz fremdsprachiger Assoziationen ist schon so dicht geknüpft, dass beim Verstehen die Verbindungen zur Muttersprache nicht mehr aktiviert werden – oder nicht bis zur Bewusstheit aktiviert werden. Lernen bedeutet eben auch, überflüssig werdende Verbindungen zu schwächen.

Unterrichtsforschung

1) Fremdsprachendidaktik

1967 erschien eine bahnbrechende Arbeit, C.J. Dodsons *Language teaching and the bilingual method.* Hier wurde eine neue zweisprachige Methode auf der Basis von mehreren kontrollierten Unterrichtsexperimenten konzipiert, ein Frontalangriff auf das Muttersprachenverbot: "... drastic re-thinking for language-teaching methods is called for." (Dodson 1967, 16)

Was selten ist: Andere Forscher aus unterschiedlichen Ländern ließen sich davon anregen und haben versucht, entweder Dodsons Experimente direkt zu replizieren oder ähnlich gelagerte Methodenvergleiche durchzuführen: Immer waren die zweisprachigen den einsprachigen Techniken überlegen. (Sastri 1970; Walatara 1973; Meijer 1974; Ishii u.a. 1979) Später wurden Dodsons Lehrtechniken von Butzkamm (1980), Kaczmarski (1988) und Caldwell (1990) ausführlich erprobt und gewürdigt. Auch Kasjans (1995) Machbarkeitsstudien im Bereich Deutsch für Japaner beziehen sich auf Dodson. Unabhängig davon der schon erwähnte bilinguale Lesekurs für College-Studenten:

> When bilingual learning techniques are used over a long period of time, the amount of structure and vocabulary acquired by the average student outdistances, by far, the amount of language acquired by any other known method (Belasco 1975, preface)

Schließlich ist noch das schwedische GUME-Projekt zu nennen, an dem über 100 Klassen teilnahmen. Ausgangspunkt war ein stürmischer Lehrer-Protest gegen offizielle, auf Einsprachigkeit setzende Lehrpläne der Regierung. Die Methode, die den englischen Übungsstoff auf Schwedisch erklärte und mit schwedischen Strukturen verglich, war durchweg überlegen. Statistisch signifikant waren die Ergebnisse jedoch nur bei den Erwachsenen-Klassen. (Levin 1972)

Gibt es Gegenbeweise? Nein. Erwähnt werden muss jedoch das auf einer soliden empirischen Basis beruhende kalifornische Schulprojekt von Wong-Fillmore (1985), das die Frage klären sollte, welche Art von Unterricht in Kindergarten und Grundschule Einwandererkinder am besten fördert. Die Autorin empfiehlt eine klare Trennung der Sprachen und das Vermeiden von "Übersetzungen". Aber was ist damit gemeint? In der als Beleg angeführten Stunde übersetzt die Lehrerin jede Arbeitsanweisung komplett ins Spanische. Der Effekt ist klar: Die Schüler hören gar nicht aufs Englische hin, sie bekommen es sowieso anschließend in ihrer Muttersprache serviert – ein Vorgehen, meilenweit entfernt von unseren methodischen Vorschlägen, die das Gegenteil bezwecken: die Etablierung der Fremdsprache als Verkehrssprache.

Neben vergleichenden Methodenexperimenten sind Studien zum *code-switching* relevant, die in verschiedenen Unterrichtskontexten, besonders aber im bilingualen Sachfachunterricht, einwandfrei die positive Rolle des Rückgriffs auf die Muttersprache belegen. Nirgendwo wird darauf verzichtet. "The research has shown that codeswitching is a useful pedagogic and communicative resource. There is no evidence that it is harmful to the teaching/learning process of content." (Camilleri 1995, 221; vgl. auch Butzkamm 1998; Helbig 2001; Probyn 2001; Ferguson 2003)

Fazit: Das Argument, es sei besser, Fremdsprachen ohne Zuhilfenahme der Muttersprache zu lernen, wurde empirisch geprüft und falsifiziert. Es darf *ad acta* gelegt werden.

Man muss sich zudem vor Augen halten, dass kaum ein Aspekt des modernen kommunikativen Ansatzes in vergleichenden Methodenexperimenten überprüft wurde. Was Richards (1984, 19) monierte, gilt heute noch:

> No studies have been undertaken by those promoting this view to demonstrate that classrooms in which learners are encouraged to use the target language for problem solving, communicative tasks, information exchange, and meaningful interaction are indeed more conducive to successful language learning than classrooms in which the teacher dominates much of the teaching time and where the primary focus of activities is on more controlled and less creative uses of language.

Handlungsorientierung oder *task-based instruction* (TBI) ist zweifellos "in", aber "concrete evidence of language learning in TBI, in the sense of progressing from not knowing (how to do) something to some degree of knowing, is almost non-existent, to my knowledge." (Bruton 2002–03, 6)

2) Allgemeine Didaktik

Die pädagogische Forschung hat die überragende Bedeutung des jeweiligen Vorwissens der Schüler für die Leistungsentwicklung herausgestellt – auch im Vergleich zur Intelligenz, die ja nur schwer veränderbar ist. (Weinert & Helmke 1997; Helmke 2003) Mit Hilfe der Muttersprache wird die fremde Sprache in das verfügbare Welt- und Sprachwissen der Schüler eingebunden, um es zu übersteigen.

Spracherwerbsforschung

1) Bei natürlicher Zweisprachigkeit, besonders beim doppelten Erstspracherwerb helfen beide Sprachen einander aus, ergänzen sich wechselseitig und stören sich viel weniger, als man angenommen hatte. Von den zahlreichen Studien über zweisprachig aufwachsende Kinder seien Saunders (1988) und Tracy (1996) genannt, die den Punkt wechselseitiger Beförderung der Sprachen hervorheben. So auch Apeltauer (2003, 21):

> Kinder, die in ihrer Zweit-/Drittsprache ein neues Wort gelernt haben, das sie in ihrer Erstsprache noch nicht kennen, wollen i.d.R. wissen, wie ein entsprechendes Äquivalent in ihrer Erstsprache heißt. Und zu Hause kann es natürlich passieren, dass sie, nachdem sie ein neues Wort in ihrer Erstsprache gelernt haben, auch nach einem deutschen Äquivalent dafür suchen.

Hier ein Beispiel, das zeigt, wie bilinguale Kinder ihre sprachliche Welt ordnen und wie beide Sprachen einander stützen. Alison und ihr Bruder haben einen deutschen Vater und eine englische Mutter und leben in Deutschland. Alison berichtet:

> Because it was our mother we were with most of the day, we naturally learnt most of the words in English. Very often, however, we used to ask: 'What does Papi say?' Then our mother would give us the German equivalent. We developed a kind of ritual. For instance, when we learned the word cauliflower and its German equivalent, we folded our little hands above our heads and walked in single file through the house, singing at the top of our voices: 'Mami says cauliflower, Papi says Blumenkohl!' We walked up and down the stairs half a dozen times, entering each room. (*Alison B.*)

Auch Sprachmischungen und spontane Lehnbildungen (ital. "Dammi il gabelo" statt "la forchetta") sind ein natürliches Durchgangsstadium zur Beherrschung der Fremdsprache. Solche Kontaktphänomene und systematische Ausleihen werden heute nicht mehr wie früher als Indiz unvollständiger Sprachbeherrschung betrachtet. Sie gehören zur normalen Kommunikation zwischen Bilingualen.

2) Die Psycholinguistik postuliert eine "generalized capacity to process syntax", die sowohl beim Muttersprach- als auch beim Fremdspracherwerb mitspielt, so z.B. Skehan (1989, 33). Skehan konnte auch nachweisen, dass Kinder, die in ihrer Muttersprache schnell vorankamen und sich differenziert auszudrücken lernten, zu den besseren Fremdsprachenlernern zählten. Deshalb ist Fremdsprachenbegabung schon an der Muttersprache ablesbar. Bei Migrantenkindern hat bilingualer Spracherwerb dann echte Chancen, wenn die Erstsprache halbwegs stabil ist. (Peltzer-Karpf & Zangl 1998)[3] Ganshow & Sparks (2001, 87) fassen diesbezügliche Studien zusammen: "Native language skills in the phonological/orthographic, syntactic, and semantic codes form the basic foundation for FL (Foreign language) learning."[4] Pädagogische Forschung und psycholinguistische Forschung betonen in gleicher Weise die Bedeutung der lernrelevanten Vorkenntnisse. Die Muttersprache ist die Basis, ohne die kein weiterer Schritt gelingt, auch der in die Fremdsprache nicht. Wir sollten die Schüler nicht dabei sich selbst überlassen, sondern auf gescheite Weise unterstützen.

Gibt es didaktisch brauchbare Übersetzungsäquivalente?

> Translation from the foreign language ... is the most obvious and convenient way of explaining its meaning. (*Henry Sweet*)

Gegen die Mithilfe der Muttersprache ist geltend gemacht worden, dass Sprachen nicht deckungsgleich seien: "In den meisten Fällen stimmt die aufgestellte Wortgleichung nicht. ('Groß' ist nicht gleich 'big' und 'tableau' nicht gleich 'Bild') Die Schüler lernen also etwas Falsches." (Doyé 1962, 10) Natürlich können Übersetzungen verfälschen – besonders, wenn die Sprachen verschiedenen Kulturkreisen und Denktraditionen entstammen. Tiefliegende kulturelle Unterschiede bleiben verborgen, wenn eine Sprache nicht aus ihrer Kultur heraus verstanden wird.

Die einfachsten Beispiele betreffen die Lexik. Viele Sprachen machen es sofort klar, ob Onkel und Tante, Oma und Opa väterlicherseits oder mütterlicherseits gemeint sind, unter anderen das Türkische:

> When I learned the words "Oma" und "Großmutter" I believed that these names did not mean the same person, but that the one meant my mum's mum and the other my dad's mum. I believed this for a very long time till my teacher finally realized my misunderstanding one day and told me that these words were synonyms. My disappointment was great. (*Gülay K.*)

Sie kann es einfach nicht glauben, dass die deutsche Sprache hier so nachlässig ist.

Aber alle Sprachschichten sind betroffen, so auch die Pragmatik. Inder verzichten z.B. weitgehend auf Dankesfloskeln, während man hierzulande alles Geben und Nehmen mit "danke" und "bitte" quittiert. Wenn ein älterer Verwandter einem jüngeren etwas schenkt, wird dieser als Zeichen der Unterordnung oder Ergebenheit vielleicht seine Augen senken oder lächeln. Der Ältere wird weder ein "Danke" erwarten, noch wird der Jüngere es sagen: "Sowenig man der eigenen Hand dankt, dass sie einem ein Buch von hier nach dort trägt." (Kade-Luthra 2000) Ähnliches gilt für Quechua, die Sprache der Inka, weil es selbstverständlich ist, dass dem, der hilft, wieder geholfen wird, und so kein Ungleichgewicht entsteht.

Andere Sprachen markieren soziale Rangunterschiede beim Verb. Es besteht also ein grammatikalischer Zwang: Sobald ich ein Verb gebrauche, kann ich gar nicht umhin, diese Unterschiede zu signalisieren. So etwas lässt sich bei Übersetzungen ins Deutsche, wo man nur das Siezen vom Duzen trennt, nicht nachbilden.

An vielen Stellen tappen wir in Sprachfallen, ohne es zu ahnen. Das wussten die Bibelübersetzer[5]:

> An Eskimo translator finds all reference to agriculture difficult. Bread is a commodity that is not known in many tropical countries. Customs of greeting differ. Terms such as "justification" do not have the background that they had for Paul ... Translators must throughout use the closest natural equivalent; but to work that out in practice is always difficult. (Moulton 1971, 604)

Ein Missionar, der mit den Dani in Neuguinea arbeitet, erläutert seine Schwierigkeiten:

> You can imagine how faulty my interpretation must have been, since we have no adequate terms for "God", "believe", or "everlasting life". I talk about "Jesus' father" because we know as yet of no belief of those people that would furnish a good term for "God". They know of the ghosts of their dead, of noise-making, heart-stealing spirits of the lowland peoples that cause people to lose their minds ...
>
> I usually use the expression "bad acting", but that's quite different from the true concept of sin. One could talk about breaking taboos, but that's exactly the idea we don't want to use, since we are so uncertain about the meaning of "wesa", or taboo, in the thought and culture of these people. Acts that are so obviously sinful to us are items of cultural praise – killing, cruelty to enemies, hatred, pride, jealousy, disdain of the weak and the inferior. (Hitt 1962, 112)

Aber selbst wenn Kulturen einen Weltenschöpfer kennen und benennen: Kann man diese Chiffre gebrauchen, wenn ein ganz unbiblischer Schöpfungsmythos und fremde Gottesvorstellungen mitgeschleppt werden? Dies war eine der großen theologischen Streitfragen zwischen verschiedenen in Südamerika missionierenden Orden. Während die Jesuiten die Übersetzbarkeit auch des Gottesnamens propagierten, bekämpften die Franziskaner diese Position als häretisch – Teil eines Konflikts, der schließlich mit dem Missionierungsverbot für Jesuiten in Lateinamerika endete.

Nicht nur das Weltverständnis unterschiedlicher Kulturen, auch die Grammatiken von Sprachen können weiter auseinanderklaffen, als unsere auf wenige verwandte Sprachen bezogene Schulweisheit sich träumen lässt. Sehr fremdartig erscheinen uns serielle Verbkonstruktionen der folgenden Art, die sich in westafrikanischen Sprachen finden:

iywi	awa	utsi	iku	(Yatye)
boy	took	door	shut	

'The boy shut the door'

mo fi	ade	ge	ñakã	(Yoruba)
I took	machete	cut	wood	

'I cut (the) wood with the machete'

nam	utom	eemi ni	mi	(Efik)
do	work	this give	me	

'Do this work for me' (nach Givón 1989, 331)

Im Deutschen können wir Verpflichtung und Erlaubnis durch Modalverben ausdrücken. Nicht so im Koreanischen, das mit vorangestellten Konditionalsätzen operieren muss – aus unserer Sicht etwas umständlich:

> "Du mußt dieses Buch lesen". Koreanisch gesagt: "Wenn du dieses Buch nicht liest, ist das nicht in Ordnung."
>
> "Du brauchst dies Buch nicht lesen". Koreanisch: "Selbst wenn du das Buch nicht liest, geht das in Ordnung." (nach Givón 1989, 338)

Ist das Übersetzen eine Utopie, weil so oft mit einem ungeklärten Rest verbunden? Oder haben solche Bedenken mit der didaktischen Brauchbarkeit von Übersetzungen gar nichts zu tun? Unsere Antwort:

1) Im Unterricht finden wir immer für den Moment brauchbare muttersprachliche Annäherungen an das Original, die uns die Lehrtexte erschließen und ein *erstes* Verständnis sichern. Man zeige mir Lehrtexte, die sich nicht muttersprachlich hinreichend abklären lassen!
2) Natürlich dürfen wir nicht die Illusion einer Eins-zu-eins-Deckungsgleichheit zwischen den Sprachen nähren. Aber der Hinweis auf die durchgängige Polysemie der Sprache zieht nicht: "big" gleich "groß" und "tableau" gleich "Bild" funktionieren eben doch als Ausgangspunkte. Das breite Bedeutungsspektrum solcher Wörter kann nur nach und

nach entwickelt werden. Die einsprachige Worterklärung wäre ebenso "falsch", d.h. unvollständig wie die Übersetzung, und führt nachgewiesenermaßen auch zu den gleichen Fehlern![6] So wurde engl. *pail* den Schülern einsprachig vermittelt, die anschließend das Wort auch für *dust bin/trash can* verwendeten. Sie hatten *pail* durchaus richtig als "Eimer" verstanden und es dann aber auf "Abfalleimer" übertragen (Kirstein 1972, 74).

3) Übersetzungen sind Annäherungsversuche, "a matter of more or less." (Givón 1989, 364)[7] Selbst bei eindeutigen Wortgleichungen wie ital. "il sole" und "die Sonne", bei span. "la llave" und "der Schlüssel" gibt es Unterschiede in den Konnotationen, d.h. im emotional-wertenden, assoziativen, stilistischen Bereich, die hier mit dem unterschiedlichen grammatischen Geschlecht der Wörter verbunden sind (Motluk 2002, 63). Allerdings ist das Problem der Äquivalenz für unsere praktischen Zwecke meist schon gelöst, wenn wir weniger vom Einzelwort als von Wortverbindungen aller Art ausgehen: "go" kann vieles heißen, aber "go a step further" ist fast immer mit "(noch) einen Schritt weiter gehen" deckungsgleich.

4) Bei schwierigen "exotischen" Sprachen, denen wir nahe kommen wollen, ist die Zuhilfenahme der Muttersprache geradezu unentbehrlich. So lehnt Frühauf (1998, 43) für seine Chinesischkurse selbst die Vermittlung über das Englische als schon beherrschte Fremdsprache ab, die Muttersprache sei eben besser:

> In vielen Firmen mit geringer China-Erfahrung herrscht die Vorstellung, die deutschen Mitarbeiter könnten problemlos an Chinesisch-Kursen mit englischer Unterrichtssprache teilnehmen ... . Der fremdartige Charakter des Chinesischen als einer isolierenden Tonsprache, die weder im Wortschatz noch in den grammatischen Kategorien Berührungspunkte zu irgendeiner westlichen Sprache aufweist, erfordert im Unterricht einen ganz bewussten sprachphilosophischen wie didaktischen Brückenschlag, der auf dem Umweg über eine dritte Sprache, die für den Lernenden wie für den Lehrenden eine Fremdsprache ist, nur allzu leicht misslingt, sich auf jeden Fall als uneffektiv erweist.

5) Unterschiedliche Denkweisen und ihr sprachlicher Niederschlag müssen allemal zusätzlich erläutert werden, gleichviel ob die Stelle übersetzt wurde oder nicht. Wer noch nie einen Winter mit Frost und Schnee erlebt hat, dem darf man nicht mit nackten Wortgleichungen kommen.

Michael West (1926, 50) hat an die vierzig Jahre in Indien und im fernen Osten unterrichtet:

> English is learned out of its context, away from English scenery, English life, English people. The words of the language can be given only in terms of the apperception of Bengal. In this way, the English language

> becomes adapted to express Bengali thought ... The words are the words of England, but the thoughts are the thoughts of Bengal.

Frühauf verdanke ich den Hinweis, dass auch wir es in der Schule mit Kindern zu tun haben, "für die viele Details auch eines nicht allzu fernen Nachbarlandes doch erst einmal erklärt werden müssen, da sie ja auch noch mit vielen Details ihres eigenen Landes und ihrer eigenen Kultur unvertraut sind." Erst allmählich erweitert das sprachenlernende Kind seinen Gesichtskreis. Zunächst gebraucht aber auch das deutsche Kind, das in einer deutschen Schule Englisch lernt, englische Wörter, um die Gedanken eines deutschen Schulkindes auszudrücken: es passt sich die Sprache an (Piaget: Assimilation). Dann aber bildet es sich weiter und lernt umgekehrt sich auch der Sprache anzupassen (Piaget: Akkommodation). Sprachen sind eben kein "fertig daliegender Stoff" (Humboldt), sondern Erzeugung und Potenz. Ihr Wesen ist deshalb nicht kulturelle Beschränktheit, sondern Unendlichkeit und Beweglichkeit. Sie gewähren Freiheit, statt den Menschen auf ein "Weltbild" festzulegen. Für unendlich viele, noch nie mitgeteilte Gedanken schafft sich der Mensch entsprechende Texte. Das wahre Wesen der Sprachen ist gerade ihre Geschmeidigkeit und Fähigkeit, sich dem Gedanken anzupassen, ihre Weltoffenheit und Modulationsfähigkeit, ihr Vermögen, Brücken zu schlagen, kurz: ihre Übersetzbarkeit.[8]

Bilinguale Praxis

Qualität kommt aus der Vielfalt

Hält die Praxis, was die Theorie verspricht? Es gibt eine Vielfalt bilingualer Praxen. Sie gehören aber keineswegs zum Standardrepertoire von in der Ausbildung vermittelten Techniken.[9] Man muss sie sich aus einer überquellenden methodischen Literatur zusammensuchen. Manche "historische" Arbeitsformen brauchen nur ein wenig aufpoliert zu werden. Bewährte einsprachige Techniken sind nicht abzuschaffen, sondern neue bilinguale zuzulassen. Sobald sie in der Lehrerausbildung vermittelt und in der Praxis ausgeübt werden, wird man konkurrierende Techniken gegeneinander abwägen und neu verorten. Außerdem muss man die Fantasie haben, sich neue Lehrwerke mit neuen Texten vorzustellen, wie sie uns die systematische und zugleich diskrete Mitwirkung der Muttersprache ermöglichen. Eine bunte Palette effektiver Arbeitsformen steht uns zur Verfügung, wenn wir die Muttersprache gezielt und wohldosiert mitspielen lassen. Enttabuisierung der Muttersprache heißt Bereicherung des Unterrichts.

Das Prinzip der Wirkungsgleichheit: die übersehene pragmatische Dimension

Grundsätzlich ist die Semantisierung nicht eine Sache des Wortschatzes, wo sie traditionellerweise abgehandelt wird, sondern betrifft den Text, d.h. sie findet auf lexikalischer, grammatischer und pragmatischer Ebene zugleich statt. Der Schüler will zunächst einmal verstehen, was der Text ihm sagt, nicht nur andeutungsweise, sondern möglichst voll und ganz. Das mündlich gegebene, muttersprachliche Mitteilungsäquivalent erfüllt dieses fundamentale Bedürfnis am besten und am schnellsten. Interferenzen, diese unerwünschten Importe aus der Muttersprache, werden durch das Sandwich-Verfahren verhindert. Alle nachfolgenden Beispiele entstammen mündlichen Dialogeinführungen, wie im sechsten Kapitel beschrieben:

1) Das Mitteilungsäquivalent ist keine Wortgleichung, sondern (zumeist) ein Satzäquivalent, das auf Wirkungsgleichheit in einem gegebenen Kontext zielt. So wie Zimmer (1997, 328), selbst literarischer Übersetzer, es eben für seine Arbeit fordert: "Übersetzt werden Sätze, und übersetzen lassen sie sich nur im Zusammenhang des Ganzen." Das schafft Klarheit:

Patty:	Wendy, how old is the earth?
Wendy:	Five billion years old.
P:	Really? I thought it was only 4.5 billion

Ein Schüler schlug für "Really?" "Ach ja?" vor.

Je ferme la fenêtre?	Soll ich das Fenster zumachen?
Je le lui dis?	Soll ich's ihm sagen?

2) Erst durch Mitteilungsäquivalente kommen die deutschen Modalpartikel zur Geltung, "those maddening little words which can give a different nuance or flavour to a text." (Heald 1991, 31) Man vergleiche, was das Wörtchen "bloß" in den folgenden Beispielen leistet:

Don't you dare switch channels.	Schalt bloß nicht um. (Untersteh dich)
How dare you talk to her like that.	Wie kannst du bloß so mit ihr reden!
How can you possibly say such a thing?	Wie können Sie so was bloß sagen?

Ebenso die verdeutlichende Qualität weiterer Partikel wie "etwa, eigentlich, denn, schon":

(Linus wird verdächtigt, ein Comic-Heft zerrissen zu haben)

Was it you, Linus?	Warst du das etwa?
Les timbres, ça s'achète où?	Wo kauft/kriegt man hier eigentlich Briefmarken?

Und so übersetzen wir Montaignes skeptische Frage:

Que sais-je?	Was weiß ich denn schon?

3) Sprechweise und Sprechstil können nun ebenfalls wiedergegeben werden, etwa eine nachlässige oder pedantische Sprechweise, Dialektales, kumpelhafte Vertrautheit usw. Man vergleiche die Wörterbuchdefinition "chat someone up" – "make flattering remarks to a girl" mit der saft- und kraftvollen Übertragung in die Gegenwartssprache der Jugendlichen: "jemanden anbaggern, anquatschen"

What's wrong with you, Bernie?	I'm sick of school.
Was fehlt dir denn, Bernie?	Ich bin die Schule satt.

Schülersprache: Ich habe kein' Bock mehr auf Schule. Schule steht mir bis hier. (plus Geste)

Same ole story.	Imma dä jleiche Kram. (Rheinisch)

Alternative Übersetzungen erfragt man am besten von den Schülern: "What would *you* say?" Wo immer es ohne großen Zeitverlust geht, wird man den Schülern diese Chance einräumen, selbst fündig zu werden. Und die Schüler kommen dabei oft auf Redeweisen, die ihnen geläufiger sind als die Vorschläge des Lehrers. Vielleicht gleiten dann auch die fremden Ausdrücke leichter in sie hinein:

Text:	I get it. Lehrer: Ich versteh, ich hab's kapiert.
Schüler:	Ich hab's gerallt, geschnallt.
Text:	I enjoy weightlifting.
Schüler:	Ich find' Gewichtheben toll.

Das ist die Sprache, die sie verstehen. Nebenbei wird ihnen Einsicht in die approximative Natur des Übersetzens vermittelt. Das Erstbeste, was uns einfällt, ist vielleicht nicht gut genug, und selbst das Beste will uns oft nicht ganz zufrieden stellen. All das können unsere Schüler schon im ersten Unterrichtsjahr erfahren.

4) Mündliche Äußerungsäquivalente sind optimal, weil viele Bedeutungsnuancen über die Stimme mitgeteilt werden können, so die drohende Miene und das Stakkato der Stimme wie im folgenden Beispiel:

I'm not going to ask you again. Who – did – that? | Ich frag' nicht noch mal. Also: Wer – hat – das – getan?

Wir sind alle geborene Stimmvirtuosen. Oft sind wir es ungewollt. Stimm(ungs)schwankungen wie Aufregung oder Langeweile, Sicherheit oder Verzagtheit, Ekstase oder Depression geben unser Innerstes preis. Als Lehrer müssen wir trainieren, unsere Stimme mit Absicht einzusetzen. Die Worte sind oft nicht selbst der Sinn, aber wir können ihn durchklingen lassen (*Person* kommt von *per-sonare*). Es gilt, mit der Stimme jedes Quäntchen an Anschauung herauszupressen, das der Text hergibt. Mit Gefühl sprechen!

Denken wir uns die folgende Parole als Sprechchor, dann wird der Rhythmus wichtig:

Power to the children!
Alle Macht den Kindern!
Les enfants, au pouvoir!

Das Komma ist wichtig, es gibt einen Hinweis darauf, wie sich die Zeile als Sprechchor anhört.

5) Mimik, Gestik und Körperhaltung (wie hier auch das Schriftbild) unterstützen die Bedeutungsvermittlung als visuelle Signale.

English is sooo interesting.
Englisch ist ja sooo interessant! (breite, ausladende Geste, mit beiden Armen)

(A und B betrachten eine Zeichnung)
A: Who or what is it?
B: It's you!
Das bist du! (aggressiver Zeigefinger)

All diese Bedeutungskomponenten zusammen genommen ergeben volles Verstehen: Die Muttersprache ist das schmiegsamste, biegsamste Instrument der Bedeutungsvermittlung. Mehr noch: Durch diese Art der Semantisierung kommen die Sprachen einander ganz nahe. Die fremde Sprache kommt dem Schüler weniger fremd vor, sie kann ihm richtig sympathisch werden!

Wenn's ums Übersetzen ging, haben die Humanisten häufig auf eine Cicero-Stelle verwiesen, wo Cicero seine Übersetzungen aus dem Griechischen kommentiert: "In quibus non verbum verbo necesse habui reddere, sed genus verborum vimque reservavi" (zit. nach Kelly 2002, 121). Nicht Wort für Wort wollte er wiedergeben, sondern "vim", die Wirkung auf den

Leser, ihre "illokutive Wucht" (Searle), erhalten. Genau darum geht es auch hier. Wörter haben ihren vollen Sinn nur im Gesamtzusammenhang der Rede, der Tat, des Charakters. In herkömmlichen Semantisierungsverfahren – seien es zweisprachige Vokabelgleichungen oder einsprachige Erläuterungen – werden die Schüler um die pragmatische Dimension betrogen.

Muttersprachliche Bedeutungsvermittlung
- Mitteilungsäquivalente statt Vokabelgleichungen (Abtönpartikel, Sprechstil)
- Mündlichkeit: Sprechmelodie, Sprechrhythmus und Modulationen der Stimme
- Einsatz von Mimik, Gestik und Körperhaltung
- Halbverstandenes, zu Enträtselndes bindet kognitive Ressourcen, aber genaue, potente Mitteilungsäquivalente setzen kognitive Ressourcen frei

Das Prinzip der formalen Transparenz: muttersprachliche Spiegelung

Die muttersprachliche Spiegelung ist die wörtliche Übersetzung, die den fremdsprachigen Satz durch Nachbildung in der Muttersprache durchschaubar macht und somit für das Verstehen der Bauform sorgt. Durchschaubarkeit ist – bei verwandten Sprachen – oft schon mit der "guten", d.h. idiomatischen Übersetzung gegeben, aber eben nicht immer. *Vient de paraître* – Soeben erschienen: dieses Verstehen genügt nicht. Erst wenn eine Wortgruppe auch in ihrer sprachlichen Struktur transparent ist, können Wörter als Textbausteine aus dem Verband herausgelöst werden, um neue, variable Verbindungen einzugehen: *vient d'arriver* – soeben angekommen; *vient de sortir* – soeben gegangen.

Wir erläutern diese zentrale Technik mit Beispielen aus der Satzlehre, der Wortbildung und der Idiomatik.

1) Syntax

Da *Ich liebe dich, I love you* oder russisch *ja lublju tiebja* strukturgleich sind, wird jeder Deutsche diese Äußerungen, sobald er sie kommunikativ versteht, zugleich auch formal richtig auffassen. Aber wie steht's mit anderen Sprachen, zumal auch dann, wenn wir ohne die Trennhilfen der Schrift auskommen müssten?

Litauisch:	aštavemyliu
Chinesisch:	woaini
Spanisch:	tequiero
Griechisch:	seagapo

Polnisch:	kochamcię
Niederländisch:	ikhoudvanje
Urdu:	mujehtumsepiarhä

Ohne Verständnis der Bauform bleiben diese Formeln bloße Sprachdressur. Sie leisten nicht weniger, aber auch nicht mehr als Gesten und Gebärden des Liebhabens, Grüßens, Bittens oder Dankens. Derartige ganzheitliche kommunikative Gesten sind auch bestimmten Tierarten möglich. Der Wesenszug der Menschensprache, die sie vor allen Tiersprachen auszeichnet, ist aber Zerlegbarkeit und ständige Neuverteilung ihrer Komponenten. Martinet sprach von "double articulation" und meinte die doppelte Kombinatorik: Etwa drei Dutzend Laute werden zu immer neuen Wörtern zusammengefügt, und Wörter werden zu immer neuen, noch nie gehörten Sätzen komponiert. Wie setzt sich das Gesagte, meine Liebeserklärung, zusammen? Da hilft schon die segmentierende Orthografie:

aštavemyliu	aš tave myliu
woaini	wo ai ni
tequiero	te quiero
seagapo	se agapo
kochamcię	kocham cię
ikhoudvanje	ik houd van je
mujehtumsepiarhä	mujeh tum se piar hä

Dem Anfänger erklären wir aber die fremde Bauform auf eine ganz einfache, klare und elegante Art, nämlich indem wir sie in seiner Muttersprache nachbilden:

Litauisch:	Ich dich liebe
Chinesisch:	Ich lieben du
Spanisch; Griechisch:	Dich lieb-ich
Polnisch:	Lieb-ich dich
Niederländisch:	Ich halte (viel) von dir
Urdu:	Mir dir-mit Liebe ist (Mir ist Liebe mit dir)

Die fremde Sprache erscheint dabei nicht als eine verschrobene Abart der Muttersprache. Denn es leuchtet ein, dass man es eben auch anders sagen kann.

Muttersprachlich gespiegelt zeigt uns die fremde Sprache ihre produktive Potenz. Stellen wir einmal nebeneinander:

wo ai ni	Ich liebe dich ('ich lieben du')
ni hao	Guten Tag! ('du gut')

Das formale Verstehen der Grußformel schlägt nicht nur eine Brücke zur Liebeserklärung, sondern bringt auch eine Fülle weiterer Äußerungen in Reichweite des Lernenden: du bist glücklich, bist du glücklich/traurig/

reich/arm? usw. 'Ni', das Wort für 'du', wird freier Bestandteil und wird für beliebig viele neue Sätze verwendbar. Wer einmal versucht, in die Anfangsgründe von Sprachen wie Urdu oder Chinesisch einzudringen, wird vom unschätzbaren Nutzen der muttersprachlichen Spiegelung leicht zu überzeugen sein.

Geben wir ein paar Beispiele für Deutsch als Fremdsprache. Wie kann man anglophonen Kindern helfen, hinter die Geheimnisse des Deutschen zu kommen? Anthony Burgess erklärt englischen Lesern ein Stück deutscher Grammatik, ohne sich von Schulvorschriften beirren zu lassen. Es geht um die deutsche Nominalklammer, die weit über das im Englischen erlaubte Maß gedehnt werden kann:

> There is a disconcerting logic about German which, putting the adjective before the noun, puts the whole of an adjective phrase there, too. English has 'buttered bread', but 'bread spread with butter and strawberry jam'; German has 'with butter and strawberry jam spread bread'. In other words, in speaking German, one must have the entire content of one's adjective phrase worked out before the noun which it qualifies makes its appearance. (Burgess 1992, 115)

So sollen wir es also englischen Schülern klarmachen:

> Der in wenigen Minuten einlaufende Zug.
> *The in a few minutes arriving train.
> The train due to arrive in a few minutes.
>
> Wegen Überproduktion entlassene Arbeiter
> *On account of overproduction dismissed workers
> Workers who had been dismissed on account of overproduction

Die deutsche SOV-Stellung oder die deutsche Verbzweitstellung können problemlos nachgemacht werden, aber auch vieles andere:

Schließlich kam er.	*Eventually came he.
Sie ist vier Meilen geschwommen.	*She is four miles swum.

Darüber hinaus kann man bei englischen Spiegelungen des Deutschen vielfach auf ältere Sprachstufen verweisen; Bibel- oder Shakespeare-Zitate können helfen: "Woman, why weepest thou" (John 20,13; Authorized Version); Cicero zu Casca: "Why, saw you anything more wonderful?" (*Julius Caesar*, I,3,14)

2) Wortbildung

Wortableitungen und -komposita können muttersprachlich nachgebildet werden. Unkraut heißt in den romanischen Sprachen "schlechtes Gras":

frz.: mauvaise herbe
ital.: malerba
span.: mala hierba
port.: erva má

Der deutsche Tausendfüßler ist im Englischen ein "Hundertfüßler", centipede, und im Russischen ein "Vierzigfüßchen", was wohl der Wahrheit näher kommt. – So macht es eine Deutschlehrerin in England:

> She showed the corresponding flashcard to the class and said "die Handschuhe – ok, they are gloves. Handschuhe, like 'hand-shoes'; die Handschuhe". (*Judith U.*)

Deutsche Komposita wie Kinderarzt, Frauenarzt, Tierarzt sind auch ohne Hinweis durchsichtig – ganz im Gegensatz zu ihren englischen Entsprechungen *pediatrician, gynecologist, veterinary surgeon.*

3) Idiomatik

Das doppelte Verstehen lässt sich am besten an bildlichen Redensarten, etwa an dem spaßigen *it's raining cats and dogs,* klarmachen. Schüler entdecken, wie's gemeint ist: Es gießt, es regnet in Strömen, es regnet Bindfäden, schüttet wie aus Kübeln. Und sie erkennen sogleich, wie's gesagt ist: In England fallen Hunde und Katzen vom Himmel. Italienisch heißt es "piove come Dio la manda". Aber wem genügt das? "Es regnet, wie Gott es schickt", diese Klarheit wollen wir und brauchen wir auch.

Brûler la chandelle à deux bouts; funktionales Verstehen: seine Kräfte vergeuden, seine Gesundheit ruinieren; formales Verstehen: die Kerze an beiden Enden abbrennen. Ganz zufrieden sind wir aber erst, wenn wir auch ein Bild finden, etwa: mit seiner Gesundheit Raubbau treiben.

Ich habe noch vor Augen, wie eine Lehrerin mit einer Pappuhr schön einsprachig die französischen Uhrzeiten übte. Die Schüler reagierten richtig, dennoch konnte ich mich des Eindrucks nicht erwehren, dass einige keinen blassen Schimmer davon hatten, wie der Franzose sich "eigentlich" dabei ausdrückt: *trois heures moins le quart.* Drei Uhr (Stunden) weniger das Viertel, ein Viertel fehlt also noch, bis es drei Uhr ist. Das leuchtet ein. Die Spiegelung hat also noch den immensen Vorteil, dass sie den Schülern die Logik fremdsprachlicher Fügungen klar macht. Kinder machen selbstverständlich von diesem Trick Gebrauch. Unterrichtszitat aus einer bilingualen Grundschule in Australien:

> Auf Englisch sagen wir 'halb nach zwölf', auf Deutsch sagt man 'halb vor eins', aber man lässt das 'vor' aus.

Die fremde Sprachgestalt auf diese Weise in die Muttersprache herüberzuholen, ist das vorzüglichste Mittel, das Sprachgefühl zu entwickeln und weitergehende grammatische Erklärungen überflüssig zu machen. Wenn wir die Entfaltung des Sinns im Nacheinander der Morpheme mitvollziehen, wird das Geheimnis der Wortbildung und Satzerzeugung offenbar. Warum nutzen wir das so wenig?[10]

Das Mitlernprinzip: mehrsprachige Vernetzung (These 8)

> Ist es auch angeknüpft an Vorhandenes? (*Bertolt Brecht*)
> Only connect. (*Edward Morgan Forster*)

Neue Wörter müssen erklärt, dann aber auch gelernt werden. Das dritte Prinzip besteht darin, neues Sprachmaterial so vielfältig wie möglich an Bekanntes anzuknüpfen und in ein sich formierendes Wissenssystem einzubinden. Denn: "Information that is totally new is totally incoherent, it offers no overlap with the receiver's existing knowledge, it thus cannot be integrated with it." (Givón 1989, 24) Wir folgen dem Grundprinzip des Lernpsychologen Ausubel (1978, iv):

> If I had to reduce all of educational psychology to just one principle, I would say this: The most important single factor influencing learning is what the learner already knows. Ascertain this and teach him accordingly.

Das ist didaktisches Allgemeingut. Nur: Wir gehen hier viel, viel weiter als üblich, weil wir bewusst auch die Verbindung zur Muttersprache und muttersprachlich geprägtem Vorwissen nutzen. Die Wörter werden in die Lebenswelt der Kinder eingebunden:

> Bilingual techniques ... allow us to release and transfer the immense charge and reservoir of meaning embedded in the mother tongue to the target language. (Wilberg 1987, 147)

Fast alle Wörter haben verborgene Mitwörter. Wir zapfen aber nicht nur muttersprachliches Vorwissen an und nutzen Kenntnisreserven aus, sondern machen auch Vorgriffe auf Fremdwörter, die den Schülern oft noch gar nicht bekannt sind! Das muttersprachliche Neuland, das wir damit erschließen, führt genauso zur wechselseitigen Verstärkung der Sprachen wie der Rückgriff auf Vorhandenes. Und selbstverständlich vernetzen wir die neue Sprache auch mit vorher gelernten anderen Fremdsprachen. Konsequente Ausnutzung des gemeinsamen europäischen Sprach- und Kulturgutes bereichert uns.[11] Unter der Überschrift "Förderung der muttersprachlichen Wortkenntnis durch den fremdsprachlichen Unterricht" erklärt Büttner (1907, 592f.):

> Wir halten es für unnatürlich und unpädagogisch, dass unsere Schüler über gewisse Einrichtungen des Auslandes (z.B. das Parlament) belehrt werden, ohne dass sie wissen oder gleichzeitig (wenn auch in einer ande-

> ren Unterrichtsstunde) erfahren, wie es mit den entsprechenden Einrichtungen in unserem eigenen Vaterlande bestellt ist. Der gleiche Fall tritt aber auf dem sprachlichen Gebiete ein, wenn die Schüler entweder die Namen von Dingen, Tätigkeiten usw. in einer fremden Sprache lernen, die sie in ihrer eigenen nicht zu benennen wissen, oder wenn die muttersprachlichen Wörter ihnen zwar bekannt, aber nicht mit deutlichem Inhalt ausgefüllt sind, derart, dass sie die entsprechenden fremden Wörter nicht als ihr Äquivalent erkennen. In diesen beiden Beziehungen weist die muttersprachliche Wortkenntnis in den Mittel- und selbst noch in den Oberklassen unserer Schulen gar manche Lücke auf.

Folgende Ausdrücke gehören zur fremdsprachigen Unterrichtsführung und bieten zugleich Anknüpfungspunkte an Fremdwörter der Muttersprache:

> (ir)relevant information, the first paragraph, original version, final version, keep a record of, favourite subject, find the equivalent, become autonomous, compare notes, sheets can be anonymous, our priorities and preferences, add any other words, complete or finish the sentences, let's make a contract between us, to argue, present an argument, find the opposite, give an example, describe the situation ...

Auch wenn es um Fachsprachliches geht, müssen wir die Muttersprache zugleich weiterentwickeln:

> Gerade im Hinblick auf die Handelskorrespondenz, wo oft Klischee durch Klischee übersetzt werden muss und es in beiden Sprachen eine Fülle ähnlicher und sich oft wiederholender Floskeln gibt, ist es mir unerfindlich, warum auf zweisprachiges Vokabellernen verzichtet werden soll; hier werden ... mit den fremdsprachlichen Redewendungen zugleich die deutschen wieder geübt. (Castner 1961, 283)

Schuler müssen z.B. lernen, dass eine Tagesordnung gewöhnlich mit dem Punkt "Verschiedenes" schließt, mit "any other business" oder "questions diverses".

> Die konsequente Anwendung des Mitlernprinzips bedeutet: 1) den Rückgriff auf Vorwissen in der Fremdsprache selbst; 2) den Rückgriff auf muttersprachliches Vorwissen; 3) den Vorgriff auf die Muttersprache; 4) den Rückgriff auf vorher gelernte Fremdsprachen.

Das Mitlernprinzip: von Wörtern erzählen

Wir bauen Gedankenbrücken, auf denen wir vom fremdsprachlichen Wort zum deutschen und von der Kernbedeutung zu weiteren Bedeutungen wandern:

blackboard
Von *blackboard* 'Tafel', 'schwarzes Brett' zu Bord, Bücherbord, und dann weiter zu *notice-board, chessboard, bed and board, boarding school* – wie "Tisch" auch im Sinne von Essen, Mahlzeit verwendet wird. Vielleicht auch Verknüpfung mit Bordell als Bretterhütte, dann Dirnenhaus.

mood
Von *mood* 'Stimmung', 'Laune' zu Mut, Ummut, Missmut, Übermut, Schwermut, Wehmut, Sanftmut, wohlgemut. Die Schüler verstehen jetzt, warum Unmut nicht das Gegenteil von Mut ist!

emancipate
Von *emancipate* 'emanzipieren' zu *émanciper, ex manibus,* aus den väterlichen Händen geben, und dann weiter zu manuell, Manufaktur usw.

confirm
Von *confirm* 'bestätigen' zu Konfirmation, Firmung, konfirmieren, also einsegnen, d.h. eben den bei der Taufe beschlossenen Eintritt in die Kirche bestätigen und befestigen, von da zu *firmus* 'fest', Firmament 'Himmelsfeste'.

dictate
In einer sechsten Klasse habe ich einmal das neue Wort *dictionary* in ein ganzes Netz deutsch-englischer Verwandtschaft eingeflochten: *dictate, dictation, dictator, dictatorship, dictatorial, dictatorship of the proletariat.* Keiner kannte das Marxsche Wort von der Diktatur des Proletariats, das war also ein Vorgriff. Zusätzlich kann man auch die Verwandtschaft von diktieren und dichten erklären. Wenn die reichen und gebildeten Römer dichteten, pflegten sie die Verse ihren (griechischen) Sklaven zu diktieren.

Dabei schärft sich auch unser Blick dafür, wie verschieden die Sprachen die Dinge in den Blick nehmen können – bei all der abendländischen Verflechtung und gemeinsamen Geistigkeit.

So sprechen wir von "allgemeiner Wehrpflicht", anderswo heißt es *service militaire obligatoire* bzw. *compulsory military service,* was den Zwangscharakter stärker betont. "Marienkäfer", *ladybird, coccinelle*: im Französischen kommt das Tierchen nicht so gut weg! Die verharmlosende Reichskristallnacht – *Night of the broken glass* – wurde umgetauft in "Reichspogromnacht" – ein Beispiel, das uns mahnt, nicht einfach die Wörter für uns denken zu lassen und so zu gebrauchen, wie sie gerade zur Hand sind. Denn im Vergleich können wir die in unseren Sprachen konservierten verbalen Parteinahmen erkennen.

Damit gibt es auch Gelegenheit zu kurzen kulturkundlichen Exkursen, etwa wenn wir "learn by heart" mit "to record" und "apprendre par cœur" in Verbindung bringen. Die volksetymologische Umdeutung von "per chorum" in "par cœur", die dann vom Englischen übernommen wurde, verdankt sich wohl dem Umstand, dass man früher glaubte, nicht das Hirn, sondern das Herz sei der Sitz des Gedächtnisses. Natürlich machen wir nicht den Fehler älterer Sprachmeister, nämlich die etymologische Bedeutung für die "eigentliche" zu halten: "the etymological fallacy" (Sweet 1964, 87). Im Gegensatz zu "while" hat das deutsche "weil" sich von der Zeitbezeichnung zur Ursachenbeschreibung gemausert (vgl. "alldieweil"), es bedeutet aber nicht "eigentlich etwas anderes", als es heute bedeutet. Gebannt hören die Schüler zu, wenn man ihnen erklärt, dass es "football" heißt, weil man den Sport zu Fuß statt auf dem Rücken der Pferde betreibt. Fußball war von Anfang an Volkssport, kein Turniersport der Adligen. Deshalb ist nicht nur "soccer", sondern auch "rugger" und "American football" mit Recht "Fußball", auch wenn man den Ball mehr wirft als kickt.

So haben Wörter ihre Geschichte, und das zu wissen, ist allein schon etwas wert. Sie werden dadurch anschaulich, interessant und behaltensfähig. Schüler werden – so hab' ich's erlebt – richtig neugierig auf Wörter.[12]

Weinrich (2003, 119ff.) und Meißner (2000) weisen hier auf die *Ars memoriae* der Antike hin, die die Versinnlichung der Gedächtnisinhalte, z.B. durch Rhythmus und Reim, und die Verbildlichung, z.B. durch Geschichten, empfahl. Ein Beispiel Weinrichs:

> In früheren Jahrhunderten, vor der Erfindung und Verbreitung der mechanischen Uhren, war unser tägliches Zeitempfinden ganz vom Mittag her gedacht als dem Scheitelpunkt des Tages. Dem Englischlehrer wird es auf keinen Fall erspart bleiben können, das zu erklären, denn sonst kann er ja die englische Zeitrechnung mit *ante meridiem* (a.m.) und *post meridiem* (p.m.) nicht plausibel machen. Diese Zeiteinteilung beweist noch heute, dass man früher vom Mittag her einerseits zurückschaute auf die Stunden des "Vormittags", andererseits vorausschaute auf die Stunden des "Nachmittags", wie ja auch im Deutschen die Bezeichnungen lauten. Auch der Französischlehrer sollte dies irgendwann einmal deutlich machen, da die Stunde "zwölf Uhr Mittag" nach den Regeln der französischen Grammatik die einzige Stunde ist, die nicht mit Zahlen bezeichnet wird: diese Stunde heißt *midi*.

Zugleich gilt es solche Verknüpfungen abzuwehren, die Schüler gern von sich aus machen, aber eben fehlerhaft sind. "Cross-associations cannot be got rid of by ignoring them: on the contrary, they have an awkward habit of cropping up when we least expect them." (Sweet 1964, 199) Fehlerträchtig sind besonders verführerische Klangähnlichkeiten. Es genügt nicht, die richtigen Bedeutungen zu kennen:

He is to blame.	Er hat Schuld.
Don't blame me.	Du musst doch mir nicht die Schuld geben.

Something is blamed on someone.	Man gibt jemand die Schuld.
You've only got yourself to blame.	Du hast ganz allein selbst Schuld.
You're not blaming *me*, are you?	Du willst doch nicht etwa *mir* die Schuld geben?

Aber zugleich müssen auch Übersetzungen für das nahe liegende "blamieren" angegeben werden: *to embarrass, to humiliate someone.*

Was aber tun mit all den Vokabeln, die sich der Vernetzung standhaft widersetzen? fragt ein Romanistikprofessor, der sich im Selbststudium das Russische aneignet. Hier greift er spontan zu Eselsbrücken:

> Kruglich = rund? Kein Problem: der Krug ist rund. Oder rot = Mund? Na klar, der Mund ist rot. Igla = Nadel? Der Igel hat Stacheln so spitz wie Nadeln. (Rück 1998, 345)

Für das Behalten ist auch die Selbststrukturierung des Materials wichtig. Lehrwerke bieten hier oft zuviel: es kommt darauf an, dass man sich selbständig Wortnetze knüpft, eigene *mind maps* zeichnet und dabei eigene innere Bilder erzeugt.

Treiben wir auch ein wenig Sprachpflege, damit unsere Schüler hellhörig werden und die vielen heimlichen Anglizismen, die entbehrlichen und weniger entbehrlichen, erkennen und sorgsamer mit der Sprache umgehen. Allzu bequeme direkte Übersetzungen ohne Bedeutungsgewinn sind aufzuklären, supermoderne Redensarten als modische Protzereien zu entlarven und von den hochwillkommenen Bereicherungen wie "überlappen" zu unterscheiden. Am meisten aber haben wir erreicht, wenn wir durch diese Arbeit am Wort bei unseren Schülern so etwas wie einen historischen Sinn wecken können:

> Now words in themselves had not only a musical effect upon my senses; they lured me to the dictionary, like a cat to the larder, where I feasted my imagination on origins. This was the beginning of the historical approach to all matters, that instinctive and immediate inquiry, when confronted with a new experience or idea, which demands "what started all this?" (Church 1955, 167)

Die Fremdsprache ist eben keine *chambre séparée.*

1) Verborgene Beziehungen bewusst machen.
2) Sich aufdrängende falsche Verknüpfungen aufklären.
3) Eventuell künstliche, private Verknüpfungen herstellen.
4) Hunger auf Wörter und ihre vielfältigen Ableger machen.
5) In den Wörtern versteckte Sichtweisen erkennen.
6) Verständnis für geschichtlichen Wandel erzeugen.

Muttersprachliche Navigationshilfen durch die Grammatik

Sprachliche Kategorien von der Muttersprache her klären

Wenn wir mit Fremdsprachen anfangen, haben wir schon eine Grammatik im Kopf. Sie bleibt im Untergrund und kommt uns normalerweise nicht in den Sinn. So sind "adjektivische Possessivkomposita" für uns böhmische Dörfer, nicht aber die damit gemeinten sprachlichen Phänomene. Wir kennen Wörter wie "blauäugig, großspurig, englischsprachig" oder das homerische "rosenfingrig" und bilden "japanischsprachig", auch wenn wir es nie gehört haben Wir brauchen also gar nicht den grammatischen Terminus noch die Regel, auf die er verweist.

Denn der Lotse, dessen Anweisungen wir am ehesten verstehen, ist die Muttersprache. Die fremdsprachige Grammatik ist deshalb vergleichend, von der Muttersprache her, zu betreiben. Nur sie ist Grammatik vom Schüler her. Sie holt ihn da ab, wo er ist. Auch der Lehrer, der die Grammatik nicht explizit von der Muttersprache her betreibt, setzt bei seinen Schülern ein inneres Verstehen von Kategorien wie Singular, Plural, Subjekt, Objekt, Prädikat und so fort immer schon voraus. Wir unterrichten eben immer nur Kinder, die schon Sprache haben.

Auf dieser gewachsenen Grammatik lassen sich weitere aufpfropfen. Und so verstehen wir dank unserer Muttersprache, wie sich ein englisches Adjektiv im Satz verhält:

an interesting young man (opinion adjectives go before fact adjectives)
The first two days, the next few weeks, the last ten minutes.
so interesting, so tired that ...
such a long time
how interesting!
too difficult
good enough vs. enough experience
as old as (*so* alt wie, aber sonst strukturgleich!)
the sooner, the better (auch hier fällt der kleine Unterschied zum Deutschen nicht ins Gewicht)
bigger than
the biggest
more complicated than (anders im Deutschen, aber leicht zu spiegeln: "mehr kompliziert als")

Auffällig allerdings die deutschen Superlative vom Typ "am schönsten". Dies scheint mir aber eher ein Problem von Deutschlernenden als ein Problem für deutsche Englischlerner zu sein.

Was tun wir also, wenn wir Kategorien wie "Verb" oder "Adjektiv" benutzen möchten, uns aber nicht sicher sein können, ob die Schüler wissen, was wir meinen? Hier hilft die Ericsson-Technik, mit der wir vorhandenes implizites Wissen explizit machen, etwa so:

> What is a VERB?
> - T (teacher) gives examples in Swedish and English
> - T demonstrates (acts out some verbs)
> - S (students) "load up" with verbs in Swedish.
> - "Wildfire" S take turns in rapid succession and give examples of Swedish verbs.
> - T calls 2–3 "writers" to the blackboard.
> - S suggest verbs in English. The writers write them on the blackboard in designated spaces. The verbs are read in unison. (Ericsson 1986, 85ff.)

Wir brauchen nicht auf Erklärungen verzichten, wohl aber auf wasserdichte Definitionen. Stattdessen gehen wir von einleuchtenden prototypischen Funktionen aus: "Ein Verb ist eigentlich ein Tu-Wort, vor dem eine Person stehen kann, also 'Wolfgang schreibt ...'") Aber nur so knapp wie möglich erklären, denn damit geben wir nur den Startschuss ab. Nun schießen die Schüler los, geben Beispiele für die Wortklasse in der Fremdsprache wie in der Muttersprache. Kommt ein falsches Wort, schüttelt der Lehrer einfach den Kopf, ohne weitere Erklärung. Allmählich, das ist die Erfahrung, werden nur noch passende Beispiele genannt. Drei Schüler stehen an der Tafel und schreiben auf Zuruf auf, aber nur die fremdsprachigen Wörter.

Ebenso erklären wir andere linguistische Termini, z.B. was Kollokationen, d.h. mehr oder weniger feste Wortverbindungen, sind, indem wir auch deutsche Beispiele geben. Man sagt z.B. "Fröhliche Weihnachten!" "Freudige Weihnachten" klingt einfach falsch. Wir sagen "einen Mord begehen", nicht etwa "einen Mord machen", obwohl das jeder verstehen würde. So legen sich auch andere Sprachen auf bestimmte Wortverbindungen fest. – Etwas auf diese Weise von der Muttersprache her erklären ist ja nur ein Spezialfall des allgemeindidaktischen Prinzips, vom Bekannten zum Unbekannten fortzuschreiten. So gilt dies auch für den Bereich der Aussprache. Ich kann mir nichts Wirksameres vorstellen, als deutschen Kindern an deutschen Ausdrücken wie "aus und ein" klar machen, wie Engländer oder Franzosen die Wörter in der Rede aneinander binden: "au sun dein". Ebenso zeigen wir das *dark l*, indem wir deutsche Wörter wie "Bild" nach englischer Art aussprechen. Oder anders herum: "jingle bells" darf nicht wie "Tschingl Pelz" klingen! usw. Wir malen die Landkarte unserer eigenen Sprache aus und kartographieren gleich die Fremdsprachen mit.

Grammatische Funktionen durch idiomatische Übersetzung klären (These 7)

Seit Aufkommen der direkten Methode wurde immer wieder gefragt, ob denn nicht wenigstens die Grammatik in der Muttersprache zu behandeln sei. Die Frage wurde meist positiv entschieden – aber es ist nicht die Frage, auf die es hier ankommt.

Denn sie wurde ja meist so verstanden, ob man Grammatik nun auf Deutsch erklären dürfe. Aber die grammatische Analyse ist ja als solche schwierig, gleichviel, ob wir uns darüber in der Mutter- oder Fremdsprache den Kopf zerbrechen. "Grammatik von der Muttersprache her" heißt deshalb zuallererst die Mitbenutzung deutscher Beispiele sowie die idiomatische Übersetzung der fremdsprachigen Beispiele – und weniger das Erklären in der Muttersprache.

Wir lesen etwa in einer englischen Grammatik: "Zusammen mit dem Infinitiv des Perfekts steht *needn't* mit Vergangenheitsbedeutung, um die Notwendigkeit einer bereits ausgeführten Handlung zu verneinen oder in Frage zu stellen." Ganz schön kompliziert, nicht wahr, wenn wir's nicht schon wüssten! Klar wird's mit einem Beispiel, noch klarer, wenn das Beispiel in gutes Deutsch übertragen wird. Die Erklärung ist dann so überflüssig wie ein Kropf:

You needn't have said anything.	Du hättest nichts sagen brauchen.
He needn't have come.	Er hätte gar nicht zu kommen brauchen.

Ebenfalls überflüssig: "Steht in der direkten Rede kein Fragewort, so wird der Nebensatz in der indirekten Rede mit *if* oder *whether* eingeleitet." Die Regel ist ein Umweg. Denn Sätze wie "He wanted to know if ... Er wollte wissen, ob ..." kapiert man sofort. Die sinngetreue Übersetzung der Beispiele liefert die Anschauung zu den Abstraktionen der Regeln.

So klären auch die Lehrbücher *going to* durch idiomatische Übersetzung mit "wollen", "vorhaben". Ebenso sollte man *going to* in seiner Funktion als "Ausdruck einer Schlussfolgerung aufgrund bereits vorliegender Anzeichen" durch Übersetzung abklären:

Look at the clouds. It's going to rain.	Es wird bestimmt regnen.
I was going to ..., but ...	Eigentlich wollte ich ..., aber

Bestätigungsfragen mit fallender und steigender Intonation werden auf Anhieb klar geschieden:

It's a lovely day today, isn't it? (fallende Intonation) Schön heute, nicht wahr? Schönes Wetter heute, ne?
He can't play on Saturday, can he? (steigende Intonation) Er kann ja wohl Samstag nicht spielen, oder etwa doch?

Zur Bedeutung von *any*:

Is everybody listening?	Hört auch jeder zu?
Is anybody listening?	Hört mir überhaupt jemand zu?

Schön den Verlauf von etwas kennzeichnend:

He's becoming a nuisance.	Er wird langsam lästig.
He's living in Paris.	Er lebt z.Zt. in Paris.
He lives in Paris.	Er hat seinen Wohnsitz in Paris.
You're not being honest.	Jetzt sind Sie nicht ehrlich.
You're not honest.	Sie sind kein ehrlicher Mensch.

"Seit" kann auf den Zeitpunkt ebenso wie die Zeitspanne verweisen. Im Englischen müssen wir deshalb zwischen *since* und *for* unterscheiden. Klare Bezeichnungen, klarer Sachverhalt. Oder etwa nicht? Was geht in den Köpfen unserer Schüler vor? "Seit 1984" – ist 1984 nicht auch eine Zeitspanne, fragen gerade die Superschlauen. Die Übersetzung ist eindeutiger als die Begriffe (auf die wir nicht verzichten brauchen), denn auch im Deutschen können wir wie im Englischen zwei verschiedene Wörter einsetzen, nämlich "lang" und "ab":

seit drei Wochen	*= drei Wochen lang*	*= for three weeks*
seit 1984	*= ab 1984*	*= since 1984*

Deutschen fällt der Unterschied zwischen *if* und *when* für die Fälle schwer, wo wir beides Mal "wenn" sagen (*when* = als ist einfach) Auch hier ist die Erklärung nicht so gut wie die Übersetzung. Man vergleiche die Erklärungen:

when	= I'm sure it will happen
if	= I'm not sure, maybe it will, maybe it won't happen

mit den Übersetzungsvorschlägen:

When we get home – wenn wir (dann) nach Hause kommen
If we get home late – Sollten/falls wir erst spät nach Hause kommen

Inzwischen benutzen deutsche Lehrwerke die klärende Hilfe idiomatischer Übersetzung, sind aber dabei noch viel zu zögerlich. Verstehen wir doch das Paradox: Wir gebrauchen die Muttersprache, um aus ihr herauszuwachsen. Wir gebrauchen ihre Deutungsmuster, um sie zu erweitern.

> He spared no effort to explain the new rules to us and whenever English had things in common with German he pointed it out. Such references to German grammar were very helpful because they made it much easier to understand which function particular grammatical constructions fulfilled in English. (*Marion Sch.*)

Eine Lehrerin für Gehörlose benutzt mit Erfolg die Gebärdensprache, um die englische Grammatik zu erklären:

> ASL (=American sign language) conveys the differences between subject and object as specifically as English does. It simply employs a change of direction rather than a change of pronouns or of sign order. Liz uses the grammar of ASL, which is perfectly clear and reasonable to the students, to teach them English grammar, which they find so unwieldy (Hager Cohen 1995, 152)

Ich war glücklich über diesen Fund, und dann doch wieder traurig:

> The other English teachers may or may not use ASL; it certainly is not part of Lexington's official curriculum. It's just something that makes sense. (Hager Cohen 1995, 155)

Der Rückgriff auf die Erstsprache ist also auch hier noch verpönt: Wir haben es mit einem weltweiten Lehrerirrtum zu tun.

> Grammatik von der Muttersprache her begreifen heißt, 1) grammatische Termini sowohl durch muttersprachliche Beispiele wie fremdsprachige klären; 2) fremdsprachige Syntax durch wortgetreue Übersetzungen und 3) grammatische Funktionen durch sinngetreue Übersetzungen kontrastierend klären.

Zweisprachige Wortschatz- und Textarbeit

Ideen sammeln

Es liegt auf der Hand: Wann immer wir von den Schülern Ideen sammeln und ihnen nicht auch Muttersprachliches erlauben, fällt einiges, unter Umständen das Beste, unter den Tisch. Also: Kein *brainstorming* ohne muttersprachliche Ergänzungen, etwa wenn wir Regeln für das Verhalten im Unterricht unter den Überschriften "It's OK to ..." und "It's not OK to ..." sammeln. Bei allen mitteilungsbezogenen Aufgaben sollten muttersprachliche Einsprengsel nicht nur gestattet, sondern willkommen sein, wenn sie denn Neues bringen und einem Schüler in seiner Wortnot das Fortfahren in der Fremdsprache möglich macht (These 6). Dabei kann man es zur Regel machen, Muttersprachliches mit einer Formel wie "I'm going to say this in German" einzuleiten. Der Lehrer findet dann eine fremdsprachliche Formulierung, fragt die Klasse oder lässt nachschlagen.

Das Mitlernprinzip: Wortschatz-Grammatik

Ende der fünfziger Jahre erschien eine Serie von Beiträgen, in denen das "Ende der zweisprachigen Vokabelgleichung" und die Abschaffung der damals üblichen Vokabelheftchen im DIN A5-Format als Vokabelfriedhof gefordert wurde. Die mit Leonhardi (1956a) begonnene Diskussion hat Wichtiges bewirkt: Am Ende bewährte sich ein dreispaltiges Vokabelverzeichnis, das heute in deutschen Lehrwerken Standard ist.

Dennoch waren die Reformer in ihrer Polemik gegen die Vokabelgleichung, die immer wieder zu Fehlern führe, zu weit gegangen, und dieser Irrtum wirkt auch heute noch nach. Man kann nämlich die Fehler erzeugende Polysemie des Einzelworts unterlaufen, indem man Wortverbindungen gleichsetzt. Schon hat man stimmige, wieder verwertbare, gebrauchsfertige Sprachstücke. Versteht man unter Vokabel nicht einfach das Einzelwort, so landen Vokabelgleichungen nicht zwangsläufig auf dem Vokabelfriedhof.

Mit Vokabellisten der folgenden Art schaffte es eine achte Gymnasialklasse, ohne Abstriche an der Lehrbucharbeit vorzunehmen, einen Harry Potter-Roman durchzunehmen (und noch manches andere obendrein), als Buch, Audioversion und Film:

Nehmen Sie alles	take the lot
Einen Pokal verleihen	award a cup
Noch am selben Tag	the very same day
Ganz wie Sie wollen	have it your way then
Sich lächerlich machen	make a fool of oneself
Hier lang zu den Booten	this way to the boats

Pro Buchseite, so Kleinschroth, übersetzte er auf diese Weise für seine Schüler etwa vier bis sechs Ausdrücke, für *The Philosopher's Stone* insgesamt ca. 400 Vokabelgleichungen. Als *Harry Potter and the Order of the Phoenix* (2003) erschien, bekam die Klasse die zweisprachigen Lesehilfen von ihrem Lehrer nur für das erste Kapitel,

> in der Hoffnung, dass möglichst viele weiterlesen. Die Leistungsträger sollen jeweils für 10 bis 20 Seiten das Herausschreiben der Vokabeln übernehmen und den anderen verfügbar machen. Nach ca. 100 Seiten werden Vokabelhilfen für die restlichen 600 Seiten weitgehend überflüssig. (Kleinschroth, e-mail vom 22.6.03)

Möglich, dass sich einige Schüler auch ohne solche Hilfen den englischen Harry Potter vorgenommen hätten, solange noch keine deutsche Übersetzung vorlag. Aber was für ein tolles Ergebnis, wenn eine ganze achte Klasse ohne Ausnahme englische Originalwerke liest und Freude daran hat! Wie schön, wenn sich leistungsfähige Schüler für die Klasse einsetzen, deren fleißige Handhabung des zweisprachigen Wörterbuchs allen zugute kommt! So kann die Zukunft aussehen! Wie wichtig auch für die Schüler, ein zweisprachiges Wörterbuch richtig benutzen zu können, bevor sie auch mit einsprachigen arbeiten!

Wir müssen das Einzelwort kennen und vernetzen, prägen uns aber so viel wie möglich Wortverbindungen aller Art ein, d.h. beim Vokabel*lernen* setzen wir ganz auf Wortverbindungen. Sie gewährleisten schnelles Verstehen und flüssiges Sprechen. Hier lernen wir mit den Wörtern zugleich ihre Grammatik. Gebrauchsfertige Gleichungen:

This is what it comes to in the end.	Letztlich läuft es darauf hinaus.
So I was right after all.	So hatte ich letztlich doch Recht.
Ultimately, this is a question of ...	Das ist letztlich eine Frage des/der ...

Das zweisprachige Wörterbuch

Nicht erfunden: Ein englischer Schüler leistet sich den Satz "J'espère que vous êtes fontaine". Gemeint war "I hope you are well". Er hatte im Wörterbuch "well" nachgeschlagen und "fontaine" gefunden.

Unerlässlich ist die frühzeitige Einführung in das zweisprachige Wörterbuch. Das einsprachige ist erst später an der Reihe. Den vernünftigen Gebrauch (inklusive phonetische Umschrift) lernt man nicht von heute auf morgen:

> I felt the need to understand all the lyrics and not just parts of them. So I sat in my room, the dictionary on my knees and translated word for word, which often led to some rather odd translations. I remember searching for words like "wanna", "gonna" and "gotta" which were not in the dictionary. (*Dagmar E.*)

Nach der Einführung, in der vor allem gemeinsam nachgeschlagen wird, ist das Wörterbuch immer zur Hand. Wenn dann ein Schüler ein Wort braucht, das auch der Lehrer nicht kennt, muss ein guter Schüler nachschlagen, damit der Lehrer im Unterricht weiter machen kann. Beim Schreiben eigener Texte in Gruppen wird das Wörterbuch ebenfalls benutzt. Deshalb nicht *alles* essfertig servieren! Aus den Fehlern, die die Schüler dabei machen, lernt der Lehrer am schnellsten, wo's noch hapert. Bald lachen sie dann selbst über ihre eigenen Fehler. Also: "Wörterbücher zu Sprachpartnern machen" (Meißner 2000, 16), wie hier:

> I could sit for hours and look up words I found in the songs I liked. The songs meant a lot to me and so did the dictionary since it offered me a way to my music. (*Barbara L.*)

Vokabelkartei, idiomatische Wendungen und Kollokationen

Gewiss prägen sich Vokabeln auch auf natürliche Weise ein, etwa indem man viele Filme im fremdsprachigen Original sieht:

> And when I discovered that Dutch TV showed English, American and Australian movies and other programmes in the original language with subtitles, I exclusively watched the Dutch and Belgian channels. I believe that is how I really learned English; without going abroad. (*Hermine H.*)

Aber es ist alles eine Frage der Zeit, und die Sprachkontakte während des Unterrichts reichen einfach nicht aus für einen angemessenen Ausbau des Wortschatzes. Wir kommen um das Vokabellernen nicht herum.

> I have learnt that it is essential to learn at least the vocabulary and some parts of grammar by heart. In my opinion it is absolutely useless to work exclusively with games and other unconventional methods in order to avoid uncomfortable work for the pupil. (*Saskia K.*)

Effektives Vokabellernen ist mit den nach Units geordneten dreispaltigen Lehrwerkverzeichnissen gut möglich – einer Anordnung, der auch das hervorragende, auf die Schule zugeschnittene *field dictionary* von Vettel (1996) folgt.[13] Vor allem sollten Schüler mit der Technik des *uncued free recall* vertraut sein, d.h. mit dem freien Wiederholen aus dem Gedächtnis. Sie merken sich die Anzahl der Vokabeln, die sie gelernt haben. Eine knappe halbe Stunde später versuchen sie, sich an alle Vokabeln zu erinnern, wie sie eben einfallen. Fehlt etwa jetzt schon eine? Dieses stille Gespräch mit sich selbst ist eine wertvolle Konzentrationsübung. Gut arbeiten lässt sich auch mit Vokabelkarten im Zigarettenschachtel-Format, zum Mitnehmen und In-die-Tasche-stecken, ohne jede Systematik:

> Immer wenn es seine Zeit erlaubt, paukt sich der Lernende die einzelnen Zettel ein, indem er den deutschen Text in der fremdsprachlichen Formulierung wiederzugeben versucht und die Übung so lange fortsetzt, bis ihm beim bloßen Anblick der deutschen Fassung blitzartig das fremdsprachige Originalklischee einfällt. Zettel, die er intus hat, werden beiseite gelegt, und die Übung wird mit den noch nicht sitzenden Formulierungszetteln so lange fortgesetzt, bis sich der gesamte Inhalt des Kästchens im Gehirn des Lernenden, Abteilung fremde Sprachen, in einen unsichtbaren aber stets griffbereiten Zettelkasten verwandelt hat. (Schmidt 1954, 111)

Die besten Tipps zum häuslichen Vokabellernen, sei's mit dem Lehrwerk, mit dem PC, mit Pinnwand, Poster und Karteikarten, mit Ringbuch, Haftzettel und Klebeetiketten habe ich bei Kleinschroth (2000) gefunden; auf sie sei nachdrücklich verwiesen, wie auch auf Rampillon (1996).

In einem kommunikativ geführten Unterricht kommen jede Stunde reichlich neue Wörter und Wendungen hinzu, die festgehalten werden müssen. Ich persönlich bevorzuge eine dicke Vokabelkladde im DIN A5-Format für den im Unterricht anfallenden Wort- und Phrasenschatz, der nicht im Lehrbuch steht. Die Kladde wird durchnummeriert, und es werden Abteilungen für *classroom phrases, collocations* (hierbei reservieren wir uns Spezialseiten für *do, have, take, put*), *phrasal verbs, idioms, hobbies, proverbs* usw. eingerichtet. Sowohl formale und inhaltliche Ordnungsgesichtspunkte werden berücksichtigt, außerdem darf eine Abteilung für ganz private, individuelle Einträge nicht fehlen. Andere mögen es anders machen, Hauptsache, die Arbeit wird regelmäßig und gewissenhaft durchgeführt. Bleibt noch zu betonen, dass alles Vokabellernen und alle grammatische Abklärung nur stützende Funktion haben. Vielfältiges In-Gebrauch-Nehmen der Wörter, Wendungen und grammatischen Funktionen in den unterschiedlichsten Situationen – die Sprache leben – ist die Hauptsache.

Die Pflege der Muttersprache im Fremdsprachenunterricht

Fremdsprachenlehrer stoßen immer wieder darauf, wie es den Schülern an Formulierungskunst in der Muttersprache gebricht:

> Oft kommt es vor, dass einem irgendein Ausdruck auf Deutsch oder in der fremden Sprache begegnet, dessen Übersetzung wohl klar ist, bei dem aber die genaue, idiomatisch richtige Formulierung nicht gefunden werden kann. Dann soll man den Zettel beiseite legen und aufpassen. Über kurz oder lang stößt man nämlich meistens in der Fremdsprache oder im Deutschen, beim Zeitunglesen, Radiohören usw. mehr oder weniger zufällig auf die gewünschte Formel. (Schmidt 1954, 112)

So mag man aus dem Zusammenhang heraus verstehen, was *mealy-mouthed behaviour* ist, aber kommt man ohne weiteres auf einen Ausdruck wie Leisetreterei, ja ist den Schülern das deutsche Wort überhaupt geläufig? Es wird wohl immer Schüler geben, die die deutschen Ausdrücke nicht kennen:

Smell a rat – Lunte riechen

Just in case – für den Fall der Fälle

être aux cent coups – in tausend Ängsten schweben

laver la tête à qn. – jm. den Kopf waschen; die Leviten lesen

Zweisprachiges Vokabellernen dient also auch der Muttersprache, und Schande über den Fremdsprachenlehrer, der meint, das gehe ihn nichts an. Muttersprachliche und fremdsprachliche Stilbildung und Formulierungskunst hängen zusammen. *Idioms* müssen also mit ihren muttersprachlichen Entsprechungen (meistens finden sich durchaus brauchbare) gelernt werden. Besonders dann, wenn sich Original und Entsprechung nur geringfügig unterscheiden. Denn manchmal können wir auch in unserer Muttersprache unsicher werden, und das Sprachgefühl kann leiden. Nicht von ungefähr begegnen uns ja gerade deshalb so viele Anglizismen, weil wir es an dieser Sorgfalt fehlen lassen.

Außerdem gibt es auch bei den *idioms* ausgesprochene "falsche Freunde", auf die aufmerksam zu machen ist: Kissinger sagte von einem Moskauer Gipfeltreffen im Jahre 1972: "As it turned out, the summit proved *the last straw* for Sadat." Es war der Tropfen, der Sadats Fass der Geduld zum Überlaufen brachte, sechs Wochen später wies er die sowjetischen Militärberater und Techniker aus Ägypten aus. In der deutschen Übersetzung las man jedoch (nach Wandruszka): "Wie sich herausstellte, war der Gipfel *der letzte Strohhalm* für Sadat gewesen", als wäre das der letzte Strohhalm gewesen, an den er sich geklammert hätte ...

Auch die Arbeit mit Kollokationen sollte unter Beihilfe der Muttersprache vonstatten gehen: Der Lehrer erklärt, was Kollokationen sind, und die Klasse sammelt sie aus dem Lehrbuch. Ausgangspunkt könnten Nomen sein, zu denen die passenden Verben (oder Adjektive usw.) zu finden sind. Manchmal ist aber gerade eine wichtige Kollokation noch gar nicht bekannt. Sie wird dann von der Muttersprache her erfragt, und der Lehrer liefert das entsprechende fremdsprachige Verb.

> Teacher: Let's see what we've got so far on the blackboard:
> show patience
> lose one's patience
> run out of patience
> one's patience wears thin
> There is still an important collocation missing which we don't know yet. Think of the German word "Geduld". Wenn ich jemand sehr zusetze, dann stelle ich ...? seine Geduld auf die Probe. That's 'to tax or try somebody's patience'.

Abiturspeak? Redemittel müssen eingeübt werden

Das von Speight gerügte "Abiturspeak" ist wohl in der Hauptsache nicht auf das Fehlen von *idioms* und bildlichen Redensarten im engeren Sinne zurückzuführen. Im "Abiturspeak" sind typisch englische Ausdrucksweisen unterrepräsentiert wie *question-tags, cleft-sentences, for + to-infinitive* und manches andere. Abhilfe schaffen wir auf zweierlei Art.

1) Der Lehrer selbst muss solche Ausdrucksweisen verwenden. "It's important for us to understand how ..." Hören wir die Fügung oft genug, werden wir sie irgendwann (anstelle von "it's important that we ...") übernehmen, ohne darüber nachzudenken.

2) Durch Übersetzen die fremdsprachige Ausdrucksweise bewusst machen. Wahrscheinlich hört oder liest man in der knappen Unterrichtszeit über bestimmte Ausdrucksweisen hinweg und verwendet sie nicht selbst, es sei denn, man wird durch Übersetzung mit der Nase darauf gestoßen:

> It's not very sensible to criticise other people if you can't *take criticism* yourself. (Kritik vertragen)
> A good employer should *be sympathetic* if one of his employees needs a few days off to move house. (Verständnis zeigen)
> *I've learned* that it takes years to build up trust, and it only takes suspicion, not proof, to destroy it. (die Erfahrung machen)

Wäre nicht genau dies das Mittel, Schüler dazu zu bringen, "I've learned that" statt "I've made the experience that" zu sagen? Umgekehrt muss man sie darauf stoßen, statt "to learn" "to study" zu verwenden, wie in "I've got some studying to do", oder:

> The pretty student of Anglistics said to her professor, "I would do anything to pass my exams." "Really anything?", he asked. "Oh yes, anything." "Well, try studying," he said.

Versuchen Sie's mal mit Lernen! Weitere Beispiele:

> What I'm more concerned with is .../Mir geht es viel mehr darum ...
> What I'm trying to say is .../Ich will ja nur sagen ...
> So what you're saying is .../Du willst also sagen ...
> That's not what I said at all .../Das hab' ich doch überhaupt nicht behauptet ...
> It's for you to decide./*Ihr* müsst entscheiden.
> Are we supposed to copy this down?/Sollen wir das jetzt abschreiben?
> Last year we used to sing a lot more./Letztes Jahr haben wir viel mehr gesungen.

Nachdem die Redemittel durch Übersetzung abgeklärt wurden, müssen sie auch eingeübt und angewendet werden, wie etwa in der folgenden, halb sprachbezogenen, halb mitteilungsbezogenen Aufgabe, also einer mit doppeltem Fokus:

> Die Klasse wird in zwei Gruppen unterteilt, von denen die eine für, die andere gegen die Aufstellung von Weihnachtsbäumen entlang der Autobahn plädieren muß. Für jeden Beitrag gibt es einen Punkt und einen zusätzlichen Punkt gibt es, wenn ein vorher eingeübtes Redemittel – in diesem Fall emphatischer Widerspruch mit Floskeln wie "O, come on!", "Don't give me that!", "You've got to be joking!" – benutzt wird. Hier ist

> alles künstlich – das Thema, der Auftrag, der Wettbewerb, die Regeln –, aber daraus kann ein stimulierendes und effektives Lernerlebnis werden, effektiv deshalb, weil nicht nur "recycelt" wird, sondern neue Redemittel systematisch, systematischer, als sie je in einer authentischen Situation verwendet würden, zum Einsatz kommen. (Schäfer 2003, 306f.)

Es ist die Muttersprache, die uns einerseits zu unidiomatischen Redeweisen, eben zum Abiturspeak, verführt. Andererseits könnte gerade ihre gezielte Beihilfe zu einem idiomatischeren Englisch beitragen.

Wortspuren

Mit Appels (1990, 5) "Wortspuren" kann man die Lektürearbeit variieren. Vor dem Lesen einer neuen Textpassage schreibt der Lehrer eine Reihe deutscher Wörter an die Tafel. Die englischen Entsprechungen dieser Wörter stehen in derselben Reihenfolge im Text. Die Klasse soll sie nun beim Lesen finden, ohne im Wörterbuch nachzuschlagen. Dann werden die deutschen Wörter an der Tafel durch die englischen ersetzt. Danach kann man versuchen, den gelesenen Abschnitt mit Hilfe der Tafelwörter nachzuerzählen. Die Übung "gibt eine Spur vor, an der entlang gelesen werden kann. Als Suchaufgabe gibt sie dem Lesen ein Ziel und lenkt die Aufmerksamkeit. An deren Rand – so zeigte auch eine Auswertung – wird mehr als nur Wortäquivalente wahrgenommen." Appel macht noch weitere Vorschläge zur Lektürearbeit:

- Glossierung am Rand oder im fortlaufenden Text;
- eine Kombination aus vereinfachten und authentischen Abschnitten;
- ein Erzählen durch den Lehrer/die Lehrerin – in vereinfachter Sprache – bevor die Klasse den Abschnitt im Original liest;
- Mitlesen der Klasse, während der Lehrer/die Lehrerin eine Passage vorliest und in *asides*, geflüstert, die nötigen Hilfen gibt.

Bei dem nächsten Vorschlag für die Elementarstufe liegt der Ton auf dem "gelegentlich". Er stammt von dem Waldorfpädagogen Christoph Jaffke (1994, 319f.):

> Läßt man gelegentlich nach dem *story-telling* einzelne Kinder in der nächsten Sprachstunde auf Deutsch erzählen, was ihnen von der Geschichte in Erinnerung geblieben ist, so ist man oft überrascht, zu erfahren, wie genau bestimmte Details von den Kindern verstanden (und behalten) wurden und wie präzis die Stimmung einer Geschichte erfasst wurde. Beeindruckend ist es auch, zu sehen, mit welcher Freude und Hingabe Kinder sich immer wieder dem fremdsprachlichen Erzählstrom anvertrauen und wie sie sich – ähnlich wie bei vielen Gedichten – mit einzelnen Gestalten der Erzählung identifizieren.

Ein Vorschlag für einsprachige Vokabelarbeit ist "Die Tafel leer arbeiten". Eine Reihe einzuprägender Ausdrücke (oder auch Sachbegriffe) steht kreuz die quer, aber gut lesbar und nummeriert an der Tafel oder am Overheadprojektor. Dann tritt ein Schüler nach dem andern nach vorn, erklärt die Vokabel oder gibt einen Beispielsatz und wischt die Vokabel aus. Die Nummern bleiben stehen. Zum Schluss deutet der Lehrer auf eine Nummer, und die Klasse liest die Vokabel im Chor, als ob sie da noch stünde. Eine ganze Tafel voller Vokabeln gemeinsam abgearbeitet zu haben, gibt der Klasse das Gefühl, gute Arbeit geleistet zu haben.

Zweisprachige Textausgaben und Mischtexte

1) Rückübersetzung

Sammeln wir wieder Erfahrungen mit zweisprachigen Textausgaben, wie sie in früheren Jahrhunderten gang und gäbe waren, und bestimmen ihren Stellenwert neu. In diesem Sinne schlägt Hughes (1968, 92) vor:

> The system, then, is to obtain a book of interesting readings – short stories or novelettes, possibly poetry – with the foreign text on the left-hand page and a translation on the facing page. The student reads paragraph by paragraph: first a paragraph in the foreign language, then the same paragraph in translation, then the foreign language text once more. Each day he reads two pages, and each day the first page is the second page of the day before.

Zweisprachige Textausgaben könnten im Anschluss an Belasco (1975) die Übersetzungen nach und nach reduzieren, so dass die dem Originaltext gegenüberliegende Seite immer mehr Lücken zeigt. Außerdem empfehle ich ganz ungeniert eine ehrwürdige Arbeitsform, die namentlich durch den Humanisten Roger Ascham bekannt wurde, der Lehrer und Sekretär Elisabeth I. von England war: die Rückübersetzung. Verwendet wurden ausschließlich große Texte großer Autoren wie Cicero oder Demosthenes. Der Lehrer übersetzte und erklärte das Textstück zunächst selbst. Dann übersetzte der Schüler, ebenfalls mündlich. Anschließend hatte er den Text noch einmal im Zusammenhang schriftlich zu übersetzen. Dann nahm der Lehrer das Original fort, und nach einer Pause von mindestens einer Stunde übersetzte der Schüler seinen eigenen Text zurück in die Fremdsprache. Genau genommen wird der Text also viermal übersetzt: dreimal in die Muttersprache und einmal zurück ins Original. Abgesehen von einigen Deklinations- und Konjugationstabellen, habe seine Methode die ganze übrige Grammatik überflüssig und aus der Königin eine exzellente Latinistin gemacht. (Kelly 1969; 2002)

Diese Arbeitsform entspricht dem Meisterschaftsprinzip: ein vorbildlicher, stilbildender Text wird so oft hin- und hergewendet, bis sich der Schüler ihn ganz zu eigen gemacht hat. Da wir es selten mit so schwierigen Texten zu tun haben, kann man das Ganze wohl auf zwei Übersetzungen reduzieren, in die Muttersprache und zurück. Der Lehrer braucht nicht mehr vorübersetzen, sondern gibt nur hier und da Hilfestellungen. Probieren wir aus, mit welchen Texten wir bei den Schülern von heute etwas erreichen. Hier geht es also um gehaltvolle, zitierfähige Texte, die mehrfaches Durchgehen ertragen, so dass wir uns Gedanken und Ausdrucksweisen aneignen.[14] Eine Art Rückübersetzen praktizieren wir auch beim Erlernen berühmter Filmszenen mit DVDs (Kap. 3).

2) Sprachliche Arbeitsteilung und Parallelversionen

Immer wieder treffen wir auf tolle Texte und verzichten auf sie, weil sie schwierige Passagen enthalten, die uns zu lange aufhalten würden. Warum überbrücken wir diese Stellen nicht mit Hilfe von Übersetzungen, die wir den Schülern mitliefern? Bei schwierigen Texten teilen sich die Sprachen die Arbeit und wir kommen zügig voran! Gerade interessierte Schüler greifen oft zu diesem Hilfsmittel. Eine Studentengruppe hat sich vorgenommen, Shakespeare auf die Bühne zu bringen:

> Rehearsing the plays and practising my roles I realised that I was not independent from my mother tongue. At first I found myself in a desperate situation when I tried to learn the lines of "Richard II". The text was quite hard for native speakers as well, and I got the impression I was confronted with a "mission impossible". Understanding the text was not the main problem, but to memorise it. My idea was then to translate all the lines I had to memorise into German, so that I could fully understand their meaning. First I read through them alternating between the English and the German version, then I read through the German version and tried to translate it without looking at the actual text. After establishing this "bridge" between the foreign language and my mother tongue I was finally able to recite my lines and as we rehearsed in the group I became more and more fluent. In the end my lines sounded natural and I had the feeling that I was not only saying them off by heart, but that they had become a part of myself and that I really meant what I said. (*Elena G.*)

Umgekehrt können wir den Schülern auch die fremdsprachige Wiederaufnahme privater Lieblingslektüre empfehlen. Warum soll man nicht Bücher, die man von sich aus noch einmal lesen will, nunmehr im fremdsprachigen Original lesen? Sie lesen also ihr Lieblingsheft von Asterix oder Tintin jetzt auch auf Französisch und berichten eventuell in ein paar Sätzen vor der Klasse: Inputmaximierung! Manchmal greift man sogar *nach* der fremdsprachlichen Lektüre zur Übersetzung:

> I remember first reading "Brave new World" entirely in English and afterwards I started reading it in German to make sure I had understood everything. After a couple of chapters however, I realized that I had understood the original text reasonably well – much better than I had thought – and therefore I stopped reading the translation and read the English book a second time. (*Miriam N.*)

Stillarbeit: Wenn Parallelversionen von Texten vorliegen, können die Schüler selbständig Kollokationen und andere gebrauchsfertige Gleichungen zusammenstellen. Der Lehrer gibt 2–3 Beispiele vor und vermeidet so, dass Schüler sich auf Einzelwortgleichungen konzentrieren (die auch erlaubt sind). Und jetzt wird's spannend. Haben sich solche Listen angesammelt, testen die Schüler ihren Lehrer.

Pupil:	Das wäre doch mal einen Versuch wert. In English, please.
Teacher:	It would be worth a try, wouldn't it?
P:	Kommst du mal kurz hierher. In idiomatic English, please.
T:	Ahm ...
P:	Could you come over (here) for a sec(ond)?

Bilinguales Mitlesen: Der Lehrer liest den fremdsprachigen oder den deutschen Text langsam vor, die Schüler lesen jeweils den anderen Text. Sie dürfen unterbrechen: "Stop. Please repeat the last sentence. Go back to ..."

3) Mischtexte

Eine besondere Form des intelligenten, systematischen Sprachmixes stellen die Lektüren des Autorenehepaars Emer O'Sullivan und Dietmar Rösler dar, von denen ehemalige Schüler begeistert berichten. Viele haben sie in Buchläden kennen gelernt, nicht über ihre Lehrer:

> When I was looking for a new book in the shelves of a local bookstore at the age of perhaps thirteen, I stumbled across a book called *It could be worse – oder* by O'Sullivan/Rösler ... I had never read an authentic English text before, all we did at school was boring textbook work. In retrospect I would say that at this time I first became intrinsically motivated to learn the language. I desperately wanted to read the book and, surprisingly, it worked out fine ... From this point onwards, I started to read English books. (*Britta W.*)

Hier ist kein Sprachmischmasch, sondern in den handelnden Personen selbst angelegte, motivierte rezeptive Zweisprachigkeit. Deutsche Jugendliche treffen auf Englische, und jeder spricht und denkt mehr oder weniger in seiner Muttersprache. Diese Konstellation verhindert, dass Schüler einfach auf der muttersprachlichen Seite des Textes verweilen, wie es bei Parallelversionen möglich ist.

Auch Sprachmischungen der folgenden Art verdienen mehr Beachtung:

> Primary school teachers in immigrant areas in the UK have no fear of mixing mother tongue and target language in their teaching to five-six year olds. They work in a child-centered, practical commonsensical sort of way.
> A major technique they use with children who come to school with virtually no English is to tell them stories mostly in mother-tongue and a bit in English. Imagine your mother-tongue is English and the target language is Greek:
> "Are you sitting comfortably? Then I'll archizo: once upon a time there was a hen, a kota, who used to visit the library quite often. She'd go into the vivliothiki and choose two or three vivlia from the shelves. She'd take the vivlia over to the man at the desk, the vivliothikario. The vivliothikarios would stamp the vivlia and hand them to the kota, saying "Here you are, Kiria Kota, please bring the vivlia back by the end of the next evthomata, by the end of the next week". And so the kota would leave the vivliothiki with the vivlia under her wing."
> In the primary school situation in the UK such bilingual stories are told and retold with more and more of the story in the target language until finally the kids can cope with the whole text in the target language. (Rinvolucri 1990, 26)

In China wird diese Arbeitsform seit mehreren Jahren mit gutem Erfolg unter der Bezeichnung "sandwich story" erprobt (Ji Yuhua 2002) Umgekehrt, d.h. für anglophone Chinesisch-Lerner, würde sich "Rotkäppchen" wie folgt anhören:

> Little Red Riding Hood asked, Oh, Nainai, how come your yanjing are so big?" Lang answered, "My yanjing are very big so that I can see you clearly." Little Red riding Hood asked, "Oh, Nainai, how come your erduo are so long?" Lang answered, "My erduo are very long so that I can hear you clearly." ...

Wiederum eine ganz eigene Art von didaktischem Sprachmischmasch hat Werner Lansburgh mit seinen didaktischen Doosie-Briefen erfunden, die auch noch Anglistik-Studenten etwas zu bieten haben: Englisch für Fortgeschrittene im lustigen Plauderton, mit einem Schuss Landeskunde und ein klein wenig Erotik versetzt:

> There is no English word for *Geliebter*. Compared with that German word (Sie können auch "in comparison with" sagen, oder ganz einfach:) – in comparison, words like darling, sweetheart, honey, sugar and the

> like are "chicken feed", "Kükenfutter", gar nichts. What else is there to choose from in the language market? "My love" is a bit too vague and general; "my beloved", *bilávvid*, ist, wie Sie es schon der Aussprache ansehen dürften, etwas minnesängerisch; und "my loved one" is too tearful: Tränenreiche, meist amerikanische Witwen würden so etwas sagen – you must read Evelyn Waugh's "The loved One" ("Tod in Hollywood"), auch wenn sie im Buchladen von "Waugh" einen roten Kopf kriegen sollten. (Just say "wash" without the "sh".) Was sonst noch? "My lover", though acceptable, is a little too technical and mostly someone else's ("Her lover", e.g. Lady Chatterley's). Geliebter! Da erst fühle ich mich ganz zu Haus. Du hoffentlich auch, Geliebte. (Lansburgh 1981, 82)

Tolle Ideen, denen ich eine größere Verbreitung an unseren Schulen wünschte!

Um Texten ihre Ausdrucksmittel abzulernen, kann man nach einem ersten Lesen eines Textes denselben in Form mehrerer Mischtexte der folgenden Art anbieten, die der Schüler laut lesend wieder in den Originaltext überführt, d.h. die Schüler lesen den Mischtext laut vor, als ob es das Original wäre. Sie ersetzen das deutsche Wort, ohne es zu nennen:

> Originaltext:
> Many of us kids on the reservation lived hundreds of miles away from the nearest school – too far to get there and back in a day. So we had to go to the Rosebud Boarding School. The school was run by the Bureau of Indian Affairs and the teachers were all white. I remember how I felt my first day there. I felt all alone in a strange world. At first it seemed like an adventure. But the adventure quickly became a nightmare. The teachers did everything they could to turn us into whites. We were not allowed to speak in our own language, to sing Indian songs, or to practise our religion. (English G, 4 A, Cornelsen, 47)
>
> Mischtext I:
> Many of us kids on the reservation lived (Hunderte von Meilen) away from the nearest school – too far to get there and back in a day. So we had to go to the Rosebud Boarding School. The school (wurde geführt von) the Bureau of Indian Affairs and the teachers were all white. (Ich erinnere mich wie) I felt my first day there. I felt all alone (in einer fremden Welt). At first it seemed (wie ein Abenteuer). But the adventure (schnell) became a nightmare. The teachers did everything they could (um uns zu Weißen zu machen). (Wir durften nicht sprechen) in our own language, to sing Indian songs, or to (ausüben) our religion.

> Mischtext 2:
> Many of us kids on the reservation (wohnten) hundreds of miles (weg von der nächsten Schule) – too far to get there and back in a day. ...

Der Witz hierbei ist, das Original noch so weit zu erhalten, dass ein gewisser Lesefluss gewährleistet ist. Bei einer kompletten Rückübersetzung wäre der Text als Lesetext zerstört. Nachteilig ist, dass gelegentlich Interferenzen auftreten können. Wenn der Schüler aber sofort zum Original zurückverwiesen wird, bleiben die Interferenzen nicht haften, sondern werden weggeübt. Diese Aufgabe zwingt den Schüler, bei einem Lesetext auch auf Sprachformen zu achten, also mitteilungsbezogen sowie sprachbezogen zu agieren: der Doppelfokus. Gerade der Fortgeschrittene erfährt ja, dass er auch durch vieles Lesen an aktivem Sprachkönnen kaum hinzugewinnt, wenn er schnell liest und ganz bei der Sache, nicht bei der Sprache ist. Deshalb brauchen wir auch Arbeitsformen, die den Lesetext mehr oder weniger gründlich für die aktive Sprachbeherrschung auswerten.

Folgende Schritte sind denkbar: 1) Vorlesen/Durchlesen des Textes; 2) Leichte Verständnisfragen; 3) Veränderter Text (*falsified version*), den die Schüler richtig stellen; 4) Mischtexte. Wir setzen also Mischtexte erst dann ein, wenn sich die Schüler mit dem Original hinreichend vertraut gemacht haben und sich an den Original-Wortlaut mehr oder weniger erinnern, statt zu übersetzen.

Variante: Einzelarbeit

Die Schüler arbeiten still mit dem Mischtext, dürfen aber in das daneben liegende Original schauen. Anschließend wird erfragt, bei welchen Stellen sie ins Original schauen mussten.

Partnerarbeit: Die Partner sitzen mit dem Rücken zueinander, jeder mit einer anderen Mischtext-Version, und fragen einander satzweise ab.

Ein Sprachmix führt schnell zum Sprachjux. "Oh, you can't get to heaven" (siehe Kap. 8) ist eines der Spottlieder, zu deren Tradition es gehört, dass man weitere Verse hinzudichtet. So auch bilinguale:

> Oh you can't get to heaven
> On the Bundesbahn
> 'cause the Bundesbahn
> is much too lahm.
> I ain't gonna grieve my Lord no more.

Bach (2003, 259) hat folgende Version eines bekannten Kanons in der Grundschule aufgeschnappt:

Frère Jaques,
Alte Kacke,
Dormez-vous,
Blöde Kuh?
Sonnez les matines,
Alte Waschmaschine
Ding, ding dong,
Pappkarton

Mit zweisprachigen Lektüren kann ein größeres Quantum an Texten bewältigt werden. Der Umkreis des zu Lesenden wird erheblich erweitert. Die Wahrscheinlichkeit, mit dem einen oder anderen Text genau die Interessen einzelner Schüler getroffen zu haben, wird erhöht. Das selbständige, lehrerunabhängige Lesen wird gefördert.[15]

Wegüben hartnäckiger Interferenzen

Im Anschluss an die Textarbeit können neue Ausdrücke in Kurzsätzen mündlich so eingeübt werden, dass zugleich elementare grammatische Regelungen mitgeübt werden:

Lehrer:	Schüler:
ersetzen durch	to replace by
Er wurde ersetzt.	He was replaced.
Er wurde durch jemand anderen ersetzt.	He was replaced by someone else.
Wurde er durch jemand anderen ersetzt?	Was he replaced by someone else?
Warum wurde er durch jemand anderen ersetzt?	Why was he replaced by someone else?
(Appel 1985, 55)	
zaubern	do magic
Gestern zauberte H. zwei Stunden lang.	Yesterday Hagrid did magic for three hours.
Schau, H. zaubert schon seit drei Stunden.	Look, H. has been doing magic for two hours.
H. darf nicht mehr zaubern.	Hagrid mustn't do magic any more.
Hagrid hat vor zu zaubern.	Hagrid is going to do magic.
Hagrid will, dass ein anderer zaubert.	Hagrid wants somebody else to do magic.
(nach Kleinschroth)	

diskriminiert werden	be discriminated against
Frauen wurden diskriminiert.	Women were discriminated against.
Menschen, die diskriminiert werden.	People who are discriminated against.
Was tun Menschen, die diskriminiert werden?	What do people who are discriminated against do?

Das Durchspielen eines neuen Ausdrucks mit wenigen typischen grammatischen Variationen dauert oft weniger als eine Minute. Zusammen mit "halbkommunikativen Strukturübungen" (Kap. 5) sind dies Beispiele dafür, wie man richtig und effektiv übt. Einmal bleibt der lexikalische Ausdruck gleich ("zaubern") und wird grammatisch variiert, ein anderes Mal bleibt die Struktur gleich und wird lexikalisch-inhaltlich variiert.

Muttersprachen wirken – ungewollt und ungerufen – in die Fremdsprachen hinein und produzieren dort die gefürchteten Interferenzen. Je weniger wir eine Fremdsprache ausgebaut haben, desto leichter lässt sie sich von der Muttersprache infizieren, angefangen bei Lautung und Schreibung bis hin zur Idiomatik und Pragmatik. Man kann es nicht besser sagen als W. Stannard Allen (1948/9, 37):

> In the first two years a student's commonest mistakes are those that echo his own idioms, structures or word-order ... they occur with equal frequency in classes taught by all methods and are even a common feature of the linguistic behaviour of a bilingual child, who could not possibly be accused of translating from the mother tongue ... It is quite useless to attempt to shut out the native language and imagine that these mistakes cannot occur because you do not allow the student to translate. You might just as well try to stop him thinking altogether. The very opposite procedure will in fact prove the most effective antidote.

Die obigen Kurzsätze, und damit das offene Herausstellen der Gegensätze, empfehlen sich auch zum Wegüben hartnäckiger lexikalischer und grammatischer Interferenzen.

Komm schon, sei vernünftig.	Come now, be sensible.
Das ist ein vernünftiger/ praktikabler Vorschlag.	That's a sensible suggestion.
Es war klug von dir, die Tür abzuschließen.	It was sensible of you to lock the door.
Er ist vernünftig genug, zu ...	He is sensible enough to ...

Wir üben auch in der Form des Übersetzungsdiktats:

- Der Lehrer diktiert seine Sätze in der Fremdsprache.
- Die Schüler schreiben sie in der Muttersprache auf.
- Sie vergleichen ihre Übersetzungen mit einem Partner.
- Der Lehrer lässt die Schüler rückübersetzen.

Übersetzungsdiktat zum Wegüben der mit dem *present perfect continuous* verbundenen Interferenzen:

How long have you been reading *War and Peace*?
I've been receiving anonymous letters for a month now.
We've been supporting this party for quite some time.
How long has he been living in the big city?
We've been attending this school for four years.

Ebenso als Übersetzungsdiktat kann man schwierige Kollokationen üben:

The actual state of affairs (der wirkliche Stand der Dinge)
To overhear a talk (ein Gespräch abhören/mithören)
A genial character (ein freundlicher Mensch/Charakter)

Zum Wegüben tpischer *false friends*:

Zweisprachig:
The German public generally prefers the (synchronisierte) version of foreign films. (= dubbed)
This soup is one of the glories in the local (Küche) in this part of England. (= cuisine)
I can (bringen) you to the airport. (= take)

Einsprachig: Spot the mistake.
This gym is always freezing – the windows are badly isolated. (= insulated)
It says here in our prospect that there is no entrance fee for the museum. (= brochure; leaflet)
I often feel like going for a walk, but my man is too lazy to join me. (= husband)

Wieder könnte die zweisprachige Variante als Vorstufe für die schwierigere einsprachige Form dienen, bei der man nicht sofort sieht, auf welchen Ausdruck es ankommt.

Eine Risikoversicherung gegen Interferenzen, die der Lehrer gleichsam kommen sieht, ist auch das schnelle Vorsagen, das bei allen Übungsformen zu empfehlen ist, bei denen muttersprachliche Stimulussätze verwendet werden. Schießlich kann man Interferenzen auch an den Kragen gehen, indem man sie die Schüler geradezu auskosten lässt und ridikülisiert: "Give memorable examples of the linguistic monstrosities that can result from relying on word-by-word translation", empfiehlt Hammerly (1989, 104).

Themenbezogene Ausdrucksrepertoires

Selbst in einem Gespräch, das sich an Texte anschließt, verbleiben Schüler gerne in den gewohnten Redeweisen und nehmen nur wenige unentbehrliche Ausdrücke aus den Texten auf. Sie merken manchmal gar nicht, dass ihnen wichtige Ausdrücke, mit denen man Themen-typische Sachverhalte ausdrücken kann, fehlen. Damit riskieren sie, nur das auszudrücken, wozu ihre Sprachkenntnisse gerade reichen. Man sagt nicht mehr, was man eigentlich sagen will, sondern nur noch das, was die Sprache will.

Hier empfehlen wir, aktuelle muttersprachliche Texte zum gleichen Thema bei der häuslichen Vorbereitung hinzuzunehmen. Die deutsche Lektüre erlaubt nicht nur ein tieferes Verständnis der Sachverhalte, sondern lenkt den Blick auf typische Wörter und Wendungen, die einem in besonderer Weise helfen, ein bestimmtes Argument auszuspielen. Die schlägt man dann nach bzw. erfragt sie vor der Diskussion beim Lehrer. Man denke etwa an Ausdrücke, die in der Nähe des Fachwortschatzes anzusiedeln sind, wie Achtungserfolg, Erdrutschsieg, Produktionsstandort, scharfer Einbruch der Besucherzahlen, großer Ansturm auf.

> The L1 input thus served to 'stretch' learners' L2 productive abilities in a tightly constrained manner, setting goals which, to be achieved, required the active expansion of L2 resources. (Tudor 1987, 260)

Tudor berichtet von deutlichen Leistungsunterschieden zwischen den Kursteilnehmern, die sich die mitgegebenen muttersprachlichen Texte (SPIEGEL-Artikel) durchgelesen hatten, und denen, die dazu keine Zeit gefunden hatten:

> This factor was apparent in comparing the specialized oral presentation of students who used L1 materials as input and those students who, as a result of lack of time or interest, did not. The latter were clearly marked by a lesser degree of precision and clarity. These students were working within their existing L2 competence, which naturally was not always adequate for the expression of more or less complex ideas in a precise way: those students who failed to use L1 materials had thus lost an evident opportunity for the learning of new L2 elements. (Tudor 1987, 260f.)

Durch muttersprachliche Lektüre konnten das themenbezogene Ausdrucksrepertoire erweitert und Lernplateaus überwunden werden.

The presence of the L1 input text created in students a 'perceived resource gap', i.e. the explicit recognition of the need for L2 input, and therefore a receptive attitude for the acquisition of new elements. (Tudor 1987, 261)

Dolmetschübungen und Tandems

Das Dolmetschen kann in der Schule nicht als eigene Fertigkeit ernsthaft betrieben werden, stellt jedoch eine weitere, an kommunikativen Bedürfnissen ausgerichtete Übungsform dar. Wir folgen einem Vorschlag Appels (1985, 54):

> Mit der folgenden interviewartigen Übung habe ich die Behandlung eines Texts über Arbeitslosigkeit abgeschlossen:
> $Schüler_1$ (liest aus einer vorbereiteten Liste von Fragen ab)
> Herr Keenan, wie sieht das Leben eines Arbeitslosen aus?
> $Schüler_2$ Mr Keenan, what's life on the dole like?
> Lehrer (antwortet als Mr Keenan)
> Well, I usually get up at 7.15 ...
> S_2 Normalerweise stehe ich um sieben Uhr fünfzehn auf ...
> L See to it that the kids get to school ...
> S_2 Sehe danach, dass die Kinder in die Schule kommen
> Als Arbeitsmittel wird für diese Übung eine Liste der deutschen Fragen benötigt, die im Verlauf des Interviews gestellt werden. Es genügt ein Exemplar, das weitergereicht wird. Ein Schüler liest die erste Frage vor. Diese wird von einem zweiten Schüler ins Englische übersetzt. Die englische Antwort wird vom Lehrer gegeben. Derselbe Schüler übersetzt sie zurück ins Deutsche.

Appel gibt auch ein instruktives Beispiel, wie Schülern dabei die Augen geöffnet werden:

> S_1 (liest vom Zettel) Das Wirtschaftswachstum trug dazu bei, unsere Erwartungen zu erhöhen.
> S_2 beitragen?
> L It was in the text
> S_3 to help
> S_2 Economic growth helped to raise our expectations.

Die Schülerin stockte zunächst, weil sie meinte, "zu etwas beitragen" sei nicht bekannt, bis eine andere die englische Entsprechung im Basistext fand. (Appel 1985, 57)

Beim Lernen im Tandem arbeiten Schüler verschiedener Muttersprache paarweise zusammen, um voneinander ihre Sprachen zu lernen und etwas über die Kultur des Partners zu erfahren. Es ist Lehren und Lernen auf Ge-

genseitigkeit, beide sollten gleich viel Zeit und Mühe für ihren Partner und dessen Sprachbedürfnisse aufbringen. So steht jeder dem andern als Sprach- und Kulturexperte zur Verfügung, korrigiert Fehler, macht Verbesserungsvorschläge. Dabei versorgt jeder den Partner mit authentischem sprachlichen Input. Außerdem lernt man viel aus den Fehlern, die der Partner macht, über die eigene Sprache und ihr Verhältnis zur Partnersprache. Die eigenen, vom Partner korrigierten Fehler, dazu die Schwierigkeiten, die der andere mit meiner Muttersprache hat: beide Perspektiven ergänzen sich und führen uns zu einem vertieften Verständnis beider Sprachen. In der Schule könnte man bestehende Brieffreundschaften zu Tandems (Distanztandem statt Präsenztandem) ausbauen, indem der Lehrer entsprechende Hilfen und Tipps gibt, bevor solche Freundschaften sanft entschlafen. Solche Tipps und interessante ausgereifte Aufgaben findet man unter http://tandem.uni-trier.de

Sprachbewusstheit durch Übersetzen in die Muttersprache und Übersetzungsvergleich

> Translation it is that openeth the window, to let in the light; that breaketh the shell, that we may eat the kernel; that putteth aside the curtaine, that we may looke into the most Holy place ... (Vorwort zur *King James Bible* von 1611)

> Für alles Sprachenlernen gilt der Satz: Wir müssen immer wieder die neue Sprache mit der Muttersprache ins Gespräch bringen, wir müssen in die Muttersprache und aus der Muttersprache übersetzen, um so allmählich zu lernen, nicht mehr zu übersetzen, wenn wir uns in der neuen Sprache so frei und selbstverständlich bewegen wollen, als wäre sie unsere Muttersprache. (Wandruszka 1982, 14)

Wer Textverstehen als Schlüsselqualifikation ansieht, darf auf das Übersetzen, das aufmerksamstes Lesen erfordert, nicht verzichten. Mit der Übersetzung biblischer Texte ins Griechische und Lateinische beginnt die Geschichte des christlichen Abendlandes. Ebenso von epochaler Bedeutung ist die Übertragung römischen Rechtsdenkens in die Sprachen des Westens. In China hätte der Buddhismus nie Fuß fassen können, wenn nicht unzählige Mönche und Gelehrte alte indische Texte in ihre Muttersprache übersetzt hätten und durch ihre unablässige Arbeit buddhistisches Gedankengut in ihrem Mutterland heimisch gemacht hätten. Erst durch sie wurde der Buddha durch und durch und unwiderruflich chinesisch, genauso wie der dort entstandene, ganz anders geartete Konfuzianismus. "Never has history seen a deeper cultural transmission", kennzeichnet R. Bernstein (2001, 95f.) die Übersetzungsarbeit im China des fünften und sechsten Jahrhunderts, die dem geistigen und seelischen Leben von Millionen Menschen Richtung und Ziel gegeben hat.

> Wie unsere Sprachen in Wahrheit beschaffen sind, lernt man am besten in der Übersetzung, im Nachdenken über die verschiedenen Möglichkeiten des Übersetzens und die Grenzen der Übersetzbarkeit. ... Man muß daher der Übersetzung auch in unserem Fremdsprachenunterricht wieder den ihr gebührenden Platz einräumen. (Wandruszka 1982, XX)

Goethe maß der Kunst des Übersetzens höheren Kulturwert bei als der Sprachfertigkeit. Und schon früh wehrte man sich im Geist Goethes gegen die Reformer, die über das Ziel hinausschossen und "die von der Schulbank her liebgewonnene Kunst des Übersetzens" abschaffen wollten,

> die heute kümmerlich vom Gnadenbrot lebt, und die dennoch ein wissenschaftliches, dialektisches und ästhetisches Bildungsmittel ersten Ranges bleiben wird. (Wähmer 1914, 7)

Fremdsprachen sind der "evidente Anlass, über die eigene Sprache, über Sprechen und seine Wirkung nachzudenken." (Hentig 1979, 261) Jedes Übersetzen ist zudem die strengste Prüfung des Verstehens – und darum vielleicht *die* Arbeitsform mit dem größten Bildungswert. Durch sie können wir die Verfremdung der eigenen Sprech- und Denkweisen erfahren.[16]

Und die Schüler wollen übersetzen, wie eine englische Befragung ergab:

> Translation was another popular activity, with pupils working in pairs on translating short pieces of text. The pupils described this as satisfying. So rarely seen as a part of the communicative MFL (Modern Foreign Languages) classroom, there might well be convincing reasons for introducing aspects of this further down the school. (Fisher 2001, 37)

Ich mache vier Vorschläge:

1) Vergleich verschiedener Übersetzungen. Was verraten sie uns über Interpretationsspielräume? Über die oft überlesenen Schwierigkeiten, über die verborgenen Fallstricke? Über das Übersetzen als eine Kunst? Als ein Dienst am Original oder ein Verrat an ihm? Viele moderne Klassiker wurden mehrfach übersetzt, so auch Salingers *Catcher in the Rye*. Man vergleiche eine ausgewählte Passage der ersten "damenhaft gedämpften" (so R. Baumgart) Übersetzung von 1954 mit der revidierten Fassung von Heinrich Böll (1962) und mit der Neuübersetzung von Eike Schönfeld (2003), die den Text ganz nah an Salinger heranrücken will. Hier der Anfang des Romans in den beiden letzten Fassungen:

> If you really want to hear about it, the first thing you'll probably want to know is where I was born, and what my lousy childhood was like, and how my parents were occupied and all before they had me, and all that David-Copperfield kind of crap, but I don't feel like going into it, if you want to know the truth. In the first place, that stuff bores me, and in the

> second place, my parents would have about two hemorraghes apiece if I told anything pretty personal about them.
>
> Falls Sie wirklich meine Geschichte hören wollen, so möchten Sie wahrscheinlich vor allem wissen, wo ich geboren wurde und wie ich meine verflixte Kindheit verbrachte und was meine Eltern taten, bevor sie mit mir beschäftigt waren, und was es sonst noch an David-Copperfield-Zeug zu erzählen gäbe, aber ich habe keine Lust, das alles zu erzählen. Erstens langweilt mich das alles, und zweitens bekämen meine Eltern pro Nase je zwei Schlaganfälle, wenn ich so persönliche Auskünfte über sie geben würde.
>
> Wenn ihr das wirklich hören wollt, dann wollt ihr wahrscheinlich als Erstes wissen, wo ich geboren bin und wie meine miese Kindheit war und was meine Eltern getan haben und so, bevor sie mich kriegten, und den ganzen David-Copperfield-Mist, aber eigentlich ist mir gar nicht danach, wenn ihr's genau wissen wollt. Erstens langweilt mich der Kram, und zweitens hätten meine Eltern dann jeweils zwei Blutstürze, wenn ich was ziemlich Persönliches über sie erzählen würde.

Schon wenige Zeilen bieten Gesprächsstoff. Der Übersetzer muss gleich zu Beginn eine Entscheidung treffen: du, ihr oder Sie? Eine Entscheidung, die man nur aus der Kenntnis des ganzen Buchs fällen kann. Der Verweis auf David Copperfield wirft die Frage nach dem unterschiedlichen Bildungshintergrund unterschiedlicher Leserschaften, d.h. nach der Interkulturalität im weiteren Sinne auf. An der Wiedergabe von *hemorraghes* lässt sich wiederum die Frage nach der angestrebten Art von Genauigkeit erörtern, also Genauigkeit im Sinne von Wörtlichkeit oder Genauigkeit in Bezug auf Stil, Tonlage, Sinntreue.

Übersetzungsvergleiche böten u.a. die Möglichkeit, auch unsere Hauptschüler mit William Shakespeare, *man of the millennium,* der zum "deutschen" Klassiker wurde, vertraut zu machen, indem man ihnen einige *purple passages* in verschiedenen Versionen vorlegt. Schon in der Sekundarstufe 1 machen wir auf Shakespeare neugierig, zugleich mit einem kleinen Text über sein Leben und seine Zeit, wie Schmidt (2003) fordert. Die Autorin, die wichtige Daten zum gymnasialen Shakespeare-Unterricht vorlegt, empfiehlt auch das Heranziehen einer deutschen Übersetzung, das viele *annotations* ersetzen könnte. Letztere werden von Schülern oft als eine Störung des Leseprozesses empfunden.

Ebenso reizvoll ein Vergleich von Bibelversen oder auch von Sprichwörtern. Wir fahnden nicht nur nach deutschen Entsprechungen oder versuchen eine eigene "spruchreife" Fassung zu finden, sondern beziehen nach Kräften weitere Muttersprachen ein, nicht nur von Schülern der Klasse, sondern der ganzen Schule. Verwenden die Sprachen das gleiche Bild oder tritt dieselbe Spruchweisheit in einem ganz anderen Gewand auf?

> Clothes make the man – Kleider machen Leute
> Aber:
> Make hay while the sun shines – Man muss das Eisen schmieden, solange es heiß ist.
> Birds of a feather flock together – Gleich und gleich gesellt sich gern.

Interessant auch, wenn sich Sprichwörter scheinbar widersprechen: *Silence is golden vs. The squeaky wheel gets the grease.* Bewertung und Diskussion der verschiedenen Fassungen erfolgen in der Fremdsprache. So verträgt sich diese Aufgabe bestens mit einem kommunikativen Ansatz.

2) Schüler übersetzen selbst, am besten in Einzel- oder Partnerarbeit, bewaffnet mit zweisprachigen Wörterbüchern. Beim Selbertun merken die Schüler am ehesten, dass beim Übersetzen eine Art "Entsprachlichung" (Wirl 1955, 184) stattfindet, d.h. ein Absehen vom Wortlaut des Originals und das Hindurchblicken auf das Gemeinte, und damit ein Sich-Vertiefen in Sinn und Ausdruckswert, ja in die ganze Wucht einer Passage. An guten, gehaltvollen Kurz- und Kürzesttexten könnten sich die Schüler die Zähne ausbeißen. Von Oscar Wildes Sentenzen bis hin zu allem, was zitierwürdig ist: Berühmte Romananfänge oder -schlüsse, Repliken und Dialoge aus Kultfilmen, Werbespots. Texte, die wir so lange als ungelöste Rätsel ansehen wollen, bis wir sie in unserer angestammten Sprache in Besitz genommen haben.

Zum Ansporn lege man ihnen ein paar gelungene Übersetzungen vor, z.B. Emersons bekannte Sentenz:

> A foolish consistency is the hobgoblin of little minds.
> Überzogene Konsequenz ist ein Kobold, der in engen Hirnen spukt.

Oder die berühmte Sentenz des Herzogs von Wellington, des Feldherren von Waterloo:

> I am wretched even at the moment of victory, and I always say that next to a battle lost, greatest misery is a battle gained. – ... es gibt kein größeres Elend als eine verlorene Schlacht. Gleich danach aber kommt die gewonnene Schlacht. (Ein fast so großes Elend aber ist die gewonnene Schlacht).

Oder aus Bierce' *The devil's dictionary*:

> *Conversation:*
> A fair for the display of the minor mental commodities, each exhibitor being too intent upon the arrangement of his own wares to observe those of his neighbor.

> *Konversation:*
> Ein Jahrmarkt, auf dem die kleineren geistigen Güter zur Schau gestellt werden, wobei jeder Händler all zu sehr auf die Darbietung der eigenen Waren bedacht ist, als dass er denen seines Nachbarn Beachtung schenken könnte.

Anschließend versuchen die Schüler es selbst mit neuen Texten, so etwa mit Thoreau:

> I went to the woods because I wished to live deliberately, to front only the essential facts of life, and see if I could not learn what it had to teach, and not, when I came to die, discover that I had not lived. I did not wish to live what was not life, living is so dear; nor did I wish to practise resignation, unless it was quite necessary. I wanted to live deep and suck out all the marrow of life ... (From *Walden*)

Oder mit einem Text von E.M. Forster:

> We cannot understand each other, except in a rough and ready way; we cannot reveal ourselves, even when we want to; what we call intimacy is only a makeshift; perfect knowledge is an illusion. But in the novel we can know people perfectly, and, apart from the general pleasure of reading, we can find here a compensation for their dimness in life... They are people whose secret lives are visible or might be visible: we are people whose secret lives are invisible. And that is why novels, even when they are about wicked people, can solace us; they suggest a more comprehensible and thus a more manageable human race, they give us the illusion of perspicacity and of power. (From *Aspects of the Novel*)

Danach liefert ein Vergleich der von den Schülern angefertigten Übersetzungen die schönsten kommunikativen Impulse. Eine verkannte Arbeitsform, deren hohes kommunikatives Potenzial noch nicht ausgelotet worden ist! Die Arbeitsanweisung könnte wie folgt lauten:

> 1) Study the first two items on the list, along with the translations.
> 2) Translate the other items from the list which have not yet been translated, everyone for themselves.
> 3) Come together in pairs to compare and discuss your translations. In the discussion, try using as much English as possible. Produce a final version together.
> 4) Read out the original and the translation to the class. Briefly comment on your translation and earlier versions.
> 5) Briefly comment on the idea(s) expressed in the text.

3) Wertvolle Texte, für die noch keine Übersetzungen vorliegen, werden als Projektarbeit ins Deutsche übertragen. Diese Aufgabe wird als kommunikatives Unternehmen verstanden, d.h. es gilt den Text an den modernen Leser zu bringen und seinen Kenntnisstand zu reflektieren.

4) Ein lohnender Sport: Jagd auf Übersetzungsfehler machen. Schüler überprüfen z.B. die im Internet bereitgestellten Übersetzungen aktueller Texte. Kampf dem Pfusch und dem Drüberhinweghuschen! Danach wird man seine Funde den Übersetzern, Autoren, Verlagen mitteilen oder sie auch in Internetforen veröffentlichen. Schüler lernen nebenher, wie wichtig es sein kann, Texte im Original zu kennen. Sie lernen, genau hinzuschauen, erfahren etwas von der Treue im Detail, werden sich nicht mit ungefährem Sinn zufriedengeben. Sie merken, wieviel man an Hintergrundwissen braucht, um Einzelheiten aufzuklären, wie zeitverhaftet Texte sein können in ihren Anspielungen. Hier zeigen sich Tugenden, die mit dem Meisterschaftsprinzip verbunden sind: sein Bestes geben wollen, Geduld für die Arbeit am Detail aufbringen, mit nur Mittelmäßigem nicht zufrieden sein. Wie befriedigend, wenn man nach einigem Grübeln einen Text endlich ganz sein eigen nennen darf! Wenn man allen Widerständen zum Trotz eine gültige Fassung gefunden hat, die vor dem eigenen kritischen Auge bestehen kann.

Vorschlag für multilinguale Klassen

Alfred Kerr, aus jüdischem Großbürgertum, Schriftsteller und gefürchteter Theaterkritiker der Weimarer Zeit, musste mit seiner Familie über die Schweiz und Frankreich nach London in die Armut fliehen. Seine Tochter sitzt in einer Pariser *école communale*:

> Anna sat and let the sound drone over her. She wondered what they were reciting. It was strange to be having a lesson at school without even knowing what it was about. As she listened she detected some numbers among the droning. Was it a multiplication table? No, there were not nearly enough numbers. She glanced at the book at Colette's desk. There was a picture of a king with a crown on the cover. Then it came to her, just as Madame Socrate clapped her hands for the recitation to stop. It was history! The numbers were dates and it had been a history lesson! For some reason this discovery made her feel very pleased. (Kerr 1983, 123f.)

Natürlich schafft es Anna. Ihr Vater spricht hervorragend Französisch, und sie ist ein Intelligenzbündel, die später so gut im Englischen heimisch wird, dass sie eine anerkannte englische Schriftstellerin wird. Auch ihr Bruder ist geradezu grimmig entschlossen, bald so zu sein wie andere und nicht mehr aufzufallen. Also Augen zu und durch? Vielen bleibt nichts anders übrig: *sink or swim*. Viele schaffen es auch. Und weil es so viele schaffen, wird eine Rücksichtslosigkeit gar als sinnvolle Methode ausgegeben.

Denn die Immersion kann auch zur Submersion führen: statt Eintauchen ein Untergehen in der fremden Sprachflut. Schauen wir genauer hin. Hätten nicht ein paar deutsche Erklärungen genügt, und Anna hätte gleich viel mehr aus der Stunde mitgenommen?

Patentlösungen für Lehrer in multilingualen Klassen gibt es nicht. Aber Lehrer sollten sich Lehrtexte, die so gut sind, dass sie diese immer wieder auf derselben Klassenstufe verwenden, von ehemaligen Schülern übersetzen lassen. Natürlich nur von solchen Schülern, die gut Deutsch gelernt haben und zugleich ihre Muttersprache weiter pflegen konnten. So hat man über die Jahre einen Fundus von Texten mit Parallel-Übersetzungen ins Albanische, Marokkanisch-Arabische usw. angelegt. Während des Unterrichts oder auch schon vorher bekommt ein neuer Schüler den Text in die Hand, und es wird ihm viel leichter fallen, dem Unterricht zu folgen. Hat man eine kleine Gruppe mit derselben Muttersprache in der Klasse, gönnt man ihnen ab und zu eine kleine Auszeit, in der sie sich über den Unterricht verständigen. Oder ein Neuankömmling, der kaum oder nichts versteht, bekommt einen zweisprachigen Schüler zeitweilig als Tutor.

Die Deutsch-als-Fremdsprache-Institute an den Hochschulen, die ausländische Studierende in kurzer Zeit auf ihr Fachstudium vorbereiten, sollten ebenso die Muttersprachen ihrer Studenten mitbenutzen, hilfsweise auch englische Versionen ihrer Lehrtexte systematisch einsetzen, um den Studenten über ihre etablierten Fremdsprachenkenntnisse den Zugang zum Deutschen zu erleichtern.

Vom Bundesgenossen zum Erbfeind – und wieder zurück?

Wenn der Verzicht auf muttersprachliche Lernhilfen richtig wäre, so hätten dies wohl zweitausend Jahre und mehr des Probierens und Studierens längst ans Licht gebracht. Das Gegenteil aber war der Fall: Die Muttersprache wurde immer wieder in vielen Varianten zu Hilfe genommen.

Die Muttersprache als Bundesgenosse, das ist eine vom *Mainstream* vergessene, jahrzehntelang unterdrückte, heute neu aufscheinende Wahrheit. Die wahrhaft großen Reformer, die man heute noch mit Gewinn liest, haben die Muttersprache als Semantisierungshilfe systematisch verwendet: Henry Sweet, Otto Jespersen, Wilhelm Viëtor, Harold Palmer, Michael West. Ebenso die großen deutschen Methodiker, die die Diskussion um die direkte Methode aufgenommen und verarbeitet haben, Philipp Aronstein und Ernst Otto. Alle wollten sie die Fremdsprachen in der Fremdsprache selbst unterrichten. Aber sie weigerten sich, das Baby mit dem Badewasser auszuschütten. Und genau das hat man getan – für so manchen Schüler mit katastrophalen Folgen.

Ein zentralistisch regierter Staat wie Frankreich macht am besten deutlich, was vor einem Jahrhundert in anderen europäischen Ländern ähnlich ablief. In den für ganz Frankreich geltenden Richtlinien von 1908 wurde den Lehrern regelrecht untersagt, die Muttersprache zu gebrauchen, nachdem schon im Jahre 1902 die Übersetzungsübung verboten wurde. (Puren 1993, 49) Es war, wie schon damals vermerkt wurde, ein radikaler Akt, ein Staatsstreich, ein "coup d'Etat pédagogique". Eine kleine Gruppe einflussreicher Pariser "activistes" hatte sich durchgesetzt und die direkte Methode inthronisiert.

Es kam dann, wie es kommen musste. Die Lehrer kamen nicht zurecht, und die Offiziellen reagierten zunächst mit "Augen zu und durch".

> Notre nouvelle méthode n'échappa pas au danger de se durcir, de fermer l'œil et l'oreille à tous les insuccès, à toutes les lacunes qu'elle laissait ... Toutes les faiblesses de la méthode directe ont été obstinément niées par les doctrinaires endurcis, mais elles sont bien connues de tous ceux qui travaillent sur le terrain. (Pfrimmer 1953, zit. bei Puren 1993, 70f.)

In der Praxis mogelte man sich durch – eine Situation, die auch heute noch jedem Studienreferendar bekannt sein dürfte:

> Tous, nous trichons perpétuellement – sauf aux jours d'inspection générale – avec cette méthode directe. (Roques 1913, zit. bei Puren 1993, 78)

Neue "Directives" von 1925 entschärften dann das Problem. Eine "méthode active" wurde anstelle der "méthode directe" offiziell propagiert. Man sprach auch von "méthodologie éclectique" und "méthodologie mixte". (Puren 1988, 211) In Deutschland setzte sich die Bezeichnung "vermittelnde Methode" durch. Es war eben ein methodischer Kompromiss – also eine "compromise method" – mit den typischen Merkmalen eines Kompromisses. Eine unverkrampfte Einsprachigkeit mit Abstrichen sollte die Regel sein, die Muttersprache war als eine Art Feuerwehr für den Notfall zugelassen. Das Prinzip selbst wurde dabei nicht in Frage gestellt. Ein Kompromiss ist immer eine praktische Lösung, mit der man leben kann, die aber theoretisch meist nichts klärt und daher unbefriedigend bleibt.

Fragt sich auch, *wer* damit leben kann. Die Muttersprachen sind die eigentlichen Steigbügel für die Fremdsprachen. Wer auf sie verzichtet, muss aufs Pferd gehoben und geschoben werden. Viele Lehrer schaffen's einfach nicht, und eine unkontrollierte, wilde Verwendung der Muttersprache setzt ein (These 11). Das sind die "effets pervers" (Puren 1993, passim) einer unaufgeklärten Einsprachigkeit, die eigentlich niemand will.

Natürlich haben viele Lehrer deshalb auch ein schlechtes Gewissen, und manche sollten es wohl auch haben. Andererseits hat der Verzicht auf die Muttersprache zumindest bei weniger geschickten Lehrern und schwachen Schülern katastrophale Folgen:

> She just gave us a French definition of the new word or made a drawing. But she never gave us the German translation and never gave away the

> spelling. We got very confused and impatient whenever a new word occurred. First, we conferred with our neighbour what the new word could mean. But the uncertainty became nearly unbearable and we got angry because she left us alone with our unconfirmed suppositions. We weren't allowed to open our books, and sometimes we had to wait until the bell rang before we could look up the new word. (*Gabriela S.*)

In erster Linie ist die falsche Theorie schuld, die verhindert, dass effektive bilinguale Lehrtechniken überhaupt bekannt werden. Die Schüler allerdings haben ihre Auswege. Eine Studentin vertritt eine Freundin beim Deutschunterricht für türkische Frauen und beobachtet, wie diese sich aushelfen:

> When I taught German to Turkish women who even brought their babies into the classroom, I found it quite problematic to improve the women's rudimentary German without being able to give explanations in their mother tongue. It was very time-consuming and the better learners gave the weaker ones the Turkish explanations. (*Marion H.*)

Oft täuschen sich auch die Lehrer über den Erfolg ihrer fremdsprachigen Erklärungen. Gerade die leistungsstarken, interessierten Schüler haben die neuen Texte schon zu Hause gelesen:

> I always wanted to understand everything in class and read the new texts before they were actually presented in class. I even tried to learn the vocabulary in advance and had a glance at the new grammar that was to come up in each unit. (*Martina H.*)

Warum halten aber gerade so viele unserer besten Lehrer am Prinzip der Einsprachigkeit fest? Peter W. Kahl (1999, 140) setzt einer Englischlehrerin mit folgendem Bericht ein schönes Denkmal:

> Als Miss Grube zum ersten Mal in die Sexta kam und von Anfang an nur Englisch sprach, verwandelte sich die freudige Erwartung der Zehnjährigen bald in Ratlosigkeit. Außer "Good morning" verstand man ja gar nichts! Da die Lehrerin aber eine gute Schauspielerin war und das, was sie sagte, mit eindrucksvoller Mimik und Gestik untermalte, dazu auch noch pantomimisch vieles vormachte, hatten einige bald heraus, wovon sie redete, und das Raten, Erschließen und Kombinieren begann richtig Spaß zu machen. Dabei wurden muttersprachliche Äußerungen zwar akzeptiert, aber immer auf Englisch beantwortet. Da bestimmte Wörter häufig auftraten, begannen einige Mutige, diese selbst zu gebrauchen. Diese Versuche wurden entsprechend hervorgehoben und gewürdigt, so dass allmählich auch einige der Schüchterneren sich trauten, es zu versuchen. In dieser Phase des Unterrichts wurde niemand gedrängt, etwas auf Englisch zu sagen, wenn er oder sie noch nicht bereit dazu war. Wer noch nicht soweit war, hörte zunächst nur zu. Es gab auch wenig direkte

> Korrekturen. In der Regel wurde das richtige Wort oder die richtige Wendung von der Lehrerin in ihrer Antwort gebraucht. Meist fanden die Betreffenden dann selbst heraus, was sie falsch gemacht hatten … . Die Kinder liebten Miss Grube und ihren Unterricht. Da war immer etwas los. Es wurde viel gesprochen, gesungen, gespielt und mit der Sprache experimentiert. Alles, was sich in Handlungen umsetzen ließ, wurde gespielt.

Da kann man nur neidisch werden. Dennoch: Diese begnadete Lehrerin hätte ihren Schülern noch besser dienen können, wenn sie ihnen nicht nur einige deutsche Wörter gestattet hätte, sondern auch bilinguale Techniken mit verwendet hätte. Überhaupt kann ja die Einsprachigkeit nur so gut gelingen, wenn man es mit nah verwandten Sprachen aus dem gleichen Kulturkreis zu tun hat. Der Spracherwerbsforscher Roger Brown (1973) lernt bei Berlitz Japanisch:

> Working only in the new language can be a great strain on both teacher and student. Sometimes I think it really does lead to experiences akin to those of the preliterate child; often, surely not. After the first lesson in which various things on a desk were named, I realized that I did not know whether hon, for instance, meant book or pad or magazine or even cover, since the contrasts that would separate out book as the intended meaning had not been used. And of course children have that problem of isolating the defining (though generally not explicitly known or expressible) properties of referents.

Der Grat zwischen Nutzen und Schaden der Muttersprache ist manchmal schmal. Aber wir wissen, wo die Muttersprache fehl am Platze ist. Und wir verfügen über klar definierte, hocheffektive bilinguale Lehrtechniken. Wie lange noch wollen wir sie unseren Schülern vorenthalten?

---

[1] Dass man die Muttersprache nicht ausschalten kann, ist durch *eye-tracking*-Versuche experimentell nachgewiesen. Bei Worterkennungsaufgaben suchen wir in einem Sekundenbruchteile dauernden Prozess erst nach möglichen muttersprachlichen Wortkandidaten, auch wenn wir eine Fremdsprache erwarten. Über die von Anne Cutler am Max-Planck-Institut in Nijmegen durchgeführten Experimente berichtet Goebel (2003).

[2] Ich betone: zum Teil. Es ist sattsam bekannt, dass auch einige Lehrer, nicht unbedingt fachfremd eingesetzte, einfach die Fremdsprache nicht gut genug beherrschen, um sie als Unterrichtssprache durchzusetzen. Das, fürchte ich, wird bleiben, solange wir kein Auslandssemester zur Pflicht machen und solange die Lehrveranstaltungen an der Hochschule nicht durchweg in der Fremdsprache durchgeführt werden.

[3] Deshalb wäre es in multikulturellen Klassen eine große Hilfe, wenn die jeweilige Muttersprache der Kinder herangezogen werden könnte. Zumindest wäre ein *team-teaching* zu überlegen, das sich etwa beim *Vienna Bilingual Schooling Project* bestens bewährt hat.

[4] Die Forschungslage ist eindeutig. Ich verweise noch auf eine finnische Studie mit dem bezeichnenden Titel "Native language literacy and phonological memory as prerequisites for learning English as a foreign language" (Dufva & Voeten 1999).

[5] "Why, if your God is so smart, hasn't he learned our language?" wurde William Cameron Townsend einmal gefragt, als er sich als junger Missionar mit der Sprache der Cakchiquel in Guatemala abquälte. Nach zehn Jahren mühevoller Arbeit hatte er für diese Sprache eine Schreibform entwickelt und das Neue Testament übersetzt. Später gründete er das berühmte *Summer Institute of Linguistics*, das Missionare für ihre Übersetzungsarbeit ausbildete, und die *Wycliffe Bible Society*. "The greatest missionary is the Bible in the mother tongue", war sein Leitspruch.

[6] Darauf hatte schon Büttner (1907, 590) hingewiesen. Nur ein gründliches Studium der Geschichte kann uns davor bewahren, schon längst widerlegte Argumente erneut vorzuführen.

[7] Wir gehen also nicht so weit wie Zimmer: "Jede Bedeutung läßt sich in jeder Sprache formulieren, nur nicht notwendig mit den gleichen sprachlichen Mitteln." (Zimmer 1997, 334).

[8] Die Frage der Übersetzbarkeit ist ein weites Feld, das nicht nur von Sprachwissenschaftlern, sondern auch von Philosophen, Anthropologen, Soziologen, Psychologen und Biologen beackert wird. Es ist mittlerweile evident, dass extreme Standpunkte (extremer Universalismus vs. extremer Relativismus) keine Chance haben, sich durchzusetzen, und eine Antwort irgendwo zwischen den Extremen liegt. Ich halte es mit Plessner (1983, 279): "Sprachen lassen sich übersetzen. Sie sind mit einem Rest von Geist, der unübersetzbar ist, füreinander transparent."

[9] "Inventories of classroom techniques exist of which only a handful are not intralingual" (Stern 1992, 289).

[10] Soweit ich sehe, haben nur Kleinschroth (1992) und Schiffler (2002) die Technik der Spiegelung aufgegriffen und ihr einen wichtigen Platz zugestanden.

[11] Sehr gut der Brückenschlag zwischen den romanischen Sprachen bei Klein & Stegmann (2000).

[12] Die Sprachverwandtschaften auszunutzen ist natürlich ein alter Gedanke, deutlich etwa im Titel von Villiers' *Vocabulorium Analogicum, or the Englishman speaking French, and the Frenchman speaking English, Plainly shewing the nearness or affinity betwixt the English, French and Latin* (London 1680, zit. bei Lambley 1920, 397). Auch der Reformer Max Walter (1908, 41) forderte "die stete Verwertung der Beziehungen zur Muttersprache, sowie zu den in den einzelnen Schulen gelehrten Fremdsprachen" und empfahl, Vokabelverzeichnisse, wie heute üblich, dreispaltig anzulegen.

[13] Hier wird eine Tradition fortgesetzt, die nach Hüllen (2000, 187) als *Janua Linguarum* (ein nach Sachgruppen geordnetes Satzwörterbuch) im frühen 17. Jahrhundert begann.

[14] Sollen eigentlich Erfahrungen unserer Vorgänger wie die folgende heute nichts mehr wert sein? "Dieses Rückübersetzen eines aus der Fremdsprache ins Deutsche übersetzten Textes in die Originalfassung spielt bei mir seit Jahren und mit ziemlicher Regelmäßigkeit eine nicht unwichtige Rolle, nachdem es mir bei meiner eigenen Ausbildung als Fremdsprachler von jeher eine große Hilfe war und es heute noch ist. Ja, ich kann es mir eigentlich schon gar nicht mehr vorstellen, dass man zu bleibenden Unterrichtserfolgen kommen kann, ohne sich des Retrovertierens

zu bedienen. Vielmehr komme ich allmählich immer mehr zur Ansicht, dass man mit ihm das Erlernen einer Fremdsprache beträchtlich abkürzen und die direkte Methode damit in vorzüglicher Weise unterstützen kann" (Stecher 1963, 110).

[15] Vgl. Nickels (1999) Vorschläge zur zweisprachigen Lektürearbeit im Lateinunterricht.

[16] Genau das wird wohl auch unter dem Stichwort *language awareness* angestrebt. M.E. kann man mit dem Übersetzen in die Muttersprache *language awareness*, Sprachbewusstheit und Interkulturalität so gut wie mit keiner anderen Arbeitsform erfassen. Immer wieder muss der Übersetzer entscheiden, ob er das Original durchscheinen lässt und eine Kulturtatsache in ihrer Fremdartigkeit bewahrt oder den Text ganz und gar in die Sprachwelt des Lesers herüberholt.

Sprachen lernt man, indem man von endlichen Mitteln unendlichen Gebrauch macht.

5 Richtig üben: das generative Prinzip

Vorbemerkung

Erst das zweifache Verstehen von Funktion und Form, so hieß es, befähigt uns, "von endlichen Mitteln unendlichen Gebrauch zu machen": das generative Prinzip. In der Praxis läuft dies auf Strukturübungen hinaus.[1] Aber welche und wie? Dazu der Chicagoer Schulrat Frank M. Grittner (1969, 203):

> Of all the elements which constitute the new American Method, the pattern drill appears to be most widely misunderstood. In the hands of a knowledgeable teacher, such drills are capable of producing an exhilarating classroom atmosphere with students sitting on the edge of their chairs listening intently for their cues and responding instantly when called upon. However, when used by a teacher who is not aware of the function and purpose of this type of drill, the results can be as stultifying as the choral chanting of verb conjugations and noun declensions. Visits to hundreds of foreign language classrooms and discussions with colleagues in other states have convinced the author that only a small percentage of language teachers are fully aware of the uses and limitations of pattern practice.

Offensichtlich gibt es Probleme bei der Umsetzung des Prinzips mit Hilfe von Strukturübungen. Wir zeigen, wie das generative und kommunikative Prinzip in *einer* Übungsform miteinander verschmolzen werden können. Außerdem wird die Bedeutung des generativen Prinzips sowohl für den natürlichen Spracherwerb wie in der Geschichte des Unterrichts nachgewiesen – ähnlich wie im zweiten Kapitel.

Lob der Grammatik

Natürliche Sprachen schwanken zwischen Analogie und Anomalie, Regel und Ausnahme. Das Unregelmäßige an der Sprache muss Stück für Stück aufgenommen und eingeprägt werden. Das gilt für alle Wortstämme. Woher will ich wissen, dass Brot *Brot* heißt oder *bread, panis, pain*? Da hilft nichts: jemand muss es mir sagen, und ich muss es mir merken. Und so ist es auch mit all den berühmt-berüchtigten "Ausnahmen" der Grammatik, z.B. den unregelmäßigen Verben.

Die Anfänge der Sprache beim Kind wie beim Menschen überhaupt kann man sich nur grammatiklos vorstellen. Die Sprache legt davon heute noch Zeugnis ab. Gerade die häufigsten Wörter, die uns überall zur Hand gehen und wohl auch zu den ältesten zählen, sind nicht analogisch durchgebildet. So etwa die Reihe der Personalpronomina. Das Esperanto führt uns vor, wie man die Personalpronomina systematisiert:

mi – min	ich – mich
vi – vin	du – dich
li – lin	er – ihn
si – sin	sie – sie
gi – gin	es – es
ni – nin	wir – uns
vi – vin	ihr – euch
ili – ilin	sie – sie

Die Regelmäßigkeiten sind unsere große Chance, vom bloßen Auswendiglernen wegzukommen – auch wenn sie selten hundertprozentig sind, eher Strukturierungstendenzen, die sich auch kreuzen und überlagern können. Denn im Verlauf der Geschichte drohen stets einige Strukturbereiche zu zerfallen, während andere ausgebaut werden. Wo es aber solche Strukturierungen gibt, brauchen wir nicht endlos viele Sprachstücke lernen, sondern Bildungsprinzipien.

Überall wo das Gedächtnis stumm bleibt, springt die Regel ein. Wenn uns das Gedächtnis nicht die Form "besser" anböte, würden wir "güter" sagen, und Kinder tun das auch. Da wird ein Wort aus dem Englischen importiert: fit. Braucht uns einer zu sagen, dass man problemlos "fitter" bilden kann? Also werben für die Grammatik: "Überlegt mal, wir müssten für jede Steigerungsform ein neues Wort haben. Grammatik macht das Lernen leicht!" Machen wir es ihnen von der Muttersprache her klar und nehmen ein Kunstwort wie *Schruck*: "Wie viele weitere Wörter fallen uns gleichsam in den Schoß! *Viele Schrucks, ein Schrückchen, schruckig, schruckiger, der schruckigste, schrucken, schruckte, geschruckt ..."* Alltäglich, und doch wunderbar! Bildungsprinzipien erschließen nicht nur das, was die anderen schon sagen. Wir können auch formulieren, was bisher noch niemand gesagt hat. Das eben macht uns zu Sprachschöpfern und offenbart uns die Herrlichkeit der Grammatik als eigentliches Schwungrad des Denkens. Es ist schon paradox, dass die Grammatik, die Sprachen überhaupt erst lernbar macht, in der Schule dermaßen verschrieen ist. Das generative Prinzip ist somit auch eine Art Mitlernprinzip. Wir lernen ein paar Steigerungsformen und haben dann unzählige andere gleich mitgelernt.

Die Aneignung der grammatischen Formenwelt ist somit immer ein Gemisch von Nachahmen und Einprägen auf der einen, von Probieren und Ausreizen von Analogien auf der anderen Seite. Beim deutschen Plural ist der Anteil des Einprägens verhältnismäßig groß. Ausländer tun gut daran, sich bei vielen Hauptwörtern nicht nur das grammatische Geschlecht, sondern auch noch die Pluralform mitzumerken. Das gilt aber nicht etwa für die Verkleinerungsform:

> die Heidi – das Heidichen
> der Norbert – das Norbertchen

Eva hat schon im Alter von 3 Jahren, acht Monaten das Bildungsprinzip erfasst:

> "Blumen sind ne Art Blümchen und Tasse is ne Art Tässchen und ... Nadel is ne Art Nädelchen und Gras is ne Art Gräschen und Knopf is ne Art Knöpfchen." ... Es waren auch Bildungen ganz ungewöhnlicher Art darunter wie Vorhang – Vorhängchen, die sie nie gehört hat. (Stern & Stern 1910–1918)

Das Kind lernt grammatisch richtig sprechen und verhält sich demnach regel*gemäß*, aber nicht, indem es sich nach bewusst erfassten Regeln richtet, wie sie im Grammatikbuch auf den Begriff gebracht sind. Denn die sind gerade der Schrecken der Schüler! Statt lebendiger Sprache Form- und Funktionsbeschreibungen unter Verwendung abstrakter Kategorien, die uns nicht in den Kopf wollen.

Das generative Prinzip beim natürlichen Spracherwerb

Auch Gisa experimentiert mit Endungen. Kurz vor ihrem zweiten Geburtstag gefällt es ihr, an alle möglichen Hauptwörter die Verkleinerungsform *-lein* anzuhängen:

> Mamalein
> Papalein
> Wauwaulein
> Teelein

Eine Probierlust ist spürbar, die sich nicht auf Endungen beschränkt. Von der Wortbildung führt ein direkter Weg zur Satzbildung. Hans sagt beim Aufstehen:

> guguck papa,
> guguck Olla,
> guguck Mama

was heißen soll: Ich sehe dich, Papa, ich sehe dich, Olga, ich sehe dich, Mama. Wenn er aber dann, quasi sich selbst anredend, "Guguck Ann (= Hans)" fortfährt, ist klar, dass er hier nicht mit jemandem sinnvoll kommuniziert, sondern ein Satzmuster durchspielt. (Lindner 1898, 47) "Sound play and substitution 'drills' are common among young children," resümieren Clark & Clark (1977).

Eine syntaktische Keimzelle entsteht. Eine Wortverbindung, ein Satz, wird zum Muster für viele weitere Sätze. Kinder, diese genialen Wieder-Erfinder der Grammatik, entdecken die Mechanismen, mit denen sie neue Sätze bilden und neue Situationen meistern können. Um schließlich bei der Grammatik der Erwachsenen zu landen, bedarf es der nachträglichen Bestätigung oder Korrektur durch die Erfahrung. Das Neue muss probiert werden; der Analogieschluss muss sich noch bewähren. Ein Dreischritt ist erkennbar: 1) Erkennen eines Bauprinzips; 2) Ausprobieren, stets verbunden mit einer Anwendung im Übermaß; 3) Rücknahme der falschen Übergeneralisierungen.

Englischsprachige Kinder z.B. überdehnen die Kausativregel, die ja ohnehin im Englischen viel weiter anwendbar ist als im Deutschen (Das Eis bricht – ich breche das Eis; die Butter schmilzt – ich schmelze die Butter; aber nicht: Die Lampe wackelt – ich wackle die Lampe). Die Kinder müssen also Verwendungsweisen wie die folgenden, die nicht bestätigt werden, wieder verlernen:

> Go me to the bathroom before you go to bed.
> The tiger will come and eat David and then he will be died.
> Don't giggle me. (Pinker 1994, 318)

Sie arbeiten also keineswegs nur mit einem wachsenden Repertoire fertiger Phrasen, so wie das Touristen mit einem Sprachführer tun, der für Standardsituationen ("An der Tankstelle"; "In der Apotheke") Standardsätze auflistet. Das Kind *schafft* sich Sprache, anstatt bloß dem Gedächtnis zu vertrauen, und bildet sie "nach dunkel empfundenen Analogien" fort, und

> nach eben diesen baut man sich auch, immer zugleich selbsttätig, nie bloß empfangend, in eine fremde erlernte Sprache hinein. (Humboldt 1908ff. V, 108)

> Denn sie (die Sprache) steht ganz eigentlich einem unendlichen und wahrhaft gränzenlosen Gebiete, dem Inbegriff alles Denkbaren gegenüber. Sie muss daher von endlichen Mitteln einen unendlichen Gebrauch machen, und vermag dies durch die Identität der Gedanken- und Spracheerzeugenden Kraft. (Humboldt 1963, 477)

Dass das Analogiespiel Gedanken und Sprache zugleich erzeugt, also auch ein Spiel mit Ideen ist, geht sehr schön aus einem Beispiel hervor, das ich bei dem schottischen Psychiater Laing (1982, 35) gefunden habe:

(Natasha is playing with Natasha; to herself, fast):

(pointing to her nose)	this is my foot
(pointing to her eyes)	this is my nose
(pointing to her foot)	this is my eyes
(pointing to her mouth)	this is my neck
(pointing to her bottom)	this my head
(pointing to her ankle)	this is my wrist. (pause, faster)
	my face is my tummy
	my tummy's my eyes
	my eyes are my tongue
	my tongue is my ankles
	my ankles are my hands. (pause)
	cross your hands
	cross your legs
	cross your eyes
	cross your nose (gurgles of amusement).

Das Kind probiert nicht nur Sätze, sondern Ideen durch, hier etwa das Kontrafaktische, das Auseinanderfallen von Sprache und Wirklichkeit. Unsinn ist hier eine Form von Sinn.

Der lange Weg zum effektiven Üben

Satzvariationen als selbständige Übungsform können aus Gesprächsübungen entstanden sein. Ein sehr frühes Beispiel bieten die "altdeutschen Gespräche", ein Text wohl aus dem 10. Jahrhundert, eines der ältesten Denkmäler der deutschen Sprache. Es wird allgemein als ein Reisekonversationsbüchlein angesehen, geschrieben für einen Romanen, der in Deutschland reist, und versehen mit deutsch-lateinischen Wortlisten und Redeszenen. In dem Gespräch, aus dem wir zitieren, lässt ein Herr frühmorgens seinen Knecht rufen und heißt ihn das Ross satteln. Der Knecht macht Einwände, meint, der Herr möge noch im Bett bleiben, aber der beharrt und meint, es sei Zeit zu reisen:

Cit ist.	tempus est
Gip mir min ros.	da mihi meum equum
Gip mir minan scilt.	scutum
Gip mir min sper.	
Gip mir min swert.	spata
Gip mir mine hantscuoha.	quantos
Gip mir minan stap.	fustum
Gip mir min mezzer.	cultellum
Gip mir kerza.	candela (W. Grimm, Bd. 3, 497)

1536 erschienen in Antwerpen die *Colloquia et dictionariolum* des Noël de Berlaimont. Dieses Buch entwickelte sich zu einer wahren Lehrbuchfamilie, die alle damals relevanten Sprachen Europas umfasste. Auch in diesen Gesprächen tauchen "parataktische Reihungen auf mit einem offenkundigen Übungscharakter" (Hüllen 2000, 186):

> Dies ist der edelste, der kühnste, der ehrbarste, der weiseste, der reicheste, der schlechteste, der höflichste, der mildeste (Mann) in der Stadt.

Oder:

> Er ist der hochmütigste, der geizigste, der eifrigste, der blödeste, der furchtsamste, der ärmste, der größte Schwätzer.

Bis eine Übungsform wirklich ausgereift ist, hat sie meist noch einige Kinderkrankheiten zu überstehen. Als Vorstufen moderner Strukturübungen mögen das Konjugieren in Sätzen und Deklinieren von Wortgruppen gelten. Manchmal ist dem Paradigma ein Sätzchen voran gegeben, das die Verwendungssituation verdeutlicht. Am ausgeprägtesten ist dies Verfahren bei Lermite du Buisson (1684). Bei ihm sieht man ganz deutlich das Bestreben, die Paradigmen in Sätze einzugliedern, damit sie mehr Leben gewinnen:

Qui dit cela?	Wer sagt das?
c'est moi.	ich bins.
c'est toi.	
c'est lui, *usw.*	
A qui est ce livre?	Wessen ist das Buch?
c'est le mién.	es ist mein.
c'est le tién *usw.*	
A qui êt cete plume?	Wem ist ... . (zit. bei Streuber 1914, 51)

Wo es zunächst nur darauf ankam, die Personen durchzuspielen, werden später auch die "Zusätze" sorgfältiger ausgewählt. Hier werden Zeitbestimmungen mitgeübt:

> Je me leve à minuit.
> Tu te leves de jour.
> Il se leve dans la nuit.
> Nous nous levons quand il fait jour.
> Vous vous levés quand il fait encore obscur.
> Ils se levent au point du jour. (bei Streuber 1914, 55)

Gelegentlich werden sehr lange Sätze zum Konjugieren verwendet, bei denen man zu viel auf einmal macht. Das Ergebnis kann nur ein relativ langsames Durchkonstruieren sein. So zitiert (Streuber 1914, 128) einen Grammatiker, dessen Schüler sich mit dem Durchkonjugieren des folgenden Satzes abmühen müssen: *Pour que j'aille avoir tout le chagrin dont tu me parles et que tu ailles avoir les honneurs auxquels tu aspires depuis si longtemps, il faut que ma famille aille avoir quelques discussions avec nos protecteurs.* Man wundert sich allerdings, dass selbst Prendergast (s.u.), der eine so klare theoretische Begründung dieser Übungsform liefert, in der praktischen Durchführung gelegentlich genauso unpraktisch wird und ebenso mit einem Bandwurmsatz glänzt.

Modern anmutend ist jedoch die kleine didaktische Kostbarkeit aus einem Sprachbüchlein *Desiderii Erasmi* (*Colloquiorum liber*, 1524):

	mea Corneliola
	mea vita
	mea lux
	meum delicium
Salve	meum suavium
Ave	mel meum
Vale	mea voluptas unica
	meum decus
	meum corculum
	mea spes
	meum solatium (Erasmus 1524, 629)

Das hat Witz und regt an, die Sache fortzuspinnen. Dass eine Strukturübung entsprechend offen anzulegen ist, spricht William Walker in seiner Lateinmethodik aus dem Jahre 1669 klar aus:

> The Practice, that I would recommend, should be upon his daily Lessons: the Master first, by a line drawn underneath, noting to him what words and phrases, are capable of such variation, as he hath Rules for, and then causing him to vary those words and phrases, according to his Rules, still informing and helping him in what he fails through want of memory or understanding. After he is a little experienced, he is to be put to find out of himself what words or phrases in his Lesson, are variable, and accordingly to vary them. This exercise with a competent understanding will in a short space produce a strange alteration to the better in all the Latines of the Scholar. This may be done on the Repetition-day; but the oftener the better. *Experto crede.* (Walker 1669, 179)

Der Schüler waren also gehalten, mit eigenen Sätzchen weiterzumachen. Schön dieses Plädoyer *Experto crede*: Nun glaubt mir doch, ich bin Fachmann und weiß Bescheid. Wahrscheinlich wurden die Übungen zunächst zweisprachig durchgeführt, um dann beim selbständigen Sätzebilden der Schüler einsprachig zu werden. Dazu ein Auszug aus Claudius Holybands "The French Littleton" (1576) und dem Lehrwerk der Madame La Roche (Leipzig 1727, 222):

	spitted upon my paper;		craché sur mon papier;
	torne my book and my coate;		déchiré mon livre et mon faye;
	blotted out my theme;		effacé mon thème;
John hath	broken my girdle;	Jan a	rompu ma ceinture;
	marred my copie;		gasté mon exemple;
	spoken English;		parlé Anglois;
	trodden my hat under the feet.		foulez mon chapeau sous les pieds.

Quel tems fait-il?	Was ists für Wetter?
Fait-il beau tems?	Ist es schön Wetter?
Fait-il froid?	Ist es kalt?
Fait-il chaud?	Ist es warm?
Il fait beau (tems.)	Es ist schön (Wetter).
Il fait froid.	Es ist kalt.
Il fait chaud.	Es ist warm.
Il ne fait pas froid.	Es ist nicht kalt.
usw.	

Gewiss eine auch heute noch akzeptable Übung, wenn sie zügig, Schlag auf Schlag absolviert wird. Dadurch werde man "in kurtzem eine Fertigkeit im Reden bekommen", meint La Roche. (zit. bei Streuber 1914, 56) Ebenso Sarganeck (1743, zit. bei Streuber 1914, 139): Das "mühsame Lernen der meisten Syntactischen Regeln" könne man sich dadurch ersparen und zugleich bald "zum fertigen Reden und schreiben expedit" werden.

Lassen wir die Moderne: Die Zeiten des Strukturalismus, des *pattern practice* und des Sprachlabors sind ausreichend dokumentiert. Einen echten Stammbaum von Strukturübungen haben wir nicht rekonstruieren können, aus zwei Gründen:

1) Da manche Autoren Autodidakten sind, die nur wenig von ihren Vorgängern kennen (es gab noch keine Fernleihe), wiederholen sich die Kinderkrankheiten, die andere vor ihnen schon längst überwunden haben. Man baut auf den eigenen Erfindungsgeist. Manche mögen auch einfach ihre Vorgänger unterschlagen.[2]
2) Zur genaueren geschichtlichen Aufarbeitung ist ein intensiveres Studium des lateinischen Unterrichts nötig, als es mir möglich war. Vergessen wir nicht, wie lange Latein als lebende Sprache gelehrt wurde.

Fazit: In unserem Überblick haben wir Satzdeklinieren, Satzkonjugieren und andere Satzvariationen zusammengefasst. Überall steht die formale Variation von syntaktischen Fügungen eindeutig im Vordergrund. Ziel ist das Durchspielen formaler Möglichkeiten, das Erkennen der grammatischen *Dihairesis,* der erschöpfenden Durchgliederung eines Bedeutungsfeldes (z.B. drei "Personen", nicht mehr, nicht weniger).[3]

Analogiebildung, induktive Sprachlernfähigkeit und die unendliche Satzvermehrung

Sprache lernen heißt also, ihre Regelhaftigkeit erfassen, in vielen verschiedenen Sätzen die Wiederkehr der gleichen Struktur erkennen, um so "von endlichen Mitteln unendlichen Gebrauch" zu machen. Auf diesen Multiplikationseffekt weist schon deutlich Nachersberg (1800, VI) hin, der Autor eines englischen "Formelbuchs" aus Breslau:

> Diese Phrasen sind uns nun ganz mechanisch geworden; wir dürfen uns nicht mehr die Mühe geben, sie nach Anleitung der grammatischen Regeln zusammenzusetzen, und zugleich sind sie für uns so viele Analoga, nach welchen wir, ohne Anstrengung und Zeitaufwand, eine beträchtliche Summe ähnlicher Sätze bilden können, ohne uns bey den Lehrsätzen der theoretischen Grammatik zu verweilen.

Prendergast, ein englischer Methodiker des 19. Jahrhunderts, machte diese Idee zum Kern- und Angelpunkt seines Lehrsystems. Das entscheidende Kennzeichen der Sprache liege in dem Vermögen der Menschen, eine unbegrenzte Zahl von Sätzen mit einer begrenzten Zahl an Mitteln zu erzeugen:

> Sentences have within them a principle of vitality, an inherent power of expressing many different ideas by giving birth to new sentences.
>
> By transposing and exchanging the words and the clauses, they (= the learners, W.B.) utilize them all, and thus gradually, but unconsciously, amplify their power of speech. (Prendergast 1864, 19, 14)

Ebenso sprach der große dänische Sprachforscher Jespersen von "schaffender und erhaltender Analogiebildung" in Sprache und Spracherwerb. Wörter hätten das Vermögen, nach dem Bild alter Verbindungen neue zu stiften. Wenn man eine bestimmte Art der Wort- oder Satzbildung oft verwendet habe, werde diese Teil des geistigen Mechanismus dergestalt, dass man etwas Neues, sei es ein Wort oder einen Satz, unbewusst nach demselben Muster baue, analog zu dem, was man schon weiß. Er fährt fort:

> ... just as the English boy who has often heard superlatives like hardest, cleanest, highest, etc., does not need any rule to be able to construct forms like purest, ugliest, dirtiest, of his own accord, and who, at the moment when he says them, would not be able even by means of the most scrupulous analysis to decide if he has heard the form before and is merely reproducing it, or if he himself is creating it without having previously heard it – and, if the latter is the case, if he is creating something which others also have created, or if it is the very first time that the word is used in the language – this is what takes place every minute wherever human languages are spoken. (Jespersen 1904, 116)

Harold Palmer prägte den Begriff der *ergons* (vielleicht in Anlehnung an Humboldts *energeia)*. Ein *ergon* ist ein Satz oder eine Wortgruppe, die für den Schüler eine Art syntaktische Keimzelle darstellt, aus der weitere gleichartige Sätze entstehen – genau die Aufgabe, die Nachersberg den "Analoga" zuwies. Die Aufgabe des Lernenden bestehe darin, sich diese *ergons*, die schon vertrauten Sprachstücke ("primary matter") als die Datenbasis anzueignen, mittels deren eine unbegrenzte Zahl von Sätzen ("secondary matter") erzeugt werden könne.

> Were the number of sentences in a given language limited to a few hundreds, or even a few thousands, a student might reasonably be expected to learn them off by heart, and by so doing become a master of the language. The number of sentences, however, being infinite, recourse must be had to the study of their mechanism in order that from a relatively limited number of lesser ergons an infinite number of sentences may be composed at will. (Palmer 1917, 22)

Palmer nannte seinen Ansatz "mechanism-grammar", später auch "pattern-grammar". (Smith 1999, 111) In neuerer Zeit ist besonders Zimmermann (1969, 96f.) zu nennen, der das Erfahren der pattern-konstitutiven, der nicht ersetzbaren und der austauschbaren Bestandteile als eine entscheidende Voraussetzung für die Sprachbeherrschung beschrieb und darüber hinaus Strukturübungen wie folgt begründete:

> Selbst ohne Einbegreifen einer Situation wird eine Automatisierung erreicht, die eine Grundvoraussetzung für das normale freie Sprechen ist. Jeder Lehrer weiß, welche Schwierigkeiten rein artikulatorischer Art beispielsweise der Satz 'Je ne la lui ai pas donnée' dem Lernenden bereitet und versteht, welche Wirkung das lautlich-rhythmisch-intonatorisch richtige, fließende und besonders das häufige Sprechen eines Übungspattern 'Je ne la lui ai pas ...' o.ä. haben kann.

Carroll definiert eine *inductive language learning ability* als

> the ability to infer linguistic forms, rules and patterns from new linguistic content itself with a minimum of supervision and guidance.

Diese Fähigkeit ist Teil des kindlichen Sprachwunders, so dass gelegentlich auch vom "scandal of induction" die Rede war, den es aufzuklären galt:

> Simply put: how are children able to develop a rule system not only for the finite number of sentences they've heard, but also for all the infinite sentences they may be called upon to make? In fact, children from early on respond to rules so arcane that adults rarely invoke them and, if they had to, could not explain them. (Rymer 1993, 35)

Die Grundidee ist, dass ein Satz ein Modell für viele andere Sätze wird, in etwa die Idee einer Satzmaschine oder eines Satzgenerators, wie sie Swift in *Gullivers Reisen* karikiert.

Weiterentwicklung: Satzvariationen als Sinnvariationen

> A language is only fulfilling its proper function when it is being thought with. (*Harold Palmer & Vere Redman*)

Wo aber nur nach vorgegebenem Schema grammatische Muster abgeklappert werden, verliert der Schüler bald das Interesse. Auch das Kleinkind tut das nicht. Zwar variiert es, äußerlich gesehen, Wörter, Wortverbindungen oder Sätze, wenn es beim Spiel oder vor dem Einschlafen selbstvergessen vor sich hin redet. Aber schauen wir genauer hin, so spüren wir, dass ihm nicht die grammatischen Variationen wichtig sind, sondern die dabei entstehenden Sinnvariationen.

Das ist eine entscheidende (Wieder-)Entdeckung. Strukturübungen sind nicht optimal angelegt, wenn nach festem Muster vorgegebene Wörter ausgetauscht werden, die meist nichtssagende Sätzchen ergeben. Hier hat sich die Didaktik leider zu sehr von einem zeitweiligen linguistischen *mainstream* beeinflussen lassen, den Givón (1979, 86) wie folgt kritisiert:

> The acquisition of "structure" was studied without the acquisition of "function" and in isolation from the communicative and interactive environment in which child language development takes place.

Das Kind fragt sich anscheinend: Was kommt dabei heraus? Was für Sachen kann ich jetzt sagen? Und genauso offen sind Strukturübungen in der Schule zu gestalten: Was ist mit dieser neuen Struktur für die Schüler jetzt sagbar geworden? Wie kann ich die neue Struktur inhaltlich ausloten? Zum "unendlichen Gebrauch endlicher Mittel" gehört auch die Humboldtische "Identität der Gedanken- und Spracheerzeugenden Kraft". Nicht nur Sprache, sondern auch Gedanken werden erzeugt. Satzvariationen müssen als Sinnvariationen empfunden werden. Zugleich mit der Variation des grammatischen Themas fragen wir nach der kommunikativen Leistung einer Struktur und ihrer Abwandlungen.

Manche einfallslos dahindümpelnden Übungen, die zudem noch langsam, weil schriftlich, ausgeführt werden, verführen nachgerade dazu, sie ohne innere Teilnahme zu absolvieren, abzuhaken, runterzuschreiben. Manche Schüler lieben sie, weil sie so schön mit ihnen fertig werden und ihnen das Gefühl geben, etwas erledigt zu haben. Aber sie geben keine Sicherheit, spiegeln sie nur vor. Denn die Sicherheit zerfällt, sobald man nun die geübten Redemittel frei gebrauchen soll.

> The children were once again glued to the book. They had to read the sentences, fill in the gaps immediately and as fast as possible. It was as if they weren't getting the content at all, they were just focussing on the grammar. (They had to fill in the present perfect form.) So every sentence

> sounded the same, no matter whether it was a question or a statement. All the time was spent reading sentence after sentence, working through the exercise as the book proposed. (*Alexandra J.*)

Verräterisch: die von Alexandra bemerkte fehlende Intonation. Die angebotenen Übungen sind geistlos, und so werden sie auch absolviert:

> I did quite well doing all the grammar exercises according to the model. It was not always necessary to understand the language in order to understand the grammar or even to answer the questions. I think my laziness was due to the exclusive medium-orientation. I never felt the need of understanding something correctly or of expressing myself correctly. *(Kerstin Sch.)*

In der folgenden Lehrtechnik wird zwar eine Fügung analog zu anderen Fällen erkannt und durchprobiert, zugleich wird aber ihr semantischer Anwendungsradius erfasst und ihr kommunikatives Potenzial ausgelotet.

Praxis: eine durchkomponierte Lehrtechnik – halbkommunikative Strukturübungen

Übungsverlauf und kommunikative Dynamik

Es gilt, vier Aspekte zu vereinigen:

1) das Bewusstmachen oder Bewusstwerden der Struktur des Satzes
2) Satzvariationen als Geläufigkeitsübung, als Einschleifen einer Struktur
3) Satzvariationen als Sinnvariationen, als Abschreiten des kommunikativen Radius der Struktur.
4) Einfügen der neugelernten Struktur in das sprachliche Gesamtrepertoire

Vor dem Unterricht ist eine sorgfältige konstrastive Analyse der Struktur vorzunehmen. Es gilt eindeutige, sprechübliche und leicht kontextualisierbare deutsche Stimulussätze auszuwählen. Wir suchen prototypische Sätze, in denen der Sinn der Struktur sofort einleuchtet. Wir definieren die Struktur, indem wir die fixen und die variablen Stellen festlegen und überlegen uns außerdem, welche Transformationen wir mitüben wollen, z.B. Frageformen und verneinte Formen.

Übungstheoretisch ist die Verbindung von Strukturverständnis und dem Geläufigmachen wichtig. Das Üben bei klarer Bewusstheit von dem, was ich da tue und warum man es so sagt, ist ein typisches Merkmal erfolgreichen Fertigkeitstrainings. "In learning a skill it is often the case that conscious attention to its critical features and understanding of them will facilitate learning." (Carroll 1966, 105)

Weiterhin sind übungstheoretisch eine niedrige Fehlerrate sowie unmittelbare Rückmeldungen über den Erfolg des Tuns von Bedeutung. Die angestrebte Automatisierung bedeutet nicht einfach schnelles Abspulen. Ein qualitativer Sprung, ein Umbau in der neuronalen Organisation findet statt.

Zur Klärung der Bauform und ihres produktiven Potenzials kann man eine kurze *Rub-and-replace*-Phase vorschalten. Lehrer oder Schüler wischen an der Tafel ein Wort aus, ersetzen es durch ein anderes und sagen dann den neuen Satz auf: eine Visualisierung der veränderbaren *slots*.

Folgende Schrittfolge ist optimal:

1) Ausgangssatz und einige wenige Variationen an die Tafel schreiben; besser: als Folie vorbereiten. Diese schriftliche Stütze ist anfangs wichtig bei Strukturen wie dem *present perfect continuous*, wo zunächst Formassoziationen einzuschleifen sind. Bei schwierigen Strukturen sollte man erst die Sätze auf der Folie schlicht nachsprechen lassen, zum Aufwärmen und Geläufigmachen, statt sofort mit muttersprachlichen Variationen zu beginnen.
2) Wenn nötig, muttersprachliche Spiegelung und damit Bewusstmachung der Struktur. (Do you want us to write it down? – Sollen wir das aufschreiben? Struktur: Wollen Sie uns zu schreiben es auf?) Eine kurze Spanne gesammelter Sprachaufmerksamkeit ist angebracht, "so that resources are freed for paying attention to structure, before they have been so well learned as to be automatized". (Peters 1983, 111)
3) Muttersprachliche Satzvorgaben als Initialzündung. Anfangs leichte "nichtssagende" Sätze im schnellen Wechsel, damit die Übung Tempo bekommt. Deshalb anfangs auch nicht zu viel von einem Satz zum andern verändern. Wenn Schüler zu sehr zögern, einfach den englischen Satz vorsagen und nachsprechen lassen. Auf diese Weise Anlaufschwierigkeiten überwinden.
4) Danach mehr und mehr "vielsagende" Sätze. Kommunikative Einsprengsel möglich im Anschluss an einen Übungssatz oder auf Schritt 6 verschieben.
5) Schriftlich: Eine Minute Bedenkzeit zum Notieren eigener Ideen: *Paddle your own canoe!* Oder auch eine längere besinnliche Phase, bei der die Schüler erst noch die Sätze von der Folie eintragen und die Gedanken schweifen lassen können. Wichtige Ausruhphase für den Lehrer, der aber nicht untätig ist: Er geht durch die Reihen, korrigiert hier und da, beantwortet Fragen nach neuen Vokabeln. Die Schüler dürfen aber auch Wörterbücher benutzen, damit sie eigene, neue Ideen einbringen können.
6) Lehrer ruft Schüler auf, die jetzt ihre eigenen Sätze zum Besten geben. Hier wird es immer wieder Gelegenheit zu kommunikativen Zwischen-

spielen geben, weil die Schüler in ihren Sätzen oft persönliche Aussagen machen. Solche Sätze sind dann der Haken, an dem man Gespräche anhängen kann. Am besten, der Lehrer nimmt erst einmal 4 bis 7 Sätze entgegen und fragt dann nach: "What was the most interesting sentence ... Okay, can you repeat that sentence? Any questions, comments from the class?"

7) Schüler schreiben Minitexte, in denen die Struktur einmal vorkommen muss. "Einmal" genügt, sonst entsteht eine unnatürliche Häufung von Strukturen, der inhaltliche Zusammenhang leidet. Wieder ein Moment der Ruhe für den Lehrer und ein Prüfstein dafür, ob er richtig geübt hat und seine Schüler es nun wirklich können. Zugleich auch eine Gelegenheit, einzelnen Schülern direkt zu helfen – ein wichtiger Faktor im Konzert leistungsförderlicher Unterrichtsmerkmale. (Weinert/Helmke 1997, 249)

Die Übungsdynamik folgt einem Rat Stevicks (1976): "Teach, then test; then get out of the way." Der Lehrer gibt vor, bietet dar, erklärt; er entnimmt den Reaktionen, ob seine Vorgaben angekommen sind; dann räumt er das Feld, macht den Schülern Platz.

Methodische Varianten

Für wichtige Transformationen Handsignale (statt muttersprachlicher Vorgaben) verabreden:

Er braucht Geld	He needs money
Handsignal Frage	Does he need money?
Handsignal Verneinung	He doesn't need money
Wir brauchen Geld	We need money
Handsignal Vergangenheit	We needed money
Handsignal Verneinung	We didn't need money

Außerdem: Ein Handsignal, dass "okay" anzeigt, oder ein bloßes Nicken! Und ein weiteres, das soviel heißt wie "Can you repeat that?" "Again please!" Ein wirklich guter Schülersatz sollte auch mal von anderen wiederholt werden: ein kurzer Wechsel hin zu einer eindeutigen *medium-oriented response.*

Wenn sich die zu übende Struktur dazu eignet (etwa: *I've never been ...; I was once ...*), empfiehlt sich auch folgende Variante: Der Lehrer bittet die Schüler, nur wirklich auf sie zutreffende Sätze auf Zettel zu schreiben (Schritt 5). Er sammelt sie ein, schaut sie schnell durch und liest den einen oder anderen Satz vor. Die Klasse darf nun raten, von wem der Satz stammt. Meist schließen sich jedesmal kurze Gespräche ganz zwanglos an.

Statt muttersprachlicher Steuerung lassen sich gelegentlich auch *flashcards* als *cues* verwenden. – Statt Schüler aufzurufen oder auf sie zu zeigen, kann man ihnen auch einen Ball zuwerfen.

Isolierte Einzelsätze?

Darf man das überhaupt? Das weiß man doch heute besser! So wird's im Brustton der Überzeugung vorgetragen:

> There are serious questions to be raised about the use of de-contextualised sentences for grammatical practice. If sentences are to function as utterances, part of extended discourse, then *all* practise materials which claim to attend to the meaning of sentences must use *only* sentences which occur with co-text. This statement dismisses the value for meaningful grammar practice of many, if not most, of the grammar exercises in textbooks and practice books which are currently available. (Lewis 1993, 135)

Lewis (und viele mit ihm) bemüht sich nicht, einen Blick in die Praxis derjenigen zu tun, die *pattern drills* empfohlen und verwendet haben. Vielleicht hätte er ja auch wie der Chicagoer Schulrat Grittner "guten" *pattern drill* gefunden, bei dem Schüler fleißig mittun und die angeübten Sätze in eigene Gespräche übertragen konnten. Stattdessen bietet er uns eine linguistische Binsenweiheit, die ebenso richtig wie falsch ist.

Wir können nämlich jeden Einzelsatz in eine Äußerung verwandeln, zu der uns auf Anhieb ein Kontext einfällt – man vergleiche die "Spontanreaktionen" (Kap. 1). Hilfreich ist dabei, wenn dieser Satz auch mit entsprechender Intonation, Mimik und Gestik geäußert wird.

> That was great!
> Guess where we're staying.
> You needn't have said that.

Das sind drei isolierte Einzelsätze, aber wir könnten uns sofort etwas dabei denken und jede Äußerung zu einer Minisituation erweitern, ohne uns groß zu besinnen. Und so gelingt es immer wieder, die Schüler in unseren halbkommunikativen Drills in Gespräche hineinzuziehen.

Die Anfänge sind bescheiden. Am Ende der Übung sollte aber genau das passieren, was hier ein Schüler spontan versucht:

> One day, while reading parts of Martin Luther King's "I have a dream", one of the pupils said very loudly "I have a dream of a better school". This student was probably only trying to be funny or possibly a little provocative. A few other girls started giggling and added more remarks

> like "keine Hausaufgaben" and "alle 4 Wochen wieder Ferien" and so it continued to the point where it disturbed the lesson a little bit. In my opinion, the teacher should have reacted spontaneously and got a discussion going about how they really dreamed their school should be. Unfortunately, Mrs. Y only said: "Be quiet!" and went on with the text. *(Wiebke G.)*

Wir erwarten, dass die Schüler eine zu übende Struktur am Ende auch für eigene Redeabsichten einsetzen und ins Gespräch übernehmen. Sonst bleibt es bei einer reinen Geläufigkeitsübung, die kommunikativ ins Leere zielt. Es wird demnach immer darauf hinauslaufen, dass am Ende die Schüler ihre eigenen Gedanken haben und die Struktur in einem eigenen Kontext verwenden können.

"Gut verstandenes Wissen ist ein Wissen, das nicht 'eingekapselt' ist, nicht tot im Gedächtnis liegt, nicht 'verlötet' ist mit der Situation, in der es erworben wurde, sondern das lebendig, flexibel nutzbar, eben intelligent ist". (Weinert 2000) Dieses lernpsychologische Grundprinzip wird hier fremdsprachenmethodisch umgesetzt. So sollten auch alte und neue Lieder nicht als Zugabe betrachtet werden, sondern in die Spracharbeit einbezogen werden.

> Although we sang many songs, I can only remember the names of a few classics such as "Old Macdonald had a farm". Since we did not discuss the texts, we were unable to use the new words or expressions they offered. (*Andreas W.*)

Ein so vielseitig verwendbares Satzmuster wie *what shall we do with ...* darf also nicht in dem Shanty "What shall we do with a drunken sailor?" eingesargt bleiben!

Sinnvariationen sind jeweils kleine Gedankensprünge. Für autistische Kinder ist der Sprung von einer Situation zur anderen keine sprachliche Selbstverständlichkeit. Wenn sie überhaupt sprechen und nicht ihr Leben lang stumm bleiben, lernen sie nur verzögert und unter Mühen und Anstrengungen sprechen. Besonders schwer tun sie sich mit eben diesen kleinen Gedankensprüngen. Wenn sie etwa gelernt haben zu sagen: "Ich möchte gerne etwas trinken" (statt nur auf ein Getränk zu zeigen und die Mutter irgendwie in die Nähe des Gewünschten zu zerren), sagen sie noch längst nicht: "Ich möchte gern etwas essen" oder gar "Ich möchte gern spazieren gehen." Das muss noch angeübt und durchprobiert werden, bis schließlich der Groschen fällt und auch diese Kinder lernen, Sprache als produktive Potenz zu nutzen. Sollte diese Leistung ein eigenes neuronales Modul voraussetzen, das bei diesen Kindern nicht (oder anfangs nicht) angeschaltet ist?

Pour toi, je ferais n'importe quoi!

Lehrer müssen zunächst in ihren Lehrbuchtexten die übenswerten produktiven Patterns ausfindig machen. Variante: Ausgangspunkt könnte auch eine Bildpostkarte mit entsprechendem Text sein.

Mit "Pour toi, je ferais n'importe quoi" haben wir die Pronomina *toi, moi, lui* ... im Visier sowie das *conditionnel*. Wir klären Funktion und Form durch Übersetzen: "Für dich täte ich einfach alles". Dann Verstehen der Fügungsweise durch Nachbilden in der Muttersprache: *"Für dich täte ich macht nichts, was." *"Für dich täte ich unwichtig was" (d.h. wir knüpfen das neue Verb "importe" an das bekannte Adjektiv "important" an).

1) Mit einfachen Sätzen anfangen:

Für Peter täte ich einfach alles.	Pour Pierre, je ferais n'importe quoi.
Für Paul ...	Pour Paul, je ferais n'importe quoi.
Für meinen Vater ...	Pour mon père, je ferais n'importe quoi.
Für ihn ...	
Für meine Mutter ...	
Für sie ... (usw.)	

2) Zweifach variieren:

Für euch täte ich nichts.	Pour vous, je ne ferais rien.
Für dich täte ich alles.	Pour toi, je ferais tout.
Für sie (Jeanne) täte ich viel.	Pour elle, je ferais beaucoup.

3) Dreifach und vierfach variieren; Internationalismen

Für die Kommunisten täte ich nichts.	Pour les communistes, je ne ferais rien.
Für ihn täte sie ich weiß nicht was.	Pour lui, elle ferait je ne sais quoi.

Weiter mit Internationalismen wie Kapitalisten, Demokraten, Hoteliers ...

Ohne ihn täte ich nichts.	Sans lui, je ne ferais rien.
Mit ihr würde ich die ganze Welt erobern ...	Avec elle, je conquerrais le monde entier ...

4) Das könnte man weiter fortspinnen, aber jetzt müssen wir die Struktur aktualisieren und personalisieren, d.h. in der Welt der Schüler verankern:

Für den Papst täte ich schon was.	Pour le pape, je ferais quelque chose.

Andere Helden, Pop-Stars, Mitschüler ...

5) Eventuell zu Minisituationen erweitern:

Für meinen Hund täte ich viel.	Pour mon chien, je ferais beaucoup.
Ich gäbe ihm zu trinken ...	Je lui donnerais à boire ...

Es böte sich auch noch die Frage-Transformation an: Was würde er für sie tun? usw. Aber man soll eine Sache nie zu lange ausspinnen. Schließlich dürfen die nächsten beiden Schritte nicht fehlen:

6) Weitergeben an Schüler (eventuell nach einer kleinen Pause zum Notieren von Ideen), denn die Lehrersätze sind immer nur der Prolog zur schülereigenen Produktivität. Wir wollen nur ihre erfinderische Lust wecken. Schüler tragen ihre Sätze vor, dabei Gelegenheit zu kommunikativen Zwischenspielen.
7) Die Schüler schreiben eine kleine Geschichte von ein paar Sätzen, in denen die Struktur einmal vorkommt, und tragen sie anschließend vor.

Das Thema Pronomina lässt sich auch mit anderen Sprüchen erarbeiten:

Après nous, le déluge.
Après eux, le déluge.
Après moi, rien ne va plus.

L'Etat, c'est moi.
Le roi, c'est moi.
Le problème, c'est lui.
Le problème, ce sont eux, les enfants.

Effekthascherei ist erlaubt. Das ist kein Gehen, Schreiten oder Marschieren. Wir tanzen mit der Sprache, und sie tanzt mit uns. Die Sprache wird zum Tummelplatz von Ideen. Lehrer, seid realistisch, fordert das Unmögliche! Spielt auch mit dem Skurrilen, Abseitigen, Barocken. Seid vokabelverliebt!

On prend un taxi?

Wir erkennen sofort, dass wir es mit einem überaus produktiven Muster zu tun haben, der Intonationsfrage, die hier eine Aufforderung oder einen vorsichtig geäußerten Vorschlag enthält:

Nehmen wir 'n Taxi?	On prend un taxi?
Nehmen wir die U-Bahn?	On prend le métro?
Fahren wir mit dem Bus?	On prend le bus?
Nehmen wir den Aufzug?	On prend l'ascenseur?
Gehen wir rauf?	On monte?
Geh'n wir die Treppe rauf?	On monte (par) l'escalier?
Geh'n wir runter?	On descend?

In der nächsten Stunde greifen wir die Struktur erneut auf, wechseln aber die Situation. Die Schüler werden von selbst auf die Idee kommen, dass man im Deutschen statt "Trinken wir einen" genauso gut "Woll'n wir ein' trinken" oder auch "Soll'n wir ..." sagen darf. Also üben wir auch damit:

Trinken wir was?	On boit quelque chose?
Trinken wir 'n Bier?	On boit une bière?
Woll'n wir 'n Eis essen?	On prend une glace?
Woll'n wir 'n Kaffee trinken?	On prend un café?
Woll'n wir 'n Tee trinken?	On prend un thé?
Woll'n wir 'ne Suppe essen?	On prend une soupe?
Woll'n wir das Menü essen?	On prend le menu?
Woll'n wir das Menü zu dreißig Euro essen?	On prend le menu à trente euros?

Wir beteiligen schwächere Schüler, indem wir zwischendurch nur leichte Veränderungen vornehmen. Wenn z.B. ein guter Schüler den Satz *On prend le menu à trente euros* produziert hat, haben andere jetzt eine gute Chance, wenn wir nur die Zahl austauschen: *On prend le menu à quinze euros.*

Wichtig ist das Einüben der *phraséologie scolaire,* da sie so bald wie möglich im Sinne der funktionalen Fremdsprachigkeit für die Organisation des Unterrichts in der Fremdsprache verfügbar sein soll:

Machen wir diese Übung in der Gruppe?	On fait cet exercice en groupe?
Sollen wir in Gruppen arbeiten?	On travaille en groupe?
Sollen wir Partnerarbeit machen?	On travaille deux par deux?
Bilden wir Gruppen zu viert?	On forme des groupes de quatre?
Bilden wir mal einen Kreis?	On forme un cercle?
Sollen wir den Lehrer danach fragen?	On le demande au professeur?

Wir wechseln die Situationen, um die kommunikative Reichweite einer Struktur anzuzeigen. Das muss wieder vom Lehrer ausgehen, die Schüler folgen mit weiteren Beispielen aus anderen Situationen. Sie werden aufgefordert, in der Übung fortzufahren, indem sie selbst Sätze erfinden, direkt mündlich oder in einer ruhigeren schriftlichen Phase. Hier wird die Übung einsprachig. Der Lehrer schreibt inzwischen Antwortmöglichkeiten an die Tafel:

– On écoute une chanson?
+ Pas maintenant, tu vois bien que je travaille.
que je lis le journal.
que je fais les exercices de maths.
que j'écris une lettre.
que la télé marche.
+ D'accord. On l'écoute.
+ D'accord. J'aime bien écouter des disques.
+ Si vous voulez. Personnellement, j'aimerais mieux regarder la télé.
+ C'est trop tard.

Anschließend können die Schüler in Partnerarbeit *microconversations* erfinden.

Aber die Möglichkeiten sind noch nicht erschöpft. Denn auch für die verneinte Konstruktion brauchen wir eine Übersetzung, die den kommunikativen Gebrauchswert und die Tonlage der Äußerung erkennen lässt. Dadurch gelingt es dem Schüler, die Wendung in sein kommunikatives Gesamtrepertoire einzubinden:

Ja, reisen wir denn nicht ab?	On ne part pas?
Ja, essen wir denn nicht?	On ne mange pas?

Ja, essen wir denn nicht im Restaurant?	On ne mange pas au restaurant?
Ja, gehen wir denn nicht einkaufen?	On ne fait pas de courses?
Ja, rufen wir denn nicht deine Kollegin an?	On ne téléphone pas à ta collègue?
Warten wir denn nicht auf Robert?	On n'attend pas Robert?
Hören wir denn nicht endlich auf?	On ne s'arrête pas?

Der Schüler darf sich nicht an der Oberfläche der muttersprachlichen Vorgabe orientieren, sondern soll vielmehr durch die Muttersprache gleichsam hindurchschauen auf den Sinn, den Sachverhalt oder die Situation. Das ist nichts Geheimnisvolles. Denn genau das tun wir alltäglich, wenn wir uns muttersprachlich miteinander verständigen. Man nennt dies linguistische "Transparenz", jenen "eigentümlichen Akt des Hindurchblickens durch Phoneme, Silben, Wörter und Sätze auf das vom Sprecher Gemeinte." (Hörmann 1976, 495) Der Auslöser für den fremdsprachigen Satz ist dieses "Gemeinte", wobei die phonologisch-lexikalisch-syntaktischen Merkmale der muttersprachlichen Vorgabe nur subsidiär bewusst sind. Der Schüler kann interferenzfrei reagieren, weil er schon ein fremdsprachiges Hörbild gespeichert hat, in das er das jeweils Neue einpasst.

Woran erkennen wir, ob das Üben erfolgreich war? Einen deutlichen Hinweis bekommt man an der Stelle, wo die Schüler die Übung selbständig zu Ende führen können. Aber es genügt natürlich nicht, dass die Übungen selbst fehlerlos und in flottem Tempo absolviert werden. Das Ziel kann als erreicht gelten, wenn Schüler die Struktur in einen eigenen Kontext einfügen können, wie in Schritt (7); besser noch, wenn Schüler bei sich bietender Gelegenheit von sich aus und ohne muttersprachliche Vermittlung Äußerungen tun wie: *On efface le tableau?* Die eingeübten Redemittel müssen später wieder auftauchen. Sprachbezogene Strukturübungen können zur mitteilungsbezogenen Kommunikation hinleiten, diese aber nicht ersetzen.

Deshalb empfehlen wir unsere sieben Schritte. Strukturen werden nicht eingehämmert noch eingeschliffen. Sie schlagen Wurzeln. Am Ende steht ihre Einverleibung, wie in der Muttersprache.

Present progressive

Gerade beim *present progressive* werden die Vorteile bilingualen Übens deutlich. Die natürlichen, idiomatischen Satzvorgaben und die stimmlichen Mittel, die der Lehrer dabei einsetzt, schärfen das Bewusstsein für die Funktion des *present progressive.*

Alle Ausgangssätze sind Texten zu entnehmen und somit situativ verankert. Entsprechend weist der Lehrer anfangs darauf hin:

Lehrer	Have you found that sentence "What are you doing?" Could you please underline it? What does it mean here? Could you give us a good German translation?
Schüler	Was machst du denn da?
L	Yes. Now let's practise. I'll give you German sentences, and you give me the English ones.

Wir zeigen nur die auf mehrere Stunden zu verteilenden Variationen, nicht die Abfolge der 7 Schritte.

L: Was machst du denn da? (etwas vorwurfsvoll, stirnrunzelnd. oder einfach neugierig gesprochen)

Was machst du denn da?	What are you doing?
Was schreibst du denn da?	What are you writing?
Was liest du denn da?	What are you reading?
Was isst du denn da?	What are you eating?

Was tust du denn da in meinem Zimmer? What are you doing in my room?
Weiter mit: in the garden/in the classroom/in the bike shop/on the floor/under the table

Now let's imagine you're preparing a meal in the kitchen.

Was kochst du denn da?	What are you cooking?
Was schneidest du denn da?	What are you cutting?
Was bäckst du denn da?	What are you baking?
Was machst du denn da?	What are you making?

Ich mache einen Salat (for tea).	I'm making a salad (for tea).
Ich mache eine Pizza (for you).	
Ich mache einen Hamburger.	
Ich backe einen Kuchen usw.	

(Zusätzliche Erklärung, zur Vermeidung von Interferenzen: Was machst/tust/treibst du denn da? = "What are you doing?" Aber: Was machst du denn da? Im Sinne von: Was stellst du denn da her? = "What are you making?")

Wo ist denn bloß die Betty?	Sie macht sich ihre Fingernägel.
Where's Betty?	She's filing her nails.

Sie repariert ihr Fahrrad/Kamera/Computer.	She's repairing her bike/camera/computer.
Sie lernt das Alphabet.	She's studying the alphabet.
Sie telefoniert gerade.	She's talking on the telephone.

Ich kann jetzt nicht, ich lerne grad das present progressive.

I can't come because I'm studying the present progressive.
Ich lerne unregelmäßige Verben. I'm studying irregular verbs.
Und jetzt weiter mit den geläufigen Übungsanweisungen aus dem Lehrbuch:
I'm doing some sound practice etc.

2. Someone's crying, Lord, Kum ba yah!
3. Someone's singing, Lord, Kum ba yah!
4. Someone's praying, Lord, Kum ba yah!

Traditional

Hör mal, da singt einer.
Listen. Someone's singing
Und weiter muttersprachlich vorgeben:
Da lacht einer.
Someone's laughing
Someone's crying
Someone's speaking English
Someone's whistling
Someone's humming

Schau mal (pass auf), da kommt der Lehrer. (Aufgeregt)

Look, the teacher's coming
usw.

Schau mal, du störst die ganze Klasse! (vorwurfsvoll)

Look, you're disrupting the whole class.
Schau mal, du störst unsere Arbeit! Look, you're disrupting our work.
Look, you're causing a disturbance.
Look, you're making it difficult for me.
Look, you're not helping us.

Aber ich seh' doch gar nicht fern! (protestierend)

But I'm not watching TV!
Ich spiel doch überhaupt kein Computer-Spiel! But I'm not playing a computer game!

Isst du etwa unter deinem Pult? (Leichte Entrüstung, oder leicht drohend)

	Are you eating under your desk?
Liest du etwa unter deinem Pult?	Are you reading under your desk?
Liest du etwa wieder Comics?	Are you reading comics again?

Jenny, bitte, ich versuche mich gerade zu konzentrieren. (flehend)

Jenny, please, I'm trying to concentrate
Jenny, please, I'm doing my homework.
(Und weiter mit anderen Schularbeiten)

Ich warte immer noch. (Tonlage: "Bitte Geduld haben! Bitte nicht stören!")

Ich bin immer noch am Schreiben.	I'm still writing.
Ich bin immer noch dabei, diesen Brief zu schreiben.	I'm still writing this letter.
Ich bin immer noch dabei, diesen Brief zu übersetzen.	I'm still translating this letter.
Ich bin immer noch dabei, diesen Brief ins Deutsche zu übersetzen.	I'm still translating this letter into German.
Ich schlage immer noch Wörter nach.	I'm still looking up words.

(Und weiter mit anderen typischen Schularbeiten)

Rat mal, wer da singt. (Neugier weckend, stimulierend)

Rat mal, wer da singt.	Guess who's singing.
Rat mal, wer da spricht.	Guess who's talking.
Rat mal, wer da brüllt.	Guess who's shouting.
Rat mal, wer da Tennis spielt.	Guess who's playing tennis.
Rat mal, wer dabei ist, zu gewinnen?	Guess who's winning.
Rat mal, wo wir uns jetzt aufhalten!	Guess where we're staying.

Ich will singen (wenn Gott mir sagt 'sing')
I'm gonna sing

Einsprachige Varianten

Einsprachige Drills sind meist dann effektiv, wenn sie nicht bloß mechanisch ausgeführt werden können: wenn der psychologische Prozess beim Schüler vom Gedanken zum Wort führt, wie beim Formulieren eigener Gedanken. Im Folgenden muss der Schüler sinngemäß auf eine Situation reagieren:

Stimulus	George went out. He took an umbrella because he thought it was going to rain. But it didn't rain.
Response	He needn't have taken an umbrella.
S	When we went on holiday, we took the camera with us but we didn't use it in the end.
R	You needn't have taken the camera with you.

Auch wenn wir hier stets mit dem gleichen Schema "needn't have done" den Gedanken fortführen, verläuft diese Übung auf ähnlichen psychischen Bahnen wie in natürlichen Sprechsituationen. Ich würde dieser einsprachigen Übung eine (sehr) kurze zweisprachige vorausgehen lassen:

Du hättest das nicht sagen brauchen.	You needn't have said that.
Du hättest das nicht schreiben brauchen.	You needn't have written that.
Ihr hättet das nicht lesen brauchen.	You needn't have read that.

Gut auch die folgenden Übungen, wo der Schüler genau auf die Bedeutung der Satzvorgabe zu achten und außerdem ein passendes Wort beizusteuern hat:

Stimulus I had a puncture and had to put on my spare tyre.
Response So that's why (you are so late/you couldn't come/you've only just arrived ...).
S Last week my washing machine broke down.
R So that's why (your shirt/skirt/dress ... is so dirty).

S The lamp isn't bright enough.
R Yes, it's too dim for us to read by.
S This river isn't deep enough.
R Yes, it's too shallow for us to swim in.
S This towel isn't dry enough.
R Yes, it's too wet for me to dry myself with.

Bei der folgenden Übung müssen wir uns noch mehr eigene Gedanken machen:

Stimulus You'd better have your fence repaired.
Response Otherwise (cats will run into your garden ...).
S You'd better have your battery checked.
R Otherwise (you might soon find it's flat ...).

Auch hier müssen sich die Schüler Konsequenzen ausdenken:

Stimulus He doesn't do his homework properly.
Response His teacher will probably give him a bad mark.
S She gets up very late.
R She'll probably be tired in the morning.

Danach fassen die Schüler Stimulus und Response in einen Satz zusammen und üben If-Sätze: If he doesn't do his homework properly ... Sehr schön ist dieser kontextualisierte und zugleich dialogisierte Drill:

Wife Who shall I invite?
Husband You can invite anybody you like.
W Who shall I ask to help me?
H You can ask anybody you like.
Weiter mit:
What shall I wear?
Where shall I sit?
When shall I order dinner?
What shall I offer our guests to drink?

Erhöhte Aufmerksamkeit wird den Schülern auch dann abverlangt, wenn zwei Strukturübungen vermischt sind und auseinandergehalten werden müssen. Da es im folgenden Drill klar ist, was man sich normalerweise wünscht, gibt es nur die eine richtige Reaktion, die der Lehrer gestisch unterstützt (yes – thumb up; no – thumb down)

Stimulus	Was the test easy?
Response	No, (but) I wish it had been.
S	Was it difficult?
R	Yes, I wish it hadn't been.
S	Was the weather fine?
R	No. I wish it had been.
S	Is this exercise easy?
R	No. I wish it were.
S	Is the water in the pool really cold?
R	Yes, I wish it weren't.

Danach werden die Stimuli aus beiden Übungen vermischt dargeboten und die Schüler müssen noch genauer hinhören.

Selbst rein mechanisch auszuführende Drills sind als *Partnerdrills* willkommen, weil sie eine Massenübung darstellen und alle gleichzeitig beschäftigt sind. Altmodische Sprachlabordrills können anhand des Begleithefts mit einem Partner wie folgt durchgeführt werden:

Partner A	Partner B
I haven't phoned Tom yet.	Then you'd better phone him now.
I haven't mowed the lawn yet.	Then you'd better mow it now.

Sie lesen die ersten beiden Beispiele still im Begleitheft.
Sie einigen sich auf die Rollenverteilung.
Sie lesen die ersten Beispiele mit verteilten Rollen laut.
Ihr Partner legt den Text jetzt beiseite und reagiert frei, ohne Textstütze.
Sie flüstern ihm notwendige Hilfen zu.
Sie korrigieren mit Hilfe des Begleithefts die Reaktionen von Partner B; dieser wiederholt die Korrektur.
Sie tauschen die Rollen. (Kleinschroth 2000, 186f.)

Nach etwa drei bis vier Minuten hat man rund zwanzig Sätze absolviert. In einem zweiten Durchgang kann man das Tempo steigern, in einem letzten Schritt legt man das Begleitheft beiseite und versucht ein paar Wiederholungen aus dem Kopf. Eine Übung, die müde Klassen munter macht!

Die Vorteile bilingualen Übens

Was macht die mündlich gegebene muttersprachliche Vorgabe anfangs so zwingend? Warum nicht gleich einsprachig? Wer es ausprobiert, merkt es sogleich. Der im Satz enthaltene Gedanke, die Situation, auf die er verweist,

ist durch die deutsche Vorgabe in besonderer Weise präsent. "Was machst du denn da?" "What are you doing?" Dazu tragen der Ton bei, der zwischen Überraschung und Entrüstung schwanken könnte, die typisch deutschen Modalpartikel (hier: "denn"), die Körpersprache. *It makes all the difference.*

Und die Interferenzen? Sie können nicht ganz ausbleiben. Sie sind ja immer da, wenn man müde oder unkonzentriert ist, auch wenn zuvor weit und breit kein muttersprachliches Wörtchen gefallen ist. Aber die unmittelbare deutsche Vorgabe verstärkt natürlich die psychische Präsenz der Muttersprache. Das ist unbestreitbar. Werden die Schüler zu Interferenzen nicht geradezu verleitet?

Lehrer	Ich habe eine wunderbare Idee.
Schüler	I've got a wunder ... wonderful idea.
L	Ich habe eine großartige Idee.
S	I've got a great idea /aɪˈdiː/

Das könnten auch bloße Versprecher sein, von denen man nicht viel Aufhebens machen sollte. Aber es wird doch deutlich, dass die Klangähnlichkeit von Kognaten sowie der unterschiedliche Wortakzent zu Fehlern verführt:

Lehrer	Ich habe einen roten Pullover.
Schüler	I've got a red pullover /pʊlˈəʊvə/ statt /ˈpʊləʊvə/

Zum Verwirrspiel bei muttersprachlicher Vorgabe können auch die deutschen Pronomina werden:

Lehrer	Das ist eine wunderbare Idee.
Schüler	It's a wonderful idea.
L	Sie (die Idee) ist super.
S	She is super.

Was kann man dagegen tun? Die Schüler einfach nicht in Versuchung führen und auf besonders interferenzanfällige Sätze eine Zeitlang verzichten. Wenn man den Eindruck hat, dass noch viele in Fallen wie *sie* = *she* oder *er* = *he* tappen, sollte man solche Fallen eben nicht stellen. Irgendwann werden die Schüler auch Sätze wie "Sie (= die Stunde) war interessant" mühelos und fehlerlos handhaben.

Man kann auch einem Fehler zuvorkommen, indem man auf ihn aufmerksam macht. Das kann ganz wörtlich ein Fingerzeig sein, also ein verabredetes Handzeichen, das soviel wie "Achtung, Interferenzgefahr" bedeutet. Oder auch ein deutlicherer Hinweis: "Watch the word stress" oder "Mind the pronoun". Oder ganz direkt: "Don't say 'she' now. That's German."

Man muss Kosten und Nutzen einer Arbeitsform gegeneinander aufrechnen. Wenn wir einigermaßen geschickt vorgehen, fällt die Kosten-Nutzen-Bilanz sehr positiv aus. Per saldo haben wir gewonnen, gerade auch wegen der Flexibilität dieser Arbeitsform. Sie besteht im Wechsel zwischen austauschen, erweitern, verkürzen, umformen, zwischen kleinen und großen Sprüngen von Satz zu Satz und der Möglichkeit eines nahtlosen Übergangs zu neuen Satzmustern.

Bedenken wir auch, dass die Übung immer in zwei Etappen vor sich gehen muss. Der Lehrer muss sie an die Schüler abgeben, und diese müssen ihre Sätze ohne jede Vorgabe bauen. Die Muttersprache fällt wie von selbst weg.

- Ein Gedanke wird versprachlicht, es wird nicht bloß eine Struktur manipuliert.
- Sinnfälligkeit durch Intonation, Stimme, Mimik, Gestik vs. Bedeutungsschwund.
- Dadurch gefühlsmäßige Anteilnahme.
- Muttersprache ausschließlich mündlich.
- Flexibler Wechsel vs. vorgegebenes, starres Umwandlungsschema.
- Operationen: Ersetzen, Ergänzen, Abstreichen, Umstellen.
- Kommunikative Dynamik: von der Sprachbezogenheit zur Inhaltsbezogenheit.
- Inhalte: erst belanglos, dann aktuell, persönlich, witzig, phantasievoll, einprägsam.

Von der Grammatik zum Gespräch: die Lösung des Transferproblems

So wird es möglich, von einem Satz übergangslos ins Gespräch zu springen. Die Schüler wollen ja schon mit ihren Übungssätzen zumeist etwas sagen. Sie sprechen gewissermaßen durch die grammatische Blume, laden ihre Sätze mit Sinn auf. Das gibt meist Anlass zu Rückfragen. So entstehen kommunikative Einsprengsel im Übungsgeschehen.

Im folgenden Beispiel ist es ein Schüler, der den Anstoß gibt, und Claudia, als *German assistant*, weiß das auszunutzen:

> I remember one lesson with this third year when I had to ask them about their hobbies. Everyone did as best as he or she could, and then one pupil who was quite good gave the reply: "Ich esse gern Katzen". The others did not know whether to laugh or not. First I thought this boy had made a mistake, but he had not, he was trying to be funny. So I thought I could do the same and I tried to keep a serious face and asked on: "Sind es große oder kleine Katzen?"

> Boy: Große und kleine Katzen.
> Me: Und welche Farbe haben die Katzen?
> Boy: Sie haben alle Farben.
> Me: Welche Farbe magst du am liebsten?
> Boy: Grüne Katzen mag ich am liebsten.
> Me: Was sagen deine Eltern? Wie finden die das?
> Boy: Sie finden das nicht so gut.
> Me: Isst du auch andere Tiere?
> Boy: Nein, nur Katzen.
> This boy did in fact have the longest conversation of all with me that day. (*Claudia D.*)

Kommunikative Einsprengsel sind das Salz in der grammatischen Suppe und das Vorspiel zu längeren ernsthaften Sprachanwendungsphasen, in denen die Spracharbeit in den Hintergrund rückt.

> A particularly successful lesson that one of the other teachers gave was in Year 9, when she made the pupils practise the use of modal verbs. She wrote some examples on the board: "Ich muss in der Schule eine Schuluniform tragen." "Ich darf nicht die Treppe falsch herum gehen." "Ich muss jeden Morgen um 9 in der Schule sein." Then she asked the pupils to think of sentences that applied to their own imaginary schools. At first they had to state things that were forbidden, then they had to say what behaviour was compulsory. These 35 minutes went very quickly. The boys wrote down their sentences and the teacher and I went round to correct them or to tell them the German translations of words not in the word list in the back of the textbook. Then everybody had to read out their favourites. One of the boys who was especially keen on rubber chickens said: "Du musst dein Gummihühnchen auf dem Kopf in die Schule bringen." Another said: "Du musst auf einem Kamel in die Schule reiten." In one of the schools, the rule "Du darfst nicht im Atomkraftwerk schwimmen" existed. Of course there were also normal answers but the 'crazy virus' had infected almost everybody and the lesson was great fun.

To transfer or not to transfer – that is the question. Pattern Drills wurden verworfen, weil man den Eindruck hatte, dass die Schüler nach einer Übung noch lange nicht bereit waren, das geübte Satzmuster auch kommunikativ zu verwenden. Mit den hier vorgestellten dynamischen Drills ist es uns immer wieder gelungen, die Schüler in ein kurzes Gespräch zu verwickeln, das seinen Ausgangspunkt gerade von solch einem Satzmuster genommen hatte.

Wer diese Arbeitsform einmal ausprobiert hat, wird nicht mehr auf sie verzichten wollen.

Wenn man das generative Prinzip ignoriert

Englands Schulen stehen unter Druck. Wohl in keinem anderen Land werden Schüler so häufig extern getestet. Auf der Grundlage der Testergebnisse werden dann Ranglisten der Schulen aufgestellt. Jede Schule möchte sich gern in der oberen Tabellenhälfte wiederfinden. Kein Wunder, dass die Tests sehr ernst genommen werden. Während früher die Tests dazu dienten, Gelerntes zu überprüfen, werden heute Tests geübt, um Tests zu bestehen. Denn die staatlichen Testergebnisse sind die Währung, in der Bildung gehandelt wird.

Dem Deutschunterricht ist das nicht gut bekommen. Das *teaching to the tests* hatte schlimme Folgen. Die Schüler müssen sich auf eine Reihe vorher festgelegter Gesprächssituationen vorbereiten. Im Unterricht werden schließlich nur noch diese Situationen eingeübt. Alles darüber hinaus ist überflüssig, lenkt ab von den Tests, auf die es ja ankommt. Das zentrale Prinzip des Spracherwerbs, dass mit einem Satz so viele andere Sätze (und Ideen!) mitgemeint und mitgedacht sein können, wird ignoriert. Die Katastrophe! Ich zitiere nur aus einem Bericht, was ich auch in anderen Berichten ehemaliger *assistants* zu lesen bekam:

> Since they were only taught a specific set of phrases which only contained a very limited vocabulary the students alarmingly stuck to just these sentences. I was often shocked to see how unable many students were to think of alternative words, let alone sentences, to express their thoughts. Provided with only a minimum of vocabulary the conversations stayed at a very low level. The FL [Foreign Language – W.B] did not become a real means of communication but only a "provider" of specific phrases. Their conversations always seemed to be very artificial as no one was able to respond to an individually made statement. To give just one example: The pupils were taught to say: "Wie heißt Du? – Ich heiße x!" These phrases were repeated in a very automatic way. One had the impression that the speaking persons were machines and not human beings. When I changed these phrases into: "Wie ist Dein Name? – Mein Name ist xy!", though very similar to the mother tongue equivalent, it caused complete confusion. I personally found this sad as no language is spoken in such a standardized and limited way. It was no surprise to me that many of my pupils were horrified about going to Germany.
>
> All they had learnt was a basic vocabulary and some phrases which were drilled without providing opportunities of manipulating them and making them into a real means for authentic communication. (*Katja V.*)

Natürlich merkten auch einige Schüler, dass sie falsch unterrichtet wurden:

> I was never taught grammar. It was, like, for the first couple of years … you learn how to say a sentence: I am going to the cinema. And you

> would never learn the verb. It would just be parrot fashion ... You could never change them (the phrases) round because you never actually learned the verbs (Fisher 2001, 37)

Ein Fachleiter für Französisch an einer Schule in Manchester zitiert Fehler, die ebenso auf mangelndes Strukturverständnis und Vernachlässigung des generativen Prinzips zurückzuführen sind:

> Richard had to order a kilo of bananas for his GCSE exam role play. *"Je m'appelle ... bananas!"* he nervously declared. He then asked the price. *"Je m'appelle ...* how much are they?" His parting words to me in my role as shopkeeper were *"Je m'appelle* thank you." ...
>
> A Year 8 pupil whose class had greeted their German teacher at the start of every lesson for more than a year, arrived at the staffroom one day and asked for *Gutenmorgenherrjones* please. (Elston 1998)

Heute, so Elston, werde stets darauf geachtet, "on drawing pupils' attention to the component parts of each phrase and word." Dass ganzheitlich-kommunikatives Verständnis ohne analytische Transparenz zu falschen Analogiebildungen führt, wusste man aber schon viel früher:

> Voilà le mur.
> Voilà le jardin.
> *Voilà sont les enfants. (Wähmer 1914, 38)

Warum bloß hat sich eine ganze Lehrergeneration ins Bockshorn jagen lassen? Wie sehr die Nichtbeachtung der Grammatik immer noch verbreitet ist, zeigt ein *deputy head*, der bei diesem Thema geradezu einen Wutanfall bekommt:

> It was probably our middle class arrogance – believing that comprehensive kids can't cope with abstract concepts – that led us to make the third fatal mistake when we killed the teaching of grammar. (The Modern Languages Adviser who tells you with a condescending smile: "But you learnt your own language as a child without knowing grammar, didn't you?" should be answered with a straight right to the chin.) (Leman 2000, 24)

Die Wut des Praktikers ist auf dem Hintergrund der Schilderungen ehemaliger Assistentinnen nur allzu verständlich. In England sind meiner Meinung nach ganze Schülergenerationen Opfer eines flachen, theoretisch unaufgeklärten kommunikativen Ansatzes geworden.

---

[1] Über die Begriffe "Struktur", "Pattern" und damit verbundene Definitionsschwierigkeiten siehe Müller (1975).

[2] Vgl. die Bemerkungen Kellys (1969, 109, 120): "... Rosenthal, who, unlike many method makers, freely acknowledged the debt." "Like so many techniques of teach-

ing, it was forgotten and its rediscovery was prompted by related techniques." So sind weder die direkte Methode noch *pattern drills* Erfindungen des 19. Jahrhunderts.

[3] Ettinger (1984, 420) hebt zu Recht den Wert dieser historischen Arbeitsform hervor.

Exkurs: Grammatik sparsam betreiben und verständlich erklären[1]

> Was ist die Sprachlehr? Die Sprachlehr ist eine Dienstfertigkeit zur reinen Sprache. (*Ratichius*)
>
> Omnis lingua usu potius discatur, quam praeceptis. (*Comenius*)

Wissen ist gut, Können ist besser

Wir haben im Deutschen die klare Opposition von Wissen (*savoir; knowing that)* und Können *(savoir-faire; knowing how).* Das Können ist ein Gebrauchswissen, das sich in der Praxis versteckt und sich nicht ohne weiteres selbst erklären kann. Normalerweise verstehen wir unter Wissen ein Wissen über oder von etwas; also ein analytisches Wissen, das Erkenntnisse artikuliert, begründet und beglaubigt und in ausgedehnte Wissenssysteme einmünden kann.

Der gute Gebrauch der Muttersprache ist zunächst ein Können, das unser analytischer Verstand nicht zu fassen bekommt. Die muttersprachliche Grammatik macht (wie die Gesundheit) nicht extra auf sich aufmerksam. Wir werfen uns ins tätige Leben der Sprache, und die Grammatik ist mittendrin, aber ohne sich zu Wort zu melden.

> Soon I developed a feel for the language which told me whether something was wrong or right. For example, we once did a class test on the position of the English adverbs which I had not prepared because I did not know that we were going to do this test. All my classmates had studied hard for the test, except me. In the end I was the only one to get an 'A' (sehr gut) in the test, the second best only got a 'C'. (*Judith H.*)

Hamilton wollte grammatisches Wissen nur als nachträgliche Systematisierung und in der zweiten Lehrgangsstufe zulassen. "Nous n'expliquons rien", wir erklären nichts, heißt es kategorisch bei Jacotot (1830, zit. bei Macht 1986, 58), der oft mit Hamilton in einem Atemzug genannt wird, aber "wir prüfen, ob der Zögling die Lectionen weiß und versteht." (zit. bei Pfau 1844, 126) Leitsätze wie *ne praecepta ante linguam* oder *nulla lingua e grammatica, sed ex certo autore* findet man – wahrscheinlich in der Nachfolge Quintilians – in ähnlicher Form immer wieder.

Unser Können läuft sogar Gefahr, empfindlich gestört zu werden, wenn wir unseren analytischen Verstand bemühen. Es gebe, so hört man unter Golfspielern, einen todsicheren Tipp, um einen Konkurrenten zu verwirren. Nach einem besonders gelungenem Schlag lobe man ihn überschwänglich und bitte darum, in das Geheimnis seiner Technik eingeweiht zu werden. Am besten, man hält gleich eine Zeichnung bereit, anhand derer der Spieler sich genau überlegt, wie er den Schlag ausführt. Das reiche gewöhnlich aus, ihn so zu verwirren, dass ihm der Schlag so bald nicht noch mal gelingen würde. Der schöne Automatismus des ganz aus dem Gefühl gemachten Schlages sei durch die Einmischung des bewussten Intellekts zunächst dahin.

Grammatik: die Katastrophe im Klassenzimmer

> Vieles hätte ich verstanden, wenn man es mir nicht erklärt hätte. (*Stanisław Jerzy Lec*)

Byron sagte über Coleridge: "I wish he could explain his explanation." Wie viele Schüler mögen sich Ähnliches gedacht haben, als ihnen ihr Lehrer Grammatik erklärte! "Ich bestreite entschieden, dass eine theoretische Sprachbeschreibung, ob einfach oder kompliziert, ob in wissenschaftlicher Terminologie oder als 'Schulgrammatik', irgendetwas zur praktischen Sprachbeherrschung beitragen kann." (Standop 1971, 77) Das wiederum bestreite *ich* entschieden. Aber fest steht: Wenn Lehrern mal etwas hundertprozentig daneben geht, dann bei der Grammatikarbeit.

> Grammar was explained in the mother tongue but the more she explained, the less we understood. The examples we were given were confusing because they were not suitable for the grammatical structures she was trying to explain. (*Dorothea S.*)

Hier sind manche Lehrer wie Ärzte, die ihre Patienten erst recht krank machen. Sie stellen die falsche Diagnose und verschreiben die falschen Rezepte. Dazu einige Streiflichter aus dem Unterricht:

modals

Andreas K. berichtet, wie eine Klasse Schwierigkeiten hat mit *must/must not, needn't, didn't have to* usw. Ich bin mir ziemlich sicher, dass diese Schwierigkeiten überhaupt erst durch die in unseren Schulgrammatiken übliche Präsentation samt anschließenden Übungen entstehen.

Die Systematik des Lehrbuchs geht von "defective" auxiliaries aus, für die es "Ersatzformen" gibt.

Für den Schüler ist das überflüssig. Die Regeln kosten kognitive Energie, die dann dem eigentlichen Lernen abgeht. Um z.B. die Idee des Nicht-Dürfens auszudrücken, brauche ich nicht den Weg der Schulgrammatik gehen, nämlich

1) an "may" denken,
2) daran, dass "may" kein *past tense* bildet
3) daran, dass es eine Ersatzform "not allowed to" gibt.

Wir üben stattdessen "nicht dürfen" in halbkommunikativen Strukturübungen mit muttersprachlichen Vorgaben:

Wir durften nicht rauchen.	We were not allowed to smoke.
Wir durften nicht lange aufbleiben.	We were not allowed to stay up late.
Sie durfte nicht schwimmen.	She was not allowed to swim.
usw.	

if-clauses

Praktikumsbericht aus der 9. Klasse einer Gesamtschule. Der Lehrer benutzt publizierte Übungsmaterialien und wiederholt nur längst eingeführten Lehrstoff.

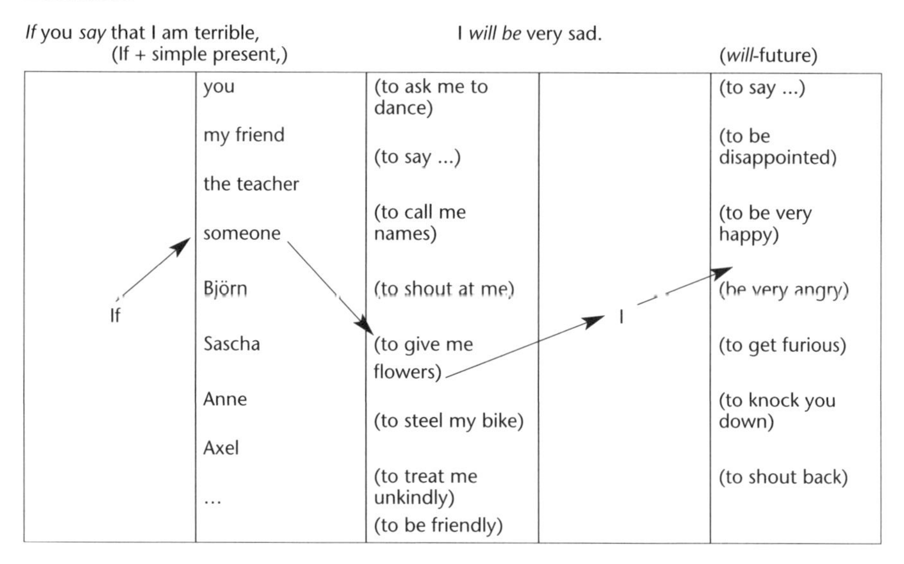

If you *say* that I am terrible, I *will be* very sad.
(If + simple present,) (*will*-future)

	you	(to ask me to dance)		(to say ...)
	my friend	(to say ...)		(to be disappointed)
	the teacher	(to call me names)		(to be very happy)
	someone	(to shout at me)		(be very angry)
If	Björn	(to give me flowers)	I	(to get furious)
	Sascha	(to steel my bike)		(to knock you down)
	Anne	(to treat me unkindly)		(to shout back)
	Axel	(to be friendly)		
	...			

1) If someone gives me flowers, I will be very happy.
2) ...

Wiederum ist es die grammatische Systematik mit an ihr ausgerichteten Übungen, die die Probleme überhaupt erst erzeugt. Die Schüler produzieren reihenweise Falsches, der Lehrer wird ärgerlich und gibt am Ende den Schülern die Schuld:

> The pupils made a great effort in this lesson not to get in trouble with the teacher. He told them at the beginning that he had been really disappointed after yesterday's lesson. Their topic was only a revision of what they had done several times before and it would be part of the next test. Many of the pupils had difficulties in forming the if-clauses with the worksheet in front of them. It was a common mistake that they didn't identify the infinitive on the sheet and used it in the sentence: "If someone to call me names ... If my friends to be friendly ..." If they did transform the infinitive into a third person singular they often forgot the third person -s: "If someone shout at me ... ." The teacher corrected those mistakes several times and made the pupils repeat the corrected sentence. But I'm sure the pupils didn't really realize what was wrong. (*Insa E.*)

Ich verstehe den Lehrer wohl, denn die Schüler werden mit der Zeit in der Tat unruhig und unaufmerksam. Und der Lehrer, der seine Grammatik kennt, weiß ja, dass if-Sätze (in der schulgrammatischen Reduktion) im Grunde kinderleicht sind. Was er nicht sieht, ist die Tatsache, dass die Schwierigkeiten hausgemacht sind. Denn nie und nimmer bildet diese Übung die psychologische Bahn ab für die Erzeugung von Sätzen. Wie viel näher kommen unsere halbkommunikativen Drills dem normalen Sprachgebrauch! Ausgangspunkt ist immer ein Gedanke, der versprachlicht wird.

Wir haben es doch mit nah verwandten Sprachen zu tun, anders als der Ethnologe, der mit einem Bergvolk Westafrikas zusammenlebt:

> Much has been written about primitive peoples' ability or inability to deal with hypothetical questions. I was never sure whether my difficulties with them were purely linguistic or whether much more was involved. 'If you had a sister,' I would start, 'and she married a man, what would you call ...'
>
> 'I haven't got a sister.'
>
> 'No, but if you had a sister ...'
>
> 'But I haven't got a sister. I have four brothers.'
>
> After a number of frustrated attempts at this, Matthieu intervened. 'No, no *patron*. Like this. A man has a sister. Another man takes her. She is his wife. The man calls her husband, how?' He would get an answer. (Barley 1986, 91)

Weitere Beispiele für hausgemachte Schwierigkeiten:

past tense

> While I was sitting in on lessons, Mrs Z introduced the simple past. Right at the beginning, she told me that according to her experience the introduction of the simple past would separate the smart ones from the less gifted ones. Unfortunately, I found that she was right. No matter how often she explained the forms, some pupils just did not seem to understand her. I do not think that this was her fault, she really made a big effort at explaining. I found myself confronted with the same problem when during the lesson I conducted I had to explain the negative form of the simple past. No matter what I said or explained to them, some pupils always insisted on saying something like "She *did* not work*ed* in the garden." (*Christina Sch.*)

Hat denn nicht schon die Muttersprache unsern Schülern einiges von dem in den Schoß gelegt, dessen es bedarf, um mit englischen *past tense* Formen umzugehen? "Sie tat nicht arbeiten im Garten" so sagt's der Engländer, nicht aber "sie tat nicht arbeitete". Schlimm, wie hier die Schüler (Gymnasium!) für begriffsstutzig gehalten werden! Schlimm, wie hier die Didaktik mit ihrem Verzicht auf die Muttersprache Lehrer und Schüler im Stich lässt!

verb inflections

> In den folgenden Stunden sollten dann immer wieder die gleichen Fehler auftreten ... Einer der Fehler war das Auslassen des "s" in der dritten Person Singular. Die Schüler hatten große Schwierigkeiten, in den Sätzen "the first lesson starts at 8 o'clock" und "the lessons start at 8 o'clock" die Unterschiede zu erkennen. Häufig wurden beide Formen vermischt. Als dann in der nächsten Stunde die Verneinung des *simple present* hinzukam, schienen die Schüler vollends verwirrt ("He doesn't likes cats") ... Der dritte Fehler bestand in der Vermischung aller möglichen Kombinationen: he/she/it hate, we does like, usw. An dieser Stelle bewies der Lehrer ein Höchstmaß an Geduld und Verständnis. Immer wieder formte er neue Sätze und erklärte sie in der Hoffnung, die Schüler hätten sie verstanden. (*Nadine K.*)

Hier wird Grammatik als ein Fehler produzierendes Verwirrspiel präsentiert. Es handelt sich z.T. um entwicklungsbedingte Fehler, d.h. um eine natürlich Lernetappe, die man nicht in einem Sprung nehmen kann.

Grammatik, weil mit Unlust verbunden, wird dann auch folgerichtig als Strafe eingesetzt, wie in einer Klasse 9, als die Lehrerin bei der Lektürearbeit bemerkt, dass Zettel mit Witzzeichnungen umlaufen:

> The teacher abruptly stopped the discussion about one of the main characters of the novel and switched over to grammar work. Although she stated that she wanted to do *if-clauses* anyway, in this case the worksheets she gave out seemed to function as a kind of punishing device. (*Melanie K.*)

Verkorkste Grammatikstunden sind ein Skandal, weil die Schüler nicht nur nichts lernen, sondern eher noch verwirrt werden und sich gegen das Fach zu wehren beginnen.

Grammatik als Zeitverschwendung

Grammatik ist oft nur Zeitverschwendung:

> With regard to the exercises I normally managed to go through them without having understood them. (*Martin O.*)

> Whenever I had to put some sentences into e.g. the past tense, I only scanned the sentences for the verb and then wrote the requested verb form in my exercise book. I got bored with these exercises. I just could not see why I should write down a very long sentence in order to change only one single element. The result was that in the end I did not even read the sentences any more, but merely picked out the verb. (*Susanne L.*)

Auch solche, wiederum schön einsprachige Übungen, bei denen die Schüler aus durcheinander gemischten Wörtern und Wortgruppen die richtigen Sätze bilden sollen, verschwenden nur Zeit:

> a lot of/in Arizona/There is/desert
> never/recommended/by/person/experienced/have/would/been/This/an

Auch wenn die zu findenden Sätze mehr oder weniger so im vorangegangenen Lehrtext stehen, habe ich beobachtet, wie schwer sich die Schüler damit taten. Wir haben eben normalerweise Gedanken, die wir versprachlichen. Wir lösen Formulierungsprobleme. Hier aber müssen wir erst einmal Bedeutungsblöcke erkennen, dann auf einen möglichen Sinn des Ganzen kommen und diese Blöcke schließlich richtig gruppieren. *L'art pour l'art!*

Wahrscheinlich kann man mit solchen Übungen nicht viel falsch machen. Wir brauchen aber Übungen, wie sie sein sollen, nicht wie sie zur Not auch sein können. In der Schule ist eine Entscheidung für etwas immer auch eine gegen etwas, für das keine Zeit mehr verbleibt. Hier klafft eine riesige Forschungslücke. Wir sollten genauer wissen als bisher, welche Übungen die Schüler voranbringen und welche eher einer Beschäftigungstherapie gleichen. Deshalb ist auch noch nicht das letzte Wort selbst über solche Übungen gesprochen, in denen Einzelsätze zu einem grammatischen Thema schriftlich ins Deutsche übersetzt werden.

> First of all, he was convinced that the traditional grammar exercises, such as filling gaps, were too easy ... Translation exercises were much more difficult, and his opinion was that if we had a real command of the grammatical problem, we should in fact be able to cope with the translations. At the beginning I found these exercises quite difficult but they really helped me to improve my competence. That way I became much more aware of what the grammatical structures which I habitually used really meant. I only had a vague idea of how to translate the structures I had learned into German but after I had gained some experience in translation I felt much more self-confident in using the foreign language. (*Denise W.*)

Hat man solche deutschen Übungssätze vorschnell abgetan?

Zur Rolle von Regeln und grammatischer Analyse: Contra

> Wer den damaligen Zustand des Schulunterrichts kennt, wird nicht seltsam finden, dass ich die Grammatik übersprang. (*Johann Wolfgang Goethe*)

Fassen wir die Argumente gegen die Grammatik zusammen.

1) Die Regelsprache oder Metasprache – das Sprechen über die Sprache – fällt uns generell schwer. Denn der Mensch ist zwar zur Sprache begabt – aber offensichtlich nicht zu ihrer Sezierung.[2] Dazu habe ich ein kleines Experiment durchgeführt. In Anlehnung an eine Wörterbuchdefinition wurde Anglistikstudenten folgende Frage vorgelegt:

> Which adverb means 'by so much', 'by that amount', and is used before an adjective or adverb in the comparative degree to indicate that two things increase or decrease in a parallel way, or that one increases in the degree equal to that by which another decreases?

Hätten Sie's gewusst? Unter 53 Studenten gab es nur 3 Treffer. Obwohl jeder natürlich die sprachliche Regelung kennt, aber eben nicht in der metasprachlichen Verkleidung. Die Antwort ist *the ... the ...* wie in *the sooner the better*. Vor solcher unnötigen Gedankenüberanstrengung sollten wir unsere Schüler bewahren.

2) Wem Einsichten kommen und Zusammenhänge klar werden, der mag guter Dinge sein. Aber wer's nicht kapiert, dem ist der Spaß an der Grammatik bald verdorben.

I did not understand what I was actually learning and I memorised the rules without being aware of their exact meaning and of how the rules should be applied. Although they were given in German I still found them difficult to understand. It was only gradually that I came to comprehend the rules. Thus, I did not grasp the full meaning of "Das Gerundium ist ein Verbalsubstantiv" until I had to do Latin at university. (*Susanne R.*)

None of the teachers I had were really able to explain English grammar in a clear way ... We pupils couldn't see the wood for the trees. (*Cornelia B.*)

3) Dem unentwickelten analytischen Verstand des Grundschulkindes darf man schon gar nicht mit herkömmlicher grammatischer Analyse kommen.

4) Das stärkste Geschütz gegen den herkömmlichen Grammatikunterricht fahren die Spezialisten auf, die den natürlichen Zweitsprachenerwerb erforschen. Sie haben festgestellt, dass die Lerner ähnlich wie bei der Muttersprache und ziemlich unbeeindruckt von grammatischen Lehrplänen ihren Eigenweg durch die Grammatik gehen. Pienemann (2002) formulierte seine Lehrbarkeitshypothese (*teachability; processability*): Neue Strukturen könne der Lerner nur dann bearbeiten und integrieren, wenn die erwerbsmäßigen Voraussetzungen dafür gegeben sind. Es gibt beim Erwerb zentraler Strukturbereiche unumkehrbare Erwerbsetappen, so etwas wie eine "sprachimmanente Entfaltungslogik". Schüler können also Erklärungen nur begrenzt nutzen, vor allem müssten sie zum richtigen Zeitpunkt erfolgen. So stoßen wir auf das Phänomen des "Bereitseins". Eindrucksvolle neue Belege für dieses Bereitsein lieferte die Forschergruppe um Erika Diehl, die die Fortschritte im Deutschen von frankophonen Schülern in Genf untersuchte. Ihre Buchpublikation hat den provokanten Titel: *Grammatikunterricht: alles für der Katz?* (Diehl et al., 2000)

Wie aber sollen die Lehrer die jeweiligen Erwerbsstände ihrer Schüler ermitteln, die doch wohl stark voneinander abweichen können? Meine Skepsis bezieht sich noch auf einen anderen Punkt: Die bisherigen Unterrichtsdaten stammen wohl durchweg von Lernern, die nach den gängigen didaktischen Vorstellungen unterrichtet wurden, also ohne angemessene muttersprachliche Lernhilfen. Der hier vorgestellte, die Muttersprache der Schüler systematisch in Dienst nehmende Unterricht ist weitgehend unbekannt. Ich hege die Vermutung, dass man mit Hilfe der Muttersprache Lernstadien schneller durchlaufen, eventuell sogar überspringen kann. In diese Richtung deutet eine Studie über niederländischsprachige Lerner des Deutschen, bei denen sich Pienemanns Stadien nicht mehr klar nachweisen ließen. (Klein-Gunnewiek 2000) Vielleicht weil die Schüler die nahe Verwandtschaft der Sprachen auch ohne Nachhilfe der Lehrer zu nutzen verstanden?

5) Wir könnten die Unterrichtszeit für effektivere Arbeit nutzen: statt Grammatik mehr Textarbeit. Dies ist vielleicht das Hauptargument. In den Klosterschulen konnte man Grammatik betreiben, weil die Schüler ohnehin den ganzen Tag über lateinisch kommunizierten.

6) So nimmt der Streit um die Grammatik kein Ende. Besonders der gängige Französischunterricht, so Bleyhl (1999, 252), erdrossele das Lernen, und er fordert, ähnlich wie Hamilton:

> Ehe über Sprache gesprochen wird, muss ein gerüttelt Maß an Spracherfahrung angesammelt worden sein, und zwar Erfahrung von Sprache in Echtzeit, d.h. von gesprochener Sprache in sozialer Interaktion. Sprachbewusstheit ist die Folge von Spracherfahrung, nicht ihre Voraussetzung. Sprachbetrachtung ... hat ihren Platz damit erst bei fortgeschritteneren Lernern, die auch ein Hörverstehen aufweisen. Erst dann ist sie sinnvoll.

Zur Rolle von Regeln und grammatischer Analyse: Pro

Wir sammeln die Argumente der Grammatik-Verteidiger:

1) Die Grammatik in der Schule hat nicht nur ihre Kritiker, sondern auch ihre Liebhaber. *One man's meat is another man's poison* oder *One man's trash is another man's treasure:*

> I felt a strong need for rules, surveys, tables and systematic representations to cling to. There is no doubt that I would have coped much better with French conjugation, if the teacher had given us the whole paradigm from the start. Teachers do not overtax their pupils by giving them complete and systematic surveys of conjugations or declensions. (*Susanne R.*)

> I have always longed to know why things had to be the way they were. "Why do the English make such a complicated distinction between past tense and present perfect?" was a question I asked myself. I cannot remember that such questions were ever answered sufficiently at this stage of my language learning. (*Martina K.*)

Wenn das Herz bei der Sprache ist, kommt der Verstand hinterher und will auch mal wissen, warum sie funktioniert, wie sie funktioniert. Einige Schüler verlangen Erklärungen:

> Unfortunately our French teacher was a native speaker and didn't understand our difficulties. When we asked her questions concerning grammar, she used to shout: "Don't you feel it? Can't you feel how it is said correctly?" No, the majority of the class couldn't. (*Sonja V.*)

2) Viele Fossilierungen im Sprachgebrauch von Personen, die sich schon jahrelang im Sprachland aufhalten, dabei flüssig, aber nie fehlerfrei kom-

munizieren, kann man anscheinend nur durch Bewusstmachung bekämpfen. Es wird sich eben nicht ganz von selbst richten. So empfindet Silke, die nach Island geht:

> One of the drawbacks of learning a foreign language abroad, merely by practical application, is the fact that grammatical mistakes are hardly ever corrected, as long as one is understood. Several times I asked my host family to correct me on such occasions, but in vain... As my whole attention was focused on the meaning in the beginning, it was not before reaching an advanced level that I realised that I had constantly been making basic mistakes. For example "ad geta", to be able, is not followed by the infinitive, but by the past participle, and the expression "Ég held ad ...", I think that ..., has to be followed by the subjunctive. (*Silke B.*)

Also: auf Fehler aufmerksam machen und sie erklären. Mancher Fortgeschrittene ist dankbar, wenn man ihn auf kleine verbliebene Fehler hinweist, welcher Natur sie auch immer seien.

3) Das richtige Grammatikverständnis kann nur der Unterricht liefern. Der Lehrer als grammatischer Experte – diesen Informationsvorsprung des Unterrichts vor dem natürlichen Erwerb gilt es zu nutzen. Nur er und das Lehrbuch können die Dinge übersichtlich, so vollständig wie nötig und ordentlich abhandeln. "Es gehört zu den reizvollsten Aufgaben ... die Schüler zu klaren grammatischen Kenntnissen zu bringen ..." (Schubel 1963, 58)

Normalerweise kommen die Schüler nicht von selbst auf die einfache Betonungsregel, nach der wir im Deutschen trennbare und nicht-trennbare Verben unterscheiden. Man zeigt sie am besten an Dubletten wie "übersetzen", "wiederholen", "umfahren" ('– – vs. –'–). Wie schön, wenn man diese Regel kennt!

4) Mit Recht werden auch östliche Lehrtraditionen gegen einen stark reduzierten Grammatikunterricht verteidigt. Letzterer erscheint als ein Import aus dem Westen, der oft mit Überheblichkeit und Besserwisserei den Schülern übergestülpt werde von Lehrern, die die Sprachen und Traditionen ihrer Schüler gar nicht verstünden:

> On the Tianjin course we were constantly asked to explain points of grammar which caused confusion. The interest, however, appeared to be more constructive than is often said to be the case ... The "I'm not going to tell you because these questions are not important" response was not a success, as students felt at best cheated and at worst insulted for having asked ... It was also interesting to ask why wanting to know the underlying system should be considered such an old-fashioned primitive thing, if it is also combined with usage and practise ... Only when it becomes a substitute for using the language does grammar lose its point. (Harvey 1985, 185)

Man drehe doch mal den Spieß um und empfehle Westeuropäern, eine ostasiatische Sprache ohne grammatischen Erklärungen zu lernen. Missionare berichten, wie sie oft Jahre gebraucht haben, um bestimmten Regelungen auf die Spur zu kommen. Die Sprache der Trio in Surinam z.B. kennt einen "Frustrativ". Ein Sprecher muss immer kenntlich machen, ob ein intendiertes Ereignis erreicht wurde oder nicht – im zweiten Fall würde das Verb des Satzes die Frustrativ-Endung -re erfordern. Diese kann aber auch an Nomina erscheinen, wenn eine Person oder ein Gegenstand nicht die üblichen Erwartungen erfüllt: eine weri-re ist eine Frau (weri), die keine Kinder bekommen kann, während ein Mann (kiri), der nicht zum Jäger taugt, zum kiri-re wird ... (Carlin & Arends 2002) Würden das unsere Anti-Grammatiker lieber selbst herausfinden?

5) Bewusstmachende Grammatik ist eine unumgängliche Sparsamkeitsforderung der Tyrannin Zeit. Bei unbewusster Nachahmung in der Fremdsprache kann Analogiebildung arge Fehlkonstruktionen herbeiführen.

6) Sekundarschüler sind in spracherwerblicher Hinsicht wie Erwachsene. D.h. Sie können mit manchen Erklärungen durchaus etwas anfangen. DeKeyser (2000, 518) testete 57 ungarische Einwanderer in die USA und stellte fest: "No adults reached a native level of competence in L2 morphosyntax unless they had been able to rely on explicit, analytic, problem-solving capacities."

7) Empirische Studien zu diesem Thema hat Ellis (1994, 611ff.) referiert. Er fasst seine Übersicht wie folgt zusammen: "On balance, the available evidence indicates that an explicit presentation of rules supported by examples is the most effective way of presenting difficult new material." (643) "The case for formal instruction is strengthening and the case for the zero option is weakening." (659) Zusammenfassend Doughty & Williams (1998, 11): "The discussion throughout this volume leads to the conclusion that neither form-based instruction nor meaning-based instruction alone can lead to complete second language acquisition."

8) So hat wohl bis auf den heutigen Tag kein Praktiker je ganz auf grammatische Belehrung verzichtet. Bei genauerem Hinsehen trifft das auch für Jacotot zu trotz seines trotzigen Wortes: "Nous n'expliquons rien." Die Grammatik hat eine Art, wieder durch die Hintertür hineinzukommen. Und dies bei einer nie abreißenden Debatte um Wert und Unwert grammatischer Regeln. Die praktische Vernunft hat also immer wieder für die Grammatik optiert.

Ziehen wir das Fazit mit Klinghardt (1899): So "behalten wir radikalen Reformer doch am Ende noch das grammatische Kind in unserer didaktischen Badewanne". (zit. bei Macht 1987, 116)

Grammatische Progression der Texte: Revolution im Klassenzimmer

Wir greifen These 7 aus dem dritten Kapitel auf. Die grammatische Progression der Texte, die den Lehrbuchautor fesselt, sollte erheblich gelockert, wenn nicht sogar aufgegeben werden. Wie denn wäre es möglich gewesen, dass man mit einem Originaltext wie dem Johannesevangelium oder Dickens' Weihnachtsgeschichte höchst erfolgreich in die fremde Sprache einführen konnte, wenn die grammatische Progression der Texte tatsächlich eine wichtige Rolle spielt? Oder gab es starke kompensatorische Effekte? Wenn nicht, muss die grammatische Progression der Texte einfach unwichtig sein, vielleicht sogar unnötig und unter Umständen kontraproduktiv.

Natürlich muss die Grundbedingung des Spracherwerbs gewährleistet sein, das doppelte Verstehen der Texte. Dann verbietet es sich, dem Anfänger gewisse komplizierte Konstruktionen vorzusetzen – so wie auch die Mutter ihrer Zweijährigen nicht mit Obwohl-Sätzen oder "geschweige denn" kommt. Aber das komplexe deutsche Verneinungssystem wird von Anfang an verwendet, lange bevor das Kind sich selbst daran wagt.

Kletts Lehrwerk *Green Line* behandelt *emphatic do* erst im fünften Band. Vorher wird man *emphatic do* kein einziges Mal sichten. Nur einmal hat es sich eingeschlichen, typischerweise in einem modernen *pop song*. Das gleiche gilt für den *contact clause*, der im dritten Jahr behandelt wird. Auch hier ist die Ausnahme ein Song, in dem es heißt "love is all we need."

Muss man denn mit Sätzen wie "I don't know" oder "If it rains, we can stay inside" warten, bis die *do*-Verneinung oder Konditionalsätze systematisch abgehandelt werden? Dürfen die Texte keine Steigerungsformen wie "bigger" oder "more important" enthalten, bis dieses zum grammatischen Thema erklärt wird? Sollen Deutschlerner nicht sehr bald "Ich hätte gern 'ne Auskunft" sagen, nur weil "hätte" Konjunktiv ist? Könnte man nicht auch "I thought we might ..." schon im ersten Jahr lernen?

> Ich werde nicht warten, bis in der letzten Unit das simple past eingeführt wird. Sondern ich werde viel früher, dann nämlich, wenn eine gemeinsame Erlebnissituation es nahe legt, die bloßen Vokabeln was/were einführen, ohne grammatisches Aufheben einfach als die Wörter, die an Stelle von am/are/is zu gebrauchen sind, wenn im Satz von *last week* oder *yesterday* die Rede ist. Vielleicht ist davon die Rede, weil Daniela gestern Geburtstag hatte und auf dem Pult stehen durfte und ihr ein Lied gesungen wurde. (Aulmann 2000)

"Yesterday was Tuesday" ist für einen Fünfjährigen genauso leicht wie "Today is Monday", nicht jedoch für einen Zweijährigen mit seinem unentwickelten Zeitverständnis. Die Zurückhaltung bei der Einführung des *past tense* lässt die Pionierarbeit außer Acht, die die Muttersprache für die Fremdsprache geleistet hat!

Die grammatische Enthaltsamkeit ist unfruchtbar, weil sie auf Kosten guter, authentischer Texte geht. Bei der mündlichen Unterrichtsführung erlauben wir uns ja immer schon grammatische "Vorgriffe". Und manche Lehrer haben Texte mit diesen und anderen Formen vielfach schon "vor der Zeit" verwendet, ohne damit auch nur die geringsten Schwierigkeiten zu haben. Sie traten nicht auf, weil wir die Bedeutungen muttersprachlich vermittelt haben: "more important" – "mehr wichtig", also: "wichtiger". Die grammatisch gereinigten Texte entpupppen sich somit auch als ein Nebeneffekt des einsprachigen Dogmas. Wieder einmal zeigt sich, wie die Muttersprache den Unterricht von falschen Zwängen befreien kann.

Die weltweit verbreitete Unsitte, Lehrtexte erst durch die grammatische Sortiermaschine zu schicken oder sie nach grammatischen Vorgaben zu komponieren, ist, mit wenigen Abstrichen, eine unnötige Vorsichtsmaßnahme. Lehrbuchautoren sollten endlich das Korsett, das sie sich selbst angelegt haben, sprengen – zugunsten gehaltvoller, authentischer Texte.

Natürlich darf die Grammatik weiterhin Stück für Stück, nach und nach in überlegter Auswahl, Dosierung und Reihenfolge übersichtlich dargestellt werden – so wie man sich den Riesenkomplex Sprache ohnehin nur gestückelt, nach und nach zu Eigen machen kann. Aber bei der Textauswahl können wir eine große Anzahl traditioneller grammatischer Fesseln abstreifen.[3]

Praxis

Grammatischer Minimalismus

1) Meine erste Regel lautet: Auf die Kinder hören! Wie denkt sich das Kind in die Sprache hinein?

Kindliche Denkweisen werden beim Mutterspracherwerb und bei natürlicher Zweisprachigkeit besonders deutlich. Könnte es nicht sein, dass – *horribile dictu* – bestimmte Fehler durch den Grammatikunterricht überhaupt erst erzeugt werden?

2) Grammatische Phänomene von der Muttersprache her erklären! Durch die Mitwirkung der Muttersprache wird die Grammatikarbeit von Grund auf erneuert. Lassen sich nicht durch muttersprachliche Spiegelung bestimmte Phasen natürlicher Erwerbsverläufe überspringen?

3) Bei bewusstmachenden Erklärungen ist allergrößte Zurückhaltung am Platze: Ein strenger grammatischer Minimalismus! Weniger Zeit für die Grammatik opfern, denn das Doppelverstehen von Texten ist ja schon die Grammatik! Also z.B. keine zeitraubenden Tafelanschriebe, die Regeln ste-

hen ja samt und sonders schon im Lehrbuch. Keine unvorbereiteten Adhoc-Erklärungen, denn erfahrungsgemäß führt es zu unklaren Formulierungen, die nur noch mehr verwirren. Sondern: die denkbar knappsten, sparsamsten Erklärungen, gefolgt oder umrahmt von einleuchtenden Beispielen.

4) Gewiss sind grammatische Phänomene gewöhnlich aus ihren Verwendungszusammenhängen zu erschließen. Trotzdem sind auch knappste Vorwegerklärungen möglich! Sie sollen verhindern, dass Schüler herumrätseln. Etwa wenn im Text zum ersten Mal eine "ll"-Form auftaucht: "'I'll do it' heißt hier 'Ich mach's', 'ich tu's'. Der Engländer möchte hier gerne sagen, dass die Handlung noch vor uns, also in der Zukunft liegt, und schiebt daher dieses 'll' ein." Es ist Unsinn, Vorwegerklärungen auszuschließen, solange Textbeispiel und Erklärung eng aufeinander bezogen sind. Also Hand in Hand, *a posteriori* oder auch mal *a priori*, nicht nur, wie allgemein verkündet wird, "Grammatik danach".[4]

5) Hin und wieder eine Textseite "mit den Augen des Grammatikers" lesen. (Kleinschroth 1992, 169) Während der Textarbeit machen wir gelegentlich auf eine besonders klare Verwendung einer grammatischen Struktur aufmerksam und fragen nach: *Why the past tense here? Why the going-to future here?* Um so das Gefühl für die prototypische Funktion zu verstärken. Sprachaufmerksamkeit, der Blick auf die Sprache, das sog. *noticing*, eingestreut in inhaltsbezogene Textarbeit. *Reading for the message* AND *for the form.* Oder auch einmal den Spieß umkehren: die Inhalte beiseite lassen und einen Text speziell auf die Verwendung gewisser grammatischer Formen durchsehen, besonders auf textgrammatische Verkettungen aufmerksam machen. Immer wieder Texte, Texte, Texte!

6) Es gilt das Mitlernprinzip und die Wortschatz-Grammatik (*lexico-grammar*): Bei den Vokabeln lernen wir die Grammatik gleich mit, indem wir uns nicht nur Einzelwörter, sondern bevorzugt Wortverbindungen einprägen.

7) Lehrer sollten erwerbsbedingte Fehler als solche erkennen (z.B. *catched* statt *caught; foots* statt *feet*) und weniger streng ahnden ("Yes, the past tense is alright here, but it must be 'caught'").

8) Schnelle Fehlerkorrektur mittels vereinbarter Handsignale, die den Kommunikationsfluss nicht stören, dem Schüler aber Fehler und Fehlerart signalisieren.

9) Nachträgliche Systematisierungen und Zusammenfassungen (z.B. Konjugationsschemata) haben ihren Sinn, vor allem zum Nachschlagen und Sich-Vergewissern.

10) Wenn man auf der Oberstufe feststellt, dass Grammatik nachgeholt werden muss, dann vielleicht so:

> Mr. B. soon realized that we all had to revise English grammar. We discussed this problem and came to the conclusion that everybody should present and explain one point of grammar in front of the class. Thus, once a week we concentrated on English grammar. I really liked this kind of procedure because it was not only very helpful in improving our English grammar but we also learned how to use an English grammar book. (*Julia S.*)

Auf jeden Fall mehr Beispielgrammatik als Regelgrammatik. Davon handelt der folgende Abschnitt.

Exempel sind stille Regeln

> Longum est iter per praecepta, breve et efficax per exempla. (*Seneca*)

Wenn überhaupt Regeln gegeben werden, sind sie mit Mustersätzen zu verzahnen, beide müssen sich aufeinander beziehen und sich wechselseitig erklären – etwa so, wie man ein Kartenspiel mit komplizierten Regeln wie Skat am besten mit nur wenig vorwegnehmenden Erklärungen, sonst aber durch Zuschauen und Mitmachen erlernt. Dabei sollten wir Merksätze verwenden, die zugleich Sinnsprüche sind, also allerhand Denk- und Merkwürdiges enthalten. Das ist Grammatik mit Pfiff. Denn "Auch die blühendste Phantasie wird es irgendwann leid, Sachverhalte vom Typ 'Die Katze ist tot' auf der geistigen Bühne zu inszenieren." (Kleinschroth 2000, 136)

Wir fordern also nichts anderes als die Wiederbelebung der antiken Chrie. Schon Quintilian knüpft hier nur an eine alte Gepflogenheit an:

> ii quoque versus, qui ad imitationem scribendi proponentur, non otiosas velim sententias habeant, sed honestum aliquid monentis. (Auch die Verse, die man als Muster zum Abschreiben vorlegt, sollen meines Erachtens keine müßigen Gedanken enthalten, sondern solche, die zu etwas Gutem mahnen). (Quintilian I,1)

Sinnsprüche und geflügelte Worte lassen sich leitmotivisch verwenden, man kann sie immer wieder zitieren. Oder auch auf ansprechende, gedächtnisfreundliche Poster schreiben und aushängen. "Die Erinnerung an solche Sprüche begleitet den Knaben bis zum Alter", meint Quintilian (S. 27), und wird von Erwin Wickert (1991, 43) bestätigt, der aus seiner Gymnasialzeit berichtet:

> Die Übungssätze prägten uns, ohne dass wir es bemerkten, schon von der Sexta an die Wertbegriffe der römischen Antike ein: den Mut, wenn etwa der ablativus absolutus an Mucius Scaevola demonstriert wurde, der seine Hand ins Feuer legte und verbrennen ließ, um seine Unschuld zu beweisen, oder die Tapferkeit an Leonidas und seinen 300 Spartiaten.

In den Schulgrammatiken ist dies unüblich. Wieder zeigen sich ungewollte Nebenwirkungen des falsch verstandenen Prinzips der Einsprachigkeit. Interessante Sprüche enthalten womöglich unbekannte Wörter, und so bleibt man lieber bei Banalitäten, die sich keiner merken kann noch will.

Natürlich darf es nicht moralinsauer werden, und so verwenden wir auch gern allerhand Humoristisches:

Adverbs in mid-position
The liar's paradox: I never tell the truth.
Barking dogs never bite.

Comparison
A man should be older, taller, heavier and uglier than his wife.
An expert learns more and more about less and less.
Diplomacy is do and say / the nastiest things in the nicest way.

Present progressive
Labour isn't working.
(slogan used in a British electoral campaign)

Present simple
Jesus saves.

Past tense
Man in car
went to bar
feeling nifty
doing fifty
hit a pole
poor old soul
doctor's fee
cemetery.

Und noch mal past tense
Car in the ditch
Man in the tree
Moon was full
And so was he.

Present perfect
Great Britain has lost an empire and has not yet found a role.
The voyage of the Beagle has been by far the most important event in my life and has determined my whole career. (*The Autobiography of Charles Darwin*)
I have called this principle, by which each slight variation, if useful, is preserved, by the term of Natural Selection. (*On the Origin of Species*, 1859, chapter 3)

Past vs. present perfect
In the beginning, God created heaven and earth, and rested.
Then God created man and rested.
Then God created woman.
And neither God nor man have rested since.

Zum französischen Konjunktiv: *Quoi que tu fasses, garde-toi de haïr.* Das Wort stammt von Romain Rolland, einem der wenigen Schriftsteller, die 1914 nicht in Kriegsbegeisterung ausbrachen. Hass zerstört die Menschen. Noch großherziger reagierte Tristan Bernard nach seiner Befreiung aus dem KZ: "Comme vous devez les haïr! lui dit un ami. Il répondit: Je ne hais que la haine."

Grammatik als Philosophie

> Jeder gute Grammatiker ... ist ein partieller Philosoph. (*Jean Paul Friedrich Richter*)

Wie wirken sich Sprachstrukturen auf Wahrnehmung und Denken aus? Wie können kleine Kinder mit komplizierten Satzbauplänen fertig werden? Warum gibt es ein grammatisches Geschlecht? Denken Menschen anders, deren Sprachen das grammatische Geschlecht auch an Verbendungen kennzeichnen oder auch gar nicht? Was ist das überhaupt, ein Kasus? Statt sich auf den öden Formalismus von *If*-Sätzen zu beschränken, fragen wir uns, was es für die Entwicklung des Menschen bedeutet haben mag, dass er Kontrafaktisches sagen und denken kann: "Was wäre denn passiert, wenn ...?" Was wäre denn, wenn uns keine Formen für das Wünschen, Wollen und Werden zur Verfügung stünden? Wie kann das Englische zwischen Wollen und Werden klar trennen, wenn "werden" mit "will" ausgedrückt wird? Wer solche Fragen stellt, rückt die Grammatik erst ins rechte Licht:

> An der französischen Grammatik konnte gezeigt werden, wie das allererste Verlangen nach einer wissenschaftlichen Wahrheit den Stein der Philosophie ins Rollen bringt. Wer ihm unermüdet nacheilt, sieht sich zuletzt in Tiefen der Erkenntnis entführt, wo, weitab von seiner ursprünglichen Fragestellung, ihm das Problem zum Erlebnis wird: was ist der Mensch? (Wähmer 1914, 98)

Hier öffnet Grammatik die Tür zur modernen Hirnforschung und den *cognitive studies*. Dies fordert Waiblinger (1998) für den Lateinunterricht mit seiner Ausrichtung aufs mikroskopische Lesen und Übersetzen, dies ist zugleich Sache des Deutschunterrichts. Lehrer dürfen nicht Halbbegriffenes weitergeben, sondern müssen sich im Eigenstudium weiterbilden. Das Eindringen in fremde Sprachen könnte zu einem vertieften Wissen von Sprache überhaupt und zu Einsichten in die tiefliegenden Gemeinsamkeiten der Sprachen und des Menschseins führen. Schließlich ist es die Grammatik, durch die sich der Mensch nicht nur graduell, sondern prinzipiell vom Affen unterscheidet. Denn sie bringt uns die Freiheit des Denkens.

[1] Eine erste Fassung dieses Kapitels erschien in der *Praxis des neusprachlichen Unterrichts* 3/03, 277ff.

[2] Erinnert sei auch an Krashens radikale "non-interface position" (es gebe keine Verbindung, keine Schnittstelle zwischen Sprachwissen und Sprachkönnen) und seine Monitor-Hypothese. Krashen übersieht u.a., dass schriftliche Texte immer schon eine grammatische Analyse darstellen.

[3] Auch der Ansatz von Segermann (2000) sieht eine grammatische Progression im herkömmlichen Sinn nicht vor.

[4] Hier ist die empirische Forschung gefragt. D.h., man könnte Vorwegerklärungen systematisch ausprobieren und sollte den induktiven Weg nicht als sakrosankt ansehen. Für Selbstlerner hält Kleinschroth (2000, 143) den Weg von der Regel zum Beispiel (Deduktion) für einfacher und zeitsparender.

Sprachen lernt man, indem man sie übt.
Niemand kann einem das Üben abnehmen.

6 Richtig üben: der Wille zur Meisterschaft

In jedem solid und kundig geübten Handwerk liegt etwas, das zur Verehrung, ja zur Bewunderung herausfordert ... Ein Meister ist allemal etwas sehr Schönes, ob er eine Uhr baut oder einen Dom. (*Egon Friedell*)

Hören und Nachsprechen als Grundform des Übens

... that invaluable faculty, the natural imitative instinct of the pupils. (*Otto Jespersen*)

Eine Sprache will gekonnt sein wie ein Instrument. Und Könnerschaft erlangt man durch Üben. Das Können aber ist "eine ursprüngliche, fundamentale und irreduzible Weise des Erlebens".[1] Könnenserlebnisse sind es denn auch, die unsere Schüler bei der Stange halten. Jeder Könnenszuwachs, jedes Gelingen einer selbständigen Leistung kann ungemein befriedigen und noch bis ins Alter zur Steigerung des Lebensgefühls beitragen. Bleiben aber überzeugende Könnenserlebnisse aus, wird es zappenduster für Schüler *und* Lehrer. Dann ist Üben bloß lästiger Zwang.

In diesem Kapitel geht es vorwiegend um die motorischen Grundlagen sprachlichen Könnens, um imitatives Üben und artikulatorisch-intonatorische Geläufigkeit. Zwei Drittel der motorischen Neuronen des Cortex sind allein für unsere Fingerfertigkeit und die Steuerung der Gesichts- und Sprechmuskeln reserviert. Der Neurophysiologe Neuweiler glaubt, dass Sprache sich im Anschluss an die motorisch-manipulatorischen Zentren des Gehirns entwickelt habe, die sich ihrerseits aus der Be-Hand-lung von Gegenständen stark ausgebildet hatten. Die Akrobatik von Händen und Fingern führe zur Akrobatik der Laute.

Übung macht den Meister. Wussten wir schon. Weniger trivial, und ebenso wichtig zu wissen: Beim Sprachenlernen ist Üben wichtiger als Intelligenz.[2] Und Üben kann fehlende Intelligenz ausgleichen. Warum können dann unsere Hauptschulabgänger so wenig? Weil von Anfang an nicht richtig imitiert wird. Denn Üben ist zuallererst Hören und Nachsprechen, dann erst erfinderische Produktion nach dem generativen Prinzip. Der Mensch aber ist ein Genie im Nachahmen, und imitatives Lernen ist die (oft vernachlässigte) Basis des Sprachenlernens.

Der Meister weiß, wie richtig geübt wird. Er weiß, wie eine unvollkommene Leistung schrittweise zu verbessern ist. Denn geübt wird in Stufen. Er kennt die Anfangs-, Zwischen- und Endstufen einer Leistung und verfügt – in Teilbereichen – über Präzisionstechniken, mit denen er die allen Menschen zugedachte natürliche Sprachbegabung optimal ins Spiel bringen kann – eine Konzeption, die mit Wygotskis "entwicklungsproximalen Zonen", den "Zonen nächster Entwicklung", verwandt ist. Alle seine Schüler schaffen es, wenn auch längst nicht gleich gut.

Üben geht in Etappen

Übung und Gewohnheit ist überall Hauptmeisterin. (*Johann Gottfried Herder*)

Die Grundregel des Unterrichts aus dem ersten Kapitel lautete: das Üben und Anwenden – *medium-* und *message-orientation* – in das richtige Verhältnis bringen. Das ist die Kunst, und für sie gibt es keine feste Formel. Meist gilt es, den leidigen Überhang des Übens über das Anwenden aufzuheben. Mitteilungsbezogene Kommunikation ist in den Anfangsklassen Mangelware.

Es wird in der Tat viel geübt, aber nicht richtig geübt. Und darunter leidet auch das Anwenden. Für richtiges Üben aber gibt es Meistertechniken. Dann strengen sich die Schüler an und arbeiten mehr, aber sie merken es gar nicht, weil etwas dabei herauskommt. Genügend Übungszeit, großer Übungsertrag, viel Übungslust, viele Übergänge zum Kommunizieren – das alles hängt zusammen. Richtig Üben ist nie die Mischung aus Einfallslosigkeit und Stumpfsinn, an die sich manche erinnern mögen.

Die fernöstliche Tradition kennt das Streben nach vollkommener Beherrschung, das anfangs eine völlige Unterwerfung unter das Modell des Meisters bedeutet. Das Prinzip duldet keine halben Sachen, sonst werden statt Meisterleistungen nur schnell verfliegende Scheinleistungen erzielt. Das Vermögen zur Vollkommenheit aber ist schon im Schüler angelegt. Deshalb macht der Meister dem Schüler Mut zu sich selbst, und der Schüler liebt den Meister, weil dieser ihn zu sich selbst führt. Er macht ihn eigenständig. Aus Abhängigkeit wird Selbständigkeit.

Meistertechniken sind streng definierte und geprüfte Unterweisungsformen. Damit junge Lehrer sie beherrschen lernen, müssen sie genau beschrieben werden. Denn "wenn man beobachtet, was zwei Leute wirklich tun, die nach ihrer eigenen Aussage das gleiche tun, stellen sich oft verblüffend große Unterschiede heraus", so der Verhaltensforscher Nico Tinbergen (1984, 175). Dies setzt die Analyse des zu erzielenden Könnens voraus, wie sich die Anfangsleistung zusammensetzt und wie sie sich von der Endleistung unterscheidet. Denn "das gekonnte Tun ist qualitativ anders". (Butzkamm 2002, 75) Dieser bekannte psychologische Befund (neuerdings *chunking*-Theorie) wird durch die moderne Hirnforschung bestätigt. Bei der meisterlichen Ausführung sind andere Hirnregionen als beim Anfänger stärker aktiv, so etwa auch beim Schachspiel (Amidzic u.a. 2001). Worin genau unterscheidet sich der Amateur vom Profi, die stümperhafte Ausführung von der glatten Geläufigkeit? Wie ist die richtige Reihenfolge der Stufen, die erklommen werden müssen?

Während aber beim Mutterspracherwerb sich das Kind seine Etappen selbst wählt, muss der Meister wissen, ob der Schüler bereit ist und wozu, und immer wieder Zwischenziele abstecken – bis etwas abgelegt werden kann und als erledigt gelten darf. Solche Schrittfolgen haben wir u.a. bei den halbkommunikativen Strukturübungen (Kap. 5) und bei der Dialogarbeit (s.u.) festgelegt. Wie wichtig die richtige Stufung (*grading*) ist, zeigen uns u.a. autistische Kinder. Sie brauchen die Kleinschrittigkeit und Kleinarbeit an der Sprache, das streng und richtig portionierte Üben. Sie haben die Tendenz, sehr schnell die Lernsituation zu verlassen, wenn die Aufgabe nicht ihrer nächst möglichen Entwicklung Rechnung trägt. Unser Problem ist, dass wir keinen Einzelunterricht geben, dass Schüler für jede Aufgabe ungleiche Voraussetzungen mitbringen und auch nicht im Gleichschritt avancieren. Wer dreißig Kinder in der Klasse hat, muss sorgfältig beobachten und probieren, um die Schwierigkeiten richtig zu staffeln, und notgedrungen Kompromisse schließen.

Die zweckmäßigste Lehrstrategie zur Steuerung des systematischen Lernens ist die "direkte Instruktion". Dem entspricht, dass der Mensch die Kunst der Nachahmung wie keine andere Tierart beherrscht. Hinhören und Hinsehen, dann Nachmachen! Das ist die Devise. Die "direkte Instruktion" wird fälschlicherweise mit Frontal- oder Paukunterricht verwechselt. Die Dynamik des Übens verlangt aber zumeist den Verbund von Frontalunterricht, Einzel- und Gruppenarbeit. (Weinert 1999, 33)

Übungen zielen auf Leistungssteigerung. Sie bringen etwas zur Anwendungsreife. Das zuvor Gelernte wird eingesetzt, um ähnliche, aber doch neue Probleme zu bewältigen. Dann kommt auch der Punkt, wo man den Schülern das Feld zu überlassen hat. Wir dürfen Drillmeister sein, ungeniert, weil wir das immer nur vorübergehend sind. Dazu müssen wir uns ein rundes, sicheres methodisches Können erwerben. Dann gilt auch: Der Meister kann die Form zerbrechen – aber er muss schon ein Meister sein. Auf seine meisterliche Analyse sowohl der logischen Struktur des Materials – meist der Texte – als auch der daran zu trainierenden *skills* kommt es an. Denn Üben ist zunächst bereichsspezifisch – im Gegensatz zum lebendigen Kommunizieren, das die Vokabel "ganzheitlich" verdient (leider eine überstrapazierte Modevokabel).

Kunstfehler vermeiden

Meisterschaftstechniken sollen wirkungsmächtig und störungsunanfällig, also relativ *teacher- and studentproof* sein. Aus dem planmäßigen Aufbau und der geforderten Detailgenauigkeit folgt wie in der Medizin, dass auch Kunstfehler nachgewiesen werden können. Warum sollte es sie nur in der Heilkunst geben? Wenn es gelingt, Lehrtechniken detailgenau zu entwickeln, dann können auch pädagogische Kunstfehler dingfest gemacht werden und Gütestandards erhoben werden.

Es richtig machen, darauf kommt es an. Auch das Nachsprechenlassen will gekonnt sein: lustvoll, mit Schwung und großer Beteiligung, im Klassenchor, als Tischgruppe, als Paar- und als Einzelsprechen. Gelegentlich wird vor "parroting" gewarnt. Wer herunterleiern lässt, begeht einen Kunstfehler. Nur durch sauberes Nachsprechen gewinnen wir ein Sprachgefühl, das uns sagt, ob sich etwas richtig anhört oder nicht.

> Once he was ill and we had a supply teacher instead. She was horrified by our pronunciation and thus spent the entire lesson on practising a single sentence: "Il y a, dans les Alpes de Savoie, une station très moderne qui s'appelle 'le Lac de Tignes'". After 45 minutes we left the classroom with the feeling that we had learned a lot and furthermore we had enjoyed the lesson more than any other French lesson we had had before. (*Susanne H.*)

Die Mundgymnastik kann als Lernsport richtig Spaß machen. Nämlich dann, wenn man merkt, wie leicht einem am Ende ein Stück Sprache über die Zunge geht. Wie in der Muttersprache, in der man vergessen hat, welch großartige Leistung das Artikulieren ist und welche Schwerarbeit es uns als Säugling und Kleinkind gekostet hat. Mütter sprechen ihre zwei bis fünf Monate alten Sprösslinge mit stark in die Länge gezogenen Vokalen und einer markanten Betonung der Resonanzfrequenzen an – was ihnen vielleicht kaum bewusst ist. Sie liefern ihnen in diesem Alter sozusagen Supervokale. Wir dürfen Ähnliches tun. Wir hören genau hin, dann sprechen wir ihnen Wörter wie "old" oder schwierige Verbindungen wie "how old" und "how old are you?" mit zwischengeschobenen /w/ als Bindelaut supergenau vor. Auch kleine Tricks helfen, wenn wir etwa "What's good about it?" einmal wie folgt anschreiben: "What's goo dabou tit?" Dann kriegen es auch die Schüler hin und haben sogar Freude daran. Wer bei Anfängern, vor allem Kindern, nicht auf saubere Artikulation achtet, macht etwas falsch. Handlungsorientierte Partner- und Gruppenarbeit ohne solche Vorarbeit kann zur Farce werden.

- Klarheit der Ziele: Alle wissen, worin die Zielleistungen bestehen.
- Zielerreichendes Lernen: Alle können die Mindestleistung erbringen.
- Klarer Aufbau und methodisch begründete Folge der Arbeitsschritte.

- Kunstfehler kennen und vermeiden.
- Möglichkeit zur individuellen Betreuung lernschwacher wie leistungsfähiger Schüler.

Verfügbarkeitsstufen[3]

Beobachtungen aus einer Deutschstunde am Goethe-Institut in London. Gegen Schluss der Doppelstunde sollten die Schüler den Lehrbuch-Dialog *Die Kamera* mit verteilten Rollen vorlesen. Das klappte einigermaßen, aber es lasen nur die eindeutig besten Schüler vor. Dann bat der Kursleiter darum, sich beim Vorlesen einander zuzuwenden und Augenkontakt zu suchen. Die Teilnehmer lachten gewissermaßen ihre Verlegenheit hinweg und befolgten die Aufforderung, blieben aber sitzen.

Allein der Augenkontakt ist schon eine wesentliche Verbesserung gegenüber dem reinen Vorlesen. Einer, der vorn saß, musste auf seinem Stuhl herumrutschen, sonst hätte er sich den Nacken verdrehen müssen. Man kann eben über einen Lehrstoff, hier: einen Dialogtext, auf verschiedene Weise verfügen. Die höchste Stufe wäre hier die Form, die der Autor sich vorgestellt hat, hier also eine natürliche Gesprächszene.

Verfügbarkeitsstufen eines Lehrbuchdialogs:

- Stilles Leseverständnis.
- Lautes, artikulatorisch glattes und zugleich sinngetragenes Lesen/Sprechen.
- Lesen/Sprechen mit verteilten Rollen und Augenkontakt (*Read-and-look-up*).
- Nachspielen, also in Bewegung sein, aber mit gelegentlichem Blick auf den Text.
- Auswendig nach eigener Interpretation nachspielen.
- Dialogphrasen, auch abgeändert, bei natürlichen Sprechanlässen spontan verwenden.

Erst wenn eine Stufe erreicht ist, wo etwa der eine lässig auf der Tischkante sitzt, die Kamera (oder irgendein Ersatzobjekt) prüfend in der Hand hält, sein Gegenüber dabei auf dem Stuhl davor sitzt und das Gespräch beginnt – erst dann, so postulieren wir, haben wir eine gewisse Gewähr dafür, dass die betreffenden Äußerungen: "Wem gehört denn diese Kamera hier? Gehört sie dir? – Ja. Gefällt sie dir?" usw. auch in der Ernstsituation zur Verfügung stehen. Sprache muss immer wieder in ihrer menschlichen Totalität ergriffen werden. Mimik, Gestik, Körperhaltung, auch unser Gang müssen mitsprechen, und was wir einander sagen, muss uns tiefenseelisch verbinden. Meistertechniken sollen solche Sprachgewohnheiten ausbilden, die auch unter Druck noch funktionieren.

Ein anderes Beispiel: Ein Schüler lernt zu Hause brav seine Vokabeln, immer schön der Reihe nach. Leise läuft Musik mit, er ist entspannt. Er hat sie intus. Der Lehrer aber fragt sie durcheinander ab, und die Situation ist alles andere als entspannt. Plötzlich sind die Vokabeln nicht mehr verfügbar.

Ein Text wird oft nicht richtig zu Ende gelernt, nicht ausgelernt. Kommt das zu oft vor, summiert sich der Schaden. Wie viel brauchbare, anwendbare, authentische Sprache steckt in all den durchgenommenen Texten? Und was davon können Schüler wirklich benutzen, um ein Gespräch zu bestreiten? Schüler nach dem Hauptschulabschluss brachten in einer Interviewsituation mit einem englischen Muttersprachler nur kümmerliche "Ausdrucksfragmente" zuwege (Walter 1978). Im Unterricht werde ständig neuer Stoff vermittelt, bevor das zuvor Eingeführte wirklich angeeignet ist. Man kann nach beiden Richtungen sündigen: wichtige Redemittel werden nicht kommunikativ erprobt, sie werden aber auch nicht so weit vorgeübt, dass sie schon erprobungsfähig wären und für eigene Kommunikationsbedürfnisse ansatzweise zur Verfügung stünden.

Praxis: eine durchkomponierte Lehrtechnik – Dialoge einstudieren und vorspielen

> Für leistungsschwächere Spracherlerner gibt das möglichst originalgetreue Reproduzieren der Dialogvorlage den festen Boden unter den Füßen ab, den sie für die unerläßliche Phase freier Sprachanwendung benötigen. (Walter 1976, 281)

Soldat: Hep! Vous là! Vous n'avez pas vu la pancarte?

Soldat: Il est défendu de se baigner ici!
Baigneur: Mais je ne me baigne pas!
Je me noie!

Soldat: Ah bon! Ça va. Continuez ... –
Faites vite!

Eine zentrale, durchmethodisierte Meistertechnik ist das Einstudieren von Dialogen nach C.J. Dodson (1967). Nehmen wir einen Dialog, der in wenigen Zeilen reichlich neue Wörter und Wendungen enthält (Dann lohnt sich der Übungsaufwand besonders). Sie wollen die Schüler so weit bringen, dass sie ihn frei vor der Klasse (oder auch in einer Ecke, ohne Zuschauer) spielen können, also nicht ablesen oder bloß aufsagen.

Erster Textdurchgang: Phonetisierung und Semantisierung

Lehrer spricht Dialogzeile vor:

> Hep! Vous là! Vous n'avez pas vu la pancarte?
> *Lehrer übersetzt:* Heh, Sie da! Haben Sie denn das Schild nicht gesehen?
> *Lehrer wiederholt Dialogzeile:* Hep! Vous là! Vous n'avez pas vu la pancarte?
> *Lehrer macht eine Pause,* gerade so lang, dass die Schüler den Satz still probieren können.
> *Lehrer zeigt auf Schüler,* die einzeln, aber auch im Chor nachsprechen.[4]

Erläuterungen

- Der Lehrer bemüht sich, den Satz so natürlich wie möglich, im passenden Tonfall, mit untermalender Mimik und Gestik vorzusprechen. Er zieht alle Register, nutzt vor allem seine Stimme, die reichen Klangfarben der menschlichen Stimme, den Gegenpol zu den Computer-Stimmen der *Science Fiction*-Filme. Wenn vorhanden, nutzt er außerdem eine Tonbandversion mit geschulten Muttersprachlern, die als gleichbleibendes Muster ihm selbst Orientierung bietet.

- Ebenso gut spricht er die Übersetzung, die so idiomatisch und treffend sein muss, dass die Schüler sofort im Bilde sind. Die stets affektiv getönten nonverbalen Zusatzinformationen sind auch für die Übersetzung prägend.
- Dadurch, dass die Übersetzung zwischen zwei Dialogvorgaben geschaltet wird, die Schüler also unmittelbar auf einen fremdsprachlichen Stimulus hin nachsprechen, entstehen keine Interferenzen. Deshalb vermeiden wir Namensaufrufe und zeigen stattdessen auf die Schüler. Das Hörbild, der Nachhall des fremden Satzes im Kopf des Schülers, würde sonst gestört.
- Pause: Am besten spricht der Lehrer den Satz selbst noch einmal still vor sich hin, dann weiß er, wie lang die Pause dauern soll. Die Schüler machen einen stillen Probeversuch, und dieser macht ihnen Mut zum lauten Nachsprechen. Zeit lassen für ein inneren Echoeffekt!
- Obwohl die Schüler hier von jeder Bedeutungssuche entlastet sind, ist die Phonetisierung für Lehrer wie Schüler einigermaßen strapaziös und funktioniert nur bei entsprechend kurzen Texten. An dieser Stelle ist Perfektion angesagt! Nehmt das Nachsprechen ernst! Bedenkt: Nachsprechen setzt eine innere neuronale Repräsentation des Gehörten voraus. Die Kinder werden es euch danken.

Ergänzungen

Nachsprechen

Vorrang hat das intonationsgerechte Nachahmen von rhythmisch-melodischen Einheiten, also meist Wortgruppen. Die Arbeit am Einzellaut kommt danach! Nota bene: Die bekannte Technik des "Einlesens neuer Vokabeln im Klassenchor" kann zur Unsitte werden, wenn nicht zunächst ganze Äußerungen intonationsgerecht und im richtigen Rhythmus wiedergegeben werden. Ein längerer Satz wird als Ganzes vorgestellt, dann aber in Teilstücken nachgesprochen, wobei der Lehrer den Satz sowohl von vorne wie von hinten her aufbauen kann. Am Ende ist der Satz jedoch wieder als Ganzes zu reproduzieren "in its entirety without hesitation or any process of piecing together". (Palmer & Redman 1969, 98)

Eine spielerische Variante des Nachsprechens im Klassenchor ist als "Echotechnik" bekannt geworden. Wir tun so, als ob wir uns im Gebirge befänden, zwischen Lehrer und Schüler liegt ein tiefes Tal. Der Lehrer steht also in einer Ecke, in der Ecke gegenüber stehen dichtgedrängt die Schüler, die als Echo den Satz täuschend echt zurückgeben. Dann fängt der Lehrer an, mit dem Satz zu spielen. Er flüstert ihn, die Schüler flüstern zurück, er spricht hohl und dumpf, spricht unnatürlich abgehackt, mit Pausen zwischen jedem Wort usw., und die Schüler tun es ihm nach (Schmid-Schönbein 2001, 120). Einfach Klasse!

Leises Mitsprechen: Multiplikationseffekt

Lehrer und Schüler probieren den Satz still durch; erst danach zeigt der Lehrer auf Schüler oder Schülergruppen, die nachsprechen. Während diese laut sprechen, sprechen die andern leise mit, hören also nicht auf, leise zu probieren – ein bedeutsamer Multiplikationseffekt.

> While one pupil was repeating the words the teacher had said, it was striking to observe that most of the others were mouthing the words as well, i.e. they were silently repeating the word to themselves, forming the foreign sounds with their lips and whispering the words for themselves in order to get acquainted with the foreign sounds and to keep the words and their meaning in mind. (*Silke H.*)

Dieses Subvokalisieren ist eine Verstärkung des inneren Mitsprechens beim gespannten Zuhören.[5] Auch für andere Situationen gilt Jespersens (1922, 135) Bemerkung: "When one is learning a foreign language, it is an excellent method to try to imitate to oneself in silence every sentence which one hears spoken by a native."

Übersetzung

Der Lehrer kann mehrere gleichwertige Übersetzungen vorgeben. Besser noch: Er fragt die Schüler, ob sie noch andere, bessere Übersetzungen anbieten können. Das gemeinsame Heranpirschen an die beste Übersetzung ist wichtig, weil Unklares und Ungenaues sich nicht einnisten, sondern verworfen werden kann zugunsten des besseren. Gelegentlich erzielt ein Schüler auch einen Volltreffer. Denn Schüler können oft noch idiomatischere, jugendgemäßere Versionen liefern. Im Deutschen dürfen vor allem die typischen Abtönungspartikel nicht fehlen, die sozusagen die kommunikative Temperatur einer Äußerung bestimmen:

> Je ne me baigne pas, je me noie!
> Ich bade doch nicht, ich ertrinke!

Lehrer und Lehrbuch neigen zu schriftsprachlichen Übersetzungen, wie Lübke (1971) gezeigt hat: Ein Schüler, der die Gleichung, *être fatigué – erschöpft sein* kenne, komme nicht immer darauf, dass auch *Marcel ist müde – Marcel est fatigué* heißen könne.

Bilder als Stütze

Zu dem Dialog sollte es möglichst auch einen Bildstreifen nach Art audiovisueller Lehrwerke geben. Die Schüler erkennen die Situation noch schneller und behalten die den Bildern zugeordneten Sätze noch besser. Der Lehrer zeigt auf das Bild, nennt den Sprecher und spricht dann die Zeile vor:

> Lehrer: Image 4, Soldat: Ah bon! Ça va. Continuez ...
> Lehrer: Na gut, geht in Ordnung. Weitermachen ...
> Lehrer: Ah bon! Ça va. Continuez ...
> Etc.

Optimal ist ein Videofilm des Dialogs, gedreht mit geschulten Muttersprachlern im Sprachland. Dieser Film wird vor dem Einüben gezeigt, dazu werden typische Körperhaltungen, Gestik und Mimik erläutert.

Hörmerkspanne/Äußerungslänge

Die nachzusprechenden Äußerungen dürfen für Anfänger nicht zu lang sein. Äußerungen müssen zum Nachsprechen aufgeteilt oder zunächst sinngemäß gekürzt werden, sonst gibt es zu viele Satzabbrüche. So wird also die Äußerung der Wache in Bild 4 in zwei Teilen dargeboten, der erste Teil wie oben und danach wie folgt:

> Lehrer: Faites vite.
> Lehrer: Machen Sie schnell. Oder besser: Aber dalli, dalli!
> Lehrer: Faites vite.
> Etc.

Orientierung an der Hörspur, mit dem Schriftbild als Stütze

Wir lernen Sprache als Rede, also hörend, über das Ohr. Dieses Hören kann man jedoch durch ein Zwischendurch-Mitlesen stützen. Die Schüler haben bei ihren Nachsprechversuchen von Anfang an den Text mit Bildstreifen vor sich liegen. Dies mag verwundern, ist doch bekannt, dass Schüler das Schriftbild gern nach Art der Muttersprache deuten. Tests haben jedoch gezeigt, dass Schriftbildinterferenzen weitgehend vermieden werden können, wenn die Schüler auf diese Gefahr aufmerksam gemacht werden. Sie sollen nicht ablesen, sondern auf den vorsprechenden Lehrer schauen und sich beim Nachsprechen am gerade aufgenommenen Hörbild im Kopf orientieren. Sie dürfen aber zwischendurch auf den Text schauen. Bricht der Schüler beim Nachsprechen ab, weil die Hörspur verblasst ist, und versucht dann, vom Text abzulesen, kann der Lehrer den Satz noch einmal vorsprechen. Ein kurzer Blick auf den Text braucht aber nicht zum Ablesen führen, sondern kann die Hörspur wieder auffrischen und fehlerfreies Nachsprechen bewirken. Das hört sich komplizierter an, als es in Wirklichkeit ist.[6]

Technik der Spiegelung und Mitlernprinzip

Das Vorspielen des Dialogs ist nur ein Zwischenziel. Das Endziel muss sein, dass die Schüler die im Dialog enthaltenen Wörter und Wendungen frei in eigenen Gesprächsbeiträgen verwenden können. Wenn die Schüler mehr als nur fertige Sätze produzieren sollen, müssen sie diese auf zweierlei Weise verstanden haben, dem eigentlichen Sinn nach und der Form nach. Wenn wir dies Endziel im Auge behalten, müssen wir die im vierten Kapitel erläuterten Prinzipien anwenden. Deshalb noch die folgenden Beispiele:

Lehrer spricht vor: Domaine militaire.
Lehrer übersetzt: Militärischer Bereich, Sperrzone.
Lehrer erklärt, verknüpft: Kennt ihr das deutsche Wort Domäne? Eine Domäne ist (1) ein Landgut, ein Staatsgut, landesherrlicher Grundbesitz; (2) ein Spezialgebiet, in dem man sich besonders gut gut auskennt. Meine Domäne ist z.B. die französische Romanliteratur. (Kennen die Schüler Latein, wird an *dominus* angeknüpft, kennen sie Englisch, wird *domain* erwähnt.)
Lehrer spricht vor: Domaine militaire.
Etc.

Lehrer spricht vor: Défense de se baigner.
Lehrer übersetzt: Baden verboten.
Lehrer spiegelt die Struktur: Verbot, zu baden.
Lehrer verknüpft: *La défense* ist nicht nur das Verbot, sondern auch die Verteidigung. Könnt ihr mir verwandte deutsche und englische Wörter nennen? (*Defensive, defensiv/the defense, to defend*) Was hat denn eigentlich ein Verbot mit Verteidigung zu tun? Wie hängt das zusammen?
Lehrer spricht erneut vor: Défense de se baigner.

Hier werden Brücken zwischen den Sprachen gebaut und die fremde Sprache nicht nur dem Sinn nach, sondern auch in ihrer Bauform verständlich gemacht. Das Neue wird so vielfältig wie möglich in die geistige Welt des Schülers eingebunden, d.h. mit schon vorhandenen Sprachen verknüpft.

Weitere Textdurchgänge: Festigung, Prinzip des Verweilens

Der Text muss sitzen, und dazu genügt ein einmaliger Textdurchgang nicht. Deshalb schließen wir weitere Festigungsschritte ein, aus denen der Lehrer auswählt, bis er merkt, dass die Schüler den Text können. Aber "Wiederholen fällt schwer, weil es nichts Neues bringt" (Kleinschroth 2000, 69), also treffen wir stets eine andere Auswahl und sorgen für Abwechslung in der Art, wie wiederholt wird. Die Textdurchgänge lassen sich in solche einteilen, in denen die Schüler eher rezeptiv bleiben (*recognition steps*), und solche, in denen sie den Text aktiv reproduzieren (*recall*). Rezeptive Durchgänge sind wichtig, weil Sprechpausen den Behaltensprozess verstärken können (Holtwisch 1994, 231).[7]

Textrezeption

- Der Lehrer trägt den Text noch einmal vor, die Schüler hören still und entspannt zu. Der Text kann einsehbar sein oder ist abgedeckt. Bei abgedecktem Text schließen die Schüler die Augen, um sich besser auf das Hören zu konzentrieren.
- Der Lehrer spricht die Sätze in zufälliger Folge vor, die Schüler nennen den dazugehörigen Sprecher und /oder die Bildnummer.
- Bei genügend Platz: Die Schüler gehen, laufen oder hüpfen – je nach Anweisung – durch die Klasse, während der Lehrer die Sätze des Dialogs in neuer Reihenfolge spricht. Sagt er einen anderen, nicht dem Dialog entstammenden Satz, bleiben sie starr stehen (*freeze*) und setzen sich erst dann wieder in Bewegung, wenn er weiter spricht.
- Der Lehrer spricht die Sätze vor, verändert sie aber manchmal, indem er Wörter austauscht, hinzufügt oder weglässt. Die Sätze bleiben jedoch grammatisch korrekt. Die Schüler reagieren mit "vrai" oder "faux", wenn die Sätze nicht so im Dialog vorkommen. Dieser Schritt ist sehr wichtig, weil wir hier schon Strukturen durchsichtig machen können und damit die Phase der Dialog-Variation vorbereiten, etwa mit folgenden "falschen" Sätzen:
  Vous n'avez pas vu mon ami?
  Vous n'avez pas vu mon camarade?
  Je me baigne.
  Je ne me baigne plus.
  Il est défendu de fumer.

Textproduktion

- Der Lehrer spricht den Text satzweise vor, Text und Bilder sind einsehbar. Die Schüler murmeln nach jedem Satz diesen halblaut vor sich hin.
- Der Lehrer nennt Bild und Sprecher, die Schüler erraten den dazugehörigen Satz. Die Bilder sind einsehbar, der Text nicht.

- Das gleiche mit *flashcards*, falls vorhanden.
- Der Lehrer nennt anstelle des ganzen Satzes ein prägnantes Wort aus dem Satz, die Schüler wiederholen bei abgedecktem Text den ganzen Satz.
- Wie oben, das Signalwort ist aber jetzt muttersprachlich.
- Der Lehrer artikuliert einen Satz still, etwas langsamer als gewöhnlich und mit ausgeprägter Mimik und Gestik. Die Schüler erraten den Satz, lesen ihn z.T. von den Lippen ab. Das finden sie sehr spannend.

Folgende Schritte sollten nicht fehlen:

- Der Lehrer spricht die übersetzten Sätze vor, nacheinander wie im Original oder durcheinander. Bilder und Text sind einsehbar. Die Schüler sprechen den Originalsatz: die Rückübersetzung, die Erfindung der humanistischen Latinisten, auf die wir schon verwiesen (Kap. 4): wechselseitige Verstärkung von Übersetzen und Rückübersetzen.
- Ebenfalls Rückübersetzen, diesmal aber ist der Text abgedeckt. Diese zweite Rückübersetzung darf nicht fehlen, da sie dem Lehrer anzeigt, ob die Schüler den Text und zugleich seine Bedeutung behalten haben.
- Der Lehrer sagt überhaupt nichts. Bei abgedecktem Text und abgedeckten Bildern nennen die Schüler die Sätze, die ihnen in den Sinn kommen. Ein wichtiger Kontrollschritt: Wenn ein bestimmter Satz gar nicht oder nur von den besten Schülern genannt wird, weiß er: Der Satz sitzt noch nicht und muss noch ein paar Mal nachgesprochen werden.
- Die schon erwähnte "true or false"-Übung: Die Schüler bekommen Satzvariationen und damit Hinweise, wie sie den Text selbständig verändern können: generatives Prinzip.
- Bei jedem dieser Schritte kann er einen Schüler auch bloß wiederholen lassen, was ein anderer schon richtig gesagt hat. Der zweite Schüler hat's leicht, er spricht bloß nach.

Katja berichtet über einen Einführungskurs ins Russische:

> This odd sound stream was fascinating. However after about fifteen minutes we became frustrated as we could not remember the sentences. They were not repeated enough to be remembered.

Zielschritte: der krönende Abschluss

Die wahre Probe auf das Verständnis eines Dialogs bildet das Spiel mit verteilten Rollen, die szenische Darstellung vor der Klasse. Die Gruppen werden am besten immer wieder erneut durch Losverfahren oder durch Abzählen und Würfeln zusammengestellt. Sonst bilden sich Cliquen mit fester Rollenzuweisung, mit denselben Trittbrettfahrern. Der Lärmpegel ist jetzt hoch, aber alles hat seine Ordnung. Ist nicht genügend Platz in der Klasse, setzen wir einer Gruppe den Stuhl vor die Tür: sie üben im Flur.

Manche sind furchtsam und wagen sich nur ungern in unbekannte Gewässer. Deshalb geht der Lehrer voran und wählt sich einen kecken Schüler als Mitspieler aus. Die Bereitschaft, seine Kunst vor Zeugen und Zuschauern zu reproduzieren, wächst mit jedem Erfolg, den andere dabei einheimsen.

Der Lehrer ermuntert die Schüler: "Behold the turtle. He makes progress only when he sticks his neck out." Gemeinsam überwinden wir die Scheu, uns zu "produzieren".

> The pupils were often asked to perform role-plays in front of a video camera and it was great fun for them to watch their own productions afterwards. (*Katja V.*)

Und dann kann die Keckheit auch überborden. Linnartz erinnert sich an seine Zeit als deutscher Lehrassistent an einem französischen Gymnasium:

> Also kleine Rollenspiele, Saynètes. Das französische Wort wird oft als scénette mißverstanden. Es stammt aber aus dem Spanischen: Sainete, "komisches Zwischenspiel, Lockspeise, verzuckerte Pille". In dieser Funktion wollte ich sie meinen Schülern auch verabreichen. Leider gelang es mir nicht, die Balance zwischen dem sprachlichen Übungszweck und dem Erheiterungsbedürfnis und Bewegungsdrang meiner Savoyarden zu halten. Sie nutzten die von ihnen "gestes" genannten Saynètes sehr einseitig. Erwartungsvoll begrüßten sie mich im Flur mit der Frage: "M'sieu, on fait des gestes?" Die Turbulenz mancher Stunden war nicht mehr einzudämmen, und ich merkte mir für später, dass man die Dämonen der komischen Mimesis nur rufen darf, wenn man sie auch bändigen kann. (Linnartz 1989, 59)

Gut einstudierte fremdsprachliche Stückchen eignen sich hervorragend für Schulfeste und Elternabende:

> Our textbook contained some dialogues that we had to act out in front of the class. One of them, a very funny one, was a little longer, so it was a challenge for us to learn it by heart. Four of us, including myself, had to rehearse it in order to act it out. We met at my parents' flat and enjoyed speaking English (without an English teacher) for our first "theatre play". It was a great success so we had to perform it again at a carnival party of the Unterstufe. This was one of the few foreign language experiences outside the classroom. (*Thomas B.*)

Beim Rollenspiel gaben die Schüler ihr Bestes, schreibt Kathrin Sch., und Sabine Z. bemerkt: "Although 10 years have gone by I still can remember some lines from this role play." Wir haben mit Freude unsere Stücke vorgeführt und gar nicht gemerkt, dass wir dabei auch etwas lernten, erinnert sich Iris A. Nichts ist eben erfolgreicher als der Erfolg, zumal, wenn er beachtet und gerühmt wird.

Die Schüler erleben die Spannung zwischen Idee und Ausführung. Am Ende gilt: Wir alle sind wirkungssüchtig. Also geben wir unseren Schülern eine Bühne und setzen eine Tradition fort, über die schon der Reformpädagoge Max Walter (1908, 19ff.) begeisternd berichtete.

Nicht zu vergessen: Beim Rollenspiel sind die Mitschüler keine Konkurrenten, sondern echte Lernpartner, und der Lehrer wird in den letzten Etappen zum Lernberater. Denn "die individuelle Ausformung seines Parts bleibt dem Lernenden im Laufe seiner Probearbeit vorbehalten", und das darstellende Spiel ist die "unersetzbare Bewährungsprobe für die Bewältigung von Stress im fremdsprachigen Milieu", so Thiering (1996, 162f.). Das gilt sowohl für die vom Lehrer eingeführten wie auch von den Schülern selbst geschriebenen Stücke, die im übernächsten Abschnitt behandelt werden.

Zielerreichendes Lernen: Fundamentum und Additum

Nach der Scholastik Studie des Münchener Max-Planck Instituts über bayrische Grundschulen (Weinert & Helmke 1997) brauchen die schwächsten Schüler fünfmal mehr Zeit als die besten einer jeweiligen Klasse zur Erreichung des gleichen Zieles. Wie unterrichten wir, dass die schnelleren fortkommen, ohne dass die schwächeren Schüler auf der Strecke bleiben? Die Antwort: Jeder Schüler, auch der schwächste, muss den Dialog als Fundamentum beherrschen. Sie brauchen und bekommen mehr Nachsprechversuche, während die schnelleren Schüler schon in Partner- oder Gruppenarbeit damit beschäftigt sind, den Dialog leicht abzuwandeln. Der Dialog und seine Redemittel bilden das Fundament, auf dem alle stehen.

Unterrichtsdynamik:
- anfangs mit Schriftstütze, später ohne;
- anfangs lehrerzentiert, später mehr Eigeninitiative der Schüler;
- anfangs Gleichschaltung der Schüler, dann individuelles Lerntempo;
- anfangs Frontalunterricht, dann Einzel-, Partner- und Gruppenarbeit;
- anfangs mucksmäuschenstill, später hoher Lärmpegel;
- Fortschreiten von der Instruktion zur Konstruktion.

Eine zentrale Arbeitsform für den Anfangsunterricht: die Dodson-Technik
- Aufbau des Könnens Schritt für Schritt, konzentriertes Üben.
- Das Prinzip des Verweilens beim Text, mustergültiges Imitieren.
- Mündlichkeit: Einsatz von Stimme, Gestik, Mimik, Körperhaltung.
- Muttersprachliche Mitteilungsäquivalente, d.h. ebenso wie beim Originalsatz Einsatz von Stimme, Mimik und Gestik und Anknüpfung an das Vorwissen der Schüler.

- Prinzip des Doppelverstehens: muttersprachliche Spiegelung, wenn nötig.
- Sandwich-Verfahren zur Vermeidung von Interferenzen.
- Prinzip der Anknüpfung: Vernetzung mit der geistigen Welt und anderen Sprachen der Schüler.
- Bild und Schriftbild als Stütze.
- Schüler schlagen selbsttätig eigene Übersetzungen vor.
- Der gespielte Dialog ist Versinnlichung und Verbildlichung im Sinne der antiken Gedächtniskunst.
- Vorspielen: Könnenserlebnis nach angestrengter Arbeit, Spielen mit heiterer Überlegenheit, Glücksgefühle.
- Wieder folgen wir der Formel: "Teach, then test; then get out of the way."

Dialoge schreibend variieren, inszenieren, nachbesprechen

> Für das Können gibt es nur einen Beweis: das Tun. (*Marie von Ebner-Eschenbach*)

Sattle gut, und du reitest getrost, sagt ein italienisches Sprichwort. Die Selbstformung an gültigen Mustern ist Vorbedingung der Kreativität. (von Hentig 1998, 50) So bildet das Einstudieren und Vorspielen von Lehrer- oder Lehrbuchstücken nur die erste Stufe, auf die noch weitere folgen.

Die Schüler finden sich wieder in Gruppen zusammen, um eigene Stücke zu schreiben. Das gelingt am besten, indem sie Eingeübtes abwandeln, Textstücke ausschneiden, ersetzen, erweitern und mit andern Stücken mischen. Dies ist im Grunde nichts anderes als die klassische *imitatio,* wo der Schüler sich übt, um "mit dem Material, das ihm die Lektüre zuführt, ähnliche Kunstwerke der Rede zu komponieren, als die klassischen Autoren sie darbieten." (Paulsen 1919, Bd. 1, 345) Denn diese Arbeitsform beschränkte sich nicht auf die Nachbildung literarischer Vorbilder (inklusive Stilanalyse), sondern hatte ihre Vorstufen in einfachen Satzvariationen (*variatio, amplificatio*).

Die Anfänge sind hier sehr bescheiden. Statt der Lehrbuchfigur bringt man sich selbst ein, dabei kann aus *he* ein *she,* aus *him* ein *her* werden usw. Allerdings darf man auch die Schüler dabei nicht zu sehr gängeln. Sie müssen selbst erfahren, wie weit sie sich vorwagen können, wieviel sie riskieren können, ohne zu viele Fehler zu machen. Dann wächst die Schöpferlust. Da die Stücke für den Rest der Klasse neu sind, dürfen Lehrer und Schüler die Akteure zu ihren Stücken befragen oder diese kommentieren – eine Gelegenheit zu spontanem Austausch und mitteilungsbezogener Kommunikation. Näher an den Ernstfall des spontanen Gesprächs außerhalb der Schule kann man kaum kommen. Später kann man auch Hörspiele schreiben.

Zur Illustration dessen, was eine Gymnasialklasse schon im ersten Lehrjahr kann, drucken wir neben dem Lehrtext drei Schülertexte und ein Nachgespräch ab:

Klasse 5, Gymnasium (9.7.02)
Lehrtext: Same old Story

<table>
<tr><td>Bernie</td><td>I'm sick of school!!!</td></tr>
<tr><td>Mother</td><td>What's wrong with you, Bernie?</td></tr>
<tr><td>B</td><td>I don't want to go to school today.</td></tr>
<tr><td>M</td><td>What are you talking about?</td></tr>
<tr><td>B</td><td>Everybody hates me. Nobody understands me.</td></tr>
<tr><td>M</td><td>It's the same old story every Monday morning.</td></tr>
<tr><td>B</td><td>I hate school!</td></tr>
<tr><td>M</td><td>But you must go to school. After all, you are the headmaster.</td></tr>
</table>

1. Schülertext

<table>
<tr><td>Theresa1</td><td>I'm going to Susan, mom.</td></tr>
<tr><td>Theresa2</td><td>Stop! You must look after your little brother again.</td></tr>
<tr><td>Th1</td><td>Oh no. I'm sick of my little brother.</td></tr>
<tr><td>Th2</td><td>Why are you sick of Anton?</td></tr>
<tr><td>Th1</td><td>Because he's getting on my nerves.</td></tr>
<tr><td>Th2</td><td>Please, do it once again for me.</td></tr>
<tr><td>Th1</td><td>Ok. Only once again.</td></tr>
<tr><td>Th2</td><td>Thank you very much.</td></tr>
</table>

2. Schülertext

<table>
<tr><td>Tobias</td><td>I'm sick of basketball.</td></tr>
<tr><td>Alexander</td><td>But you must go to the basketball training. You belong to the team.</td></tr>
<tr><td>T</td><td>I can't play it very well.</td></tr>
<tr><td>A</td><td>Then you must learn it.</td></tr>
<tr><td>T</td><td>Ok, but only for a week.</td></tr>
<tr><td>A</td><td>Hey, fun.</td></tr>
</table>

Nachgespräch

<table>
<tr><td>Lehrer</td><td>Thank you. Do you play basketball, Tobias?</td></tr>
<tr><td>Tobias</td><td>No.</td></tr>
<tr><td>L</td><td>No? What do you play?</td></tr>
<tr><td>T</td><td>Football.</td></tr>
<tr><td>L</td><td>Football. In a team.</td></tr>
<tr><td>T</td><td>Yes.</td></tr>
</table>

L	And where?
T	(...)
L	And what about you Alexander? Do you do sports?
Alexander	Yes, football.
L	Are you in the same team as Tobias?
A	Yes.
L	When is the next match?
A	Saturday.
L	This coming Saturday?
A	Die Saison ist zu Ende.
L	Oh, so I can't come and watch you. That's a pity. Tell me next time. Next time you'll have a match then I'll come. Ok?
A	Yes.
L	Do the others have questions?
S_e	Is your team nice?
Tobias	Yes.
Maren	Are you good at football?
T	Yes.
L	Any other questions? Theresa.
Theresa2	How much player ...
L	How many
Th2	How many player are there?
L	Players, players
Th2	players are there?
Tobias	Hmm ...
L	Well, at least eleven. There are at least eleven in a team, aren't there?
T	Wir haben Auswechselspieler.
L	So you don't know the number? You don't know the exact number? Arno.
Arno	We have got fourteen.
L	Oh, you are also in the team?
Ar	Yes.
L	Oh, and you've got fourteen players. That's interesting.
S_f	Fifteen.
L	Do you have further questions? ... Arno, who's the best player in your team?
Ar	Markus and Thorsten.
L	Our Thorsten?
Ar	Nein. No hmm ... He come from
L	He comes
Ar	He comes from Zweifall.

L	Hmm alright. ... And what about the next match. When is your next match? Can I come and watch?
Ar	On Saturday.
L	This Saturday?
Ar	Yes.

3. Schülertext

Daniel	I'm sick of TV.
Arno	Why are you sick of TV?
D	Because I watch TV every day.
Ar	But you needn't watch TV.
D	But I haven't got friends here.
Ar	I can take you to your friends.
D	Yes, that's a good idea.

Beherzigen wir auch Linnartz' Erfahrungen:

> Rollenspiele sind eine der Möglichkeiten, die Schüler durch allmählich freieres Variieren und Inszenieren von Textgrundlagen der Realität einen Schritt näher zu bringen. Dabei ist der Unterrichtende noch auf andere Weise gefordert. Wenn er von den Schülern nämlich erwartet, dass sie sich in fremdsprachlich artikulierten Rollen produzieren, wird er gut daran tun, ein Beispiel zu geben, indem er sich mimisch exponiert ... Inszenierte Dialoge sind bei entsprechendem psychologischen Takt und etwas Phantasie auf jeder Altersstufe möglich. Noch jetzt sehe ich den Referendar P., der in einer aus erwachsenen Teilnehmern bestehenden Klasse einer berufsbildenden Schule durch die Art, wie er eine Baskenmütze aufsetzte, Zeitung und Baguette unter den Arm klemmte, den für die Szene gebrauchten Français moyen wie aus der Karikatur gestochen den erheiterten Schülern und Schülerinnen darbot; die gelungene Darbietung wirkte die ganze Stunde hindurch und ließ die Schüler bereitwillig auf die Intentionen des Rollenspiels eingehen. (Linnartz 1989, 102)

Dialoge improvisieren

Wir machen nicht bei einstudierten Stücken Halt, ob sie nun aus dem Lehrbuch oder von den Schülern selbst stammen. Die Endstufe ist die Improvisation, die zunächst wiederum vom Lehrer ausgeht:

> Wichtig war mir, dass meine Referendare in die Rollenspiele, die nach vorher in Gruppenarbeit verabredeten und sogar verschriftlichten Dialogen abliefen, in unvorhergesehenen Rollen eingriffen, um die Spielenden zu Improvisationen zu zwingen, welche die Intervention im Augenblick nahe legten. (Linnartz 1989, 102)

Beeinflusst vom modernen Improvisationstheater hat Kurtz (2001) eine Methodik des improvisierten Sprechens im Englischunterricht an Gymnasium und Gesamtschule ausgearbeitet, erprobt und dokumentiert. Es sind flexible Lernarrangements, in denen die Schüler innerhalb eines stützenden Rahmens improvisieren. Zu diesem Rahmen gehört ein "kommunikativer Notausgang": Am besten: Man projiziert eine Eingangs- und Schlussformel auf die Rückwand des Klassenzimmers. Die vor der Klasse agierenden Schüler haben sie stets im Blick. Sie haben einen Start und können sich bei Bedarf korrekt und elegant aus dem Gespräch verabschieden.

Der folgende Dialog wurde in der sechsten Klasse eines Gymnasiums eingesetzt:

Peter	Would you like to spend the day on the beach again?
Sarah	Look at me! I'm horribly sunburned! I'd rather visit a museum today.
P	Booh ...! Visiting museums is so boring!
S	Come on! Don't be so negative! That's boring.

Für die Improvisation wurde die Anfangsphrase "Would you like to ...?" sowie als Schluss "Don't be so negative" vorgegeben. Zwei Beispiele für Improvisationen:

S_a	Would you like to spend your holidays on the mountains?
S_b	Oh no. Look my feet. They are so bad. I won't go five miles in the mountains. I want to go hmm to the cinema.
S_a	Oh no, that's boring.
S_b	Don't be so negative. The cinema is cool.
S_c	Would you like to spend your holidays on Mallorca?
S_d	Oh no, Mallorca is so boring and so hot. I (...) to fly at Berlin.
S_c	Oh, Berlin. Berlin is so big and dirty.
S_d	And Mallorca is not dirty?
S_c	No.
S_d	Don't be so negative. Come on.

Fürs Improvisieren sind zeitgewinnende "hesitation phrases" nützlich ("Well, I'll have to think about that." "Well, let me think. Don't rush me."), ebenso wie Formeln der Verbindlichkeit, um etwas höflich abzulehnen, Gegenvorschläge zu machen usw. ("I'd really rather not ..." "I don't particularly like ..., you know."). Übrigens: *Saying no tactfully* ist sicherlich etwas, was Schüler auch noch in der Muttersprache verbessern können. Verzögerungssignale und andere pragmatische Formeln, die man in Lehrbuchdialogen mitunter vermisst, sind also gezielt einzuüben.

Als *afterthought* noch eine Warnung an die Adresse des Novizen:

> Übrigens ... ist es nicht einfach, das Freisetzen darstellerischer, also motorischer Energien mit den auf sprachlichen Kompetenzzuwachs ausgerichteten Intentionen zu vereinbaren. Solche Stunden haben etwas Unübersichtliches und Riskantes, und ich erinnere mich mit Unbehagen an eine Examensprobe, in der eine in der französischen Sprache allerdings wenig erfahrene Referendarin scheiterte, weil zwei Mitglieder der Prüfungskommission – beide fachkundig – überhaupt nicht bereit waren, sich auf die Intention und die Risiken einer in diesem Sinn pragmatischen Stunde einzulassen. (Linnartz, 1989, 102)

Varianten

Die Arbeit mit Dialogen, sei sie dreistufig (einstudieren/vorspielen; variieren/vorspielen; improvisieren) oder bloß einstufig, ist eine Kerntechnik, die jeder Lehrer beherrschen sollte. Wo immer meine Studenten sie in ihren Berichten erwähnen, wird sie gelobt. So auch das Ergebnis einer Befragung englischer Schüler:

> Role play and speaking were the most popular activities. One linguist (= special language student) commented on how much she had enjoyed an element of creativity in role play where the pupils could devise characters and stay in role. (Fisher 2001, 37)

Anlass genug, um nach Varianten zu suchen, um Dialoge auf vielfältige Art ins Spiel zu bringen. Segermann (2000) probiert ein Konzept ohne fertige Dialoge als Ausgangspunkt aus. Die Klasse bestimmt von Anfang an selber, wie ein Dialog mit einem fremdsprachigen Partner zu einem ausgewählten Thema aussehen soll. Das geschieht weitgehend muttersprachlich, und der Lehrer liefert sofort die idiomatische fremdsprachliche Version, die anschließend eingeübt wird. So wissen sie bestens Bescheid über das, was sie sagen und spielen, es sind ihre eigenen Texte im fremden Gewand.

Der Einsatz von Handpuppen hat eine lange Tradition, ist jedoch kaum verbreitet. Wenn die Puppe vom Lehrer geführt wird, kann er ihr bestimmte Funktionen fest zuweisen. Man könnte mit ihr jeweils die erste Minute bestreiten, indem man etwa einen Bezug zur voraufgegangenen Stunde herstellt: "We had a lot of fun last time, didn't we?/the lesson was hard work, pooh!/I can remember the song we learned ..." Oder die Puppe verkündet jeweils den Spruch der Woche, der an die Tafel zu schreiben ist. Oder die Puppe hat die Aufgabe, "Gefühle der Freude, der Langeweile und Müdigkeit stellvertretend für die Schüler dem Lehrer mitzuteilen" (van de Linde 1983, 136). Sie kann auch bei der Fehlerkorrektur eine Rolle spielen, z.B. selbst typische Fehler machen, die sie so ulkig bringt, dass jeder weiß, das ist grundfalsch. Die Schüler können nach Anleitung ihre Puppen selbst bauen und ihre Dialoge als Puppentheater vorführen. Zumal wenn Fremdsprachen schon in der Grundschule einsetzen, müssen Lehrer sich verstärkt mit solchen Techniken vertraut machen.[8]

Schule der Geläufigkeit: Sprechstücke rhythmisieren und skandieren

Das Gefühl, eine Fremdsprache zu beherrschen, ist zunächst eine körperliche Erfahrung und zielt auf die fremden Artikulationen. Über sie müssen wir Herr und Meister sein. Unsere Sprechmuskeln müssen mitmachen und am Ende so spielend mit den fremden Klangmustern fertig werden wie in der Muttersprache. Wie schnell schämen wir uns, wenn wir das nicht schaffen! Grammatik- oder Wortfehler lassen uns vergleichsweise kalt. So gilt es zuallererst die fremden Artikulationen und Satzmelodien zu meistern, die den Rohstoff abgeben für Wortschatz und Grammatik. Schlechte Aussprachegewohnheiten lassen sich später nur noch schwer korrigieren: sie fossilieren, wie man sagt.

> Das Artikulieren ist eine so wundersame Leistung ... Was die Vokale vollbringen, ist auffallend genug: Von denselben Konsonanten eingeschlossen, bilden sie *Farn-fern-Firn-vorn, Mast-messt-Mist-Most-musst.* Doch wie erst, wenn ein Wort wie *Strudel* exakt ausgesprochen und überdies beim Sprechen wie beim Hören vom *Sprudel* unterschieden werden soll, der nur den mittleren von drei Anlaut-Konsonanten nicht mit dem anderen gemeinsam hat! Man spreche sich die Reihe *Grab-Grad-Graf-Gral-Gram-Gran-Gras-Graz* vor und rechne hinzu, dass *Grab* sich von *Trab, Graf* von *Brav, Gran* von *Tran, Gras* von *Fraß* wieder nur durch einen Laut unterschieden, dass folglich zwölf Wörter gänzlich verschiedener Bedeutung nur durch die äußerste Disziplin der Nerven, Muskeln und Sehnen auseinandergehalten werden können; man denke an die Plage, die Kindern damit zugemutet wird, oder an die Leichtigkeit, mit der ein wenig Alkohol die ganze verwickelte Choreographie der Laute durcheinander purzeln lässt. (Schneider 1970, 37)

Die Gewöhnung der Zunge an die fremden Artikulationen, ja die Ausspracheschulung insgesamt, kommt zu kurz, paradoxerweise gerade bei einem modernen kommunikativ orientierten Unterricht (vgl. Grotjahn 1998). Gerade wer viel Partner- und Gruppenarbeit machen möchte, muss gute Aussprachegewohnheiten sorgfältig trainieren, sonst bekommen die Schüler zu viele falsche Sprechvorbilder.

> In immersion classes ... learners developed many permanent interlanguage features through their exposure to the "junky input data" they were providing for one another in their interactions. (Wong-Fillmore 1985, 25)

Also ja zur Gruppenarbeit, aber nur auf der Grundlage sauberer Ausspracheschulung!

> More attention should be paid to producing correct sounds and to intonation. As a learner of English at school I didn't find myself corrected when using voiceless instead of voiced sounds. Our teachers never really paid much attention to pronunciation and intonation. (*Dagmar B.*)
>
> Only when their pronunciation was unintelligible did Mrs. M make corrections. Intonation was never corrected. All of the class, when speaking English used German intonation. (*Gabi T.*)

Josef Rohrer (1989, 15) hat sich beim Lernen von Thai selbst beobachtet:

> Meine Erfahrung mit Thai ist, dass ich ein Wort bei der ersten Lernübung etwa zehnmal laut nachsprechen muß, damit ich es bei der nächsten Lernübung (einen Tag später) sofort wieder erkenne. Nachdem ich das Wort zehnmal gehört und etwa hundertmal nachgesprochen habe, kann ich das Lautbild des Wortes innerlich erzeugen und richtig aussprechen. Diese Beobachtung bezieht sich auf solche Wörter der Thai-Sprache, die für mich keinerlei gedächtnisstützende Merkmale haben und die ich nicht mit prägnanten Situationen assoziieren kann.

Neben Dialogen nutzen wir Sprechrhythmen, *jazz chants*, Lieder und auch Zungenbrecher, wie sie schon Quintilian vorschlug.[9] Durch tägliches lautes Repetieren erwerben wir eine neue Zungenfertigkeit:

Six thick thistle sticks.
Twelve twins twirled twelve twigs.
Which witch wished which wicked wish?

/r/ /θ/ /w/
Little Robin Red-Breast
Sat upon a thistle
Every time he wagged
his tail
He gave a little whistle

A round: /dʒ/

1.
Al - gy met a bear, The
2.
bear met Al - gy. The
3.
bear grew bul - gy. The
4.
bulge was Al - gy.

/sw/

Swan swam over the sea.
Swim swan, swim!
Swan swam back again.
Well swum, swan!

/r/

Ram it in, ram it in
Children's heads are hollow.
Ram it in, ram it in,
Still there's more to follow.

Beim letzten Vers ist es der hämmernde Rhythmus, der gefällt; zudem verulken wir uns selbst mit solchen Versen. C. Graham (1978) verdanken wir *jazz chants*, die Lebendigkeit und Abwechslung in den Anfangsunterricht bringen. In Anlehnung an sie haben wir deutsche Sprechrhythmen entworfen, von denen hier zwei wiedergegeben werden (auf meiner *website* abzuhören). Das Wichtigste dabei ist, den Tonfall und Rhythmus einzuhalten. Die Klasse wird in zwei Hälften geteilt:

Am Morgen

(Ruft laut)
Steh auf! Steh auf!
(Wie aus einem anderen Zimmer)
Ach, lass mich noch liegen.
Ach, lass mich noch schlafen.
Steh auf! Steh auf!
Das Frühstück ist fertig!
Ach, lass mich noch liegen
Ich will noch nicht aufstehn.
's wird Zeit, 's wird Zeit, 's wird höchste Zeit!
Ach, lass mich noch liegen.
Ich will noch nicht aufstehn.
Ich brauch' noch nicht aufstehn.

Du kommst doch zu spät, zu spät, zu spät!
Zu spät in die Schule?
Wir ham doch heut schulfrei!
(leise, für sich)
Schon wieder schulfrei?
(brüllt)
Sag' das doch gleich!!!

Am Abend

(Mit vorwurfsvoller Stimme)
Fernsehn, Fernsehn, immer nur Fernsehn!
Musst du denn stundenlang fernsehn?
(beschwichtigend:)
Ruhe, Ruhe, immer nur Ruhe!

Duschen, Duschen, immer nur Duschen!
Musst du denn stundenlang duschen?

Ruhe, Ruhe, immer nur Ruhe!

Putzen, Putzen, immer nur Putzen!
Musst du denn stundenlang putzen?
(Jetzt ebenfalls vorwurfsvoll, nicht mehr ruhig und leise)
Ruhe, Ruhe, reg' dich nicht auf!

Musst du denn immer nur schimpfen?

Bei *Clap 'n' Raps* müssen wir wie oben erst den Rhythmus durch Klatschen etablieren. Daraus ergeben sich rhythmisierte Strukturübungen:

/dʒeɪ/
LBJ, LBJ (skandieren!)
How many kids have you killed today?
(LBJ: US President Lyndon B. Johnson; anti-Vietnam marching slogan, 1960s)

Past Tense:
Who did that?
Who said that?

Who played that?
Who made that?

Who taught that?
Who caught that? usw.

Good girl
Stimulus: Go!
Response: When Mama said "Go!", she went.
Stimulus: Stay!
Response: When Mama said "Stay!", she stayed.
Work!
Leave! usw.

Wir erleben die Sinnlichkeit der Sprache, ihren Klang, synchron mit der rhythmischen Bewegung der Sprechorgane. Die motorischen Vollzüge werden lustvoll erlebt: Muskelfreudigkeit. Wenn andere sprechen, erfühlen wir die fremden Artikulationen durch stille Mitbewegungen. Eine Fremdsprache macht es ja oft umgekehrt wie die Muttersprache: man hört gewisse Lautungen erst dann richtig, wenn man sie erzeugen kann. Hier gilt es auch das teilweise Nachlassen der kindlichen Sprachkraft zu kompensieren. Kinder stellen sich früh auf die Klangwelt ihrer Muttersprache ein. Ihr Gehör wird taub für Unterscheidungen, die in der Muttersprache keine Rolle spielen.

Im Übrigen verlangt die Umstellung der muttersprachlichen Artikulations- und Intonationsgewohnheiten vom Lehrer gute phonetische Kenntnisse sowohl der Muttersprache seiner Schüler als auch der Zielsprache. Ein simples Vor- und Nachsprechen ist zwar die zentrale Arbeitsform, genügt aber nicht in den Fällen, wo die Schüler aufgrund ihrer muttersprachlichen Prägung bestimmte Unterschiede ganz einfach nicht hören. Man muss erst einmal in der Fremdsprache hören lernen. Dazu muss der Lehrer in seine Trickkiste greifen! Wie beim Biofeedback kann man z.B. das Auge als Hilfsmittel einsetzen, wie wir es von modernen Computersprachkursen her kennen. Wortakzente, z.B. *'orchestra* vs. Or 'chester, 'communism vs. Kommu'nismus, werden kenntlich gemacht durch Betonungsstriche, oder aber durch Handzeichen, auf den Tisch Klopfen, in die Hände Klatschen oder – stehend – durch tiefes Durchwippen auf der betonten Silbe.

Rekonstruieren und rezitieren: Wegnahme-Techniken

> Ich vermute, dass derjenige ein Gedicht am genauesten interpretiert, der es mehrere Male hintereinander kommentarlos vorliest. (*Heinz Piontek*)

Von Anfang an können wir uns kleine Kostbarkeiten einverleiben und damit Schönheitssinn hervorlocken und entwickeln: Wenig darüber reden und die Texte für sich sprechen lassen. Genau das ist die Erfolgsprobe für ein Gedicht: Wie viel man davon behält und mit sich trägt. Kann man es auswendig, d.h. eigentlich inwendig, *par cœur*?

> Wer vierzig Jahre lang mit seinen Studenten und Studentinnen Gedichte auswendig gelernt hat, den freien Vortrag so vieler großer, umfangreicher Dichtungen in verschiedenen Sprachen miterlebt hat, von Anfängern, die dabei unvermittelt über ihr Anfängerkönnen hinauswuchsen, die plötzlich von der einverleibten, verinnerlichten Sprache in wunderbarer Weise getragen und geführt wurden, der kann bezeugen: so wird Sprache erlebt. (Wandruszka 1982, 20)

Wie werden schöne Verse seelisch wirksam? Machen wir Verse zum Gegenstand des häuslichen Lernenmüssens, können wir alles verderben. Verlegen wir die Arbeit also zunächst in den Unterricht und beginnen mit einem gekonnten Vortrag:

> She very soon changed my opinion of poetry and poets. She had a very beautiful voice and read aloud to us. She introduced us to Shelley and I soon stopped thinking of Shakespeare and company as examination subjects. I was able to make my own discoveries, even my own enthusiams. (Rhys 1981, 59)

Wir empfehlen die Wegnahme- oder Abstrichtechnik (*vanishing technique, progressive fade-out*). Ein Text wird immer wieder aufgesagt und abgelesen, bis er eingeprägt ist. Dabei werden nacheinander immer mehr Textteile an der Tafel weggewischt oder am Tageslichtschreiber abgedeckt. Am besten werden erst Reimwörter getilgt. Nach einiger Übung kann man daraus eine Art Lernsport machen: Wieviel kann man jeweils auf einmal abdecken? Ganze Zeilen? Nach jedem Abdeckvorgang müssen die Schüler den Text ganz hersagen. Am Schluss wäre der Text vollständig von Balken verdeckt.

> "I am going to cover (rub out) words from the text, and then I am going to cover more words and entire lines. And each time I cover something, you are to read out the whole poem and supply the missing words and lines from memory. At the end you will see that we know the whole poem by heart. Let's try and see how it works."

Natürlich fängt man möglichst einfach an, also etwa mit Vierzeilern:

> Gather the rose-buds while you may
> Old Time is still a-flying:
> And this same flower that smiles today,
> Tomorrow will be dying.
> (Robert Herrick, slightly modernized)

> Hi! handsome hunting man
> Fire your little gun.
> Bang! Now the animal
> Is dead and dumb and done.
> Nevermore to peep again, creep again, leap again,
> Eat or sleep or drink again, Oh, what fun! (Walter de la Mare)
>
> I'm nobody! Who are you?
> Are you nobody, too?
> Then there's a pair of us – don't tell!
> They'd banish us, you know.
>
> How dreary to be somebody!
> How public, like a frog
> To tell your name the livelong day
> To an admiring bog! (Emily Dickinson)

Variante für Prosatexte: Derselbe Text wird mehrfach, mit jeweils anderen Lücken gelesen und dabei komplettiert. Der Lehrer wählt mit Bedacht die auszulassenden Wörter, kann aber auch rein mechanisch nacheinander alle Adjektive löschen, alle Substantive, alle Verben usw. Oder aber man geht wie Kleinschroth (2000, 177f.) vor:

> Kopieren Sie einen interessanten Text fünfmal in Ihre Datei.
> Auf jeder Kopie wird nun jedes fünfte Wort getilgt. Auf der ersten Kopie löschen Sie das erste, sechste, elfte Wort ...; in der zweiten Version beginnen Sie mit dem zweiten Wort und löschen das siebte, zwölfte ... Mit der fünften Lückenversion sind alle vorkommenden Wörter einmal ausgelassen worden.
> Sie nehmen sich nun die fünf Versionen vor und versuchen, sie nacheinander beim Lesen zu ergänzen. Der vollständige Text dient Ihnen als Hilfe und Kontrolle. Nach dem fünften Durchgang beherrschen Sie alle Details.

So lernt man einen Text in allen seinen Wendungen und Windungen kennen. Entsprechend kann man mit relativ kurzen Texten, auch mit Sentenzen und Maximen arbeiten, damit Schüler schnell einen Fundus von Sprüchen und Sätzen der verschiedensten Art erwerben. Wir bewahren uns diesen Fundus, indem wir regelmäßig folgende Gedächtnisübung durchführen: Jeder Schüler sagt drei Sprüche oder Sätze aus eingeübten Stücken nach eigener Wahl memoriter her, jedoch so, dass keiner einen Satz vorbringen darf, den schon ein anderer gesagt hat. Auf diese Weise müssen sie alle auf ihre Vorredner aufpassen, und wer schon dran gewesen ist, gibt ebenfalls Acht auf das, was die anderen sagen, damit nicht seine eigenen Sätze wieder vorkommen. Überhört er aber einen Satz, muss er stattdessen einen neuen bringen. (Eckstein 1887, 177)

Auswendiglernen ist ein Mittel, sich sprachlich freizuschwimmen, und ist zugleich Ausdruck der Liebe und Verehrung, der treuen Hingabe an sprachliche Kleinkunst, an Schönheit, Präzision und Wohlklang. Möge es unseren Schülern damit ergehen wie Goethe, wie er in dem kleinen Text *Gegenständliches Denken. Bedeutende Förderung duch ein einziges geistreiches Wort* berichtet:

> Mir drückten sich gewisse große Motive, Legenden, uraltgeschichtlich Überliefertes so tief in den Sinn, dass ich sie vierzig bis fünfzig Jahre lebendig und wirksam im Innern erhielt; mir schien der schönste Besitz, solche werte Bilder oft in der Einbildungskraft erneut zu sehen, da sie sich denn zwar immer umgestalteten, doch ohne sich zu verändern, einer reineren Form, einer entschiednern Darstellung entgegenreiften.

Texte darstellen

I want to go down town
And fool around
I want to fool around
And go down town

I want to ride my bike
Right past the school
I want to jump
Into the swimming pool

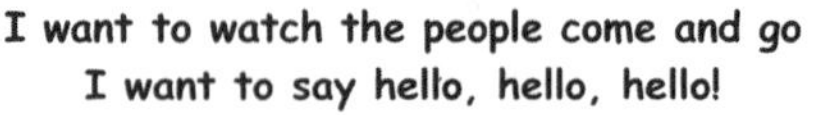
I want to watch the people come and go
I want to say hello, hello, hello!

If you want to
You can go with me
We'll have a wonderful time

Der Lehrer spricht einen Text vor und stellt ihn zugleich körperlich dar. Die Schüler imitieren ihn sofort: "Do as I do." Danach beschreibt der Lehrer, was er tut, und fragt, ob die Schüler bessere Ideen haben. Gemeinsam wird beratschlagt. Abschließend sprechen alle den Text und stellen ihn, wie abgesprochen, zugleich dar. Ob wir dabei auch etwas von der spirituellen Dimension des Körpers erspüren?

Text (Graham 1979, 47)	*Movements*
I want to go downtown and fool around.	*"Go downtown" by walking on the spot, swinging your arms by your sides. "Fool around" by quickly jumping and spinning and waving your hands in the air. (pretend that you are trying to catch someone or something.)*
I want to fool around and go downtown.	*Repeat the movements given above, but in the reverse order.*
I want to ride my bike right past the school.	*"Ride your bike" by holding your arms out bent in front of you as if you are holding on to the handle bars, and walk on the spot. Turn your head as you ride "past the school". Remember to keep your hands on the bike handles though!*
I want to jump into the swimming pool.	*"Jump into the pool" by stretching your arms out in front of you and bending over slightly as if diving into a pool.* *Jump on the spot, with half-bent knees and ducking your head slightly.* *Swim by imitating a familiar stroke, possibly breast stroke.*
I want to watch the people come and go.	*Turn your head back and forth to watch the people as they walk past.*
I want to say, "Hello, hello, hello!"	*Say "Hello" to various imaginary people. Nod or "dip your hat" in acknowledgement.*
If you want to, you can go with me.	*Point to pupils collectively when saying "If you want to …" (drawing a half circle), then point to yourself for "… come with me".*
We'll have a wonderful time.	*Smiling, clap your hands together with arms stretched out directly in front of your body.*

Denken Sie sich zu folgendem Gedicht selbst einige Bewegungen aus:

> We'll gather up the sun's gold fire
> Hold your silver saucers higher
> Sunrays stream from light above us
> These we give to those who love us.
> Light above, and love below
> Always, always be it so. (Eleanor Farjeon)

Mit Reim, Rhythmus, Melodie und Bewegung kommen wir auf den Geschmack der Sprache.

Selbstachtung durch Könnerschaft

Es ist deprimierend, für eine Klassenarbeit wirklich gepaukt zu haben und sie dann in den Sand zu setzen. Meistertechniken können das verhindern. Sie sind vertrauensbildende Maßnahmen: Die Schüler fassen Vertrauen in die eigene Kompetenz und werden nicht enttäuscht.

Allerdings: Zur Meisterschaft führt nur kontinuierliches Arbeiten. Sie ist nicht in Schnellkursen zu haben. Falsch ist der Weg, mit allerhand methodischen Nettigkeiten die allgemeinen Nivellierungstendenzen noch zu verstärken:

> Les méthodes efficaces ne sont jamais réellement ennuyeuses, tandis que les méthodes inefficaces ennuient vite, même si elles sont fondées sur le jeu. (Burney & Costantinidi 1969)

Wir spüren unser wachsendes Können, und plötzlich entdecken wir auch unser Interesse an der Sache. So gewinnen wir den Kampf gegen die Trägheit und Lethargie des Alltags. Denn jede Übung verlangt "die selbstvergessene Hingabe an das zu übende Tun, den nicht nachlassenden Willen, das Tun so gut wie möglich und bei jeder Wiederholung besser als das vorige Mal zu machen" (Bollnow 1987, 55).

Hanns Dieter Hüsch berichtet von seinen Gehversuchen auf der Kleinkunstbühne:

> Aber die Hauptsache war, dass ich spielte, und dass ich von Tag zu Tag, von Aufführung zu Aufführung, dazulernte. Im ersten Augenblick merkt man das nicht, aber nach ein, zwei Jahren spürt man plötzlich, wie sich Handwerk einstellt und dass man damit nun wieder ganz andere Sachen wagen kann. (Hüsch 1992, 239)

Diese sich selbst verstärkende Aufwärtsspirale erfährt der Schüler auch im Kleinen: Ein Satz, eben noch fremd und bedrohlich schwer, gibt sein Geheimnis preis und geht uns plötzlich ganz leicht von den Lippen. Wir spüren, wie alle Lernarbeit mit unserem Gefühlsleben verbunden ist. Und noch mehr: sie führt uns auch zu tieferer Sittlichkeit. Denn jede Art von Meisterschaft stärkt nicht nur unsere Selbstachtung, sondern nötigt uns auch Respekt vor anderen ab, auch und gerade bei Jugendlichen. Wir schließen dieses Kapitel, indem wir das vorangestellte Motto aus Egon Friedells *Kulturgeschichte der Neuzeit* ergänzen:

> Um einen Schrank, einen Rock, einen Krug wirklich gut zu machen, muß man eine gewisse Sittlichkeit besitzen: Achtung vor dem gottgeschaffenen Material, Selbstzucht, treue Hingabe an die Sache, Sinn für das Wesentliche.

Achtung vor der fremden Sprache und den Schätzen, die sie birgt, Achtung vor denen, die sie mit Geschick handhaben, Achtung vor dem Können, das ich mir selbst erworben habe.

---

[1] Bohnenkamp 1975, 83; siehe auch O.F. Bollnows *Vom Geist des Übens* (1987). Auch Wittgenstein insistiert aufs Tun und aufs Können als Resultat des Tuns. Etwas lernen heißt "dazu gebracht werden, dass man's kann." Ich beziehe das Wort "Meisterschaft" auf Lehrer und Schüler, stelle also dem bekannten "mastery learning", dem zielerreichenden Lernen, das "mastery teaching" zur Seite. Der Lehrer muss seine Sprache wie seine Lehrtechniken meisterhaft beherrschen.

[2] Das gilt natürlich mehr für unser umgangssprachliches Können als für schriftsprachliche Kompetenzen, für *basic interpersonal communication skills* (BICS) mehr als für *cognitive academic language proficiency* (CALP).

[3] Das Konzept der Verfügbarkeitsstufen wurde von R.M. Müller (1985; 1989) entwickelt.

[4] Beispiele für die Arbeit mit englischen Dialogen bei Butzkamm (1980; 2002) und in der Zeitschrift *Englisch betrifft uns* (2/1992; 3/1993; 4/1995).

[5] Ein inneres Mitgehen haben auch Experimente mit Affen gezeigt. Die für das Ergreifen zuständigen Neuronen sprechen auch an, wenn das Tier bloß ein Ergreifen beobachtet (Neuweiler 2003).

[6] Zum Mitlesverfahren vgl. Butzkamm (1985).

[7] Die ehrwürdige Maxime *Repetitio mater est studiorum* wird übrigens durch die moderne Hirnforschung bestätigt. Übrigens sind für das Können nicht nur kleine Pausen, sondern auch große, nämlich ausreichend Schlaf hilfreich. Denn das Hirn übt tatsächlich während der Nacht weiter, so der Lübecker Schlafforscher Jan Bort.

[8] Vgl. Graffmann (2001). Heinrich Graffmann führt zusammen mit der Puppenspielerin Clara Leibermann Seminare für Fremdsprachlehrer durch. Mail: Puppenspiel@compuserve.de

[9] Entsprechend kannte die Lateinmethodik auch "vocabula rhythmica" und gesungene Grammatikregeln (Eckstein 1887, 174).

Sprachen lernt man nur,
wenn man sich viel Zeit für sie nimmt.

7 Die Zeit nutzen

In learning our own language, we begin young, and we give our whole time to it. (*Henry Sweet*)

Als Sprachlerner und -lehrer geboren

Sprache ist – anders als Geschichte oder Mathematik – allen Menschen in die Wiege gelegt und stellt unsere natürliche Mitgift dar. Babys sind mit besonderen sprachbezogenen Lernfähigkeiten und zugleich mit der Lust zum Lernen ausgestattet. Sie sind keine leere Wachstafel, in die sich die Welt erst einschreibt. Dazu kommt: Eltern lieben ihr Baby und können es auf besonders hilfreiche Weise ansprechen. Spracherwerb ist somit genetisch zweifach abgesichert: vom Kleinkind wie von den Eltern her.

Auch der Zweitspracherwerb scheint kein Problem zu sein, wenn wir der Natur ihren Lauf lassen:

> Ein französisches Dienstmädchen, dem man ein deutsches Kind übergibt, dasselbe französisch zu lehren, bringt, wenn es seine Sprache nur richtig reden kann, dasselbe ohne Mithülfe irgend einiger Kunstkenntnisse und Kunstmittel, durch bloßes anhaltendes, fleißiges Reden mit ihm innerhalb einer vergleichsweise kurzen Zeit dahin, dass es sich über den Umfang der Gegenstände, über welche das Mädchen sich mit ihm unterhaltet, mit Leichtigkeit richtig ausdrückt. (*Johann Heinrich Pestalozzi*)

So würden auch wir keine Sprachexperten anfordern, wenn wir ein fremdsprachiges Kind bei uns aufnähmen. Wir würden einfach mehr reden als sonst. Wir würden intuitiv kein grammatikalisch falsches Ausländerdeutsch verwenden. Wir würden die Sprache aus dem Tun, dem Hinschauen, Anfassen, Fühlen, Riechen und Schmecken gewinnen; den ganzen Körper zum Bundesgenossen machen. Dabei eine klare, transparente Sprache sprechen, die so wenig wie möglich Zweifel darüber lässt, wer jetzt etwas tut oder tun soll, wo und womit etwas getan wird und was, d.h. dem Sinn und der Form nach verständliche Sprache reichlich zusprechen. Wir würden einfach abwarten und darauf bauen: Die Zeit bringt's, und die Menge macht's.

Demgegenüber laboriert die Schule an fünf Handikaps:

1) begrenzte Kontaktzeit
2) nur *ein* lebendiges Sprachvorbild
3) Spätbeginn
4) das Sprachland und die familiäre Welt ist reduziert auf den Klassenraum
5) kein existenzieller Zwang zur Fremdsprache

Unter solchen Behinderungen wird Unterricht eben doch zu einer Kunst und bedarf der Wissenschaft als Stütze.[1]

Zeit für die Fremdsprache: der Schneeballeffekt

Mit entscheidend für den Erwerb sind die Quantitäten. Wenn genug Zeit wäre, könnte unsere menschliche, prärationale Sprachbegabung (fast) alles von selbst besorgen. Wir könnten uns die Grammatik erhören und erlesen, wie wir uns zumeist auch die Rechtschreibung erlesen.

Eine Sprache, auf den einfachsten Nenner gebracht, hat Wörter und Regeln. Wörter muss man sich merken, da hilft nichts. Man kann sie sich nur nacheinander, Stück für Stück, einprägen, und das kostet Zeit.

Erwartungsgemäß führt Zugewinn an Kontaktzeit zu besseren Fremdsprachenkenntnissen. (Carroll 1975, 265ff.) Sobald eine bestimmte Lernschwelle überschritten wird, können die Kenntnisse steil ansteigen, zumal die Schüler dann auch in der Lage sind, sich auch außerhalb der Schule mittels moderner Medien in der Fremdsprache zu bewegen. Es ist, als ob mit jedem neuen Kontakt die Sprache in uns selbst weiterarbeitet. So benutzten die bilingual unterrichteten Schüler in einem Kieler Gymnasium Vokabeln und syntaktische Konstruktionen, die weder vom Lehrbuch noch vom Lehrer eingeführt wurden. In den Kontrollgruppen hingegen war diese Tendenz nicht feststellbar. (Wode 1994) Es ist kaum zu hoffen, dass mit zwei, drei Wochenstunden diese Schwelle überschritten wird.

Zu wenig Zeit: Diese Erkenntnis stand am Anfang der Immersionsprogramme in Kanada. Als sich dann bei den Leistungsvergleichen die Überlegenheit der bilingualen Klassen gegenüber den konventionellen herausstellte, versuchten die Kanadier, diese mit einem Schneeballeffekt zu erklären. Ist einmal eine kritische Grenze durchbrochen, falle es immer leichter, sich weitere Kenntnisse anzueignen, sie etwa auch außerhalb der Schule einzusetzen und dadurch wieder hinzuzulernen. Die Kenntnisse nähmen nicht nur nach Maßgabe der aufgewendeten Unterrichtszeit zu, sondern könnten sich potenzieren, im Sinne einer positiven Rückkopplung. Die auf den üblichen Fremdsprachenunterricht beschränkten Kontrollgruppen "apparently have not developed their competence sufficiently to experience the snowball effect." (Lambert & Tucker 1972, 196)[2]

Ein Kind zwischen 3 und 14 Jahren spricht ca. 25.000 Wörter pro Tag. (Wagner 1981) Da kann kein Unterricht mithalten. Ein Erwachsener kennt rund 75.000 Wörter seiner Muttersprache. (Miller 1993) Auch wenn diese Schätzung zu hoch gegriffen sein sollte, man nimmt die Wörter eben so mit:

> The picker-up is using the language on and off all day and every day so that he is constantly being reminded. His loss by forgetting is very small compared with the classroom child who has one class period with all the rest of the day to forget it, and all Sunday as a help in forgetting the week's work, and periodical holidays and vacations to ensure the maximum possible loss. (West 1959, 23)

Damit natürliche Erwerbsmechanismen greifen, bedarf es also ausreichender Sprachkontakte. Kinder können auch zwei Muttersprachen in einem Gehirn entwickeln, ohne dass es zu einem Durcheinander kommt, aber immer unter der Voraussetzung, dass für beide auch genügend Hör-Sprechzeit da ist. Wo sich mehrere Sprachen die Zeit teilen müssen, sinken und steigen unsere Sprachpegel, je nachdem. Die Menge der Sprachkontakte bestimmt, welche Sprache die dominante und welche die schwächere ist. Fast immer ist die Sprache im Nachteil, die sich nur auf einen Elternteil stützen kann. Sobald das Kind in den Kindergarten kommt, setzt sich die Landessprache durch. Aber: bei Ferienaufenthalten, etwa bei Opa und Oma im Ausland, kann die bisher schwächere Sprache typischerweise schnell dominant werden. Ebenso passt ins Bild, dass jüngere Geschwister ihre jeweilige Vater- oder Muttersprache weniger gut bewahren als das älteste. Letzteres ist ja eine Zeitlang mit den Eltern allein. Kommt das jüngere in die Schule, unterhalten sich die Geschwister über Schule und Spielkameraden fast zwangsläufig in der Landessprache. Ein gutes Stück häuslicher Kommunikation geht daher der Herkunftssprache verloren – was sich besonders auf die weniger gefestigten Sprachkenntnisse beim jüngeren auswirkt. Schließlich können Sprachen aufgrund mangelnden Gebrauchs einfach verloren gehen, selbst die Muttersprache, die jahrelang konkurrenzlos war. Natürlicher Spracherwerb braucht also viel Zeit. Deshalb können gewöhnliche Sterbliche auch nicht beliebig viele Sprachen lernen. Bei mangelndem Sprachkontakt verkümmert eine aktive Mehrsprachigkeit und kann sich auch ganz verabschieden.

Kontaktzeit, reiche Lexik und grammatische Intuition

Kinder kommen über die situativ erfassten Wörter zur Grammatik. Im Alter von zwei bis drei Jahren wächst der Wortschatz rapide an. Erst auf der Grundlage dieser gewaltigen Vermehrung der Wörter, so mutmaßen die Forscher, wird das Kind auch reif für die Grammatik. Eine bestimmte Anzahl von Inhaltswörtern markiert die Schwelle für den Erwerb von Funktionswörtern. Der Dreijährige, so sagt es Pinker (1994, 269) ist ein grammatisches Genie. Er arbeitet zugleich an so vielen grammatischen Fronten, dass die Forscher größte Mühe haben, die Entwicklungsfäden einzelner Strukturbereiche auseinander zu dröseln.

Im Unterricht können wir die häufig wiederkehrenden Lebenssituationen, aus denen die Kinder die Grammatik extrapolieren, weder in ihrer Fülle noch in ihrer prallen Sinnfälligkeit bieten, aber – in enger Auswahl – über Texte nachempfinden und nachspielen. Und müssen aus Zeitmangel eben auch zu "künstlichen" Mitteln greifen, dürfen auch keineswegs den Wortschatz knapp halten. Denn die Grammatik hängt an der Lexik! Wir brauchen viel Sprachbeispiele, um – mit oder ohne Anleitung – das Regelhafte zu erfassen.

In England hat man – ohne Rücksicht auf die geringe Stundenzahl von etwa zwei bis drei Wochenstunden – dem Französisch- und Deutschunterricht eine möglichst einsprachige, grammatikfreie Diät von eng begrenzten Alltagsdialogen verschrieben. Völlig ignoriert wurde der eigentliche Motor der Sprachentwicklung, das generative Prinzip.

> The idea that you can learn a foreign language at school (sharing up to two hours per week on it with 30 other children) in the same way you learnt your mother tongue is clearly insane. Does anyone really believe that dropping 30 English youngsters for two hours *a week* in a French café will have him or her know French at the end of a year? The "total immersion" policy of foreign language learning works fine if you live in the country for a year (as our undergraduate linguists prove after their year abroad) but it makes a nonsense of a French lesson fitted in between PE (Physical Education) and Resistant Materials. (Leman 2000, 24)

Wäre es gerade hier nicht richtiger gewesen, den Schülern eine Kürzestgrammatik, eine Übersicht etwa über Konjugationsformen usw. zum Nachschlagen an die Hand zu geben, mit englischen Übersetzungen typischer Beispielsätze und Erklärungen in knappster Form?

Der Altersfaktor

Immer wieder hat man sich nach der Naturmethode gesehnt. Werdet wie die Kinder, lernt wie die Kinder! Aber: Die Natur nimmt sich nicht nur Zeit, die man ihr in unseren Schulen normalerweise nicht zugestehen kann. Sie fängt auch früh an. Spracherwerb beginnt schon im Mutterleib.

Bis vor kurzem war die Frage nach dem optimalen Alter eine Sache, die Didaktiker mit Psychologen und Biologen auszuhandeln hatten. Heute wird immer mehr die Hirnforschung zur Leitwissenschaft, die im Verbund von Neurobiologie, Medizin und Psychologie betrieben wird.

Nach wie vor ist jedoch jede kritiklose Übernahme von Erkenntnissen gefährlich. Die Befunde der Hirnforschung mögen ganz unbezweifelbar sein, aber stimmen die Deduktionen? Die Fremdsprachendidaktik muss "vor Ort" prüfen. Dann erst schlägt die Stunde der Wahrheit.

Heute scheint es, dass bereits Vierzehn-Fünfzehn-Jährige erwerbstheoretisch insofern als Erwachsene einzustufen sind, als sich bestimmte frühkindliche Fähigkeiten zu diesem Zeitpunkt schon zurückgebildet haben. Eine deutliche Regression betrifft die sog. kategorielle Wahrnehmung. Sie setzt schon im Alter von sieben Monaten ein. Das Kind verliert seine allseitige Fähigkeit des hörenden Unterscheidens, es stellt sich auf die Klangfarben seiner Muttersprache ein. Man spricht von einer Verengung der Sinneswahrnehmung (*perceptual narrowing*). Hier zeigt sich das Ende einer sensiblen Phase, einer erhöhten Ansprechbarkeit, in der wir bestimmte Dinge besonders leicht lernen, in diesem Fall für die Tonwelten aller Menschensprachen offen sind. "Später sind wir nicht mehr im gleichen Maße aufnahmebereit – wahrscheinlich weil wir, wie alle Organismen, mit unseren Kräften haushalten müssen." (Butzkamm & Butzkamm 1999, 44ff.) Das Gehirn verzichtet auf Potenziale, die nicht mehr so notwendig sind. Vielleicht sind sprachliche Teilleistungen und demgemäß mehrere sensible Phasen des optimalen Erwerbs zu unterscheiden.

So ist nicht nur wegen begrenzter Kontaktzeit, sondern auch aus Altersgründen eine intensive Hör- und Ausspracheschulung, wie wir sie im vorigen Kapitel geschildert haben, notwendig. Ein weiterer Regressionsschub könnte die Grammatik betreffen: "Somewhere between the ages of 6–7 and 16–17, everybody loses that mental equipment required for the implicit induction of the abstract patterns underlying a human language." (DeKeyser 2000, 518) Ich habe jedoch starke Zweifel, ob dieser Befund kritischer Prüfung standhält.

Weitere Hindernisse für den Spracherwerb könnten auftreten, wenn das Kind zum Teenager wird, sich in seine soziale Gruppe integrieren will und dort auf keinen Fall auffallen möchte. Vorstellungen von Norm, Regel und Gesetz und von Verstößen gegen sie gewinnen enorm an Bedeutung. Jetzt hat man Angst, sich gehörig zu blamieren, also auch Fehlerangst. Während das Kleinkind trotz wiederholter Belehrung ("Das heißt doch 'ging', nicht 'gang'") noch souverän auf seinen Eigenschöpfungen bestehen konnte, wird es jetzt alles tun, um so zu reden wie seine Altersgenossen und alles andere als affig empfinden. Andererseits kommt gerade dieses starke Sich-Anpassen-Wollen und Sich-Richten nach den Altersgenossen dem Spracherwerb dann zugute, wenn Jugendliche in ein fremdsprachliches Milieu geraten. Teenager, die ein Jahr in einer Auslandsschule verbringen, kommen meist mit hervorragenden Sprachkenntnissen und einem *near-native accent* zurück.

Die naheliegende Erklärung für die Tatsache, dass der kindliche Erstspracherwerb im Allgemeinen gelingt, während viele Erwachsene auch nach jahrelangem Aufenthalt im Sprachland und bei ständigem Sprachkontakt immer noch die gleichen Fehler machen (Fossilierungen), ist wohl die, dass von der ursprünglichen Sprachkraft des Kindes etwas verloren geht. Andererseits haben nach gelungenem Erstspracherwerb zahllose Menschen auch im Sekundarschulalter eine weitere Sprache ziemlich perfekt beherrschen gelernt, selbst im Bereich der Aussprache, obwohl hier am ehesten Abstriche gemacht werden müssen.[3]

Frühbeginn: wenn schon, denn schon!

Allein schon auf mangelnde Kontaktzeit sind unseres Erachtens die eher bescheidenen Ergebnisse vieler bisheriger Versuche mit dem Frühbeginn zurückzuführen. "Kindgemäßes" Sprachenlernen in zwei bis drei Wochenstunden ist die Quadratur des Kreises.

> Die Erfahrungen mit rein begegnungssprachlichen Modellen sind unbefriedigend. Außer einigen Spielereien und flotten Liedchen erwerben die Kinder keine aufbaufähigen Sprachkenntnisse. (Schmoll 2001)

In Frankreich sah der Stundenplan für Fremdsprachen in der Grundschule ursprünglich 4 Wochenstunden vor, wurde dann auf 2–3 verkürzt, in der Praxis jedoch wurde oft nur 1 Wochenstunde erteilt, da es schlicht an ausgebildeten Lehrern fehlte. Mehrfach wurde Bilanz gezogen, die stets sehr zurückhaltend ausfiel. Feststellbar war nur ein "impact minime" beim Übergang zur Sekundarschule. (Petit 1995)

Dennoch ist der Frühbeginn zu begrüßen. Die Lehrerausbildung für Fremdsprachen in der Grundschule wird angekurbelt und wichtige Erfahrungen werden gesammelt. Grundschultraditionen wie das Singen, Spielen, Tanzen, Darstellen und Gestalten können in die Sekundarschulen hineinwirken wie eine Bluttransfusion. Fabelhaft! In der Zeitfrage darf man sich Aufschlüsse von Immersionsschulen erhoffen, so etwa von der Claus-Rixen Grundschule in Schleswig-Holstein, in der zu 60% auf Englisch, zu 40% auf Deutsch unterrichtet wird. Die Kinder tauchen in die Sprache ein und plätschern nicht nur in ihr herum. (Wode 2003) Ist dies auf lange Sicht der Königsweg für die Fremdsprachen? Noch besser sind zweisprachige Kindergärten, etwa nach dem Muster, das sich für die Pflege der Regionalsprachen in Frankreich durchgesetzt hat, so auch im Elsaß. (Morgen 1999; Petit 2002) Die Hälfte der Woche gehört der Nationalsprache, die andere der Regionalsprache wie etwa Deutsch bzw. Elsässisch. Unterrichtet wird dann auch von zwei Erzieherinnen, die jeweils die Sprache, in der sie die Kindergruppe führen, als (oder so gut wie) ihre Muttersprache sprechen: Lehrer, die bei ihrer Arbeit sprachlich nicht in Verlegenheit kommen. Die Kinder dürfen jedoch lange Zeit in ihrer Muttersprache antworten und gehen ganz allmählich zu aktivem Sprachgebrauch über. Das Verfahren, die Kinder durch viel Hören langsam in die Sprache hineinwachsen und die Muttersprache mitlaufen zu lassen, wurde schon von dem großen Humanisten Juan Luis Vives empfohlen (und ist wahrscheinlich noch viel älter). Vives, den man einen zweiten Quintilian nannte, wirkte fern von seiner Heimatstadt Valencia und damit fern von der Inquisition in Brügge. In seiner Schrift *De tradendis disciplinis* (1531) heißt es:

> Let them at first speak in their own tongue, which was born in them in their home, and if they make mistakes in it, let the master correct them. From this start gradually proceed to speaking in Latin. (Vives 1971, 110)

Die Befürchtung, dass die Kinder nun einfach in ihrer Muttersprache verbleiben, wird häufig geäußert, trifft aber bei richtiger Unterrichtsführung nicht zu. So auch die Erfahrungen in Wales:

> Bilingual communication proved, from the children's point of view, to be so effortless ... that it was initially feared that the children's response to the second language would remain permanently on this passive level. No direct pressure was put on the childen to make any verbal response in the second language, but nevertheless response did come. (Price 1968, 37)

Unter weniger günstigen Voraussetzungen (z.B. Lehrer, die einfach die Fremdsprache nicht gut genug beherrschen) ist vielleicht sogar ein Beginn wie bisher in Klasse 5, dann aber regelmäßig mit 6 bis 7 Wochenstunden wie in den Vorklassen für den bilingualen Sachfachunterricht vorzuziehen. Denn Elfjährige sind ja auch intellektuell leistungsfähiger und robuster und somit für schulisches Lernen insgesamt geeigneter. Es gibt kein Idealalter für den Fremdsprachenbeginn, losgelöst von anderen Faktoren. Entscheidend bleibt die Kontaktzeit:

> There is an advantage to early instruction in a second language as perhaps in the case of early instruction in any skill, which derives from the opportunity for more instructional time, rather than from the age factor *per se*. (Genesee 1978, zit. bei Singleton 1989, 243)

Die Anthropologin Margaret Mead spricht aus Erfahrung, wenn sie uns "the best way to learn a language" verrät, "which is to learn as much of it as fast as possible so that each piece of learning reinforces each other piece". (Mead 1972, 159) Denn wenn Anthropologen fremde Kulturen verstehen und beschreiben wollen, müssen sie Sprachen lernen, sonst können sie gleich wieder die Koffer packen.

Drei Wochenstunden Unterricht, dazu gelegentlicher Unterrichtsausfall aus den unterschiedlichsten Gründen, ergeben eine allzu dünne Sprachsuppe, die keinen satt macht. Mein Vorschlag: Jeden Tag eine Schulstunde ab Klasse 1, und bei Beginn in Klasse 3 die Einführung der Schrift von Anfang an, zusätzlich Kopfrechnen nicht nur auf Deutsch, sondern auch auf Englisch.

Der Zeitfaktor und die Methodenfrage: durchkomponierte, randvolle Stunden

"Daily contact with the teacher and with other students is as important as daily practice in football, and for the same reason: both have to do with getting and maintaining skills." (Bolinger 1975, 298) Spracherwerb ist kein Aha-Erlebnis, das sich plötzlich, mitunter aber auch gar nicht einstellt, sondern ein auf kontinuierlichen Input angewiesenes Langzeitunternehmen. Wissen aufnehmen kann schnell gehen, Können-Lernen geht langsam voran. Deshalb kann es auch keine Wundermethode geben, die der Zeit einfach ein Schnippchen schlägt. Was die Stundentafel nicht hergibt, kann auch der beste Unterricht nicht ausgleichen. Hawkins (1987, 97f.) vergleicht den Fremdsprachenlehrer mit einem Gärtner, über dessen junge Saat immer wieder der Sturm der Muttersprache fegt:

> The class arrives for its lesson babbling excitedly in English about the day's doings. The teacher shuts the door on English speech patterns, enclosing the pupils within the 'cultural island' of the language classroom, and for 40 minutes strives like a keen gardener to implant in the recalcitrant soil a few frail seedlings of speech patterns in the foreign language. Just as the seedlings are taking root and standing up for themselves, the bell goes and the class is dismissed into the English language environment. For the next 24 hours the pupils are swept along by a gale of English [...]. Next morning the foreign language teacher finds yesterday's tender seedlings of French, German or Spanish lying blighted and flattened by the gale of English ...

Aber kann man die mangelnde Quantität der Sprachkontakte nicht durch eine andere Qualität des sprachlichen Inputs kompensieren? Unsere nicht mehr ganz frische natürliche Veranlagung zur Sprache muss durch methodisches Arbeiten gestützt werden. Wir können die Beschränkungen des Unterrichts wenigstens teilweise durch sorgfältige Unterrichtsplanung, ausgesuchte Materialien und Texte, vor allem durch hochwirksame Massenübungen ausgleichen. Denn leistungsförderlicher Unterricht, so die empirische Pädagogik, ist gekennzeichnet durch effiziente Klassenführung. "Klassenführung" bedeutet hier Optimierung des zeitlichen Rahmens für den Fachunterricht, zügigen Stundenbeginn, Aufrechterhaltung des Aktivitätsflusses und Aktivierung möglichst vieler Schüler, kluger Wechsel in der Art der Beanspruchung und im Grad der Anforderung.

Jeden Leerlauf, jede Untätigkeit und Langeweile gilt es zu vermeiden, die nominelle Unterrichtszeit voll zu nutzen, zielbestimmt zu unterrichten, unvermeidbare unterrichtsfremde Aktivitäten so weit wie möglich fremdsprachlich abzuhandeln, den Unterricht stringent zu führen und eine disziplinierte Arbeitshaltung zur Regel zu machen. Außerdem kann man die

Kontaktzeit mit der Fremdsprache verlängern, indem man regelmäßig Hausaufgaben stellt. Wer sich da "schülerfreundlich" zu geben glaubt und auf Hausaufgaben verzichtet, schadet seinen Schülern:

> His classes were rather boring and we were never given any homework. I have to admit that my knowledge of French is not the best even though I always had good marks. (*Marie-Christine B.*)

Praxis: alle Schüler aktivierende, zeitnutzende Massenübungen mit hohem Sprachumsatz

Stundenanfänge sind wichtig. Besonders für den neuen Lehrer, der seine Klasse noch nicht im Griff hat. Wenn der Lärm abgeebbt ist, macht er klar: "Die Zeit nach dem Klingeln gehört der Arbeit. Diese Zeit nutzen wir das nächste Mal besser. Ich zeig Euch auch, wie." Und er erklärt ihnen das *buzz reading*. Und erklärt auch, dass und warum man damit etwas lernen kann. Er ist Sprachlernexperte und stellt das unter Beweis. Bald verfügt die Klasse über eine Reihe gut eingespielter Techniken, die einen zügigen Stundenbeginn und schnelle und gleitende Übergänge zwischen Unterrichtsphasen ermöglichen. So hilft die Devise, die Zeit zu nutzen, nicht nur den Schülern; sie hilft auch dem Lehrer, in der Schule von heute zu überleben: er lässt ihnen einfach keine Zeit, auf dumme Gedanken zu kommen.

Buzz reading als Aufwärmübung

In den Anfangsklassen schnellen meistens die Hände hoch, wenn es darum geht, vorlesen zu dürfen.

Aus dem Praktikumsbericht einer Studentin:

> How to motivate and encourage students can best be seen in lower classes, and there reading-aloud exercises actually play a very important part. Whenever such a task was given to the class, the teacher could be sure to see at least 90% of the class putting their hands up to be allowed to read.

Das übliche laute Lesen hat allerdings auch seine Schattenseiten. Ist man schon einmal drangekommen, hat man keine zweite Chance mehr, und Zuhören mag man schon gar nicht, wenn schlecht vorgelesen wird. Reihum-Lesen ist oft vergeudete Zeit!

> Our teacher's method of choosing the pupil who was to read was sometimes very easy to see through. We had to read one after the other, so that your neighbour started off where you stopped. Everyone had to read

> one paragraph. Instead of silently reading along with what someone in the class was reading aloud, and using the time to understand the text, everyone was busy counting the paragraphs and the pupils between him and the reader in order to calculate which paragraph he would probably have to read and to prepare it; because the marks for reading were most important for the oral mark. (*Christine K.*)

Laut-Lesen sollte deshalb häufiger als zeitnutzende Massenübung erfolgen, bei denen alle Schüler zugleich, aber nicht im Gleichklang tätig sind:

- Die Schüler lesen noch einmal längst eingeführte Texte; d.h. sie frischen nur Bekanntes wieder auf und bekommen reichlich doppelt verstandenen Input von einwandfreier Qualität;
- alle sind aktiv, und Schüler sind gerne aktiv;
- Schüler folgen ihrem eigenen Lesetempo;
- Massenübungen sind eingefahrene Routinen und können den Stunden eine Struktur und Schülern Sicherheit geben;
- der Lehrer mag sich etwas entspannen. Gerade wenn er die folgenden Übungen als Aufwärmphase zu Beginn der Stunde einsetzt, gewinnt er Zeit, sich zu sammeln und sich auf sein Stundenprogramm zu konzentrieren.

Beschreibung von *buzz reading* nach Ericsson (1996, 15):

> They start with a well-known text. They are told to read aloud all at the same time at individual speeds. That way the learners read almost two pages in the target language. They have a fair chance to warm up their "mouths". We use the units being read as a kind of linguistic "jogging path". When taking physical exercise we try to start in a soft way, not running uphill. In the same way we use easy, already well treated text material for our warming up of the speech organs of the students.
>
> Some students may be disturbed by the noise of their peers reading aloud all at the same time. One way to improve the situation may be to ask the students to cover their ears with the palms of their hands while they are reading. That way they are screened off and are able to read in an acoustic world of their own. (This is a way, used in churches, synagogues and "schules" for 5000 years as a means of learning, praying, memorizing and meditating.)
>
> Some students prefer covering their ears, others prefer reading without, because the *buzz reading* only lasts a few minutes. However, student oral activity during those minutes is very intense. Using this technique gives a guarantee that *every* student *uses* the TL [Target Language – W.B.] during the teaching period, even though the learners only *imitate* and *reproduce* the TL.

Teacher's instructions
- Read aloud all at the same time.
- Read half loud only, you may cover your ears.
- Just mutter, and move your lips; I must see your lips moving.
- Everybody at their own speed/at individual speeds.

Read-and-look-up als zentrale Arbeitstechnik

Diese Technik ist ebenfalls eine Form der "mass practice" und aktiviert alle Schüler zugleich. Sie ist als Partnerarbeit für Dialoge mit zwei Sprechern ideal, aber noch wichtiger als Einzelarbeit mit Stories oder Sachtexten. Sie ist wichtiger als *buzz reading*, weil sie eine intensivere Art der Textaufnahme darstellt und als Partnerarbeit schon ein bedeutsames kommunikatives Element enthält, nämlich den Blickkontakt. Wie beim *buzz reading* sollten alle Texte eingeführt und gut bekannt sein, so dass keine groben Lesefehler zu erwarten sind.

1) Einzelarbeit, im Sitzen, aber auch peripatetisch, d.h. soweit Platz ist und das Bedürfnis dazu, lesen einige im Stehen oder Gehen, lehnen sich an die Wand, sitzen auf der Fensterbank. Oder wir verlassen den Klassenraum und gehen an die frische Luft. Wir wandeln wie weiland die Mönche im Kreuzgang, jeder mit einem Buch vor der Nase. Wir schauen ins Buch, nehmen von einem Satz so viel auf, wie wir können, schauen auf und sprechen ihn halblaut vor uns hin oder auch in den Himmel hinein ...

Zunächst übt der Lehrer mit den Schülern und zeigt ihnen, wie man's macht und eventuell längere Sätze in kleinere Sinneinheiten aufbricht.

Teacher's instructions
Open your textbooks at page ... We did this text a few weeks/months ago. We are now going to read it together, but in a very special way, phrase by phrase or sentence by sentence.
- First we look at the sentence and read it silently.
- Then we look away from the text and turn the book inwards, in onto the chest, like this (teacher demonstrates).
- (You may also close the book and keep your finger between the pages.)
- Then we speak the sentence. Mutter the sentence. Don't shout, but I must see your lips moving.
- Then we look at the text again and start the next sentence.
- Everybody at their own speed.

Geübte Schüler können eine Art Lesesport daraus machen:

> The pupils should be encouraged in their practice to carry in their minds as large a unit as possible. They may be encouraged to paraphrase and should certainly not be checked but rather applauded if they do not use the exact words of the book, provided that what they say is correct English and makes sense in that passage. (West 1962, 64f.)

2) Partnerarbeit: Viele Lehrbuchunits enthalten Texte mit eingestreuten dialogischen Passagen. Am besten eignen sich Passagen mit zwei Sprechern und mit jeweils nur einer Zeile pro Sprecher. Nach Einführung dieser Texte üben die Schüler zu zweit die Passage wie folgt ein: Banknachbarn wenden sich einander zu, jeder hat sein Buch vor sich und sie sprechen sich ab, wer zuerst welche Rolle übernimmt. Dann schaut der eine in sein Buch, liest seinen Satz, merkt ihn sich, schaut auf, schaut sein Gegenüber an und spricht den Satz so natürlich wie möglich. Der andere schaut ihn dabei an (das wird gewöhnlich nicht immer gut durchgehalten, macht nichts!), senkt danach erst den Kopf, um seinerseits ins Buch zu schauen, seine Replik zu lesen, wieder aufzuschauen etc. Also: Reinschauen – Aufschauen – Anschauen – Sprechen.

Dazu Ausschnitte aus Wests Buch mit dem bezeichenden Titel *Teaching English in difficult circumstances* (1962, 12f.):

> The connection is not from book to mouth, but from book to brain, and then from brain to mouth. That interval of memory constitutes half the learning process.
>
> Of all methods of learning a language, Read-and-Look-up is, in our opinion, the most valuable. It is possible to master a language by this method alone, carrying a book in the pocket. You read a little and then look up and say it as to someone. Gradually you are able to take in larger and larger units, at first only a line, later two or three lines, and you speak them as from yourself, not as from the book. If your actual expressions vary from those of the book, that is all to the good. In fact, as you become more proficient, you deliberately paraphrase more and more, until eventually you are gathering the ideas from the book and expressing them in your own language.
>
> Remember: The main rule is that pupils must look at each other while one of them is speaking. They are allowed to glance down at their part in between speaking. Speaking is "eye-to-eye".

Wir holen also ab und zu einen Schüler nach vorn, loben ihn, wenn er längere Sinneinheiten mit einem Blick erfassen und wiedergeben kann, und loben ihn ebenfalls, wenn er unabsichtlich ein Wort des Textes durch ein sinngemäßes Wort ersetzt.

Unterricht in großen Klassen ist ohne "Lies-und-schau-auf" einfach nicht denkbar, so Chris Merkelbach, in dessen Deutsch-Anfängerklassen in Taiwan regelmäßig zwischen fünfzig und hundert Studenten sitzen. Man versöhnt sich eher mit einer schwierigen Lage, wenn man erlebt, wie so viele zugleich eifrig bei der Sache sind und lernen.

Ein weiterer positiver Nebeneffekt:

> If well-known textbook units are used for warming up activities the students will soon develop a good sense of knowing where to find the relevant contents in these units. They will grow into specialists in being able to state where the textbook offers a certain vocabulary group, certain grammar examples, certain themes and so on. (Ericsson 1996, 16)

Partner trainieren ausdrucksvolles Lesen

Verständnisgetragenes, ausdrucksvolles Lesen als eine "öffentliche" Kunst will geübt sein. Deshalb ist Vorlesen seit langem Standardaufgabe des Bundeswettbewerbs Fremdsprachen. Die Teilnehmer bekommen einen Text zugeschickt, den sie zu Hause gründlich erarbeiten könnten, bevor sie ihn, ebenfalls noch zu Hause, auf eine Kassette sprechen, die sie zum Wettbewerbstag mitbringen. Trotz der Möglichkeit, den Text, so oft man will, zu Hause oder auch in der Schule zu proben, urteilt eine Jurorin (Dorothea Möhle) des Wettbewerbs, Abteilung Französisch:

> Ausgesprochen unbefriedigend waren die Schülerleistungen ... in bezug auf die akustische Übermittlung des vorgegebenen Sinngefüges, in der doch die eigentliche und vor allem die außerschulische Funktion des Vorlesens liegt. Es fehlten nicht nur die spezifischen Merkmale französischer Satzmelodie, es fehlte vor allem eine prosodische Gestaltung auf der Basis satzübergreifender Sinneinheiten ... Das bedeutet, dass eine im Unterricht häufig praktizierte Sprachanwendungsform, das laute Lesen, offensichtlich auf einem Stand verbleibt, der ihrer außerschulischen Funktion, der Sinnübermittlung, nicht gerecht werden kann. (zit. bei Bleyhl 1999, 253)

Hier muss der Lehrer zuallererst durch sein Vorbild wirken und damit auch Schüler zum Vorlesen begeistern.

Verfahrensschritte
- Der Lehrer trägt einen Text mustergültig vor.
- Dann teilt er den Text aus und erklärt, wie er seinen Text vorbereitet hat. Hat er sich eine Stelle besonders markiert? Warum? Hat er auch mal seine Meinung über eine Textstelle geändert?
- Jeder Schüler bekommt einen Text, liest und übt den Text halblaut für sich allein. Dabei kann er durchaus andere Akzente als der Lehrer setzen, es ist seine Interpretation!
- Eine Massenübung: alle sind aktiv, der Lehrer hat eine Verschnaufpause.

- Die Schüler tun sich in Paaren zusammen, lesen sich den Text gegenseitig vor und verbessern sich. Flüssig und ruhig zugleich lesen. An den richtigen Stellen Pausen machen und Blickkontakt mit den Zuhörern suchen. Schwierig! Das gegenseitige Verbessern klappt nicht auf Anhieb.
- Ein paar Schüler lesen vor, nicht zu viele. Wesentlich ist die vorangegangene *mass practice.* Das öffentliche Vorlesen kann anfangs als Kontrolle durchgeführt, sollte aber später immer mehr den Charakter einer Belohnung bekommen.
- Nach ausreichender Übung erleben wir mit tiefer Befriedigung unser eigenes Können.
- Falls Bedarf besteht: Schüler äußern sich kurz zu den Textinhalten.

Variante: Später bekommt jedes Schülerpaar einen eigenen Text. Der vorzulesende Text ist also der Klasse nicht bekannt. Haben alle Mitschüler prima verstanden, ist der Text wohl auch gut vorgetragen worden.

Was Thiering (1996, 163) über die Probenarbeit beim darstellenden Spiel ausführt, gehört auch hierher:

> Die konstante Bezogenheit der Probenarbeit auf den Zuschauer erweist sich als wirkungsvoller Hebel, um den Lernenden kommunikationshemmende Ticks und Nachlässigkeiten, mit denen man sich im laufenden Unterricht *nolens volens* abfindet, abzugewöhnen – als da sind: überhastetes Sprechen; Nuscheln, Verschlucken ganzer Silben; mangelnde Modulationsbreite der Stimme; zu leises Sprechen ohne Körperresonanz; tickhafte Bewegungen, die die Aufmerksamkeit des Gegenübers absorbieren.

Hier kommt ein wichtiges ethisches Moment ins Spiel: Jeder Vortragende muss sich für seine Zuhörer verantwortlich fühlen.

Per chorum lernen

Gehen wir noch einen kleinen Schritt weiter und kommen zur Krönung des Ganzen, dem auswendigen Deklamieren ausgesuchter Verse und Prosa. Wir beginnen mit dem rhythmisch gegliederten Chorsprechen, wie es die Griechisch lernenden Römer ersannen. (Kelly 1969, 99)

Hier die Abschlusskadenz der sechsten *Lettre philosophique* von Voltaire (1734), geschrieben im englischen Exil:

> S'il n'y avait en Angleterre qu'une Religion, le despotisme serait à craindre; s'il y en avait deux, elles se couperaient la gorge; mais il y en trente, et elles vivent en paix et heureuses.

Den Sprachrhythmus im Ohr, bimst jeder jetzt den Text für sich allein. Das kann auch stehend oder gehend in der Form des Read-and-look-up erfolgen. Der Lehrer setzt ein Zeitlimit und gibt seiner achten Klasse für die vier Zeilen Text eine Minute. Das spornt an und ist machbar. Beim Aufsagen souffliert der Partner, wo es nötig wird. So was muss sich einspielen. Übrigens: *per chorum* wurde volksetymologisch umgedeutet in *par cœur*; *learn by heart* ist eine Lehnübersetzung aus dem Französischen.

Partner trainieren Witze und Anekdoten

Einen Text mehr oder weniger auswendig zu erzählen, ist noch etwas anderes als wortgetreues Aufsagen. Zu ersterem eignen sich wegen ihrer Kürze Anekdoten und Witze. Es lohnt immer, einen guten Witz auf Lager zu haben. Die Schwierigkeit besteht nur darin, die passenden (stubenreinen) Witze zu haben, die Schüler wirklich gern erzählen wollen. Beim ersten Mal zieht jedes Paar einen Text aus der Lostrommel und übt ihn ein. Wenn sie ihren Text verändern wollen, beraten sie sich mit dem Lehrer. Wer von beiden den Witz der Klasse vorträgt, entscheidet wieder das Los. Später fordern wir jeden Schüler auf, sich selbst "seinen" Witz aus dem Internet oder sonstwo zu besorgen und zu üben. Beim Vortrag sind strenge Maßstäbe anzusetzen. Wer stolpert oder gar die Pointe vermasselt, muss gnadenlos weiterüben.

> *Anecdote*
> An example of brilliant repartee was given by George Bernard Shaw when he made the curtain speech on the first night of one his plays. The final curtain was the signal for applause and cries of 'Author!' When Shaw appeared, the audience further showed its approval by applauding still more loudly. Then, as the clapping and cheering died down, a single but very loud boo came down from the gallery. Shaw looked up and said, 'I quite agree with you, sir – but what are we two against so many who hold a different opinion?'

> *Shaggy dog story*
> Several men were sitting around bragging about how smart their dogs are. "My dog is so smart", said the first one, "that I can send him out to the store for eggs. He sniffs around the boxes and refuses to accept any boxes unless they are fresh." "My dog is so smart", said the second man, "that he goes out for cigars, and he always comes home with my favourite brand." The two men turned to a third man who had been sitting quietly. "Have you ever heard of any dog that is as smart as ours?" asked the first man. "Well, only one dog. Mine." "How is that?" "My dog runs the store where your dogs go shopping."

Natürlich darf man den Text sinnvoll abwandeln, so wie man beim Vorlesen oft ein Wort durch ein sinngemäßes anderes ersetzt, ohne es zu merken. Die Grenzen zum Nacherzählen sind fließend.

Variante: Gespielte Witze

Zweizeiler der folgenden Art werden eingeübt und vorgespielt, wobei der Lehrer die Ansage macht, damit sich die Zuhörer sofort hineinfinden: "And now comes a conversation between a football player and the team manager."

Football player: "Boss, I've got a good idea how to improve our team."
Manager: "Oh, you are leaving us, aren't you?"

Father: "Do you want me to help you with your maths homework?"
Son: "No thanks. I can get it wrong on my own and in much shorter time."

Gardener: "Hey you, you horrible little boy. I'll teach you to throw stones at my greenhouse."
Boy: "I wish you would. I've missed most of the time up to now."

Gestaltendes Lesen mit verteilten Rollen

Dies ist streng genommen keine Massenübung; wir fügen sie aber an, weil es wie in den vorigen Beispielen um Vortragskunst geht. Unsere Arbeit ist Dienst am Text und Dienst am Zuhörer.

Es folgen Ausschnitte aus Behrendt (1993). Hier wird der Unterricht eines Lehrers beschrieben, der an einem Privatgymnasium mit einer Lesemethode ohne Lehrbuch außerordentlich erfolgreich ist. Auch fiktionale Texte werden, soweit sie Gespräche enthalten, mit verteilten Rollen gelesen. Sobald gelesen werden soll, schnellen zahlreiche Schülerarme in die Höhe:

Lehrer	Ehm, who wants to read? You want to read? [...] Eva?
S23	Can I read Mowgli?
L	You can read Mowgli, yes. Let's have Ines.
S17	Ehm, the text.
L	The text but not all the text. After a while somebody else can come along. Angelika?
S5	Ehm, Baloo.
L	And Janine?
S11	The priest [...]
L	Yes. And Melanie?
S4	Messua.

L Ok. Let's start. And if other characters come on we find people who can read.

An dieser kurzen Interaktion wird deutlich, mit welcher Freude die Schüler sich am Vorlesen beteiligen. In dieser Stunde meldeten sich fast 70% der Schüler, um eine Rolle zu bekommen. Da in jeder Stunde gelesen wird, sind die Schüler nicht enttäuscht, wenn sie nicht lesen können ... Die lesenden Schüler müssen sehr aufmerksam und mit Verständnis dem Text folgen, damit sie an den richtigen Stellen einsetzen. Gerade die Texte ohne abgesetzte mündliche Rede verlangen von den Schülern einiges Geschick im Vorlesen:

S23 "By the bull that bought me,"
S17 said Mowgli to himself,
S23 "but all this talking is like another looking over by the pack!"

Das Lesen ist für die Schüler zu einem wichtigen und beliebten Teil ihres kommunikativ ausgerichteten Unterrichts geworden. (Behrendt 1993, 107)

Wie geht der Lehrer mit Ausspracheféhlern um? Herr M. hat seine Klasse so erzogen, dass sie seine Korrekturen sofort aufnimmt:

> Er verbessert jede ihm aufgefallene Inkorrektheit und unterbricht damit den Lesefluß. Die Schüler sind diese Unterbrechungen jedoch gewohnt, wiederholen die korrekte Aussprache und setzen ihr Vorlesen fort. Mit einer erstaunlichen Ruhe nehmen sie dabei die Verbesserungen an. Sie wiederholen das Wort oder den Satz und sind dabei völlig frei von den in anderen Klassen oft zu erlebenden Überreaktionen. Die Klassenatmosphäre ist so entspannt und angenehm, dass Fehler vor den Klassenkameraden als Selbstverständlichkeit hingenommen werden. (Behrendt 1993, 27)

Partner rekonstruieren Texte nach Notizen

Wenn Partner frei miteinander reden, bedeutet das Sprechzeitmaximierung. Sie arbeiten gemeinsam an einer Aufgabe und müssen sich dabei verständigen. Wie verhindern wir, dass die Schüler dabei leicht in die Muttersprache verfallen? Indem wir Aufgaben erfinden, die mehr oder weniger zur Kooperation zwingen, die aber schon mit begrenzten Redemitteln zu bewältigen sind.

Ein kurzer Text wird in der Regel zweimal vorgelesen. Nach dem ersten Mal dürfen sich die Schüler Notizen machen, d.h. sie schreiben soviel mit, wie eben möglich. Danach vergleichen sie in Partnerarbeit ihre Notizen und versuchen, den Text wiederherzustellen. Der Lehrer wird "gute" Texte auswählen, und der Ehrgeiz der Schüler sollte durchaus sein, das Original wortgetreu zu rekonstruieren. Nicht wörtliche, aber sinngetreue Reproduktionen sind natürlich ebenso akzeptabel.

Grundgedanke ist die Wiederholung und der doppelte Fokus: Inhalt und Sprache. Die Schüler sollen länger bei einem Text verweilen und müssen ihn mehrfach durchgehen, um die Arbeit zu absolvieren. Dabei sollen sie den Texten jeweils ihre Ausdrucksmittel ablernen. Diese Arbeitsform ist als *dicto-gloss* und als *grammar-dictation* (Wajnryb 1990) bekannt geworden.

Teacher's instructions

- In this activity, you're going to reconstruct a text. You'll hear this text twice. The first time, don't write. Concentrate on understanding, on getting the full meaning of the text. I've just indicated to you what it is all about. So pens down, please.
- I'm now going to read out the text again. As I read, take down notes, as many words as you can. These words will help you to reconstruct the text later.
- Now work in pairs. Share your notes and try to piece the text together again. Just try to come up with a version that makes sense and reads well. Try to agree upon the sentences. In the group, everybody should write down the sentences after you have discussed them.

Schülerblatt: "Helpful phrases for pair work"

What have you got?
Is that the complete first sentence now?
How did the next sentence start?
I missed the beginning/middle/ending. Did you get it?
Where does this part go?
I wrote this down, but I'm not sure what it means.
How does this word fit in?
We still have to tie up some loose ends.

Textbeispiel:

I believe such expectations, a feeling that life should have warmth, generosity, nobility, arrive with each generation; they are not taught but somehow inherited. When they are derided and frustrated, then contempt and bitterness and anger take their place. When the young behave badly, as we are told so many of them do now, it is because society has already behaved worse. We have the teenagers, like the politicians and the wars, that we deserve. (Priestley 1962, 369)

Wie immer, wenn ein neuer Text vorgestellt wird, besteht zum Schluss die Gelegenheit zu inhaltlicher Stellungnahme, vom Kurzkommentar bis hin zur engagierten Auseinandersetzung.

Partner sortieren ein Geschichten-Mix (Two stories in one)

Zwei oder mehr Texte werden miteinander vermischt. Die Schüler müssen den Textsalat satzweise sortieren und die Originaltexte wieder herstellen.

Teacher's instructions

- I've got a text here that is made up of two stories. That means I've mixed the sentences of the stories together, and your job is to unmix the stories. So try to figure out whether sentences belong to the first or the second story, perhaps by marking them with an 'A' for story A or a 'B' for story B. When you've finished this, try to rearrange the sentences within a story into their correct order, perhaps by numbering them 1, 2, 3, and so on.
- Work in pairs. At the end, one of you copies the first story into his exercise book, and your partner writes down the other story. That way, each one of you has a complete story.

Schülerblatt: "Helpful phrases for pair work"

What about this sentence?
Is that the beginning/ending?
This could be the first, second, last sentence.
Can't be. I don't agree.
Which story are you going to do?
What comes next?
This must come before/after … .
This sentence follows that one.
These sentences have to go together/belong together.
There is something missing.
This sentence comes in between … .

Textbeispiel

Sour grapes & The donkey brays
One day a friend visited Hodja and said "Hodja, I want to borrow your donkey." He saw a juicy, ripe bunch of grapes hanging from a vine overhead. Shutting the door in his friend's face, Hodja told him with dignity, "A man who believes the word of a donkey above my word doesn't

> deserve to be lent anything!" As soon as he said this, the donkey brayed. "Oh, well," he panted. "Those grapes were probably sour, anyway." A fox, who hadn't had a square meal in days, slipped into a vineyard one morning. "But Hodja, I can hear the donkey! It's in the stable!" He jumped for them, but they were just out of reach. "I'm sorry," replied Hodja, "but I've already lent it to someone else."

Lösung

> Sour grapes
> A fox, who hadn't had a square meal in days, slipped into a vineyard one morning. He saw a juicy, ripe bunch of grapes hanging from a vine overhead. He jumped for them, but they were just out of reach. "Oh, well," he panted. "Those grapes were probably sour, anyway."
>
> The donkey brays
> One day a friend visited Hodja and said "Hodja, I want to borrow your donkey." "I'm sorry," replied Hodja, "but I've already lent it to someone else." As soon as he said this, the donkey brayed. "But Hodja, I can hear the donkey! It's in the stable!" Shutting the door in his friend's face, Hodja told him with dignity, "A man who believes the word of a donkey above my word doesn't deserve to be lent anything!"

Texte diktieren

Mag sein, dass das Diktat früher zu häufig gebraucht wurde, besonders als Klassenarbeit. Dass man den Lehrern dann verboten hat, es als Klassenarbeit einzusetzen, ist jedoch schlicht eine Dummheit. Es wurde als bloße Rechtschreibleistung abgetan.

Fehlerloses Diktatschreiben ist ein klares Indiz für einen hohen Sprachstand. Wer hörend versteht, der durchschaut semantische und grammatische Strukturen, wie sie sich z.T. auch in den orthographischen Regelungen widerspiegeln. Man hätte wissen müssen, wie sehr gerade auch beim Diktat die Fertigkeiten ineinander greifen. Probanden machen beim Diktat mehr Fehler, wenn sie angewiesen werden, die Zunge zwischen die Zähne zu klemmen. Sie machen ebenfalls mehr Fehler, wenn sie sich umsetzen müssen und dem Diktierenden den Rücken zuwenden. Beim Diktatschreiben sind demnach die Sprechmotorik wie auch das Ablesen vom Mund und Gesichtsausdruck beteiligt – Teilaspekte des Hörakts. Mittätiges Hören ist aber, wie wir gesehen haben, nicht nur notwendige, sondern auch schon hinreichende Voraussetzung für den Spracherwerb. Sehr praktisch ist auch, dass alles schnell richtig gestellt werden kann und alle am Ende, nach zügig erfolgter Korrektur, eine vorweisbare, fehlerfreie Leistung erbringen können.

Bierbaums Urteil (1886, 112), das Diktat sei "die beste und sicherste Probe, sich ein schnelles Urteil über die fremdsprachlichen Kenntnisse eines Schülers oder einer Klasse zu bilden", hat die Forschung inzwischen mehrfach bestätigt (Oller 1979, 57ff.).

Ich schlage deshalb das tägliche Kurzdiktat vor. Beim ersten Vorlesen heißt es kategorisch: "Pens down!"[4] Das sind immer einige Minuten der Sammlung, der Stille, der Konzentration. *Last, but not least* bietet das Diktat Gelegenheit, Merkwürdiges, Vernünftiges, Tiefsinniges, Beispielhaftes, Sentenzen, Aphorismen, Spontisprüche und Werbesprüche festzuhalten.

> Abents, wenn die kinder zu haus gehen, sol man yhn einen sententz aus einem Poeten oder andern fürschreyben, den sie morgens wieder auff sagen, als Amicus certus in re incerta cernitur. Ein gewisser Freund wird yn unglück erkand. (zit. bei Eckstein 1887, 190)

Als Kurzdiktat eignet sich etwa der folgende Text aus einer in Paris gehaltenen Rede von Albert Einstein:

> If my theory of relativity is proven successful, Germany will claim me as a German and France will declare that I am a citizen of the world. Should my theory prove untrue, France will say that I am a German and Germany will declare that I am a Jew.

Einige Schüler dürfen sich den Diktat-Text vorher genau ansehen und ein paar schwierige Wörter vorsorglich abschreiben.

Diktat-Varianten

1) Lückendiktat (*partial dictation*). Der Lehrer diktiert, die Schüler brauchen aber nur Lücken in einem vorliegenden Text zu füllen. Die Schüler hören und lesen anfangs bloß mit, d.h. sie hören sich in den Text ein, dann erst kommen zwischendurch längere Lücken von Wortgruppen und Teilsätzen. Hier ein Beispiel von Oller (1979, 286f.). Die kursiv gedruckten sind die diktierten Teile, die im Schülertext frei gelassen sind:

> The Fetterman Massacre is the story of Red Cloud's completely victorious ambush of 80 soldiers of the United States army in December 1866. Red Cloud, commanding armies of Sioux and Cheyenne, decoyed a troop of 80 men from Fort Phil Kearny on the Montana road. No one returned alive. The man who took the news of the massacre to the head of the telegraph near Fort Laramie was Portugee Phillips who, (*at below-zero temperatures and through continuous blizzards*), rode 236 miles in four days. Portugee Phillips survived. The horse died. Captain Brown and Colonel Fetterman, obviously by agreement, (*shot each other to avoid capture*). The Indians (*had very few rifles*), the United States soldiers (*were reason-*

ably well armed). They did not (*run out of ammunition*). Red Cloud's (*victory was complete*). It was, of course, (*only temporary*). The Montana road was opened again within ten years (*Westward pressure was inexorable*). Dee Brown, as in Bury My Heart at Wounded Knee, (*conveys the vast genocidal tragedy of the period*).

Je mehr Text sich um die diktierten Teile rankt, umso mehr wird aus dem Ganzen ein Hör- und Leseerlebnis: Inputmaximierung!

2) Bilinguales Diktat. Wie oben, aber die Lücken werden in der Muttersprache gegeben.

3) Lückendiktat: Strukturwörter. Die Schüler müssen während des Diktats eine Reihe von unbetonten Strukturwörtern (Pronomen, Präpositionen, Konjunktionen), über die die Stimme schnell hinweggleitet, eintragen.

4) Selbstdiktat. Die Schüler lesen einen Satz, merken ihn sich und schreiben den Satz auf, ohne wieder hinzuschauen, also *Read – look away (or turn the page over) – write – check.*

5) Abschreiben – einmal anders. Wenn wir besonders sorgfältig vorgehen wollen, lassen wir die Schüler wie folgt Ausdrücke vom Tageslichtprojektor abschreiben:

> Look (Lehrer zeigt auf den Ausdruck)
> Say (Lehrer spricht vor, Schüler sprechen nach)
> Cover (Lehrer deckt den Ausdruck ab)
> Write (Schüler schreiben ihn ins Heft)
> Check (Lehrer deckt auf, Schüler kontrollieren und berichtigen, was sie geschrieben haben)

Oder: An der Tafel stehen ein halbes Dutzend Ausdrücke. Die Schüler schauen sie sich in Ruhe an. Eine Schülerin kommt nach vorn, zeigt auf einen Ausdruck, wischt ihn aus und alle Schüler schreiben ihn aus dem Gedächtnis auf. Dann kommt der nächste nach vorn. Am Schluß sind alle Wörter aufgeschrieben.

Sätze behalten, Wörter zählen

Die Diktatübung ist auch deshalb eine Meisterschaftstechnik *par excellence*, weil man sie steigern kann. Damit ist nicht nur die Selbstverständlichkeit gemeint, jeweils neue, schwierigere Texte zu wählen, sondern immer längere Textstücke als Diktiersequenzen aufzunehmen und diese schließlich nur einmal statt zweimal vorzulesen. Dabei wird das Gedächtnis trainiert. Sprachstücke werden fast so schnell aufgenommen und semantisch verarbeitet wie im Gespräch. Ähnlich kann man die Leistung bei *Read-and-look-up* und beim folgenden Wörterzählen steigern.

Der Lehrer spricht einen Satz vor, und die Schüler schreiben auf, aus wie vielen Wörtern der Satz gebildet ist. Die meisten wiederholen dabei den Satz im Kopf und zählen die Wörter an den Fingern ab. So sollten die Sätze zunächst nicht länger als zehn Wörter sein. Kontrahierte Formen zählen als ein Wort. Man kann vorzugsweise *classroom phrases* verwenden oder auch, je nach Klassenstufe, anspruchsvoller sein:

> Every man paddle his own canoe. (R.W. Emerson)
> Every hero becomes a bore at last.
> The first casualty when war comes is truth.
> If at first you don't succeed, try, try again.
> Everything that can be said can be said clearly.

Die Übung bekommt eine sportliche Note, wenn man längere Sätze aufnehmen kann:

> History teaches us that men and nations behave wisely once they have exhausted all other alternatives.

> *Zusammengefasst*:
>
> 1) Tell students what is going to happen and check that they understand the task.
> 2) Get them to write a column of numbers, because the sentences are numbered.
> 3) Say each sentence only once, at normal speed.
> 4) Say the sentence again only if you see too many students hesitating.
> 5) Students write down the number of words.
> 6) Show sentences on the overhead projector for students to check their answers. Discuss the ideas expressed.

---

[1] "Language teaching should model itself as far as possible on language learning in the nursery" (Macnamara 1976, 175). Dieser immer wieder erteilte Ratschlag läßt uns angesichts der Bedingungen des Unterrichts ratlos.

[2] Auch Schachter (1984, 180) spricht von einer "critical mass of input." Spätere kanadische Studien bestätigen nachdrücklich den Einfluß der "total accumulated instructional time" (Turnbull u.a. 1998).

[3] Zum Faktor "Alter" vgl. Grotjahn (2003). Im übrigen sollte man beim Zweitspracherwerb nicht von einer kritischen Periode sprechen. Eine prägungsähnliche kritische Phase des Erwerbs kann sich sinnvollerweise nur auf die Erstsprache beziehen. Der Mensch, der schon eine Sprache hat, kann weitere dazu lernen.

[4] Diktatschreiben sollte man so einüben, wie Graffmann (1986) es vorschlägt. Der Aufsatz ist unter www.heinrich-graffmann.de verfügbar.

Sprachen lernt man, indem man immer wieder sein eigenes Können erfährt.

Sprachen lernt man am besten im Zustand konzentrierter Entspannung.

8 Ein positives Arbeitsklima schaffen

Wir vermögen nur, was wir mögen; wir behalten nur, was uns hält. (*Martin Heidegger*)

Vorbemerkung

Ein positives Sozialklima allein ist nicht leistungsfördernd. (Weinert & Helmke 1997) Arbeitsklima meint mehr: die Verbindung einer freundlichen Atmosphäre, die Sicherheit und Entspannung gewährt, mit einer effizienten Klassenführung, d.h. mit zügiger, ernsthafter Arbeit, die den Aktivitätsfluss aufrechterhält und Leerlauf und Langeweile vermeidet. Der Unterricht ist klar strukturiert, unterschiedliche Techniken wechseln sich ab und sind sinnvoll aufeinander bezogen, die Schüler halten die Regeln ein und sind mit vielen Arbeitsformen vertraut. Der Lehrer ist fair und setzt Lob und Tadel geschickt ein, um die Schüler zu engagiertem Arbeiten zu motivieren. Es gibt eine schöne innere Konsequenz und Verbundenheit aller Unterrichtsgestaltung, die im Ganzen wirkt.

Zielbestimmte, durchkomponierte Arbeitsformen, klare Aufgabenstellungen und Aktivierungstechniken, die Schüler auf vielfältige Weise fordern, wurden in vorausgegangenen Kapiteln vorgestellt. Hier schließen wir weitere Arbeitsformen mit einer ausgesprochen affektiven Komponente an – Tätigkeit, "die heiter und selig macht und erhält". (*Jean Paul*)

Emotionale Grundbedürfnisse

Gefühle begleiten all unser Tun. Ohne gefühlsmäßige Bewertung dessen, was wir tun, müsste das meiste im Leben schief gehen. Wir können uns nicht auf unsere Rationalität verlassen. *Sentio ergo sum* gilt ebenso wie *cogito ergo sum*. Wir brauchen den Kompass der Gefühle. Auch und gerade beim Sprachenlernen.

In unserer Darstellung können psychologische Theorien und ihre enorm ausdifferenzierten Befunde ebenso wie die Neurobiologie des gehirneigenen Belohnungssystems in den Hintergrund treten. Sie sind keineswegs irrelevant, aber die Wissenschaft buchstabiert bisher nur das mühsam nach, was kluge und einfühlsame Menschen auch ohne sie schon längst gespürt und gewusst haben. Nichts geht über das hinaus, was uns die großen Schriftsteller über die Kompliziertheit und Differenziertheit, über Entstehen und Vergehen menschlicher Gefühle berichteten.[1]

Außerdem erhalten wir Aufschlüsse über das, was uns beim Sprachenlernen bewegt und antreibt, schon beim Mutterspracherwerb. Wir wissen z.B., "dass der Säugling ganz vergnüglich reagiert, wenn er ein Problem gelöst hat ... Noch intensiver ist es jedoch zu beobachten, wenn der Säugling etwas durch seine eigene Tätigkeit erreichen kann. In speziellen Versuchen mit viermonatigen Säuglingen konnten wir zeigen, dass stärker als die unbedingten 'Belohnungen' (z.B. die Sättigung des Hungers mit Milch) die inneren Belohnungsmechanismen wirksam sind." (Papoušek & Papoušek 1979, 198) Wäre das nicht relevant? Schon beim Baby nachweisbar und für die Motivation und das Mitmachen der Schüler wichtig sind das Erfahren der eigenen Tüchtigkeit, das sich mit unserem Autonomiestreben verbindet, und unser Bedürfnis nach sozialer Einbindung und Anerkennung. Wir konzentrieren uns zunächst auf das Kompetenzerleben, während unserem Bedürfnis nach Zugehörigkeit bzw. der Erfahrung, gebraucht und erwünscht zu sein, das nachfolgende Kapitel gewidmet ist.

Könnenserlebnisse

Wie gut es doch anfängt, im Leben, wenn wir greifen und zeigen, krabbeln und laufen, hören und sprechen lernen! So groß ist die Lust am Lernen, und keine Schule pfuscht uns dazwischen. Was ist denn das entscheidende Gefühl, das uns auch später noch zum Weiterlernen anstiften könnte, wenn wir uns unter schulischen Bedingungen dem Riesenkomplex Fremdsprache nähern?

Der Mutterspracherwerb ist in erster Linie eine nie abreißende Folge von Könnenserlebnissen. Das ist so selbstverständlich, dass man es glatt übersieht. Es ist die Mutter, die solche Könnenserlebnisse ermöglicht. Anfangs unterstellt sie gar beim Kind eine Mitteilungsabsicht, die noch gar nicht da ist. Und wenn das Kind sich mitzuteilen beginnt, denkt sie sich so gut in seine Befindlichkeit hinein, dass es zu einem sinnvollen Dialog kommt. Immer aufs Neue erfährt das Kind das Gelingen dieser Beziehung. Natürlich gehört dazu auch das gelegentliche Scheitern, das Missverstehen. Aber die überwältigende Erfahrung ist doch die Verständigung, die uns immer wieder glückt, so sehr, dass sie gar nicht mehr auffällt.

Aber wo sie nicht selbstverständlich ist, empfinden wir sie als Glück:

> I think it was very important for us to see that we had learned something which we could use ourselves. I was extremely happy when I could say sentences in French which a French person could understand well and which were grammatically correct. (*Melanie W.*)

Das Können ist

> eine ursprüngliche, fundamentale und irreduzible Weise des Erlebens ... Dass die Dinge mehr oder weniger mächtig sind, ist wohl das, was uns von ihnen am ehesten angeht, und zwar, weil wir sie – nun im wörtlichen Sinne – 'angehen'. Ausgreifend erfahren wir Widerstand, sei es, dass er gegenwirkend weicht oder dass er uns zurückzwingt. So erfahren wir Macht an der Gegenmacht ... wir erfahren also zugleich uns selbst als könnend und die Wirklichkeit als mächtig. (Bohnenkamp 1975, 83)

Welche nachhaltigen Könnenserlebnisse mag es in der relativen Künstlichkeit des Unterrichts geben? Wenn ich spontan sagen kann, was mich bedrängt und auch die Auskunft bekomme, die ich brauche; wenn ich einen schwierigen Gedankengang, der mir wichtig erscheint, vermitteln kann; aber auch schon, wenn ich eine einstudierte Rolle in einem Stück aus dem Effeff spiele. Ich fühle: das kann ich, das beherrsche ich, dies könnte mir auch im Ernstfall außerhalb der Schule gelingen. Ebenso erfüllt es uns mit Stolz, wenn wir die Popsongs, für die wir uns gerade begeistern, auch richtig verstehen und mitsingen können:

> It made us feel very proud when we finally sang the whole song and got everything right. (*Arndt A.*)

> I once found a passage which I interpreted as "Watching the world by the spy". It made sense, because "spy" could be translated as "kleines Fernrohr". Later, I realised the line in the song was "Watching the whole world pass us by." I liked to compare my written version with the real ones ... I was happy when I got it right. (*Christine K.*)

Es gibt das Glück des Begreifens und Durchschauens ebenso wie das Glück, es richtig hinzukriegen. Man tut immer lieber, was gelingt. Kinder können es partout nicht leiden, wenn man ihre unvollkommene Sprechweise drollig findet, nachahmt und sie auf diese Weise an das Noch-nicht-Gelingen erinnert:

> On one holiday I wanted my father to wear his sunglasses and I always told him "Papa zieh Bille an". But when my father answered "Ich zieh jetzt die Bille an", I became angry and said "Bille" once again. I realized that my father pronounced the word the wrong way although I was not able to pronounce it correctly myself. (*Anja H.*)

Fehlt das Bewusstsein des Könnens, lassen wir uns auch nicht durch gute Zeugnisnoten täuschen. Eher verachten wir heimlich die Schule, als dass wir uns durch gute Noten suggerieren lassen, wir könnten was.

Aufs Englische sind alle Schüler neugierig. Mit Englisch kann man sie ködern. Aber wie schnell kann der Reiz der fremden Wörter verflogen sein, wenn überzeugende Kompetenzerfahrungen ausbleiben! Eine Fremdsprachenassistentin berichtet von ihrem deutschen Gymnasium:

> At the beginning of secondary school a group of grade 5 students who had just entered the Gymnasium were asked to produce a poster in German to say what they were looking forward to in their new school. One of the posters had a caption which read "Endlich kann ich Englisch lernen!!" I took note of the name of the girl who had designed it, and when I met her three months later in the term, I commented that I had seen her poster and how nice it was to find a pupil so interested in English. She made a face and said: "Das stimmt nicht mehr. Wir können ja damit nichts Richtiges anfangen. 'Monny the monster' sagt dies, und 'Monny the monster' sagt das." (*Candace B.*)

Schulkinder wissen eben schon, wozu Sprache dient und ob sie ihnen ein Stück weit gefügig ist oder nicht. Gelingt es z.B., die Zeilen im Rollenspiel nicht bloß herzusagen, sondern wirklich partnerbezogen zu agieren, Körper und Gemüt mitsprechen zu lassen? Jeder muss nach einer Stunde das Gefühl haben, sich angestrengt und Ergebnisse erzielt zu haben: Ich kann jetzt Vergangenheitsformen bilden und habe in ein paar Sätzen gesagt, was ich letzte Woche gemacht habe; ich hab' zwei neue englische Sprüche drauf; in meinem Kurzdiktat war nur ein kleiner Fehler; ich hab den neuen Text voll verstanden, bin zweimal drangekommen und habe richtig geantwortet; ich konnte der Klasse erklären, was ich in unserem Reiterverein tue; wir haben unseren eigenen Rekord beim Ratespiel gebrochen usw. Solche Könnenserlebnisse müssen wir im Unterricht massenweise und immer wieder ermöglichen. Motivation stellt sich von selbst ein, wenn wir genau dafür sorgen. Das hat schon ein Neuphilologe aus der Reformzeit gültig ausgedrückt:

> Alle Arbeitsfreude ist gebunden an gelingende Tätigkeit. Zu schwere, nicht ganz zu bewältigende Arbeiten oder solche, bei denen man dem Ziele anscheinend nicht näher kommt, rufen Depression hervor. (Bärwald 1899, 61)

Frustration

Leerlauf und Langeweile sind's, die Schüler aufmüpfig werden lassen; Könnenserlebnisse aber motivieren zum Weitermachen. Wie muss es für Schüler sein, die das Gefühl haben, die Fremdsprache breche geradezu über sie herein? Kennen wir die Frustration, wenn ständig über unsere Köpfe hinweg geredet wird? Wie ist es, wenn wir einer Sache, die man uns abverlangt, überhaupt nicht gewachsen sind? Wenn wir nicht wegkönnen, sondern uns der Sache immer wieder stellen müsen, weil sie auf dem Stundenplan steht?

Schüler klagen über erhebliche Verständnisschwierigkeiten in fremdsprachlichen Fächern. (Hermann-Brennecke & Candelier 1992, 427; Thornton 1999)

> We all hated those language lab lessons because they were so frustrating. Most of the time we had to listen to BBC radio news bulletins and then sum them up afterwards either orally or in written form. This was a task that always made us aware of the big gaps in our knowledge and our inability to follow a native speaker talking at normal speed. (*Susanne F.*)

Keine schlechte Aufgabenstellung, möchte man meinen, und doch bestärkt sie die Schüler nur in ihrer Abwehr, eben weil sie ihnen nur ihr eigenes Ungenügen so drastisch vorführt. Wo das Können ausbleibt, herrscht Frustration. Wie Planungsfehler und konfuse Erklärungen Schüler in ein demotivierendes "handlungsorientiertes" Chaos stürzen, in dem sie versagen müssen, hat Solmecke (1998; 2000) plastisch beschrieben.

Völliges Versagen spornt nicht an, sondern entmutigt. So muss der Schüleraustausch zur richtigen Zeit kommen und sprachlich gut vorbereitet sein:

> With only one and a half years of French behind me I couldn't say a single sentence. I eventually became fed up with that language. (*Thomas F.*)

Eine Episode aus dem Anfangsunterricht:

> In the end, I got it wrong to the point where Mrs H. wanted me to give the meaning of the sentence "Can you see the man?". I interpreted the sentence as "Kennst du diesen Mann?". My classmates laughed, in a subdued manner. I was deeply embarrassed and I hated the teacher for that. I had taken the sound of "see the" for "diesen" and "can" for "kennst". (*Jochen M.*)

Beachten wir die starke Gefühlsreaktion, die auch anscheinend kleine Pannen auslösen können. Die Schüler wissen's nicht besser und fordern einfach, dass man im Unterricht mehr Deutsch spricht. Und viele Lehrer kapitulieren schließlich und tun das auch, indem sie auf die Fremdsprache als Verkehrssprache verzichten. Richtig wäre aber die geregelte, immer streng dosierte Verwendung der Muttersprache – derjenige Gebrauch, der nicht die Fremdsprache ersetzt, sondern sie auf den Weg bringt. Mit ihr, so meint auch Genesee (1987, 182), schaffen wir in unseren Klassen "a sense of well-being and belongingness". Nichtkönnen aber schlägt leicht in ein widerspenstiges Nichtwollen um.

Muttersprache: Nestwärme, Geborgenheit, Vertrauen

Anfangs gibt es kein Zuviel an Bemutterung. Das Kleinkind braucht Nestwärme. Erst die Geborgenheit und Bindungssicherheit befreit das Kind und macht es offen zur Welt und zur Sprache hin. Darauf hat Jean Petit bei der Einrichtung bilingualer Kindergärten unentwegt hingewiesen. Für ihn war die Nestwärme – *la chaleur du nid* – *conditio sine qua non* für eine gute Entwicklung im Kindesalter, besonders aber beim Zweitspracherwerb.[2]

> Ausreichende emotionale und sprachliche Zuwendung ist für den Spracherwerb jedes Kindes eine entscheidende Voraussetzung. Fehlt sie, so zeigt sich die sprachliche Entwicklung erschwert und verzögert. Eine erfolgreiche bilinguale Erziehung erfordert, dass dem Kind beide Sprachen mit ähnlicher Intensität und Gründlichkeit vermittelt werden. Besitzt jedoch ein Elternteil nicht genügend Zeit, um mit dem Kind zu kommunizieren, oder beschäftigt er sich nur oberflächlich mit seinem Kind, so kann nicht erwartet werden, dass beide Sprachen gleichermaßen gut beherrscht werden. Fehlt die entsprechende emotionale und sprachliche Zuwendung eines Elternteils, bleibt dessen Sprache in der kindlichen Sprache zurück oder verkümmert. Umgekehrt spiegelt sich eine gefühlsmäßig stärkere Beziehung des Kindes zu einem Elternteil in der verstärkten Übernahme seiner Sprache wider. (Bogdain 1989, 240)

Bedenken wir aber auch, dass Sprache allein und an sich kein starker Tröster ist. Sprache eignet sich ja bestens zu einer völlig kalten Vermittlung von Information – man denke etwa an Gesetzesparagraphen. Zuspruch ist gut, aber die Mutter muss das Kind in den Arm nehmen. Im Sprachunterricht können wir gemeinsam singen und tanzen, um die Bindungen in der Gruppe zu stärken.

Geborgenheit befreit, Angst aber macht dumm. Es gibt eine angstbedingte Denkhemmung. Unser Erkundungstrieb, unsere Neugier, unsere Lust am Denken leiten sich von unserem Spieltrieb ab, der aber bei Gefahr im Verzuge sofort abgeschaltet wird. Daher die kopflose Flucht, daher die geringe Durchsetzungsfähigkeit des Verstandes, wenn's brenzlig wird – so der Verhaltensforscher Hassenstein (1988) in dem Kapitel "Fehlleistungen des Denkens durch Aufregung und Angst". Angst engt ein; wir fahren uns fest.

> Angst kann höchstens einen kurzen Augenblickserfolg bewirken, aber das mit Angst Gelernte wird bald verdrängt und erzeugt einen Widerwillen gegen das ganze Gebiet oder sogar Fach. (Caselmann 1975, 154)

Wenn wir kein Vertrauen zueinander haben, bleiben wir immer auf der Hut und in der Defensive. Misstrauen kann leicht in Angst umschlagen. Zum Vertrauen gehört auch das Selbstvertrauen, das durch Könnenserlebnisse gefestigt und durch Kritik geschwächt wird. Deshalb das richtige Üben, das echte Könnenserlebnisse gewährt. Deshalb auch keine Kritik, die an die Substanz geht:

> Man darf nur Symptome kritisieren, niemals Existentielles. Das ist nutzlos und schädlich. Der Erzieher muß dem Kritisierten überlassen, selbst von den Symptomen auf deren Grund zu schließen. (Bohnenkamp 1975, 274)

Auch Ärger und Wut machen dümmer – allbekannte Gemeinplätze, an die aber kurz erinnert werden darf.

Die fröhliche Klasse

> Der Mensch lebt, solang es ihn freut. (*Karl Heinrich Waggerl*)
>
> Anhaltende Freudigkeit gehört immer noch zu den sichersten Kriterien für die Richtigkeit des Unterrichts. (*Hartmut von Hentig*)

Die wichtigsten Verbündeten des Lehrers sind das natürliche Kompetenzstreben und die Lernfreude der Schüler. Können wir die "kindliche Funktionslust" (Karl Bühler) in die Schule hinüberretten? Wie wecke ich, wie erhalte ich die Lernbereitschaft der Gruppe?, wird eine unserer ersten Fragen bei der Übernahme einer Klasse lauten.

"Eigentlich" ist das nicht schwer. Denn die Natur hat vorgesorgt: Leben heißt lernen. Lernen ist keine Qual, sondern geradezu ein Bedürfnis. Jeder Kräftezuwachs ist tiefe Lust. Und wer auf kluge Gedanken kommt, wem sich neue Zusammenhänge auftun, der ist bei guter Laune. Das ist das natürliche Kapital, mit dem der Unterricht wuchern muss.

Was für ein Glück, dass wir noch richtige Kinder vor uns haben, wenn wir mit Englisch anfangen! Erst die Jahre machen uns grämlich, Kinder aber sind "Künstler im Erfassen eines Grundes, recht selig zu sein. Ein kleiner, leiser Vorfall mag es gewesen sein, und da machten sie eine große Geschichte daraus, hingen solch ein langes, großes, breites, üppiges Lachen daran." (Robert Walser) Leider gibt es mitunter auch Kinder, die die Freude verlernt haben und sie erst wiederlernen müssen.

Die größten Freudentöter in der Schule sind die Langeweile und das Nichtstun. Deshalb auch die "Massenübungen". Ein unschönes Wort, aber es trifft den Nagel auf den Kopf. Alle sind aktiv, doch nicht immer im Gleichschritt.

Ein starker Freudenbringer ist das individuelle Freiheitsgefühl. Die empirische Sozialforschung hat wiederholt bestätigt: Immer waren die Menschen mit großer subjektiver Entscheidungsfreiheit am Arbeitsplatz fröhlicher, gesünder, aktiver, freundlicher. Das sind Zusammenhänge, die unabhängig vom Alter, beruflicher Stellung, Bildung und Schichtzugehörigkeit gelten. (Noelle-Neumann 1999) Also wird es wohl auch für den Arbeitsplatz Schule gelten. Und trotz eines starren Stundenplans, trotz Lehrplan und Lehrbuch gibt es genug Entscheidungsspielräume auch für Schüler. Zumal dieses Freiheitsgefühl von Kleinigkeiten abhängen kann (wenn man etwa Reinigungskräften die Möglichkeit der Wahl zwischen verschiedenen Putzmitteln lässt!). In der Schule wollen Schüler aber auch geführt und ordentlich unterrichtet werden. Wir müssen also konkurrierende Tendenzen – die Erwartung und Bereitschaft, gut geführt zu werden *und* das individuelle Autonomiestreben – im Auge behalten. Entsprechend enthalten unsere praktischen Vorschläge Momente und Varianten, in denen Schüler ihr Lerntempo selbst bestimmen, eigene Ideen einbringen und auch mal Regie führen können, also "Lernen durch Lehren" (LdL).

Der fröhliche Lehrer

> Wie wird eine Schulstunde lebendig? Wenn derjenige, der die Führerschaft hat, sie am tiefsten erlebt. (*Karin Michaelis*)

Die Lernfreude des Schülers braucht die Freude des Lehrers am Lehren. Die Gewitterwolke des zürnenden Lehrers darf allenfalls ein paar Minütchen lang über einer Klasse schweben. Wer das Klassenzimmer missmutig, mürrisch und übel gelaunt betritt, darf sich über verdrießliche Schüler nicht wundern. Freude sieht man einem an, auch das Gegenteil, das griesgrämige Gesicht, die wehleidige Stimme. "Ein einziger freudloser Mensch genügt schon, um einem ganzen Hausstande dauernden Missmut und trüben Himmel zu machen." (Friedrich Nietzsche)

> The teacher we had in the *Oberstufe* sometimes let us know that he was not in the mood to teach us, especially on Saturday mornings. This was not at all motivating and even if one had been motivated before, one lost this motivation as soon as the lift doors opened and he stepped out with the word "boredom" written all over his face. (*Antje B.*)

"She simply took the fun out of learning", urteilt Stephan P. lapidar. Wo Lehrer gar ihre Unlust an ihrem Beruf offen zur Schau tragen, ist die Lernfreude bald erstickt:

> He didn't try to conceal the fact that he hated his job and the school. Sometimes he warned us not to become a teacher. He tried to get us on his side by talking about other teachers behind their backs. But that didn't work because we liked some of the teachers he talked about, and as a result it was our English teacher who we hated most. (*Gabriele S.*)

Goodlad (1983, 242) konstatiert "a flat, neutral emotional ambience of most of the classes we studied". Da ist es gut, wenn junge Menschen sich vornehmen, es besser zu machen:

> Was ich in der Schule immer am meisten vermisst habe, war der Spaß an der Sache. Nicht, dass das ganze Leben nur leicht sein soll, aber es war den Lehrern einfach nicht möglich, Freude an einer lebendigen Sprache zu vermitteln. Revolutionieren werde ich den Lehrerberuf wahrscheinlich auch nicht, aber ich hoffe doch, Motivation zu stiften und Interesse zu erwecken. (*Stefanie B.*)

Engagiert lehren heißt auch, davon überzeugt sein, viel bewirken zu können. Mediziner wissen: Hoffnung kann heilen. Der Placeboeffekt eines Scheinmedikaments ist oft so real wie jeder andere Heileffekt. Er bessert nicht nur das subjektive Krankheitsgefühl, sondern oft auch das objektive Krankheitsgeschehen.

Darum ist es richtig, wie es die Suggestopädie empfiehlt, mit Überzeugung als Sprachlehrexperte aufzutreten, seinen Methoden und Materialien zu vertrauen und natürlich auch seinen Schülern viel zuzutrauen und ihnen zu suggerieren: Alle können es schaffen, weil das Vermögen zur Sprache in uns allen steckt. Sprachen fallen dem menschlichen Gehirn leichter als etwa Mathematik. Bei allen nicht zu leugnenden Begabungsunterschieden: Die Hoffnung, ein oder zwei Fremdsprachen passabel zu beherrschen, ist allemal berechtigt. Ein wenig auf Schau machen und die Schüler so beeindrucken, dass sie an ihre eigenen Erfolge felsenfest glauben, kann hier nicht schaden – so wie eine Placebospritze im Allgemeinen stärker wirkt als eine Placebopille, und diese wiederum mehr, wenn sie von einem Professor, als wenn sie von einem Pfleger verabreicht wird (!). Solche kleinen Manöver sind nicht unseriös und kein höherer Aberglaube. Sie sind ohnehin nur dann wirksam, wenn wir diese Erkenntnis tief verinnerlicht haben und ausstrahlen, dass jeder Schüler, der eine Muttersprache beherrscht, *über sie und durch sie* tief in weitere Sprachen eindringen kann. Denn es stärkt das Selbstvertrauen unserer Schüler, wenn wir ihnen zu verstehen geben, dass wir unser Handwerk verstehen und sie bei uns gut aufgehoben sind. Und wenn wir ihnen gleichzeitig signalisieren, dass die Aufgabe es wert ist, angepackt zu werden.

Räume und der Sinn für das Schöne

> First we shape our buildings. Then our buildings shape us. (*Winston Churchill*)

Freude und Schönheit bilden ein Paar. Frohe Menschen sind schön. Und schöne Schulzimmer können Menschen froh machen. Übrigens wissen das am wenigsten unsere Gymnasiallehrer, und am besten die Waldorfschulen.

> Außer dem Festsaal liebten wir auch den Dachgarten sehr, der mit Kies bedeckt war und für die Turnstunde sowie für Geographie- und Zeichenstunde benützt wurde. Vom Frühling bis zum Winteranfang, je nach Wetter, waren wir auch in den Pausen dort. Er lag mitten in der Stadt, aber die Aussicht war ungewöhnlich: Berge und Wälder um Wien, die Donau, die Kirchturmspitzen. Dieser schöne äußere Rahmen wirkte außerordentlich anregend auf unsere Schulstimmung. Fraudoktor hatte ihn allen Schwierigkeiten zum Trotz verwirklicht. (Herdan-Zuckmayer 1979, 39)

Räume sind nicht nur etwas Äußerliches. Sie strahlen Atmosphäre aus und wirken aufs Gemüt.

In den großen Klassen der Unterstufen brauchen wir einfach mehr Platz, um von Tischgruppen zum Sitzkreis, vom Sitzkreis zum Stehkreis zu wechseln. Manchmal ist es aber schon so eng, dass man kaum eine kleine Szene vor der Klasse spielen lassen kann. Eine gedeihliche, gemeinschaftsbildende Atmosphäre für das Gespräch in kleineren Leistungsklassen der Oberstufe wiederum braucht so etwas wie Caféhaus-Räume oder eine Sitzecke in der Bibliothek. Darüber hinaus die Möglichkeit, im Sommer in kleinen Gruppen im Schulpark zu sitzen und sich peripatetisch in ein Gespräch zu vertiefen.

Stattdessen häufig bedrückende Enge, auch seelenlos kalte Räume, die jeden Anflug von Wohnlichkeit peinlich vermeiden. Architekten und Politiker, baut Schulen, in denen Schüler sich wohl fühlen! Lehrer, gestaltet die Räume aus, nutzt das Vorhandene! Überlegt, welche Raum- und Sitzordnung zu welcher Arbeitsform passen. Vielleicht ist das auch ein Rezept gegen den Vandalismus![3]

Der Sprachlehrer hat besondere Möglichkeiten, bei Kindern und Jugendlichen den Sinn für das Schöne zu entwickeln. Es beginnt mit dem Sprachklang:

> Luckily things changed when we got a new English teacher. She was Canadian and the first difference that I noticed was the sound of her words. It was like music and the words seemed to flow from her mouth very easily. I decided that this was the way English had to sound. (*Simone C.*)

Die Eltern Goldschmidt haben während der Nazizeit ihre beiden Söhne zu Verwandten nach Italien gegeben. Der jüngere ist in der neuen Sprache sofort zu Hause:

> Ich liebte Italienisch, ich tauchte mit Wonne in den lauten und zugleich weichen Sprachfluß, der so viele Mundspiele erlaubte, eine Sprache, de-

> ren Silben man modulieren konnte, verlängern, anhalten oder abschwächen, wie man wollte. Diese Sprache war ein Mundgenuß. (Goldschmidt 2001, 150)

Die Annahme eines fremden Dialekts ist ja ein untrügliches Kennzeichen für den Willen zur Sprache. Sarah sieht einen englischen Film:

> I liked the story and the dresses the women wore, but what I liked most was the kind of "posh" English they spoke. I had never before heard somebody talking like this and I wanted to be able to speak exactly like this "posh" English.

Ohne Musik wäre das Leben ein Irrtum, sagt Nietzsche. Gilt das nicht auch für die Musik der Sprache?

Praxis: Sprache und Musik

> Der Mensch ist "ein singendes Geschöpf, aber Gedanken mit den Tönen verbindend". (*Wilhelm von Humboldt*)

Sprache und Musik sind zugleich Ausdrucks- und Kommunikationsmittel. In beiden Gehirnhälften werden für Sprache wie für Musik dieselben Areale aktiviert. Die Fähigkeit, die Regeln einer harmonischen Ordnung zu erkennen und auf ihre Verletzungen blitzschnell zu reagieren, gleicht der Fähigkeit, syntaktische Fehler zu registrieren, wie Leipziger Neurowissenschaftler herausgefunden haben. (Maess et al. 2001) Und ähnlich wie bei der Sprache können schon Neugeborene Musik hochdifferenziert wahrnehmen. Sie erfassen auch zuerst die musikalischen Komponenten der Sprache wie Rhythmus, Melodie und Timbre.

> Daily music lessons are helping pupils in six London primary schools to scale new heights in language skills and behaviour. Teachers discovered that regular renditions of Verdi's *Requiem* and other classics helped children to tune in to their maths, English and science lessons. Every day for a year, the pupils had a 15-minute music lesson involving singing and listening. A visiting music teacher would take the first lesson of the week and give guidance to class teachers on following it up. The result was an improvement in pupils' concentration, listening and behaviour, and development of language and vocabulary. (Ward, TES, March 1, 10.12.2002)

Zudem weiß man, dass Musik das körpereigene Belohnungssystem stimuliert und die Mandelkerne inaktiviert, also jene Gehirnstrukturen, die Angst und Furcht bewirken. (Spitzer 2002) Musik kann intensive Glücksgefühle bewirken.

Lieder

> Ein Schulmeister muß singen können, sonst sehe ich ihn nicht an. (*Martin Luther*)
>
> Reasons briefly set downe ... to perswade everyone to learne to sing ... It is a singular good remedie for stutting & stammering in the speech ... It is the best meanes to procure a perfect pronunciation & and to make a good Orator. (William Byrd 1588)

Alles gute Gründe, um das Singen, die uns allen zugängliche Musikausübung, regelmäßig zu betreiben und in die Spracharbeit zu integrieren.

> There was a tape with nursery rhymes which my father brought back from England for me ... I was very fond of music and I loved these English nursery rhymes which were so different from German songs for children. They were recorded by professional singers and children's choirs with orchestral accompaniment. So whilst listening to my favourite tape, I used to be exposed to all the sounds of English, which became familiar to me although I did not have any idea of what the songs were about, with the exception of 'London Bridge is falling down' which I already knew. (*Barbara B.*)
>
> I liked the textbook with its funny stories, pictures and songs in it, although we hardly ever sang any of the songs. (*Sandra P.*)

Klingt da nicht Bedauern durch? "Interessanterweise wünschen sich 51% der Lernenden mehr Lieder, ein Unterrichtsinhalt, von dem immer wieder behauptet wird, er sei in dieser Altersstufe (Klasse 8) nur bedingt einsetzbar." (Hermann-Brennecke & Candelier 1992, 427) Die Deutschen, so weiß DER SPIEGEL zu berichten (52/2000), verlernen das Singen. Texte und Noten des traditionellen Liedguts verschwinden allmählich aus dem kollektiven Gedächtnis. Das Alltagssingen verkümmert, weil wir von der allgegenwärtigen Musik aus den Medien zugedeckt werden und mit den technisch perfektionierten Stimmen der Popstars nicht mithalten können. Da singen Chöre auf bunten Almen, mit schneebedeckten Gipfeln im Hintergrund, und statt dünner, im Wind verwehender Stimmen hört man einen satten Studioklang. Ein weiterer Frustquell: Für unsere heutigen, weniger geübten Stimmen geben die meisten Lieder eine Tonhöhe vor, die wir stimmlich nicht mehr packen. Das gilt es beachten, wenn man Kindern die Noten mit nach Hause gibt, damit sie sie auf ihren Blockflöten vorüben, um uns in der Klasse begleiten zu können.

Ich singe mit meinen Studenten öfter ganz bewusst Lieder ohne jede instrumentelle oder elektronische Unterstützung: "Are you all ready to sing along?" Im Endeffekt hilft es sogar, dass meine Stimme auch nur schlechter Durchschnitt ist. Was rüberkommt, ist dann: Wenn der das kann, kann ich das auch. Elisabeth hält deshalb ihre Lehrerin für sehr couragiert:

> In the last session before Christmas, she took a sheet of paper – maybe she also admitted that she could not sing well – and sang the song "Noël, when the angels fly ...". My class was well known for being difficult and loud, and I was amazed that nobody laughed. On the contrary, the class had never been so silent and attentive. Some pupils agreed that it was a beautiful song. (*Elisabeth M.*)

Einfache Kanons wandeln wir mitunter ab und bahnen Strukturverständnis an:

> Something inside me says: Time for my tea.
> Something inside me says: Time for a break.
> Something inside me says: Time for a joke.

Uwe Kind (1980) hat für den Unterricht zurechtgestutzte Texte auf bekannte Melodien gemacht:

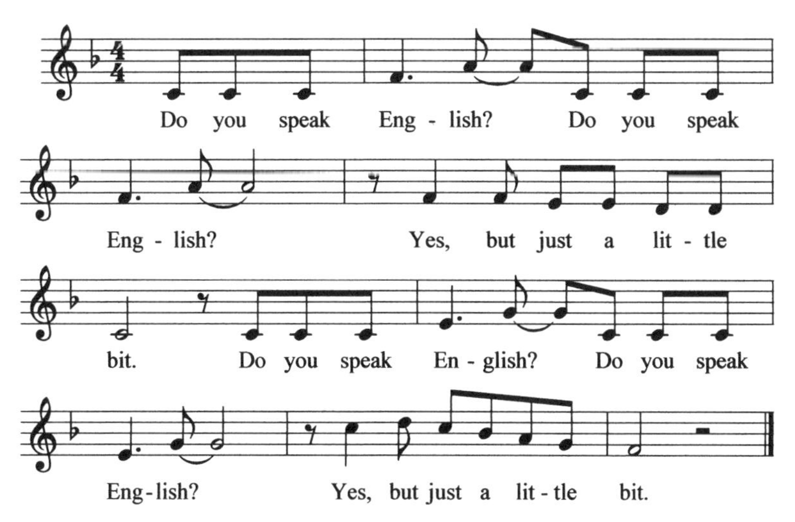

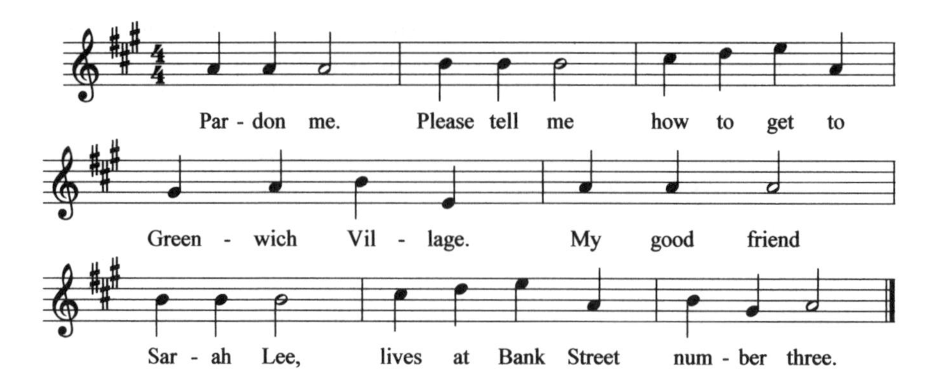

Übernehmen wir seine Idee und schreiben auch eigene Texte zu unseren Lieblingsmelodien.[4]

Eine interessante Idee sind *Partnerlieder,* d.h. solche, die mit einander harmonieren, so dass sie gleichzeitig gesungen werden können. So singt eine Hälfte der Klasse *It's a long way to Tipperary,* die andere *Pack up your troubles in your old kit bag.*

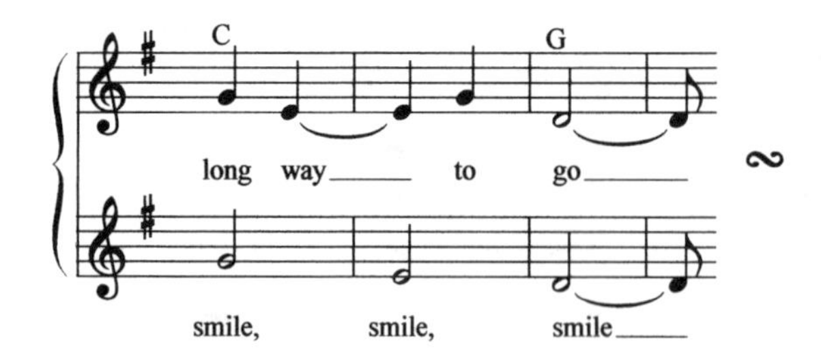

Man sollte auch nicht auf die Dramatik des Wechselgesangs verzichten, wie im folgenden amerikanischen Liedchen *Oh, you can't get to heaven.*

Der Witz dabei ist, dass jeder als Solosänger mit einem neuen Verschen vortreten kann und die Gruppe ihm folgt. Das wird weidlich ausgenutzt, indem man sich die Lehrer aufs Korn nimmt und zur Not auch die Sprachen mischt:

> Oh you can't get to heaven
> With Dr. M.
> 'Cause Dr. M.
> Is just plem plem.

Ebenso die Aufteilung in dem bekannten *Spiritual*:

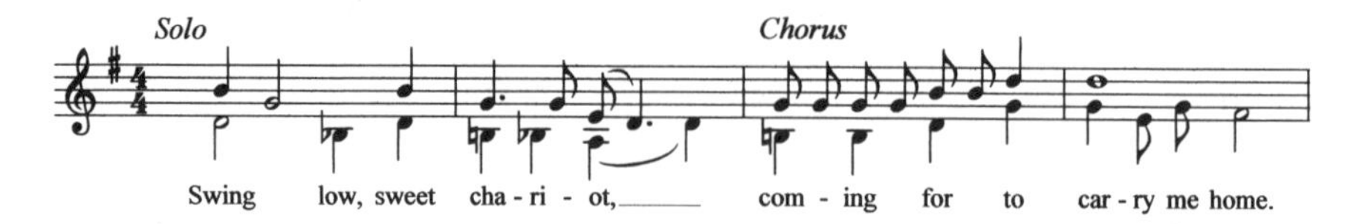

Varianten: Ein Solosänger, die Klasse summt mit; Aufteilung der Strophen für Mädchen und Jungen.

Auch speziell für den Englischunterricht produzierte Songs, die sich meist um ein grammatisches Thema herum bewegen, haben ihre Liebhaber gefunden. (Böttcher & Reisener 1994) Wer sucht, findet aber auch genug originales Liedgut, dessen Texte bestimmte Strukturen schön herausheben, z.B. Pete Seegers Protestlied *Where have all the flowers gone?* und *I've been working on the railroad.*

Vergessen wir auch nicht, welch ein reiches Kulturerbe Lieder darstellen. Zum traditionellen Australien gehören einfach *convict songs* und *bush songs* wie *Waltzing Matilda* und *Tie me kangaroo down, sport*; zu Amerika *Yankee songs, Plantation songs* und *Western songs* ebenso wie *Spirituals*; zu Schottland *Loch Lomond* und Robert Burns' *Auld Lang Syne;* zu England etwa das bei Shakespeare erwähnte melancholische *Greensleeves, sea shanties,* aber auch *patriotic songs* wie *Land of Hope and Glory*, für das Elgar die Musik komponiert hat, um nur einiges anzutippen. Kirchenlieder und Kinderlieder sind weitere reich besetzte Extra-Sparten.

Lehrer und Schüler müssen auch ihr sprachliches Repertoire erweitern:

> Here's a little song you can all join in with. Can we sing it at sight? Let's all hum the tune. Try singing the first lines very softly. It's too high. Try to sing a bit lower. That's out of key. Let's try singing it in another key. Hold the last note for a couple of beats. Resume the tempo. Clap to the beat. Let's clap on the second and fourth beats in each measure. Sway gently from side to side. Everyone joins in on the chorus. Music terminology: conductor, solo, soprano, bass etc.

Und wer hätte gedacht, dass man auch im Lateinunterricht fröhlich singen kann:

> My teacher sweetened the hard work with the textbook for us by giving us crossword puzzles to check our vocabulary and by singing songs in Latin with us which she had translated from German. (*Barbara B.*)

Warum nicht? Hatte die Lehrerin vielleicht bei Quintilian nachgeschlagen? In dem mutigsten Buch, das ich seit langem über die Schule gelesen habe, heißt es:

> Wie sehr fehlen uns doch die Lieder und das gemeinsame Singen in unserem Land. Es fehlen uns ja nicht nur die alten Kirchenlieder, es fehlen die Volkslieder, die Heimatlieder, die Wiegenlieder, die Kinderlieder, die Liebeslieder, die Lieder zur Hochzeit, zum Sterben, zum Tanzen und zur Arbeit. Immer wieder fällt es mir in Griechenland auf, wie da eine ganze Bevölkerung quer durch alle Schichten bei jeder Gelegenheit aus denselben Quellen schöpft und mit großer Hingabe gemeinsam singt. Und wie sie dort, anders als bei uns, keine Angst vor Pathos und vor falschen Tönen haben. (Bayerwaltes 2002, 223)

- Lieder sind zum Singen da. Alle singen mit, d.h. Singen ist allein schon als Massenübung wertvoll. Niemand bleibt untätig. In den Anfangsklassen wird jede Woche ein neues Lied eingeführt.
- Gemeinsames Singen vertreibt Angst, Missmut und Zwietracht.
- Liedtexte können auch Lieferanten für Strukturübungen sein und werden in die Spracharbeit integriert.
- Liedtexte tradieren Kulturgut. Altertümlicher Wortschatz bietet Anknüpfungspunkte für kulturgeschichtliche Exkurse. Notfalls schreiben wir die Texte um.

Popsongs, Musicals und moderne Liedermacher

Wie die erste Englischstunde ein unvergessliches Erlebnis wird, schildert Nicole:

> All the pupils in the classroom were excitedly awaiting the teacher's arrival. We were all very open-minded towards the new subject. As our teacher entered the room he played the guitar and sang a song by Bob Dylan, his favourite songwriter and musician. After he had finished the song he asked us in German if we wanted to learn this song. We all agreed with great enthusiasm.

Es kommt die Zeit, wo *Old Macdonald had a farm* nicht mehr zieht:

> We always enjoyed these lessons. But at the age of 12 or 13 the songs we were supposed to learn lost their attraction, because we considered them to be too childish. I remember one of these songs, which was called "Old King Cole", it ended with the verses "... a very fine fiddle had he. Twiddle dee, twiddle dee, and so merry we will be". Two years ago that song would have amused us very much, but at 13 we almost felt ridiculed. We did not want to be seen as little children any more, most of all we wanted to be taken seriously. Therefore we suggested we learnt "Bridge over troubled water" by Simon and Garfunkel. But the teacher rejected the idea saying that it was too difficult, and that we should proceed step by step according to the syllabus.

Popsongs kommen hinzu, doch braucht man sich von Volksliedern noch lange nicht verabschieden. Wie wäre es denn mit *The Foggy Dew* (amerikanische Version nach Carl Sandburg), das man augenzwinkernd und mit entsprechendem Tempowechsel singen kann?

(Es soll derbere Versionen geben, die wir den Schülern lieber vorenthalten.) Immer wieder machen sich Schüler selbst daran, die Texte zu übersetzen:

> I remember my friend and me – at the age of 14 great David Bowie fans – sitting in front of our dictionaries translating his texts. At the beginning we had to look up nearly every second word. We were translating word by word, and therefore we often got funny results. ... The more we translated the better our translations became, and the more sense they made. We also learnt a lot of new words that our classmates had never heard about. (*Michaela W.*)

Gerade die vielen Schwierigkeiten, die mit Liedtexten, die man nur abhören kann, verbunden sind, geben dem Lehrer die Chance, sich als Helfer und Sprachexperte zu bewähren:

> Wherever I could get the printed texts of songs I copied and translated them – and when I was alone in my room I sang the songs aloud in front of the mirror. Sometimes when there was a party some of my schoolmates wanted to prove how good their English was. They then sang all the songs they had learnt by heart. But sometimes people didn't know the songs as well as they thought they did and what they sang sounded similar to the original text but had a totally different meaning. Often those who sang loudest made the most mistakes. (*Kerstin D.*)

> "Under my Thumb" by *the Rolling Stones* was always interpreted as "Under my Sun", which led to a totally different connotation. When *The Commitments* sang their "Mustang Sally" I always thought they intended to kill the poor girl: Must hang Sally! (*Cornelia H.*)

Angelsächsische Jazz-Pop-Rock-Sänger aller Schattierungen, frankophone Chansonniers aus Frankreich, Belgien und Kanada und deutsche Liedermacher sind aus unserem Kulturleben nicht mehr wegzudenken. Lehrer wie Schüler dürfen die eigenen "favourites" vorstellen:

> Most of the time the pupils brought along some music they liked. The words were always made available to the class. First we listened to the music once or twice, and then we talked about the lyrics and how we liked the music. I remember this was always great fun. My teacher often managed to stir up a discussion by suggesting the most ludicrous interpretations of the songs, so that we had to protest, and thus he kept us talking. (*Heidrun C.*)

Dennoch ist es angesichts der von der Kulturindustrie erzeugten Materialfülle eine pädagogische Aufgabe ersten Ranges, zu sichten, auszuwählen und den Geschmack zu bilden. *We shall overcome* darf als Protestlied der Bürgerrechtsbewegung nicht fehlen, zumal es schon in den Anfangsklassen gesungen werden kann. *You'll never walk alone* darf nicht fehlen, weil es so eindrucksvoll belegt, wie religiöse Inbrunst in den Fußballstadien eine neue Heimstatt gefunden hat: ein Signum der Moderne. Und schließlich Lennon & McCartneys *Let it be* ... Natürlich machen wir aus dem Mitsingen und Nachsingen kein Dogma. Manche Lieder sind musikalisch zu anspruchsvoll, eignen sich aber hervorragend als Diskussionsgrundlage zu sozialkritischen Themen.

Eine Fundgrube sind auch Musicals, weil man dazu noch eine Geschichte erzählen kann. Klassiker wie *My Fair Lady, West Side Story, Fiddler on the Roof, Kiss me Kate* und Disneys *The Jungle Book* liefern *songs* die Fülle mit spritzigen, witzigen Texten. Aus *Singin' in the Rain* kann man sich folgenden Morgengruß herausschneiden:

Bei einigen Liedern lohnt es sich, englisches Original und deutsche Version zu singen und miteinander zu vergleichen:

Look for the bare necessities The simple bare necessities Forget about your worries and your strife I mean the bare necessities Or Mother Nature's recipes That bring the bare necessities of life ...	Probiers mal mit Gemütlichkeit Mit Ruhe und Gemütlichkeit Jagst du den Alltag und die Sorgen weg Und wenn du stets gemütlich bist Und etwas appetitlich ist Dann nimm es dir egal von welchem Fleck ...

Mit viel Wortwitz kommen auch die *lyrics* aus Cole Porters *Kiss me Kate* daher, z.B. *Brush up your Shakespeare/Schlag nach bei Shakespeare*:

The girls today in society
Go for classical poetry,
So to win their hearts one must quote with ease
Aeschylus and Euripides.
But the poet of them all
Who will start 'em simply ravin'
Is the poet people call
The bard of Stratford-on-Avon.
Brush up your Shakespeare
Start quoting him now.
...
Brush up your Shakespeare
And they'll all kowtow.

Die Texte sind durchweg sauber artikuliert und verständlicher als manche Popsongs, die nicht einmal Muttersprachler durchweg verstehen. Experimentieren wir auch mit Karaoke-Videos, bei denen der Text mitläuft. Ein Nachteil: man kann die Tonlage nicht selbst bestimmen.

Natürlich sind Popsongs keine Wunderdroge. Damit wir nicht zu euphorisch werden, ein kleiner Dämpfer zum Schluss:

> Later he encouraged us to bring along our own favourite songs and their lyrics and some of us did so. He picked out only one of the songs, got us to listen to it and read the lyrics. But talking about this song turned out to be disappointing. It is very hard to motivate young people and to make lessons and their topics really interesting. Everybody knows that poems, plays or novels are spoiled for the teenage pupils as soon as they become a matter of teaching. "Bad Boys" by Wham was a proof for it. The discussion about this really popular song was as slow-moving and boring as it would have been if the subject had been a Shakespeare sonnet. (*Thomas B.*)

Ja, muss man denn auch immer darüber reden? Unter Umständen lässt man's lieber bleiben. Aber singen muss man sie, z.B. in der Form des "Nachsingens" oder "Echosingens" oder besser "Echosprechens". Das geht nur bei Liedern, die lange Textpausen haben, in die man hineinsingen oder -sprechen kann. Untermalt von den Instrumenten, wiederholt man den Vers, den der Sänger gerade gesungen hat, und ist fertig, wenn der Sänger wieder anhebt. Sehr gut eignen sich dazu "Do not forsake me, oh my darling", der *theme song* aus dem Western-Klassiker *High Noon* (wieder eine Gelegenheit, eine Geschichte zu erzählen), und Frank Sinatras Hit "My Way", dem ein französisches Chanson von Claude François (*Comme d'habitude*) zugrunde liegt.

Unser Echosprechen erinnert an eine zentrale Übungstechnik, das Subvokalisieren:

> When one is learning a foreign language, it is an excellent method to try to imitate to oneself in silence every sentence which one hears spoken by a native. (Jespersen 1922, 135)

Tanz- und Spiellieder

> Man kann nämlich das *Tanzen* in jeder Form nicht von der *vornehmen Erziehung* abrechnen, Tanzen-können mit den Füßen, mit den Begriffen, mit den Worten ... (*Friedrich Nietzsche*)

Lieder kann man mit Bewegungen verbinden. So steigern wir den Effekt von *We shall overcome,* wenn wir uns dazu im Kreis aufstellen,

> with the right arm crossed over the left and each singer holding the hand of the partners on the left and on the right. Bodies sway gently to the slow, rocking beat of the song. Start singing the first verse softly with quiet determination and gradually increase the singing volume until in the final verse you are singing with intense determination. (Osman & McConochie 1979, 52)

Bei echten Spielliedern sind Bewegungen integraler Bestandteil. Bekannt sind zwei oder drei Spiellieder:

> But the teacher used these songs for more than one purpose. Sometimes – particularly during lessons late in the morning – the students were very fidgety. In order to calm them down the teacher started singing. One song was accompanied by a lot of movements. The students had to

> touch their toes and immediately afterwards their shoulders etc. After they had sung this tune they had moved enough to be able to pay attention for the rest of the lesson. I think this was a good method to calm the pupils down. (*Iris A.*)
>
> The action songs which he introduced were very much appreciated. We learned the song "Heads and shoulders, knees and toes" where you have to name all the extremities whilst singing. First we did that standing on the floor, then standing on the chairs and eventually standing on the tables, which was really extraordinary since standing on the furniture was otherwise strictly forbidden. (*Miriam N.*)

Im Liederbüchlein von Schanz-Hering & Hering (1987) gibt's aber noch mehr Spiellieder als *If you're happy and you know it* und *Heads, shoulders, knees and toes,* und wir sollten sie verwenden, wie das folgende.

Lyrics	*Actions*
2. She'll be driving six white horses when she comes,	*wo-back, toot, toot.*
3. We will all go out to meet her when she comes,	*hi! babe, wo-back, toot, toot.*
4. We will kill the old red rooster when she comes,	*hack, hack, hi! babe, wo-back, toot, toot.*
5. We will all have chicken dumplings when she comes,	*nyam, nyam, hack, hack, hi! babe, wo-back, toot, toot.*
6. We will wear our bright red woollies when she comes,	*scratch, scratch, nyam, nyam, hack, hack, hi! babe, wo-back, toot, toot.*

Wenn das *future continuous* an der Reihe ist, erinnern wir an dieses Liedchen. Spiellieder wie *Heads, shoulders* eignen sich auch gut als *Weglasslieder.*

Wir lassen ein Wort aus, führen aber die passende Bewegung aus. Bei jedem Durchsingen wird ein Wort mehr ausgelassen:

> Miss out the word, but keep the action going. Keep repeating the song, missing out one extra item each time, until there are no words left and the song is just actions.

Auslassen sollten wir auf keinen Fall folgendes vor Fröhlichkeit berstende, von Dean Martin in typisch verjazzter Manier gesungene Liedchen. Am Anfang lässt man die Bewegungen weg, sonst muss man sich zu sehr konzentrieren:

Lyrics	*Actions*
Let me tell you	*open hands like a book*
'bout the birds	*flap arms*
and the bees	*flap hands*
And the flowers	*make a flower shape with hands*
and the trees,	*raise arms above head in a Y shape*
The moon up above,	*move arms in a semi-circle above your head*
and the thing called love.	*hug yourself!*
Let me tell you	*open hands like a book*
'bout the stars in the sky,	*put your arms in the air and open and close your hands quickly as if you are sprinkling star dust*
The girl	*hands on hip*
and the guy	*flex arm muscles*
And the way they could kiss	*pucker lips and pretend to kiss*
On a night like this.	*move arms in a semi-circle above your head*
When I look into your big brown eyes,	*point to your eyes with both hands*
It's very plain to see	
That it's time you learn about the facts of life	
Startin' from A to Z.	
Let me tell you 'bout the birds …	

Empfohlen sei auch der *Sitztanz*, der rhythmische Gymnastik mit Elementen des Tanzes kombiniert. Alles wird im Sitzen ausgeführt, er eignet sich deshalb auch für das Klassenzimmer und ist keineswegs nur etwas für Senioren und Behinderte. Im Sitzen statt im Stehen kann man z.B. *Heads, shoulders, knees and toes* durchführen. Ganz außer Atem geraten wir, wenn wir etwa *My bonnie is over the ocean* singen und bei jedem Wort, das mit 'b' beginnt, aufstehen und uns schnell wieder hinsetzen. Ist mehr Platz, sollten wir uns auch an richtige Tanzlieder heranwagen, von denen bisher nur der Kreistanz *Hokey Cokey* bekannt zu sein scheint. Zur Weihnachtszeit könnte man *Jingle Bells* singen und tanzen. Stets haben die Jungen ihre Partnerin auf der rechten Seite.

Jingle bells

Formation: Circle dance, i.e. we've all joined hands, standing in a circle

Lyrics	*Actions*
Dashing through the snow in a one-horse open sleigh	*4 steps to the centre and back*
O'er the fields we go Laughing all the way	*8 steps circle left*
Bells on bobtail ring Making spirits bright	*again 4 steps to the centre and back*
What fun it is to ride and sing a sleighing song tonight.	*8 steps circle right*
(sing, facing your partner)	
jingle bells	*clap hands three times*
jingle bells	*clap your partner's hands three times*
jingle all the	*clap hands three times*
way	*clap your partner's hand just once*
Oh what fun/it is to ride	
in a one-horse open sleigh	*take your partner by both hands and lead her around in a circle*
hey!	*leave your partner, turn round to the lady on the left*
jingle bells	*now repeat the clapping part with your new partner, and put her on your right* *Then the circle moves again to the middle and back, as before: The dance starts again with a new partner.*

Dies ist leicht zu lernen, aber man muss es gesehen und ausprobiert haben. Wer Lehrer ausbildet und es nicht kann, sollte sich Leiter von Volkstanzgruppen in Hochschule und Seminar einladen. Mit dem Tanzen aber sind wir schon beim nächsten Thema.

Praxis: Sprache und Bewegung

Es gibt "die eine Künstlerschaft, die alle Kinder besitzen, die Vitalität." (Herdan-Zuckmayer 1979, 44) Wir erhalten sie den Kindern, indem wir Gehirn und Körper zugleich auf Trab bringen. Denn nicht nur geistige, auch körperliche Rührigkeit schieben das Gedächtnis an, wie Sportmediziner herausfanden.

Rund 20% der Kinder und Jugendlichen unter 18 Jahren leiden an Übergewicht. In vielen Fällen liegen lebensstil- und umfeldbedingte Ursachen vor. Kinder sitzen zu viel, schauen zu viel fern, ernähren sich falsch, kommen im Auto oder Bus zur Schule, toben sich auch nachmittags nicht mehr aus, kurz: sie leiden unter Bewegungsmangel. Der auf Überernährung und Bewegungsarmut zurückgehende Diabetestyp mit seinen schweren Folgekrankheiten nimmt rapide zu. Eine tägliche Sportstunde, das hat ein wissenschaftlich begleiteter Schulversuch gezeigt, vermag die Zappeligkeit von vielen Kindern wundersam zu lindern. Man muss schon Banalitäten breit treten: Das Kind braucht viel frische Luft und Bewegung. Tafel putzen kann immer nur einer.

> Another aspect that I did not like during my time at school was that we always had to sit still in our lessons. (*Sandra P.-S.*)

Deshalb bietet es sich an, im stundenintensiven Englischunterricht Sprachlernen mit Bewegung zu koppeln. *Bewegungsspiele im Unterricht* könnten Energiestaus abbauen, dem Auftreten von Gesundheitsstörungen entgegensteuern, den Unterricht auflockern und zudem ein stressfreieres und entspanntes Lernen ermöglichen.

Es gibt noch einen weiteren Grund, Bewegungsspiele einzuführen. Wie das Baby, muss sich auch ein Schulkind in eine fremde Sprache erst einhören. Aber da einmal die Zeit dafür sehr beschränkt ist, zum andern die Sprechorgane durch die muttersprachliche Vorarbeit bestens eingestellt sind, kann es – unter Anleitung – auch mit dem Sprechen sofort beginnen. Es spricht auch gerne nach, solange wir es dabei nicht überfordern und entsprechende Pausen zum Hören gewähren. Genau dies tun wir, wenn wir die Schüler durch Bewegungsspiele kurzzeitig vom Artikulieren entlasten.

Kommandierspiele

Hier fassen wir die Gouinschen Reihenübungen (1880), Palmers *English through actions* (1925/1959) und Ashers *Total physical Reponse* (1977) zusammen.[5] Allen ist gemeinsam, dass der Lehrer Anweisungen gibt, die die Schüler (meist stumm) ausführen: "The teacher gives verbal orders to the pupil; the pupil executes them." (Palmer 1959, 38) Die Schüler verstehen den Lehrer, weil er beim ersten Mal die Handlungen mit ihnen zusammen ausführt oder gestisch andeutet, danach nicht mehr. Er bleibt stocksteif stehen, gibt die Kommandos in neuer Reihenfolge und prüft so das Verständnis. Palmer unterschied *collective imperative drills*, die mit der ganzen Klasse, und *individual imperative drills*, die nur mit Einzelschülern durchführbar sind. Er empfahl auch schon, nach einer Phase der Eingewöhnung Schüler mit der Durchführung der Kommandos zu betrauen.

> Pupils are made to sit down, stand up and move around their seats in the classroom.
>
> - Stand up, all of you.
> - Stand in the aisle by your desks.
> - Take a step forward.
> - Take a step backwards.
> - Take a step to the left.
> - Take a step to the right.
> - Step over an obstacle. Be careful! (Let's pretend to step over an obstacle.)
> - Move around the chair, clockwise.
> - Walk in place, slowly.
> - Run in place, slowly, take it easy. And now faster. And now as fast as you can.
>   (This will leave them breathless, so you might stop here.)
>
> Pupils are instructed to move their hands in different ways.
> - Look at your hands.
> - Are they clean? Yes or no? Okay, let's say they're clean.
> - Place your hands on the desk with palms down.
> - Turn your hands over.
> - Put your hands in your lap.
> - Clap your hands five times.
> - Rub your hands together. A gesture that means: I am glad.
> - Make a fist. Use both hands. Show that you're angry and willing to fight.
> - Open your fists. Show me that your hands are empty.
> - Pick up something from your desk and drop it.
> - Fold your hands in prayer.
> - Place your hand on the same shoulder, then on the opposite shoulder, etc.

Auch sprachliche Gesichtspunkte können dominieren, z.B.: do – undo, fasten – unfasten, tie – untie usw. Mannigfache Variationen kommen ins Spiel, wenn man Gegenstände wie Radiergummi, Stifte, Bücher platziert und manipuliert. Im Winter, wenn sie billig sind, bekommt jeder Schüler eine Mandarine, die wir auf Anweisung schälen, zerteilen, scheibchenweise arrangieren und natürlich zum Schluss aufessen. Oder wir beziehen wie folgt die Kleidung ein:

- Let's all stand up again.
- Everybody who is wearing socks shake their head.
- Push down your socks and pull them up again.
- Everybody who has a belt on stand on one leg.
- Everybody who has a cardigan/jacket on sit down.
- Does your cardigan/jacket have buttons? Shout "yes".
- Does your cardigan/jacket have a zipper instead? Shout "yes".
- Then unzip it and zip it up again/unbutton it and button it up again.
- Roll up your sleeves and roll them down again, etc.

Es geht aber auch mit viel mehr Fantasie wie in der folgenden Partnerübung zur Körperwahrnehmung. Zuerst überlegen wir uns, wie man mit Händen und Fingern auf dem Rücken seines Partners spielen kann und stellen uns paarweise hintereinander auf. Wem das zu gewagt ist, der kann die Fingerübung auf den Pulten durchführen lassen.

Finger exercise:
Put both hands flat on your partner's back.
Press slightly, don't push him away.
With your right hand, knock at his back as if you knock on a door.
Tap his back with one finger only, tap at different places.
Walk around on his back with two fingers, use your fingertips.
Lightly drum his back, use both hands.
Stroke his back with two hands.
Lightly squeeze his back with two fingers, use both hands.
Stroke it again.
With your forefinger (index finger), write "back" on his back. We can also draw spirals or other shapes.
With your right thumb and thumb-nail, scratch his back in all directions.
Rub his back, use one hand only.

Waking up

Situation	*Matching movements*
It's early in the morning, the alarm hasn't gone off yet.	*The students sit at their desks and lay their heads on their tables 'sleeping'.*
You wake up and open your eyes.	*Students open their eyes.*
You get up and stretch.	*Students stand up and stretch.*
You go into the bathroom.	*Students walk on the spot.*
You wash your face.	*Imitate washing your face.*
You take the toothpaste, unscrew its lid and squeeze the toothpaste onto the toothbrush.	*Imitate brushing your teeth.*

You go to the kitchen and sit down at the breakfast table.	*Walk on the spot and sit down on your chair.*
You eat a bread-roll.	*Imitate eating a bread-roll.*
You prepare a packed lunch.	*Prepare a bread-roll.*
You stand up, grab your schoolbag and go to school.	*Grab your schoolbag and go.*

Solche Situationen können auch zu echten Spielgeschichten erweitert werden, in denen Texte körperlich dargestellt werden (Kap. 6). Natürlich sollte man auch öfter anstelle des nackten Imperativs das gefälligere "Could you please ..." und "thank you" verwenden. Besonders wenn die Schüler den Drill übernehmen, gilt diese Regel.

Nur gelegentlich sollte man auch mal "Einzelprüfungen" vornehmen, wo der Rest der Klasse sitzen bleiben muss:

Peter, walk quietly up in front of the class and sit down in my chair. Sorry, on your way pick up the piece of paper and throw it in the wastepaper basket. Now open my book to page 46. What's the heading of the chapter half way down the page? Read it out loud. Close the book, stand up and push the board up a little bit. Take the duster and rub out the last line. Now walk to where your coat is. Put it on ...

Oder etwas gewagter, lustiger, übermütiger:

Turn to Tom in the first row here. Stare hard at him (remember what the teacher sometimes does with you). Stick your tongue out at him. (Tom, just keep quiet, don't do anything) Threaten him with your fist. Be friendly again. Wave at him with your left hand and smile. Pick up an imaginary glass from the teacher's desk and say "cheers" to Tom ...

Die Klasse kann man derweil beschäftigen, indem sie etwa alle Verben notiert oder sie sofort ins *past tense* setzt: *he walked, he sat down, he picked up.*

Bei den üblichen, an Gouin angelehnten Aktionsketten *(action chains)* folgt eine Handlung logisch aus der andern:

Take this box of matches. Open it. Take out a match. Shut the box. Strike the match. Light the candle. Throw the match away. Blow out the candle.

Das ist besser als die originalen, etwas zu detailliert ausfallenden Serien Gouins, die zudem nur als Einzelprüfung durchführbar sind (nach Macht 1986, 337ff.):

Je vais vers la porte.	I go to the door.
Je m'approche de la porte.	I approach the door.
J'arrive à la porte.	I arrive at the door.
Je m'arrête à la porte.	I stop at the door.

J'allonge le bras.	I stretch out my arm.
Je prends la poignée.	I take hold of the handle.
J'ouvre la porte.	I open the door (turn the handle round).
Je tire/pousse la porte.	I pull/push the door.
La porte cède.	The door yields.
La porte tourne sur ses gonds.	The door turns upon its hinges.
Je lâche la poignée.	I let go the handle of the door.

Solche Übungen haben aber ihren Wert als mentales Wortschatztraining. (Kleinschroth 2000, 64f.) Wir überlegen uns, in welche Einzelschritte sich alltäglich vertraute Handlungen einteilen lassen. Was tun wir genau, wenn wir den Hund ausführen, uns zum Essen an den Tisch setzen, uns ein Butterbrot machen, einen Apfel essen, uns mit dem Rad auf den Schulweg machen, uns an unsern Platz setzen und zu schreiben anfangen? Die Situation teilen wir in nicht mehr als sieben Schritte auf und erarbeiten sie im Unterricht. Diese logische Folge ist eine starke Erinnerungsstütze. Als Aufwärmübung lassen wir die Klasse die Sätzchen vor sich hinmurmeln. Die Schüler können dabei die Handlung wie einen Film im Geiste ablaufen lassen.

Gymnastik im Klassenzimmer

Hat man so viel Bewegungsraum, dass sich die Schüler bei ausgestreckten Armen nicht berühren, lassen sich zahllose Turnübungen im Klassenzimmer durchführen. Wenn nötig, kann man die Klasse in einer Minute richtig außer Atem bringen:

Mobilizing warm-up
Rotate both shoulders backwards four times, then forwards four times.
Rotate hips first in a clockwise direction, then in an anti-clockwise direction.
March on the spot and clap hands above head.
Jog on the spot, alternately bending and straightening arms out to sides at shoulder level. [Abb. (1)]
Jog on the spot, kicking feet high behind you and flexing alternate arms in front.
Do a walking jog on the spot, circling alternate arms backwards as you step. Do 8 circles, 4 each arm.
Jumping Jacks: Jump, landing with feet apart, then jump again, landing with feet together. As you jump, raise and lower arms at your sides. (2)
Raise alternate knees towards opposite elbow. (3)
Kick back with alternate feet to touch opposite hand behind you and swinging other arm as high as you can. Repeat 8 times, 4 each foot. (4)

(1) *(2)* *(3)* *(4)*

Langsamer geht's bei folgender Dehn- und Streck-Übung:

Pupils stretch, bend, relax and release the tension according to the instructions given by the teacher.

- Stand up with your feet parallel and the length of one foot apart. Your knees are slightly bent.
- Stretch your arms high up.
- Now bend over and touch your toes.
- Come up slowly with a straight back.
- We'll repeat this exercise once more …
- Now lift up your right arm and bend your whole upper body to the left. (5)
- Make sure you stretch only to the side. You should feel the right side of your body stretching.
- Come up again.
- Lift up your left arm and bend over to the right side.
- Do you feel the pull in the left side of your body? – Fine.
- Come up again.
- Let's do this once more.

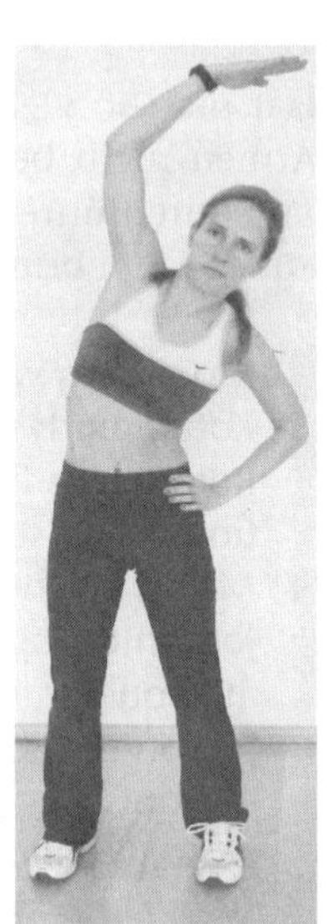

(5)

Am besten kauft man sich englische Gymnastik-Kassetten, dann hat man mit den Anweisungen zugleich die Musik dabei. Auch klassische Entspannungsübungen bieten sich an, bei der man eine Körperpartie nach der anderen wechselweise an- und entspannt:

- Tighten your toes, feet, calf, and thigh muscles.
- Make sure the muscles become quite taut – even more taut.
- Now hold this tense position whilst you count to five.
- Then release.
- Relax.
- Now tighten your back and stomach muscles.
- Do you feel the tension in your body? Etc.

Aus Untersuchungen (Uni Jena) geht hervor, dass sich der Anteil an korpulenten Mädchen und Jungen zwischen 1985 und 1995 verdoppelt bis verdreifacht hat, meist durch Mangel an Bewegung. Wir tun was dagegen – ohne Abstriche an unseren sprachlichen Zielen zu machen. Denn auch wenn es "nur" um Bewegungen geht, ist die sprachliche Ausbeute weitaus größer, als man zunächst annimmt.

Laufdiktat

Dies ist eine Variante der *Read-and-look-up*-Technik. Man bildet Tischgruppen mit gleicher Schülerzahl. Auf einem Extra-Tisch oder auf Fensterbänken hat der Lehrer mehrere Kopien eines kurzen Diktattexts (oder auch mehrere gleich lange und schwierige Diktattexte) gelegt. Auf ein Zeichen hin kommt von jeder Tischgruppe der erste Schüler zum Lehrertisch, liest den ersten Satz des Diktats, merkt ihn sich und diktiert ihn dann seiner Tischgruppe. Erst wenn alle ihn geschrieben haben, macht sich der zweite Schüler auf den Weg, um den zweiten Satz zu diktieren.

Heute unterrichten wir meist wie ehemals Michael West unter erschwerten Bedingungen, "in difficult circumstances". Wir brauchen deshalb dringend Arbeitsformen, die es dem Lehrer erlauben, sich zu erholen und zu sammeln, ohne dass die Klasse selbst untätig ist oder lediglich "beschäftigt" wird. Das Laufdiktat kostet den Lehrer einige Vorbereitung, verschafft ihm aber im Unterricht eine Atempause und den Schülern dringend notwendige Bewegung. So auch das folgende Wettspiel:

> One game I still remember as being very funny and at the same time effective was called "Schlangenfresser". The whole class had to get up and come to the front where we were divided into two equal groups each forming a line which faced each other. The teacher asked words and small phrases or sentences in German and the front player of each line had to shout the French equivalent out. Both had then to go to the end of whichever line shouted the correct answer out first. We played this game in nearly every lesson and as we did not take any tests in French this was a good means of checking our progress for the teacher on the one hand and a stimulus for the pupils to learn on the other hand, as

every one liked to be in the winning queue and did his best to make his group win the game. A second positive effect of this sort of game was that there was only very little fighting between the pupils, because everyone kept changing teams. (*Sabine E.*)

Ebenso kommen die Schüler auf Trab, wenn wir die bekannte Hörübung "Right or Wrong?" als Wettspiel durchführen. Die Klasse wird in zwei Mannschaften geteilt, jede Mannschaft wird durchnummeriert. Vor der Klasse, für beide Teams gleich gut erreichbar, werden zwei Stühle platziert, einer für "right", der andere für "wrong". Der Lehrer spricht einen Satz etwa wie folgt vor und ruft eine Nummer auf.

Beer is a beverage.
Soup is eaten with a fork.
The sun is bigger than the moon.
Cats are afraid of ducks.
People drive left in the UK.
Go when the lights are red.
A gallon is less than a litre.
You mustn't smoke in the classroom.
Shakespeare is a composer.
Britain's Prime Minister is the Head of the Nation.

Die Sätze können sich ebenso gut auf bekannte Texte beziehen. Wer von den beiden Schülern zuerst auf dem richtigen Stuhl sitzt, bekommt einen Punkt für sein Team. Passende *statements* können auch von einer Schülergruppe erarbeitet werden.

Grammatikspiel: Wörter platzieren

Grammatische Kategorien werden spielerisch eingeübt:

1) Jeder Schüler stellt eine bestimmte grammatische Kategorie wie "definite article" oder mehrere Vertreter einer solchen Kategorie (*modal verb: can/could; conjunction: and/or*) dar. Häufig vorkommende Kategorien wie *noun* werden mehrfach vergeben, damit jeder Schüler eine "Rolle" hat. Bei großen Klassen werden alle Rollen doppelt besetzt, z.B. dieselbe Liste einmal für Mädchen und einmal für Jungen. Die Schwierigkeiten lassen sich steigern, wenn auch Rollen für gebundene Morpheme vergeben werden wie "Plural-s" oder "Past -ed". Auch Satzzeichen kann man darstellen.
2) Danach nennt der Lehrer einen Satz, z.B. ein berühmtes Zitat, und die Schüler stellen sich vor der Klasse in der richtigen Reihenfolge auf. Die Repräsentanten für Wortstamm und Endung müssen sich unterhaken (*link arms with each other*).

3) Wenn sie sich vor der Klasse herumgeschubst und aufgestellt haben, wiederholen sie den Satz, indem jeder das Element spricht, das er darstellt.

Je nach Kenntnisstand der Klasse mag man es kompliziert oder weniger kompliziert machen. Eine Übersicht grammatischer Bezeichnungen wird ausgehändigt, die die Schüler fürs nächste Spiel bereit halten:

> Noun (cat, teacher, liberty)
> plural "s"
> proper name (Jane, Shakespeare)
> verb (to write, to walk)
> third person "s" present simple
> negation: not, no, contracted form -n't
> past tense: -ed
> irregular past tense
> past participle -ed
> irregular past participle
> "-ing"
> auxiliary verb do
> auxiliary verb have
> auxiliary verb be
> modal verb may/might
> modal verb can/could
> adjective (yellow, beautiful, good)
> adverb ending: -ly (She sang *beautifully*)
> definite article the
> indefinite article a/an
> personal pronoun: I, you…
> possessive pronoun: my, your…
> reflexive pronoun: myself, yourself…

☺	☺	☺	☺	☺	☺☺	☺☺	☺	☺	☺	☺☺
On	a	summer	afternoon,	Alice	was	sitting	under	a	tree	sleepily.
prep.	article	noun	noun	proper name	be + past	verb + ing	prep	article	noun	adverb: adjective + ly

Vergessen wir nicht, dass die Schüler dabei auch Englisch sprechen:

> You don't have to come up one at a time, but don't push each other over. And when you come up to the front, don't push your way in, but you may say things like:
> This is my place/position
> This is where I belong
> I'm in between you two, can you move up or move along a bit?
> I'm before/after you
> I'm the beginning, at the start, at the end

Entspannende Verstehensspiele

Der Lehrer gibt wie bei den Aktionsketten Anweisungen, die Schüler brauchen also nicht zu sprechen, sondern manipulieren sitzend Gegenstände, arrangieren Karten oder zeichnen etwas. Sie tun also etwas, reagieren aber nicht mehr ganzkörperlich. Entscheidend ist die Konzentration auf das Verstehen.

Wort- und Satzkarten arrangieren

Die Grundidee ist, dass Schüler Wort- oder Satzkarten auf ihrem Tisch zu verschiedenen Figuren arrangieren, sich dabei die Wörter und Wendungen auf den Karten einprägen und zugleich *location phrases* lernen. Man kann schon in den ersten Unterrichtswochen damit beginnen, indem man Zahlen einführt. Später kann man dann auf diese Weise auch Wörter, Wendungen und ganze Sätze aus Lektionstexten nehmen. Nach Gusto können die Schüler auch die Karten entsprechend bemalen. Hier ein Transkript aus einer sechsten Realschulklasse mit einem kuriosen Sammelsurium von Wort- und Satzkarten:

> Right. So, do not speak during the game. Okay let's start. Take card "Of course" and put it in front of you. And then take "Maybe" and put it on the left hand side of "Of course" and then take "In this role play I'm Kitty." and put it under "Maybe" and turn it over in place. And then take "The first card game is going to be easy and slow." and put it between "Maybe" and "Of course" and turn the card over in place. And then take "Gestures" and put it on top of "Of course" and don't turn it over in place. And then take "We change the sentence now." and put it between "Maybe" and "This is the end.". And then take "Do you know any German word that resembles the English word coffee?" and put it on the left hand side of "Maybe". And then take "Transform the following sentence." and put it on the right hand side of "Gestures " and turn it over in place. And then take "This is wonderful." and put it on top of "Language". And then take "Try to guess." and put it on top of "Maybe" and turn it over in place. And then take "Literal translation" and put it under "Do you know any German word that resembles the

> English word coffee?" but do not turn it over in place. And then take the last card and that is "What's the meaning of the word?" and put it on "The second game is going to be quick and difficult." Okay that's it. Let's see your results. Who can give me the right order of cards starting with the first pile on the left? Okay, Sarah please.

In dieser Klasse haben auch mehrfach Schüler die Lehrerrolle übernommen.

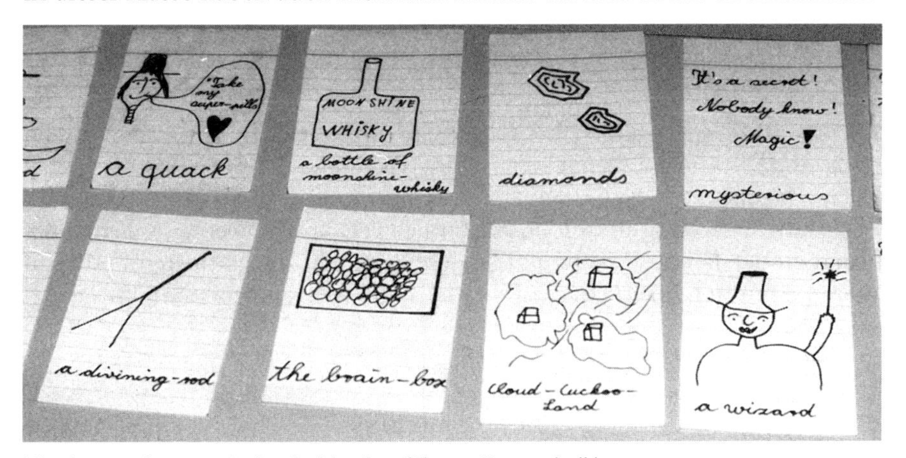

Wortkarten einer von Stefan Eschbach geführten Hauptschulklasse

Man kann die Karten in verschiedensten Formen arrangieren, als H, L, T, als Treppe, wie die fünf Augen auf einem Würfel oder auch in Form eines Zifferblatts:

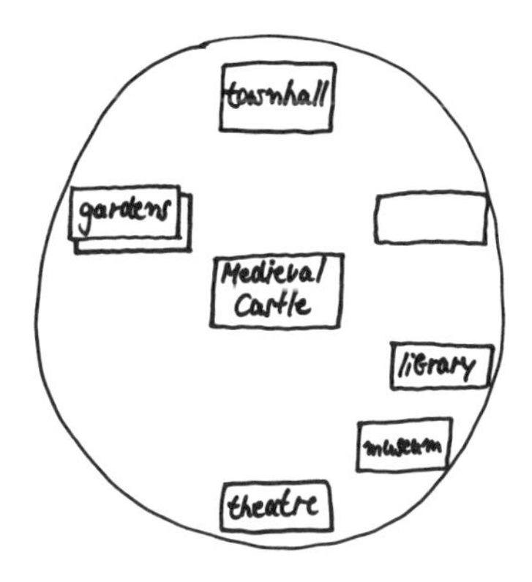

> Clear your desks. Now there is just your row of 7 cards from "townhall" to "museum", far away from you, near the edge of the desk. Now draw a big circle on your desk, just with your finger. You can't see it, but you know it's there. This circle is a watch face (Zifferblatt). Think of it as a watch face. Now take the "townhall" and put in the position of 12 o'clock on this watch face. That's away from you, isn't it? Now take the card "theatre", and this time, put it as close to your seat as possible; make sure it's in line with "townhall". (Teacher makes a gesture to clarify "in line with".) This is the position of six o'clock on the watch. Now take the "library" card. Put it where four o'clock would be on the watch face. Yes, four o'clock is to the right of,

and slightly above the five o'clock position. This is where the "museum" goes, in the five o'clock position. Now take "primary school" and put it in the 10 o'clock position. That's diagonally opposite the "library" card at 4 o'clock. Take the "gardens" and put it on top of "primary schol" so that they are now both in the ten o'clock position. Take "King's College" and put it in the two o'clock position and turn it over. Take "Medieval Castle" and put it right in the centre. This is where both hands of the clock go out from.

Zeichendiktate

Zeichendiktate eignen sich besonders zum spielerischen Einüben von Zeichen- und Schriftsymbolen, geometrischen Figuren und einfachen mathematischen Ausdrücken wie *fraction, equation, square root* usw. Das Spiel bringt Abwechslung, neue Wörter werden auf Anhieb verstanden, wenn der Lehrer bei Bedarf an der Tafel mitzeichnet. Man kann deshalb zügig arbeiten und auch Wörter einführen, die nicht zum normalen Lehrpensum gehören. Etwa so:

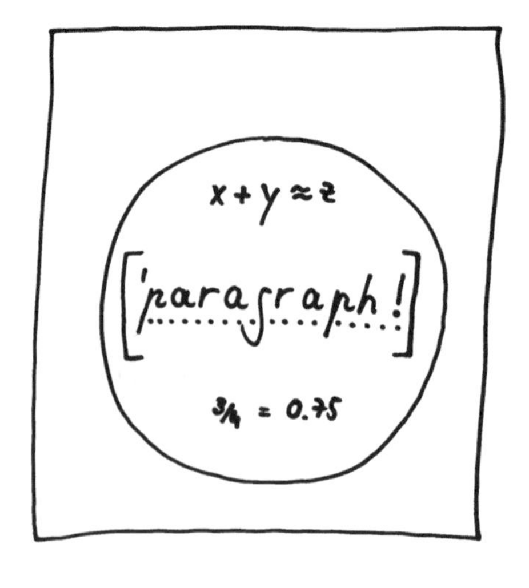

Take a sheet of blank unlined paper and draw a big square which almost fills the sheet. This is your picture frame. In the centre, draw a circle, but make it big enough for you to write the word "paragraph" in. Now draw a dotted line under the word. Now show me how the word is pronounced. I mean, just show me which syllable carries the stress. You must put a little mark in front of the stressed syllable. Yes, it's the first syllable, isn't it? Now put the word in square brackets, not round brackets. Oh, sorry, I forgot something. Write an exclamation mark after paragraph, inside the brackets. And because there is still room above and below the word 'paragraph' write "x plus y is approximately equal to z" above it; and in the free space below write the following equation: 3 divided by 4 equals 0 point 75.

Wegbeschreibungen

Der Lehrer beschreibt eine Strecke, die Schüler zeichnen sie in eine Karte ein. Man fängt mit einfachen Karten an, die Schüler in ihrer Freizeit selbst herstellen können oder die nach Anweisung des Lehrers als Zeichendiktat entstehen, wie "My village". Die eigentliche Streckenbeschreibung kann nach Gusto ausgeschmückt werden: Wie war das Wetter? Wo bleiben wir stehen und halten ein Schwätzchen? Wo kehren wir ein oder machen Halt für ein Picknick? usw. Man kann die Strecke als geplanten Ausflug beschreiben oder als Erinnerung an eine schöne Wanderung und somit grammatisch variieren: "Let us trace the route we're going to take" oder: "Let us retrace the route I took last year".

My village

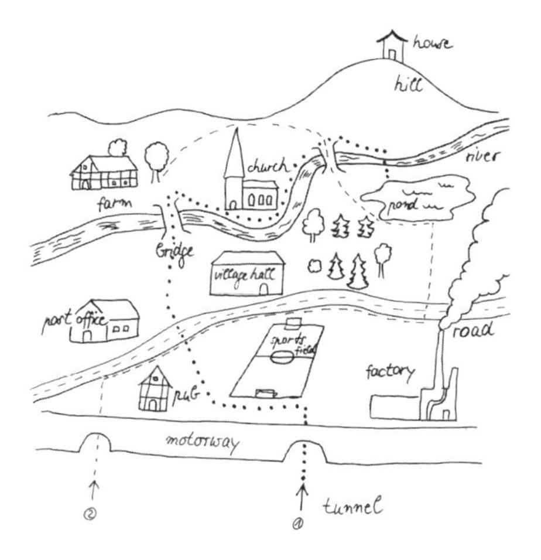

1. Let's take a trip round the village. I am going to give you the directions and you mark in the route on your map, okay? Enter the village using the tunnel on the right and go straight ahead to the sports field. Take a sharp turn left and walk past the pub on your left until you get to a road. Cross it carefully, pass the post office and continue walking towards the river turning slightly to the right. You can see the village hall on your right-hand side while you approach the bridge. Go over the bridge and turn right. Bear right along the river with the church on your left. Keep walking until you get to another bridge, pass by it and stop at the spot where the river becomes quite narrow. Swim over to the other side and walk on a few steps. Take a rest at the pond and dry your wet clothes in the sun.

2. This time, enter the village by going through the left-hand tunnel [under the motorway]. Keep walking straight ahead until you reach the road through the village. Turn right and walk along the side of the road, making sure that for safety reasons you are facing the on-coming traffic. When you are level with the factory on your right, turn left and make your way carefully towards the pond. Turn left at the pond and then half-right when you reach the edge of the woods. Straight ahead of you, you will see a bridge. Cross this, and then bear left and go round the back of the church. Ahead of you, you will see a farm. Stop for a rest under the tree which is at the front corner of the farm, directly opposite the bridge.

Besonders interessant wird es, wenn man Wegstrecken in echte Landkarten einzeichnet. Man benutzt Original-Wanderkarten, Stadtpläne, auch Pläne von Parkanlagen, Zoos und Gebäudepläne usw. mehrfach, da die Schüler eine Wegstrecke gepunktet, eine andere gestrichelt und wieder andere mit Buntstiften eintragen. Unter www.multimap.com kann man jeden beliebigen Flecken in Großbritannien anpeilen und in verschiedenen Maßstäben, bis herunter zu 1 : 5.000, ausdrucken. Und noch mehr: Dazu gibt es Luftaufnahmen des gewählten Ausschnitts, also Material in Hülle und Fülle! Leicht zu beschaffendes deutsches Material kann auch verwendet werden. Gemeinsam finden wir dann die Entsprechungen für "Rathaus", "Industriegebiet" oder "Mülldeponie". Die sprachlichen Anforderungen variieren, je nachdem, ob wir zu Fuß gehen, mit dem Auto fahren oder öffentliche Transportmittel benutzen. So verwenden wir spielerisch ein reiches Wegbeschreibungs-Vokabular und gehen damit wieder bewusst weit über das Lehrwerkpensum hinaus. Auch hier können bald ein paar gute Schüler den Lehrer ablösen und ihren Mitschülern eigene Wege diktieren.

Praxis: Sprache und Spiel

> Ludus hic sit ... contendat interim et saepe vincere se putet. (Ein Spiel soll das Ganze sein ... es soll immer mal ein Wettkampf stattfinden, wobei er öfters das Gefühl haben soll, dass er gewinnt.) (Quintilian I,1)

> Man muß als Mann den Ernst wiederfinden, den man als Kind beim Spielen hatte. (*Friedrich Nietzsche*)

Herodot berichtet, wie das Königreich Lydien vor etwa 3.000 Jahren von einer Hungersnot bedroht wurde Eine Zeitlang trugen die Lydier ihr Los, immer in der Hoffnung, dass sich alles bald wieder ändern werde. Aber als der Mangel blieb, verfielen sie auf ein seltsames Rettungsmittel. Die Idee war, einen ganzen Tag lang nichts zu essen und nur mit Spielen zu verbringen und sich so darin zu vertiefen, dass kein Hungergefühl aufkam. Am Tag darauf gab's dann etwas zu essen, aber keine Spiele. So konnte man sich abwechselnd auf das Spielen und auf das Essen freuen. Achtzehn Jahre lang mussten sie so durchhalten, und in dieser Zeit erfanden sie den Würfel und den Ball und alle anderen Spiele, die sie mit den Griechen gemeinsam hatten.

Spielerischer Wettstreit mobilisiert Kräfte. Allerdings war da mal eine Unterrichtstradition, die den Wettbewerb auf die Spitze trieb und eine Stunde zum Wanderzirkus machte, weil die Schüler je nach Leistung platziert wurden und ständig die Plätze wechseln mussten,

> so dass etwa bei einer schwierigen Frage, die von zehn, zwanzig nicht gewußt wird, plötzlich der einundzwanzigste "herüberkommt". Und da er mit seiner ganzen Ausrüstung wandern muß, mit Tornister, Büchern, Atlanten, Reißbrett, Turnschuhen und so weiter, und da das bei jeder Frage geschieht, die einer beantworten und der andre nicht beantworten kann, so ist leicht vorzustellen, welche bewegte Völkerwanderung in einer einzigen Stunde stattfinden konnte. Und sie verdirbt den Charakter. Todfeinde wechseln die Plätze, der eine steigt, der andere stürzt, und kaum ist die neue Ordnung des Geistes hergestellt, so wirft die nächste Frage das Gleichgewicht wieder durcheinander, Freundschaften wie Feindschaften, und der Krieg aller gegen alle beginnt von neuem. (Wiechert 1951, 143f.)

Wettstreit braucht aber nicht zum "Krieg aller gegen alle" entarten.[6] Natürlich dürfen leistungsschwächere Schüler nicht durch abfällige Bemerkungen der Gruppe abgestraft werden. Aber es ist unpädagogisch, aus Angst vor solchen Konflikten Wettbewerbe zu vermeiden. Schüler müssen erfahren, dass Wettstreit auch Spaß macht, wenn man ihn verliert, und dass das Spiel wichtiger ist als das Endergebnis.

Viele Gesellschaftsspiele lassen sich für den Unterricht adaptieren. Damit geben wir den Schülern zugleich wertvolle Tipps für sinnvolle Freizeitbeschäftigung, etwas, was unsere Jugendlichen dringend gebrauchen. Der Chicagoer Psychologe Csikszentmihalyi (1997, 65) weiß dies eindrucksvoll zu belegen:

> Having leisure at one's disposal does not improve the quality of life unless one knows how to use it effectively, and it is by no means something one learns automatically.

Einfach und effektiv

Einfache Ideen können in spielerischer Einkleidung viel Spaß machen. So folgendes Würfelspiel, das man selbst herstellen kann. Man malt einen Parcours aus, auf dem jedes Feld durch ein Thema (oder eine entprechende Frage) gekennzeichnet wird. Dazu gibt es freie Felder und welche mit Fragezeichen. Wer auf einem Themenfeld landet, muss zu dem Thema eine Minute lang sprechen. Auf einem Feld mit Fragezeichen stellt ihm jemand anders eine Frage, auf einem freien Feld bestimmt er selbst sein Thema oder kann auch passen. Barbara Th. hat dieses Spiel als *German assistant* ausprobiert:

> Since it turned out to be so much fun, I played it at least twice or three times with the groups during my stay. The first time we had an egg-timer, and everybody had to speak at least until the time ran out. So the

students could not get away with just one simple sentence but had to think of as much as possible to say, even if it was only nonsense when they could not think of anything else that really made sense. I discovered that a minute can seem like an eternity ... By the second time, however, they began to enjoy talking about a certain topic so much that we decided to forget about the egg-timer! For example, I learnt almost every single detail of the film "Seven", which had just been on at that time and which, after having seen the horrifying preview, I simply had not dared to watch. After that minute report I did not need to go and watch it – I had nightmares all the same!

Noch einfacher ist unser *Fragewettstreit*. Der Lehrer schreibt einen beliebigen Satz an die Tafel, und die Schüler müssen innerhalb von drei Minuten so viele Fragen wie möglich dazu stellen. Jede falsch gestellte Frage wird sofort korrigiert und muss richtig wiederholt werden, was Zeit kostet. Damit ist aber auch die Möglichkeit gegeben, dass sich die Klasse allmählich steigert. Denn das Ziel ist, die zuletzt erreichte Zahl immer wieder zu überbieten und von Rekord zu Rekord zu eilen. Der Lehrer hat die Möglichkeit, für besonders clevere Fragen zwei Punkte zu geben. Deshalb führt ein Schüler an der Tafel eine Strichliste. Beispiel:

> Mrs P. was busy in the kitchen.
> What time was it? Was it lunch time? What's Mrs P.'s full name? What does P. stand for? How old is she? Is she a mother of two? What does her husband do? What was her husband doing when she was busy in the kitchen? What colour are her eyes? ...
> Where's the kitchen? Is it her own kitchen? Does she work in a restaurant? Does she get any money for her work? Is it enough money for her family? What does she spend the money on? ...
> What did she do in the kitchen? What was she doing in the kitchen? Was she busy making a cake? Was she preparing a pizza? ...
> Was anybody helping her? Can she cook well? Does she enjoy cooking? Does she clean the kitchen herself? What did she do before she went into the kitchen? What will she do later, after leaving the kitchen? What does she do in her free time? ...
> Die Klasse beteiligt sich lebhaft. Auch schwächere Schüler machen mit, etwa mit Standardfragen wie "How old ... ?" Der Sprachumsatz ist enorm.

Rätselgeschichten

Ein nackter Mann, tot, in einer Telefonzelle, den Hörer noch in der Hand. Wie kommt der bloß dahin? Mit so etwas unterhält man sich auf Parties.

Rätselgeschichten motivieren die Schüler, Fragen zu stellen. Wir kehren das Lehrer-fragt-wir-antworten-Pingpong einfach um, wie beim *Fragewettstreit*. Der Lehrer erzählt, die Schüler stellen Fragen, die der Lehrer nur mit *yes, no*, oder *irrelevant* beantwortet:

> The man in the elevator
> A man lives on the tenth floor of a building. Every day he takes the elevator to go down to the ground floor to go to work or to go shopping. When he returns he takes the elevator to the seventh floor and walks up the stairs to reach his apartment on the tenth floor. Why does he do it? (Der Mann ist kleinwüchsig und erreicht nur den Knopf der siebten Etage)

Rätselgeschichten inklusive Fragen und Lösung wurden u.a. von Sloane & MacHale (1994) gesammelt. Hier eine Probe:

> The dog that did not die
> A mother told her six-year-old daughter that her pet dog had been hit by a car and killed. The little girl burst into tears. Half an hour later, the mother said that the dog was quite well and that it was all a mistake. Why did she do this?
>
> Possible questions:
> Q: Was the girl's dog unharmed throughout? A: Yes.
> Q: Had the mother been misinformed? A: No.
> Q: Did the mother deliberately lie to her daughter? A: Yes.
> Q: Did she do this out of spite or malice, or to punish or threaten her daughter? A: No.
> Q: Did she do this for a particular reason and was she successful in her aim? A: Yes.
>
> Solution:
> This story reportedly concerns the youthful Shirley Temple. Her mother told her the lie that her pet dog had been killed in order to induce real sadness and tears for a movie scene which was about to be filmed.

Statt ausgefallener, fremdartiger Geschichten können wir ebenso gut Alltagssituationen wählen. Sie mögen sogar ergiebiger sein als manche Rätselgeschichten, denen ein pfiffiger Schüler schnell auf die Spur kommen kann – wie es uns ausgerechnet bei Filmaufnahmen passierte. Alltagssituationen sind offener und mehrdeutiger, und so mussten die Schüler (Klasse 6) eine Menge Fragen stellen, um die folgende Situation zu erkennen:

> "She was sitting at her desk. 'This is really annoying', she said to herself." (She is a teacher and was marking 34 English tests from her grade seven. The tests were on the use of gerunds. After marking the fifteenth test the teacher felt really tired. Test No. 16 was from a boy whom she expected to do well on the test. But it was a really poor test. Obviously the boy had not worked hard at all. So she was annoyed.)

Natürlich genügte es schon, herauszubekommen, dass hier ein Lehrer über der Korrektur von Klassenarbeiten schwitzt und sich dabei gelegentlich ärgert. Noch ein Beispiel:

> "They all stood up and one of them said: 'That was really great.'"
> (A couple of kids had been invited to a good meal at a friend's home. At the end of the meal, when they all stood up, one of them praised the meal as a way of saying thank you.)

Auch Hilfen, die zum Weitermachen ermuntern, sind am Platze: "You're getting close, you're on the right track." Oder einfach ein suggestives Yeeees. Später werden die Situationen kniffliger. Der Lehrer kann einen Schüler einweihen, der die Geschichte vorstellt, um dann nur noch mit "yes" oder "no" oder "irrelevant" zu antworten. Er selbst mischt sich unter die Schüler und stellt vielleicht ab und zu eine Frage, die weiterführt. Zwischendurch darf ein Schüler natürlich auch fragen: "What was the situation again?" und der Spielleiter muss die Situation noch einmal vorstellen.

Wir spielen also zur Unterhaltung, weil's uns Spaß macht. Wir vertiefen uns ins Spiel, sind ganz bei der Sache, vergessen mitunter die Welt um uns herum, und machen nur die eine Konzession an den Unterricht, nämlich dabei fremdsprachlich zu kommunizieren.

Als Variante kann man einen markanten Satz aus einer Zeitungsmeldung aussuchen und als Rätselgeschichte präsentieren. Ist die Geschichte erraten, händigt man der Klasse den Zeitungstext zum Nachlesen aus.

Dilemmas und andere Gesellschaftsspiele

Beliebte Gesellschaftsspiele wie *Trivial Pursuit, Therapie* und *Taboo* lassen sich mit wenig Mühe für den Unterricht adaptieren.

Sehr gut geeignet ist das Kartenspiel *Scruples* (1986, Milton Bradley Ltd.). Linda Offenburger (1992) hat es in vereinfachter Form schon in einer guten siebten Klasse (Gymnasium) ausprobiert. Im Mittelpunkt des Spiels stehen schwierige Situationen, die ein Spieler (der Vorleser) von einer *dilemma card* abliest und die den Mitspielern Entscheidungen abverlangen, z.B. "Your teenage son tells you in strict confidence that a friend is experimenting

with marijuana. You know the friend's parents are unaware. Do you warn the parents?" Wir wandeln sie ab, damit sie besser auf die Schüler passen, etwa so: "Someone in your class is on drugs. If teachers or parents asked you about it, would you tell them?" Für den Vorleser kommt es nun darauf an, die Entscheidung ("yes", "no", vielleicht auch "it depends"), die ein vom Vorleser zu bestimmender Mitspieler trifft, richtig vorauszusagen. Er bekundet, welche Entscheidung er erwartet, indem er eine der drei Antwortkarten mit dem Bild nach unten auf den Tisch legt. Trifft seine Erwartung zu, d.h., stimmt er mit seinem Mitspieler überein, kann er die *Dilemma-Karte* ablegen. Gewinner ist, wer zuerst alle Karten abgelegt hat.

Man wird zunächst ein paar *dilemmas* der Klasse vortragen und mit ihr durchsprechen, bevor man Spielkarten austeilt und Tischgruppen bildet, die das Spiel selbständig fortsetzen. Später kann man auch die Schüler bitten, sich eigene *dilemmas* auszudenken.

So begegnen wir der Routine mit Singen, Sport und Spiel, die mit Sammlung und Stille abwechseln.

Tipps zur Fehlerkorrektur

Palmer (1921, 133f.) stellt zwei Arten zu korrigieren einander gegenüber:

> Student: And so, while I was waiting his answer –
> Teacher: Waiting *for*! To wait *for*! Some English verbs must be followed by *for*: to wait *for*: to ask *for*: to pay *for*: to wish *for*: to long *for*: to look *for*. Here, write down the list and repeat them.
> The student does so and continues: And so, while I was waiting *for* his answer, I – I – I – forget what I was saying now.

Das Gespräch hätte sich aber auch so entwickeln können:

> Student: And so, while I was waiting his answer –
> Teacher: Yes, while you were waiting *for* his answer –
> Student: While I was waiting for his answer, I decided to see the other man; the man which had written me the day before –
> Teacher: I see, the man *who* had written *to* you the day before –
> Student: The man who had written to me the day before. In his letter he had accepted to carry on the arrangement in the way I had suggested –
> Teacher: Oh! He'd *agreed* to carry *out* the arrangement, had he?
> Student: Yes! He'd agreed to carry it out, but ... etc.

Direkte Korrekturen sind auch in mitteilungsbezogenen Episoden möglich, dort aber stets mit Umsicht und Feingefühl zu handhaben:

> Corrections have to take place at the right time and in the right amount. In some situations – like in a discussion – when it is very important for you, as a speaker, to give your opinion, corrections can be very disturbing. They are disrupting when you want to prove a point, i.e. when you are message-oriented. Sometimes you really fight with your conversation partner. If mistakes are pointed out to you in such a situation, you feel that your point was not recognized but merely the structure of your statement. (*Iris A.*)

Das konnte schon dem jungen Goethe in Straßburg nicht gefallen (Dichtung und Wahrheit, elftes Buch):

> Die Franzosen, welche sich überhaupt eines guten Betragens befleißigen, sind gegen Fremde, die ihre Sprache zu reden anfangen, nachsichtig, sie werden niemanden über irgend einen Fehler auslachen oder ihn deshalb ohne Umschweif tadeln. Da sie jedoch nicht wohl ertragen mögen, dass in ihrer Sprache gesündigt wird, so haben sie die Art, eben dasselbe was man gesagt hat, mit einer anderen Wendung zu wiederholen und gleichsam höflich zu bekräftigen, sich dabei aber des eigentlichen Ausdrucks, den man hätte gebrauchen sollen, zu bedienen und auf diese Weise den Verständigen und Aufmerksamen auf das Rechte und Gehörige zu führen. So sehr man nun, wenn es einem Ernst ist, wenn man Selbstverleugnung genug hat, sich für einen Schüler zu geben, hierbei gewinnt und gefördert wird, so fühlt man sich doch immer einigermaßen gedemütiget und, da man doch auch um der Sache willen redet, oft allzusehr unterbrochen, ja abgelenkt und man läßt ungeduldig das Gespräch fallen. Dies begegnete besonders mir vor andern, indem ich immer etwas Interessantes zu sagen glaubte, dagegen aber auch etwas Bedeutendes vernehmen und nicht immer bloß auf den Ausdruck zurückgewiesen sein wollte; ein Fall, der bei mir öfter eintrat, weil mein Französisch viel buntscheckiger war als das irgend eines andern Fremden.

"Auf den Ausdruck zurückgewiesen" werden, d.h. Korrektur bedeutet hier den Wechsel der Kommunikationsebenen, der immer dann ein Ärgernis ist und einem die Sprache verschlagen kann, wenn man etwas Wichtiges zu sagen hat.

> Whenever I wanted to say what I thought about a specific passage of a text, every little grammatical mistake was corrected. What I wanted to say wasn't important, it was only important whether there was a grammatical mistake or not. I remember that I was very frustrated because my teacher took no notice of my ideas. (*Marion S.*)

Die Kunst besteht darin, den fruchtbaren Moment abzupassen, an dem eine Unterbrechung Hilfe statt Hindernis ist. Bei sprachbezogener Arbeit, wenn das Medium selbst die Botschaft ist, also etwa beim Nachsprechen, darf jederzeit korrigiert werden. Niemals aber sollte man Fehler breit treten:

> Our teacher used to hand us back our test papers, which he had marked. He had made a list of "answers that qualify for execution" as he called it. He would call out a name and ask the particular pupil to read a certain passage he or she had written and correct it in front of the class. Sometimes it was very embarrassing. Once he asked me to have a look at my test and tell the others what my biggest mistake was. I had written "catched" instead of "caught" somewhere. It was a stupid mistake as I actually knew the forms of "to catch" and I couldn't quite believe he thought it was anything else but a careless mistake. I was really upset ... (*Charlotte L.*)

"Stille" Korrekturen sind als Handsignale möglich, die abgesprochen werden müssen, z.B. mit dem Daumen über die Schulter nach hinten zeigen heißt "past tense, please".

Im Übrigen wissen wir nicht, ob sorgfältige Korrekturen und Fehlerbesprechungen bei schriftlichen Arbeiten den Schülern wirklich nützen. Empirische Studien über die Wirksamkeit der Korrekturen sprechen eher dagegen. Liegt es vielleicht daran, dass man sich nicht gerne mit seinen eigenen Fehlern beschäftigt?

> After marking our tests, teachers used to discuss the most frequent mistakes with us. We had to do written corrections as homework, probably to become aware of our mistakes and to make sure that they wouldn't happen again. This was not the kind of homework that I liked and so I always tried to spend as little time on it as possible by doing it carelessly. (*Regina M.*)

Dagegen sind prompte, überzeugende Hilfen für den Schüler in Ausdrucksnot wichtig. Jeder kennt das frustrierende Gefühl, einen wichtigen Gedanken in einem Gespräch nur ganz unvollkommen und verstümmelt formuliert zu haben, und ist dankbar für eine kurze Hilfe, die einen weiterbringt.[7]

Über Sprechhemmungen

Wie wichtig entspannte Sprachaufnahme ist, zeigt die Tatsache, dass bei starkem Ärger, Zorn und Verdruss eine saubere Artikulation unmöglich wird. Wir verlieren die Beherrschung und zeigen es, indem wir uns verhaspeln, die Wörter verschlucken, die Tonlage verzerren.

> When arguing or as soon as I got excited I found that my language capabilities just vanished. Afterwards I would always remember the proper expression, but in a given situation it was often very difficult to be as precise as in the mother tongue. (*Constanze N.*)

Unter emotionalem Druck zerfällt die Sprache. Wenn die Angst neben dir in der Bank sitzt, die Angst vor dem Versagen, dem Nichtbegreifen oder auch vor dem Spott der Kameraden, lässt sich schlecht lernen. Entspannt miteinander sprechen kann man nur, wenn man einander vertraut. Und wer sich abgelehnt fühlt, der neigt zu impulsivem Verhalten und wird in seinem analytischen Denken erheblich behindert.[8]

> One permanently got the feeling that she didn't really like you, which had a bad effect on our learning. This personal insecurity leads to an insecure attitude towards the language as well. (*Claudia S.*)

> When I like the person who is supposed to teach me, it is no problem for me to learn whatever I am supposed to learn. If I don't get along with that person, I seem to be taking things personally, take corrections or negative statements of any kind as an expression of them disliking me and project these negative feelings on the subject – which spoils the fun and makes learning very hard. (*Christine I.*)

Melanie ist ein paar Jahre lang in Saudi-Arabien zur Schule gegangen und fühlt sich bei ihrer Rückkehr nach Deutschland anfangs nicht sehr wohl. Auch im Englischunterricht geht anfangs etwas schief, obwohl die Nachfragen des Lehrers gewiss freundlich gemeint sind. Aber er muss wissen, wie schnell manchmal der Mut aufgebraucht ist, wenn man sich "öffentlich" äußern soll:

> We moved to a city near Düsseldorf and I was determined to resist everything. My favourite mood was a bad one, thus fighting constantly against the rest of the world. I hated my new English teacher as he told me to adopt the British accent whereas mine was rather American. Furthermore, he always wanted me to say something about Saudi Arabia in front of the class. Sometimes he even asked me to give him an English word, because he could not remember it. It was embarrassing for me and it did not contribute to my integration in that class. (*Melanie K.*)

So versagen Ratschläge wie "personalise the activity" vor der lebendigen Wirklichkeit des Unterrichts. Gut gemeinte Aktionen können schief gehen, wenn der Lehrer nur ein wenig unsensibel ist. Es ist z.B. guter Brauch, Elfjährigen einen englischen Namen wählen zu lassen:

> Even those people who had not said a word before, introduced themselves with their new names in English. I was so proud of my new identity, that I even suggested my parents call me only by my English name. (*Martina F.*)

Aber er ist nicht immer unproblematisch:

> As a spin-off effect, we rapidly became used to many English names. The only problem was that while most of the pupils liked their new names, some detested them. I still remember one of my classmates who was very unhappy because the English name she drew was "Tilly", which we strongly associated with the main character of a well-known advertisement for a washing-up liquid. (*Susanne L.*)

Die große Angst, zum Gespött der Mitschüler zu werden, betrifft vor allem die Sprachlautung.

> I feared the teasing remarks from my class fellows ... this serves as an example of how dynamic group processes can prevent pupils from doing well. (*Harald T.*)

> I have never forgotten the roar of laughter that abashed me when in my preparatory school I read out the phrase "unstable as water" as though unstable rhymed with Dunstable. (Maugham 1963, 16)

Zusammen lachen und scherzen, das verbindet. Wenn aber einer ausgelacht wird, verbünden sich die vielen gegen den einen. Wer sich im Unterricht bei seinen Sprechversuchen zu sehr die Zunge abbricht, macht sich leicht lächerlich: Tolpatsch! So etwas kann wie eine körperliche Missbildung empfunden werden. Ein Deutschdozent an der Universität verriet mir, dass er sich bewusst die Namen seiner koreanischen Studenten vorsprechen lässt. Er braucht dann immer mehrere Anläufe, um sie einigermaßen hinzukriegen. Er gibt ihnen damit zu verstehen, dass sich jeder anfangs mit einer fremden Sprache schwer tut, und dass man bei derlei Ungeschicktheiten nicht das Gesicht verliert. Wahrscheinlich sorgt der Spott der Spielkameraden dafür, dass Einwanderer-Kinder abweichende Akzente bald loswerden.

Am Anfang misslingen viele Nachsprechversuche kläglich. Man sollte es sich zur Angewohnheit machen, beim ersten Kichern den Schuldigen streng anzublicken und zu ermahnen: "*You* don't make any mistakes, do you? You are making him nervous, and so making it worse. You are not helping anybody with that." Zugleich muss man den Stotterer in Ruhe lassen, andere drannehmen und ihn erst einige Zeit später noch einmal zum Nachsprechen auffordern. Die Aussprache ist eben ein besonders sensibler Bereich.

> I remember a girl who couldn't pronounce the word 'radiator' and only when she finally burst into tears after several desperate attempts, did our teacher move on to the next pupil. It was awful. (*Bernd M.*)

Hier hat es die später einsetzende zweite Fremdsprache schwer. Die Schüchternheit der Schüler nimmt zu, sie sind unberechenbar empfindlich, ihre Selbstachtung ist instabil. Peinlich die körperlichen Reaktionen: trockener Mund, feuchte Hände, Magenschmerzen, weiche Knie, dümmliches Lächeln, Schweißausbrüche, Tränen. Hier muss der Lehrer alles dafür tun, dass die Schüler sich nicht innerlich entwerten, dass sie vor ihm und noch mehr vor den anderen nicht das Gesicht verlieren. Denn ohne innere Würde, ohne eigene Wertschätzung auch keine ansprechenden schulischen Leistungen.

> There was a girl who, in the beginning, completely refused to answer the teacher's questions by just blushing and shaking her head. *Mr. Jones* always addressed her in a friendly way and also the other children tried to encourage her, but in spite of this support she seemed to be afraid of ridiculing herself. The teacher did not lose his temper and never gave up addressing her. A few lessons later she started making contributions to the lesson by answering simple questions, although she was not willing to act out a part in a dialogue. But the next time they had to act out a short dialogue they had listened to on a CD before, she gladly volunteered to say her lines. (*Marion H.*)

Manchmal müssen Schüler eine Hemmschwelle überwinden, um im Ernstfall den Mund aufzutun:

> Another situation which I will never forget occurred during our trip to England: Our "Englisch-LK" as well as another "Englisch-LK" and a "Mathe-LK" from a second grammar school went together to Thames Ditton where we rented several houseboats for a fortnight and started boating on the Thames. A few days later we were playing football on a meadow in Henley. Suddenly someone kicked the ball into the Thames. Although we wanted to continue our match and although we were all able to speak English, none of our "Englisch-LK"-students had the courage to ask a native speaker who was canoeing near to us and who could easily have returned us our football. Finally it was one of the members of the "Mathe-LK" who asked the man for help. In retrospect, this experience made me realize that although we were familiar with the English language we were still afraid of using it spontaneously in a real life situation outside the classroom. (*Marina B.*)

Die beste Methode, Schüler von solchen Hemmungen zu heilen, ist das Stücke-Spielen. Wenn sie in kleinen Auftritten vor der Klasse ihre Mitspieler in der Fremdsprache hemmungslos beschimpfen, bepredigen, bemuttern, trösten, anfeuern usw. und dabei auch viel Körpersprache einsetzen, hat man wohl den Ernstfall geprobt. Dabei geht Sprache *in succum et sanguinem*, in Fleisch und Blut, über. Dieses Stücke-Spielen muss einfach gewagt werden. Bevor man seinen Auftritt vor der Klasse hat, muss er mit der Gruppe hinreichend geprobt werden. Wenn dann wagemutige Gruppen ihre ersten Erfolge haben, ziehen auch andere nach. Selbst dann mögen manche nicht nach vorne kommen. Hier wäre jeder Zwang falsch. Was eine Gruppe bei den Proben leistet, während alle anderen auch proben und keiner zuschaut, genügt im Prinzip. Auf die "Bühne" muss keiner. Ich habe auch schon mal einen Schüler nach vorn bekommen, indem ich selbst ein Zweierstück mit ihm vorgeführt habe. Er bekam die leichtere Rolle, nichts konnte schief gehen, es war für ihn der Durchbruch. Sprache selbst ist ja ein Heilmittel gegen Scheu, Schüchternheit, Verschlossenheit und Insichgekehrtsein, und das Gespräch eine Form der Therapie.

Nach Caldwell & Pillar (1998) wirkt die Videoaufnahme eines Schülerstücks anfeuernd: Nachdem sich die Klasse das angesehen hatte, wollten alle mitmachen. Dennoch löst vielen erst der direkte Umgang mit Menschen im fremden Land die Zunge:

> Before my stay I was ashamed and frightened to open my mouth and say a sentence. In Brighton I learned to give my opinions without being afraid or ashamed. I think this is one of the most important results of my stay in England. I had learned to talk "naturally". (*Catherine S.*)
>
> Today I think that the most important thing was the immense amount of self-confidence I gained. From then on I had the courage to open my mouth and speak English with or without mistakes. I was no longer sitting on my school bench trying to hide. On the contrary I very actively took part during the lessons and left out no opportunity to say what I had to say. (*Claudia K.*)
>
> And when I managed to give an answer and see them smile at my effort, it made me feel so happy that I decided never to travel in a country without at least knowing a tiny bit of the language. I also noticed that now that I knew a few words it was much easier to pick up new words. (*Susanne H.*)

Die Frage der "Enthemmung" ist allerdings auch eine des Charakters bzw. des Temperaments. Nicht alle Kinder machen es so wie Thorsten in einem englischen Ferienhaus:

> My mother recalls one instance when I was asked to tell the handymen that the drainpipe behind our house was blocked. Even today I don't

know how to say this correctly in English, and 15 years ago I just said: "Water behind castle not bluuuuuurb; water blop – blop – pffffff". "*Castle*" of course meant "our house", because "my home is my castle"; the waste-pipes were installed on the back wall of the house and led to the sewers outside. Problems of this sort were quite frequent and so I was immediately understood although I merely used four words of proper English. (*Thorsten J.*)

Die Macht der Affekte: Mutismus

Nichts vermag die Macht der Affekte über die Sprache besser zu verdeutlichen als das plötzliche Verstummen. Kinder, die sprechen können, sagen in bestimmten Situationen nichts mehr. Einige schweigen von einem Tag auf den andern, andere verstummen allmählich. Was anfänglich noch als trotziges Willkürverhalten gedeutet werden kann, entpuppt sich als eine tiefgehende Kommunikationsstörung, über die die Kinder offensichtlich keine Gewalt haben. Dies ist das Krankheitsbild des selbstgewählten, elektiven (auch selektiven) Mutismus. Es scheint so, als wählten sich die Kinder die Personen aus, mit denen sie noch sprechen bzw. denen sie konsequent mit Schweigen begegnen. Sie kommunizieren noch non-verbal, grüßen vielleicht noch, sind u.U. auch zu bewegen, Texte für die Schule auf Kassette zu sprechen oder mit jemandem zu telefonieren, in dessen Beisein sie sonst schweigen. Manche entdecken als Ausweg das "Chatten" im Internet, anderen gelingt es zeitweise, mit der besten Freundin zu flüstern. Wenn sie, manchmal nach Jahren, wieder zu sprechen anfangen, verhalten sie sich zunächst nur reaktiv, nicht spontan. Bei anderen wieder löst sich der Bann so plötzlich, wie er gekommen sein mag, sie sind auf einen Schlag wieder normal.

Die Krankheit wird heute als Angststörung verstanden, aber die Ursachen sind unklar, kein Fall ist wie der andere. Elektiver Mutismus ist zum Glück sehr selten, er trifft weniger als ein Kind unter tausend und Mädchen doppelt so häufig wie Jungen. Die meisten von uns werden also nie auf solche Kinder treffen. Aber wahrscheinlich gibt es vielfache Abstufungen zwischen Normalität und Pathologie. Extremfälle sind lehrreich. Sie zeigen uns, wie wenig wir im Grunde über die sprachliche Verfasstheit des Menschen wissen und wie sensibel wir als Kommunikationspartner sein sollten.

Freundlichkeit, Fairness und Strenge

Wer hat das nicht schon aus Schülermund gehört: "Er war so freundlich, man konnte ihm nicht böse sein, aber gelernt haben wir kaum was." Oder:

"Die ist streng, aber gerecht, und wir haben viel bei ihr gelernt." Strenge kann allerdings ausarten:

> Most of the time I was too afraid or too shy to take part in class. I sat there with the constant fear of being called upon. I had the feeling that he was annoyed when I didn't have the right answer or when I struggled with pronunciation. This might be my personal and subjective view but it stopped me from taking part in the English lessons and I developed not only a dislike towards the teacher but to English in general. (*Ute G.*)

Strenge ist überhaupt nur positiv, wenn sie bedeutet: Er hat uns (und sich selbst) etwas abverlangt. Ihr einziger Sinn: den Schüler fleißig machen. Ihre ständigen Begleiter: Freundlichkeit, Sympathie und Güte. Sonst ist sie verfehlt. Schüler leisten mehr, wenn von ihnen viel erwartet wird, Disziplin und die Bereitschaft zur Anstrengung herrschen und sie zugleich ein gutes Verhältnis zu ihren Lehrern haben.

Nach Kant hat die Aufklärung zwei große Gegner: Feigheit und Faulheit. Faul ist, wer sich nicht die Mühe macht, Leistungen zu differenzieren und gerecht zu sein. Feige handelt, wer sich mit guten Noten das Wohlverhalten der Schüler zu erkaufen sucht. Es ist so bequem, denn zunächst sind ja alle zufrieden, Schüler und Eltern. Aber man täusche sich nicht. Bald ist man durchschaut und wird im Grunde verachtet. Schüler müssen sich ihre guten Noten auch verdienen.

Der Fleiß aber ist aus der Mode gekommen. Die Kopfzensuren Fleiß, Betragen, Pünktlichkeit wurden abgeschafft. Obwohl doch jeder Arbeitgeber nach wie vor auf sie Wert legt und die Schule auf diese Arbeitswelt vorbereiten will. Als ob es nicht darauf ankäme im Leben und die Welt voll genialer Faulpelze wäre (gewiss gibt's die auch), die es sich leisten können, die Hände weniger zu rühren als andere. Vom Lehrer wurde immer mehr, vom Schüler immer weniger Einsatz verlangt. Wo gibt es noch das "mit buchhalterischer Treue betriebene Vokabellernen"?

> Wie aber wurde der Sprachunterricht von der antiautoritären Bewegung der Gemüter betroffen? Das Verinnerlichen arbiträrer, nur teilweise logischer Strukturen, das Pauken, die Imitation, die erdrückende Lehrerüberlegenheit und die damit verbundene asymmetrische Kommunikation, der auf lange Fristen angelegte, dauerhaftes Gedächtnis implizierende Lernfortschritt, das alles mußte als unzeitgemäß und repressiv empfunden werden ... In dieser für die Fremdsprachen bedrohlichen Lage traten falsche Propheten auf, die zum Beispiel eine emanzipatorische Linguistik verkündeten, und Opportunisten, die auf Reduktionen aus waren: keine Hausaufgaben, so wenig Schriftlichkeit wie möglich, Verminderung des Wortschatzes auf das für die platte Alltagskommunikation Nötige, Ausklammerung der Literatur, besonders der älteren. Obwohl man das Haltlose oder Überzogene dieser Forderungen abwehren konnte, sind längst

> nicht alle Spuren dieser bösartigen Mißverständnisse aus der heutigen Praxis getilgt. (Linnartz 1989, 88f.)

So kommt es zu typisch modernen Entartungen:

> What astonished me during the first weeks of year 12 was that my new English teacher was totally different from the one I had had lessons with before. We never had to learn any new words and we were rarely given homework. I must admit that at the time I was not too upset about that but the way the lessons were conducted disturbed me quite a lot. Our teacher wanted us to have lots of discussions during his lessons, which was all right, but he was not able to chair a discussion properly. So when we finished a discussion or a topic I always felt that we hadn't achieved anything. (*Paraskewi L.*)

Die Schulberichte einiger Studenten zeigen einen merkwürdigen Zwiespalt. Man liebt die strengen Lehrer nicht immer, aber man zollt ihnen Anerkennung, weil man bei ihnen etwas gelernt hat:

> After having studied English for eight years at school and two and a half years at university I have learned that my achievements were usually better if a teacher demanded a higher standard. Looking back, I think that I needed a certain pressure to keep motivated. Especially when I compare my first English teacher with the following one (eigth to tenth form inclusive) who was friendly but not a very competent English teacher. I know today that I preferred the first teacher. (*Stephanie A.*)

> Our new teacher really was an improvement, in my point of view. She kept a tight rein on us, but I got along with her much better than with the two previous teachers: I felt that we could (and did) learn a lot from her, not only because we got heaps of homework and did vocabulary tests nearly every lesson but also because she appeared so much more confident with her own English. (*Christine I.*)

Selbst schlechtere Noten werden in Kauf genommen:

> This teacher's lessons were a great challenge, every single one of them. I suppose that is the main reason why I enjoyed them so much, despite all the strictness and although I no longer gained quite such good marks. (*Martina K.*)

> In the beginning we hated our teacher – in the end we loved him. He was very strict but we learned a lot. He gave us a feel for the language. (*Maike B.*)

Was Schulmeister immer schon wussten: dass sie vor allem gerecht sein müssen, bestätigt uns die Hirnforschung und die Verhaltensbiologie. Menschen haben einen eingebauten Sinn für Fairness. Ungerechte Notenverteilung, ja Unfairness überhaupt, bewirkt buchstäblich Schmerzen und Unwohlsein. Sie tut richtig weh! Selbst bei gesellig lebenden Tieren (Kapuzineräffchen) ist dies inzwischen nachgewiesen. (Spitzer 2004, 314f.) Belohnungen und Bestrafungen in welcher Form auch immer – ob durch Noten oder auch rein verbal – müssen gerecht und das heißt eben auch nachvollziehbar und durchschaubar sein. Zu einem guten Arbeitsklima gehört immer, dass der "Boss" Fairness vorlebt.

Schlecht kommen überdies die Lehrer weg, bei denen man nichts zu tun braucht. Ihre Indulgenz und Großzügigkeit wirkt eher demoralisierend. Der anspruchslose Unterricht "wird sehr schnell so langweilig, dass er wieder anstrengend wird". (von Hentig 1968, 125) Manchmal wünscht man sich sogar im Nachhinein, der Lehrer hätte mehr Druck ausgeübt.

> We took advantage of the opportunity given to us by the more indulgent teachers to work less because we were sure of their sympathy. (*Claudia S.*)

> As we were under no pressure whatsoever, those who did not really want to learn anything, knew nearly nothing after two years. They did what they wanted during the lessons and when we took tests they could easily copy from their neighbours, which Mr. J seldom noticed, as he did not seem to care about it very much. (*Marc D.*)

Gift für Schüler ist auch widersprüchliches Verhalten, etwa wenn man faulen und chaotischen Schülern alles durchgehen lässt, aber bei den Klassenarbeiten knallhart ist. Cornelia meint, sie hätte es auf dem Gymnasium, auf das sie überwechselt, nie geschafft, wenn ihre Realschullehrerin nicht so streng gewesen wäre. Gewiss ein Grenzfall, denn es heißt auch: "She was feared in the whole school." Und es gibt auch immer noch Lehrer, die von ihren Schülern Fleiß erzwingen, indem sie Angst und Schrecken verbreiten:

> Quite a lot changed when we got a new teacher in the third year. That teacher really put the fear of God into us. He was in his mid-fifties and was well-known for being the strictest teacher at school. He prepared every single lesson and wrote everything down in his small, orange-coloured notebook. The English lessons which followed were a nightmare for all of us. (*Maike B.*)

Lehrer schwanken zwischen kalter Distanz und sich anbiedernder Kumpelhaftigkeit, zwischen einschüchternder Härte und einem *Laissez-faire*-Stil, den man weniger vornehm Wurstigkeit nennen könnte.

Im Fleiß fließen zwei Hauptbedingungen des Spracherwerbs zusammen: Bereitschaft zur Anstrengung und Sich-Zeit-Nehmen. Das wussten unsere geschätzten Sprachmeister. Jean Garnier aus Avignon, der die Söhne des Landgrafen zu Marburg unterrichtet, mahnt in seiner französischen Grammatik für Deutsche (1558), dass zu jeder grammatischen Belehrung fleißige Übung und dauernder Gebrauch hinzukommen müssten: *diligens exercitatio et continuus usus.* Plats (1757) hält seine Schüler zum Fleiß an, "weil alle

Grammaticalische Regeln so lang unnützlich bleiben, bis sie durch vielfältige und fast unzehligemal veränderte Exempel in erforderliche Übung also gesetzt worden, dass sie aus Mund und Feder mit so angenehm als schnellem Fortschuss herausfließen." (zit. nach Streuber 1914, 35; 113) Bloomfield (1942, 7) sagt's kürzer: "Above all, listen and practise without end."

Frühe Wertprägungen: Interesse am Weltbesten

Der wichtigste Quell der Lernfreude ist der Kräftezuwachs und das solide Können, das man durch eigenes Tätigsein erwirbt. Daraus fließt auch der Respekt vor dem Wissen und Können anderer und die Achtung vor dem Fach. Wie eng Wertliebe mit dem Meisterschaftsgedanken verflochten ist, macht uns der Pädagoge Hans Bohnenkamp (1975, 84) klar:

> Wo das Können Schiffbruch leidet, besteht die Gefahr, dass auch die Werthaltung brüchig wird: Man erträgt es schwer, etwas auf die Dauer in seinem Wert anzuerkennen, wenn man zu seiner Verwirklichung nichts mehr beizutragen vermag. Das verführt zur Verleugnung ursprünglichen Fühlens, vor die Bejahung schiebt sich gewollter Haß; es entsteht die Selbstentzweiung, die wir "Ressentiment" nennen.

Die Achtung, die Schüler dem Fach und damit auch dem Lehrer als seinem Vertreter entgegenbringen, muss nun ihrerseits auch der Lehrer den Schülern zurückgeben.

Und mit dem Fach und durch das Fach nehmen Lehrer und Schüler gemeinsam "Interesse am Weltbesten", wie Kant es ausdrückt. Wir dürfen unsere Schüler nicht in unserer Tendenz zum Problematisieren und Aufklären so sehr mit dem Weltschlechtesten überschütten, dass wir sie in Zynismus oder Verzweiflung treiben. Stattdessen "die Seelen der Kinder für das *Weltbeste* erwärmen, die Freude am *Weltbesten* in ihnen zu wecken, das wäre ein Ziel, das den Geist an unseren Schulen von Grund auf verändern und erneuern würde. Es wäre fast eine Revolution". (Bayerwaltes 2002, 307)

Zuversicht geben, eine bessere Welt erträumen statt Kleinmut verbreiten oder gar Angst machen. Stellen wir die "Trivialität des Genießens" (Jaspers) bloß und stärken wir in Kindern und Jugendlichen das Gefühl der Dankbarkeit für die Geschenke, die uns das Leben macht.

---

1 "Wertvolle Bundesgenossen sind aber die Dichter … In der Seelenkunde gar sind sie uns Alltagsmenschen weit voraus, weil sie aus Quellen schöpfen, welche wir noch nicht für die Wissenschaft erschlossen haben." (Sigmund Freud) Am meisten habe ich aus Autobiografien gelernt, von denen so gut wie keine die Beziehungen zu den Eltern, den Lehrern und den Mitschülern ausspart. Eine bedeutende Rolle in meiner wissenschaftlichen Arbeit haben dabei Autoren mit speziel-

len Behinderungen gespielt. Mit ihrer Hilfe konnte ich mich in ihre besondere Gefühls- und Sinneswelt hineindenken; neben der berühmten Autobiographie der taubblinden Helen Keller (1904) nenne ich nur D. Wrights *Deafness,* A. Schmitts *Brilliant Idiot* (Legasthenie) und S. Hales *The man who lost his language* (Aphasie).

2 Der Erstspracherwerb ist hier robuster. Dank der ursprünglichen kindlichen Sprachkraft gelingt er auch noch bei sehr ungünstigen äußeren Verhältnissen.

3 Auch Hausmeister spielen eine Rolle! "Custodians are a critically important, and almost universally overlooked, factor in public school reform. In many school systems, especially in large cities like New York, the custodians sometimes have the power to block reforms that involve rearrangement of the classrooms – all the more so if the reforms involve use of the corridors. In almost all large schools, the custodians are a force to be reckoned with." (Silberman 1971, 290)

4 Siehe auch Graham (1982) und Schlosser (1998), der "Das Wanderns ist des Müllers Lust" und "Wir lagen vor Madagaskar" englisch vertextet hat.

5 Alle drei Autoren haben etwas beigetragen. Das Wesentliche aber steht schon bei Palmer. Auch seine Bezeichnung "imperative drill" ist Ashers "total physical response" vorzuziehen, da es sich längst nicht immer um Ganz-Körper-Bewegungen handelt.

6 Paulsen (1919, Bd, 2, 182) zitiert aus einer Selbstbiografie, wo vom "fröhlichen Zertieren und Plätzewechseln" die Rede ist. Es geht also auch anders, als Wiechert es erfahren hat! "Zertieren" kommt von *concertatio*, d.h. Wettstreit.

7 Zum Thema Fehlerkorrektur empfehle ich die Abhandlung von Timm (2003).

8 Nach empirischen Studien von Roy Baumeister, siehe DIE ZEIT vom 21.3.2002, S. 35.

Lehrer und Mitschüler
müssen unsere Lernpartner werden.

9 Gemeinsam lernen – miteinander, voneinander, füreinander

Sprechen heißt Zugehörigsein

> Denn keiner lebt sich selber, und keiner stirbt sich selber. (Paulus, Römerbrief 14,7)

Zu berichten ist von einer wissenschaftlichen Sensation. In wenigen Jahren entstand eine neue Sprache, und Wissenschaftler waren dabei, mit Kassettenrekordern und Videokameras. Sie konnten beobachten, wie die Nicaraguanische Gebärdensprache entstand. Solange dort gehörlose Kinder in ihren Familien verblieben, verständigten sich Hörende und Nicht-Hörende mehr schlecht als recht mit Behelfsgesten. Erst als man die gehörlosen Kinder zusammenbrachte, entwickelte sich aus dem Zeichen-Pidgin eine echte Gebärdensprache. Kinder lernten voneinander und miteinander und schafften zusammen den Sprung in eine neue grammatische Sprache, die von der nächsten Generation ausgebaut wurde. Zuvor waren schon einmal jugendliche Gehörlose in einer neugegründeten Berufsschule zusammengeführt worden. Den Gebärden der Jugendlichen aber fehlte die grammatische Systematik, die eine Sprache zusammenhält. „Viele Gebärden lagen ungenutzt wie Steine umher. Die Kinder sammelten sie und bauten daraus ein Haus", so wird die Sprachwissenschaftlerin Judy Kegl im *Spiegel* (2000, 181) zitiert. Damit eine neue Sprache entsteht, bedarf es der Gemeinschaft, und zwar der Gemeinschaft von Kindern.

Denn Sprache entsteht zwischen den Menschen. Was die Wörter bedeuten, muss in der Gruppe abgesprochen werden. Wahrscheinlich gaben soziale Funktionen den entscheidenden Anstoß zur Entwicklung der Wortsprache, und soziale Intelligenz und Sprache haben sich wechselseitig hervorgetrieben. Heinrich Schliemann, der Entdecker Trojas, suchte sich sogar beim Erwerb des Russischen einen (mehr oder weniger) stummen Partner. Er wollte die russische Übersetzung von Fénelons *Aventures de Télémaque* auswendig lernen:

> Es kam mir vor, als ob ich schnellere Fortschritte machen würde, wenn ich jemand bei mir hätte, dem ich die Abenteuer Télémachs erzählen könnte: So engagierte ich einen armen Juden, der für vier Francs pro Wo-

> che allabendlich zwei Stunden zu mir kommen und meine russischen Deklamationen anhören mußte, von denen er keine Silbe verstand. (Schliemann 2001, 63)

Zur Not kann man heute Sprachen auch allein erwerben – dank audiovisueller Medien. In der Schule aber müssen Lehrer und Schüler zu Lernpartnern werden.

Die Klasse als Kommunikationsgemeinschaft

Dem Kind genügt bald nicht mehr die Gewissheit, in der Familie erwünscht zu sein. Es muss sich auch von den Spiel- und Schulkameraden akzeptiert und geschätzt wissen. Der Lehrer, der dies versteht, wird einiges dafür tun, dass in seiner Klasse ein Wir-Gefühl entsteht, eine durch die gemeinsame Geschichte sich bildende kollektive Identität. Gruppengefühle sind in den Dienst zu nehmen und zu stärken. Man lernt z.B., miteinander rücksichtsvoll umzugehen. Auch die Fußlahmen gehören zur Klassengemeinschaft, und wir tun alle etwas dazu, damit sie mitkommen.

> A lot of teachers underrate the value of this feeling of togetherness between students and teachers as well as also the social side of school life. I think it is the best and easiest way to create the greatest amount of motivation possible. Students want school to be a real social environment quite similar to their family, only on a different level. (*Holger Z.*)

Man könnte eine Art Klassenmythos erfinden, so wie man in England die Tradition miteinander wetteifernder "Häuser" auch dort weiterpflegt, wo es keine Internate, separate Schlafsäle und *common rooms* als reale Basis für diese Einteilung mehr gibt.[1] Das Wir-Gefühl braucht die Abgrenzung gegen andere. Interessant (aber nicht unbedingt zur Nachahmung empfohlen), wie ein Grundschullehrer ein Wir-Gefühl erzeugt, so dass seine Schüler begeistert mitmachen:

> One day, in grade 4, our teacher made the following announcement: "Wir lernen jetzt zusammen ein bisschen Englisch. Eigentlich dürfte ich das ja gar nicht in der Grundschule. Aber ich möchte, dass ihr schon besser seid als die anderen, wenn ihr in die nächste Schule kommt." Can you imagine how ambitious we all were? By telling us that he was going to do something with us that was actually forbidden, i.e. by sharing a secret with us, he gave us the feeling of belonging to the "chosen people", of being the elite amongst all primary school children in H. (*Anthony W.*)

Wir stärken das Wir-Gefühl auch, indem man etwas zusammen produziert und damit Erfolg hat. Ein vorzeigbares Gemeinschaftswerk wäre das Einstudieren von Liedern, Tanzliedern, Bühnenstückchen und anderem, als Klassen- wie als Schulprojekte. Denn auch eine Schule kann eine gemeinsame Identität entwickeln, und der Fremdsprachenunterricht sollte dazu beitragen. So setzt dieses Kapitel das Thema des vorhergehenden fort: Es geht um Gefühle, die in und aus einer Lern- und Kommunikationsgemeinschaft entstehen und die das Lernen stören oder beflügeln können. Weil Fremdsprachenfächer nicht primär Kenntnisse vermitteln, sondern kommunikative Fertigkeiten, brauchen sie mehr als andere Fächer den Lernpartner und sein kommunikatives Engagement. In diesem Punkt gleichen die Fremdsprachen dem Musikunterricht, in dem gemeinsam musiziert wird, und dem Sport, in dem gespielt wird. Auch Volleyball kann man nicht alleine spielen. Genauso wenig kann man alleine lernen, wie man Gespräche leitet.

Das Deutsche kennt das schöne Wort *mitteilen*. Was wir einander mitteilen, teilen wir mit ihnen. Wir geben unser geistiges Kapital der Allgemeinheit. Was einem gehört hat, gehört jetzt allen. Dabei machen wir die Erfahrung: Je mehr man davon ausgibt, desto mehr nimmt man auch ein. Im Verstehen anderer und im Verstandenwerden durch andere kommen wir zu uns selbst.

Lehrer und Schüler

Die Unpersönlichkeit der Amtsperson

Ohne eine Sozialpsychologie der Schulklasse zu entwerfen, können wir auf einige Punkte aufmerksam machen, die für den Spracherwerb relevant sind.

Noch immer komme es ihm unwahrscheinlich vor, so schrieb Stefan Zweig, Jahrgang 1881, wenn er beobachte, wie Kinder unbefangen und fast *au pair* mit ihren Lehrern plauderten; wie sie angstlos statt mit einem ständigen Unzulänglichkeitsgefühl zur Schule gingen, und wie sie ihre Wünsche, ihre Neigungen "aus junger neugieriger Seele" offen bekennen dürften. Seine Generation dagegen habe eine Schule erlebt, die auf das reale und persönliche Interesse keinerlei Bezug nahm. Sie habe einen grauenhaft dürren und unlebendigen kalten Lernapparat gekannt, der sich nie am Individuum regulierte und nur wie ein Automat mit Ziffern 'gut, genügend, ungenügend' aufzeigte, wie weit man den Anforderungen des Lehrplans entsprochen hatte:

> Gerade aber diese menschliche Lieblosigkeit, diese nüchterne Unpersönlichkeit und das Kasernenhafte des Umgangs war es, was uns unbewußt erbitterte. Wir hatten unser Pensum zu lernen und wurden geprüft, was wir gelernt hatten; kein Lehrer fragte ein einziges Mal in acht Jahren, was

> wir persönlich zu lernen begehrten, und just jener fördernde Aufschwung, nach dem jeder junge Mensch sich doch heimlich sehnt, blieb vollkommen aus. (Zweig 1965, 38)

Seine Lehrer hätten nichts von ihren Schülern gewusst und noch nach Jahren die wenigsten mit Namen gekannt.

Die Unpersönlichkeit der Ideologie

Heute leben wir in anderen Zeiten. Die Lehrer sind nicht mehr steifleinene Amtspersonen, die mit ihren Schülern kein persönliches Gespräch führen wollen. Aber es gibt andere Gefahren. In jedem Unter-richten lauert die Gefahr des Aus-richtens, des Überredens und Überrumpelns. Und alles, was wir als Indoktrination empfinden, kann zur Abwehr und zum Abbruch des Lernens führen.

Mit sieben Jahren durfte Ruth Klüger in ihrer Heimatstadt Wien auf keiner Parkbank mehr sitzen. Mit elf kam sie ins KZ. Zuvor hatte ihre Mutter für sie noch Privatstunden bei einer gebürtigen Engländerin organisiert, die die Nazis bewunderte:

> Meine Mutter meinte, der schöne britische Akzent sei die Hauptsache und die politischen Ansichten meiner Lehrerin gingen mich nichts an, ich könnte so oder so was von ihr lernen: Sie hatte Unrecht, der Lehrerin war das Judenmädel nicht angenehmer als sie es mir war, diese Stunden waren eine einzige Quälerei aus gegenseitiger Abneigung. Was immer ich lernte, hab ich bis zur nächsten Stunde prompt vergessen. (Klüger 1995, 17)

Über die Ideologisierung des Unterrichts berichten auch meine Studenten:

> At the age of 15 I started to learn Russian for two hours a week in the afternoon. This was something new for me because of the different letters and sounds which don't occur in the languages I knew at that time. However, my biggest problem was my Russian teacher who was very much indoctrinated by communist ideology. This was why I stopped the lessons after 6 months. (*Gabriele B.*)

> The reason why I disliked these Spanish lessons was our teacher's radical political ideas and his intention to inflict them on us. He himself was Argentinian and the main topic of almost every lesson was Latin-American politics. (*Claudia M.*)

Extrembeispiele, gewiss. Aber in milderer, versteckt mitschwingender Form eine Gefahr jeden Belehrens, der wir gelegentlich erliegen mögen.

Moderne Distanzlosigkeit

Jede freundschaftliche Beziehung ist eine Gratwanderung zwischen Nähe und Distanz. Der Lehrer muss über die entsprechenden *social skills* verfügen, um die gegenseitigen Ansprüche von Freiheit und Intimität im Lot zu halten. Er muss verschwiegen sein können, und eingedenk seiner herausgehobenen Rolle sich nie gehen lassen. Schwache Menschen, die eine bestimmte Art von Intimität mit Wahrheit und Offenheit verwechseln, sind keine guten Kommunikationspartner für junge Menschen.

Leider lässt der in geschmacklosen Talkshows vorgeführte Seelenstriptease das Bewusstsein dafür schwinden, dass ohne ein inneres Reservat, ohne Distanz schaffende Höflichkeit gedeihliches menschliches Zusammenleben unmöglich wird. "Wenn sich in mittäglichen Talkshows Gäste mit 'du alte Schlampe' oder 'fick dich ins Knie' titulieren, ist es kein Wunder, dass die Kinder diese Sprache mit in die Schule bringen", klagt eine Lehrerin. Aber selbst Lehrer haben sich schon anstecken lassen und mehren das Übel. So gibt es heute den negativen Gegenpol zu der Gleichgültigkeit und Unnahbarkeit der Lehrbeamten des alten Österreichs. Da bieten Lehrer ihren Schülern das "Du" an und schmeicheln sich bei ihnen durch kontinuierliche Hochbewertung ein:

> During our first lesson he introduced himself as "Willi" and suggested we should all use our first names. I never liked it if teachers tried somehow to be like friends. I preferred having respect for them even if I didn't like them. He lost my respect at once not only because of that but also because of his poor English. The marks he gave were always very good, so no one complained, but we all agreed that his lessons were extremely boring and unsatisfying. In these last two years of grammar school I felt like I hadn't learnt anything new in English. The worst bit was that our teacher always seemed to be quite content with what we already knew. I wasn't. (*Charlotte L.*)

Eine typisch moderne Distanzlosigkeit zeigt eine Lehrerin, die einen Oberstufenleistungskurs übernimmt. Die Schüler sind anfänglich begeistert, denn sie macht guten Unterricht, liest klassische und moderne Texte mit der Klasse, besucht mit ihr eine englische Vorlesung an der Uni, es gibt viel Gruppenarbeit und lebhafte Diskussionen.

> She often invited us to visit her privately and told us almost every detail about her private life, especially about her husband and her stepchildren and her state of health. At first, her behaviour did not confuse us. We were rather surprised that a teacher involved us so much in her personal problems and we enjoyed being treated as friends. (*Marina B.*)

Aber dann, nach einem Zwischenfall auf einer Studienfahrt, erkennt Marina:

> I could no longer respect or trust her as I was totally disappointed by her childish behaviour and I realized that she had also taken advantage of us in certain situations I do not want to mention in this essay. This is why I believe there should always be a kind of natural distance between the teacher and his pupils, so that the pupils are not informed about the teacher's private life in every detail. On the one hand the teacher should have a certain privacy (the same is also valid for the students), on the other hand younger pupils in particular would certainly be overtaxed by a situation in which they would have to deal with the personal problems of their teacher – this could influence the learning atmosphere in a negative way.

Lehrer, die jungen Menschen Halt geben sollten, suchen ihrerseits Halt bei diesen. Verkehrte Welt. Echte Vertrautheit aber beruht auf einem gegenseitigen Sinn für Diskretion, auf tieferer Einsicht und Verständnis – alles Dinge, die nicht leicht zu haben sind auf dieser Welt.

Versuchen wir, etwas davon zu geben. Denn die Fremdsprachen bieten den Lehrern wunderbare Gelegenheiten, den Lehrstoff persönlich zu illustrieren und zu bereichern. Die Schüler spitzen die Ohren, wenn ihr Lehrer zu erzählen beginnt:

> He was about fifty, and from Wales. He made English interesting by the little stories he told us about the war and his youth in Wales. We would always listen carefully, because we had to try to get used to the speed of his English. I remember how the time flew by when he would come up with a story with which he wanted to explain the meaning of an unknown word. He gave us the chance to learn a lot of things about Britain which we could not find in our textbooks. (*Andreas W.*)

Lehrerrollen: Sprechvorbild, Sprachtrainer, Gesprächspartner, Erzieher, Freund

> Ich glaube an die Macht des Vorbilds, des ganz individuellen und sehr sterblichen Ideals, an den beispielgebenden Einzelnen. (*Ludwig Marcuse*)

Ein Lehrer muss mehrere Rollen spielen können. Seine schönste Rolle ist die des Freundes, die sich mit der wissenden Autorität und dem souverän kommunizierenden Fremdsprachler verbindet.

> Das gehört nach klassischer Lehre gerade nicht zu seinem Beruf, aber es ist objektiv unvermeidlich und subjektiv unentbehrlich. Einzelne Kinder werden eine persönliche Beziehung zu ihm suchen, und dann kann und darf er sie nicht ablehnen. Er selbst wird die persönliche Zuwendung der Kinder brauchen – er wird sie sonst weder verstehen noch schützen, noch fordern, noch aushalten, noch wirklich herausfordern können. (von Hentig 1973, 37f.)

Der väterliche Freund und die mütterliche Freundin betten ihren Informationsvorsprung und ihre Macht ein in die Sorge für das Fortkommen und die geistig-seelische Entfaltung der Schüler. Autorität und der Respekt, den man ihr zollt, müssen sein, aber ohne jene „ungütige, unbegriffene Überlegenheit" (Ringelnatz), die das Kind verwirrt und bedrückt. Einander achten, höflich sein und Rücksicht aufeinander nehmen. Diese Rücksicht geht in drei Richtungen: vom Lehrer zum Schüler und umgekehrt, und zwischen den Schülern. Denn Tugenden, die großen und die kleinen, wir müssen sie an Menschen erlebt haben. Der Lehrer lebt sie vor und fordert sie ein. Wer selbst Ruhe für seine Erklärungen haben will, muss auch für Ruhe sorgen, wenn Schüler vortragen, vorlesen oder von sich erzählen. Du willst gehört werden. Sorge dafür, dass auch andere gehört werden. Ängstliche und unsichere Kinder brauchen nicht nur den Respekt des Lehrers, mehr noch den ihrer Mitschüler.

So besteht ein untrügliches Kennzeichen für guten Unterricht darin, dass die Schüler einander zuhören und auch direkt miteinander reden, ohne dass sich der Lehrer stets dazwischen schalten muss. In fortgeschritteneren Klassen werden die Schülerbeiträge länger und freier, manchmal aber auch ungrammatischer, fehlerhafter, schwerer verständlich. Die Gefahr, dass nur noch der Lehrer zuhört, der ja den roten Faden behalten will, und die anderen aufgeben, ist groß. Da genügt nicht nur der gute Wille zur Rücksichtnahme. Die Sitzordnung und die Klassengröße spielen eine Rolle, vor allem aber machen sich jetzt gute Aussprachegewohnheiten bezahlt. Sie müssen in den Anfangsjahren erarbeitet werden.

In jedem Gespräch zeigt man sich und versteckt sich zugleich. Vollkommene Offenheit und Durchsichtigkeit ist eine Unmöglichkeit. Aber im Laufe von zwei oder drei Jahren, in denen Lehrer mit einer Klasse regelmäßig zusammenkommen und aus den gleichen Quellen schöpfen, kann es nicht ausbleiben, dass das oberflächliche Dahingleiten des Gesprächs von Momenten des Sich-Anvertrauens, der persönlichen Stellungnahme unterbrochen wird. Wir sind Zeugen eines kurzen Aufleuchtens persönlicher Wahrheit, in denen es gelingt, die geheimnisvolle Kluft zwischen uns und den anderen zu überwinden und "das befreiende Wort zu finden, vor dem die Mauern fallen". (H. Waggerl)

Erfolgreiches Sprachenlernen entwickelt die Persönlichkeit. Es hilft, ein Stück Angst vor den Mitmenschen loszuwerden und so mit dem Leben besser zurande zu kommen. Dabei geht es auch um ein bisschen Zivilcourage. Der CDU-Abgeordnete Pflüger (2000) reflektiert über das System des Altbundeskanzlers Helmut Kohl und seine Rolle darin. Er verschweigt nicht seine Scham: Als nach der Wahl von 1994 der Alterspräsident Stefan Heym, Schriftsteller aus der ehemaligen DDR und Abgeordneter der PDS, dessen Bücher er schätzte, seine Antrittsrede im Bundestag hält, bleibt er auf Weisung der Fraktionsspitze sitzen wie alle anderen seiner Partei. Warum? Weil er sich sonst die "möglichen Jobs für die neue Periode gleich hätte abschminken können". Aber wie kann man von Menschen in Diktaturen Mut und Widerstand erwarten, wenn man nicht einmal in demokratischen Zeiten dazu in der Lage ist?

Denn "die Wurzel aller Entfremdungen, aller Entmenschlichungen, aller Versteinerungen ist der Mangel, sich zu sich zu bekennen", d.h. auch zu seinen Schwächen (Marcuse 1975, 34). Wie werden wir mutig? Wie verringere ich die Angst der Schüler vor Klassenarbeiten? Einer lässt seine Klasse einen Augenblick lang ins Grüne schauen, ein anderer verwendet entspannende Musik usw. – alles Tricks, die aber nur im Gesamtzusammenhang der Persönlichkeit und der Gesamtatmosphäre Wirkung entfalten können.

Persönliche Einsichten und Erfahrungen des Lehrers bestimmen das Kommunikationsklima in einer Klasse entscheidend mit. In der Kunst der Kommunikation wird er ein Leben lang hinzulernen.

Schüler und Mitschüler

Wessen Sprache? Eltern gegen Altersgenossen

> Being different – a crucifixion in adolescence. (Wright 1969, 82)

Sprechen lernen wir von denen, die schon sprechen können. Bei der Muttersprache sind es gewöhnlich die Eltern, in der Schule die Lehrer.

Aber wie kommt es dann, dass in bestimmten Fällen die Kindersprache keineswegs eine Kopie der Elternsprache darstellt? Bubis Eltern beobachten erstaunt, wie sich die Aussprache des fast Vierjährigen an die seiner neuen Spielkameradin angleicht:

> Ganz überraschend ist die Veränderung, die des Knaben Aussprache durch das mehrtägige Zusammensein mit Lotte erlitten hat. Statt "ich" sagt er nur noch "is", statt "nich" "nis", statt "ich mag nich" – „makenis“, auch an Stelle des bereits völlig beherrschten "sch" ist wieder "ss" getreten, alles Eigentümlichkeiten der Aussprache von Lottchen. (Scupin & Scupin 1910, 73f.)

Die Eltern werden während Lottens Anwesenheit plötzlich "völlig Nebensache". Es gibt also noch einen anderen Kandidaten für die Rolle des Lehrmeisters: die Spiel- und Arbeitskameraden.

Wie könnte es sonst sein, dass hörende Kinder taubstummer Eltern genauso gut sprechen lernen wie andere, deren Eltern vom ersten Tag an mit ihnen reden? Gerade bei solchen Kindern sieht man, wie hart es ihnen ankommt, wenn ihre Eltern sichtbar anders sind als der Rest der Welt. So Lou Ann Walker:

> People took a dim view if they thought you were unusual ... I wanted to fit in. I was dying to fit in. (Walker 1987, 115)

Sollte die Rolle der Eltern für den Spracherwerb doch nicht so wichtig sein, wie bisher allgemein angenommen? Oder wie wäre sonst zu erklären, dass so viele Kinder von Einwanderern scheinbar mühelos und sehr schnell den Akzent und die Sprechweisen der Straße annehmen, auch dann, wenn sie zu Hause von ihren Eltern eine ganz anders eingefärbte Sprache hören? Sie tun ja das einzig Richtige. Sie entscheiden sich für den "echten" Akzent. Sie spüren das Unvollkommene, ja oft Stümperhafte der Elternsprache im Vergleich mit all den anderen, die reden, wie ihnen der Schnabel gewachsen ist. Aber ist das schon die ausreichende, die ganze Erklärung?

Einmal spielt das Alter bei der Einwanderung eine Rolle. Die Kissingers flohen aus Hitler-Deutschland, als Henry 15 Jahre alt war, und es gelang ihm nie, seinen deutschen Akzent abzustreifen. Aber:

> His brother Walter, younger by one year, did easily pick up an American sound. Walter later liked to joke "I listen" when asked to explain why he lost his German accent while his famous brother had not. (Schulzinger 1989)

Auch die Persönlichkeit zählt und die Einstellung zur fremden Sprache und Kultur. Charlotte erzählt von ihrem Großonkel, der als Priester zwanzig Jahre in Japan gewirkt hatte und in dessen Deutsch sich ein japanischer Akzent eingeschlichen hatte:

> One of my first memories of this new place was my christening there. A Great Uncle of mine was a teacher in a priest's school in Kobe, Japan. My parents thought it would be a nice idea to invite him over and ask him if he could hold the service, which he did. I had never met him before, but he was very nice. He had lived in Japan for twenty years and had strangely developed a Japanese accent in his German. Even today we still make jokes about his way of pronouncing the German "So, so ..." (*Charlotte L.*)

Viele Kinder schämen sich, wenn etwa beim Einkaufen die Mutter mit ihnen in ihrer Sprache spricht, die nicht die Landessprache ist. Sie wollen sich anpassen und um keinen Preis auffallen. So auch Alison und ihr Zwillingsbruder Allan, die mit einer englischen Mutter und einem deutschen Vater in Deutschland aufwachsen. Sie sprechen englisch mit der Mutter und deutsch mit dem Vater. Englisch dominiert, da sie die meiste Zeit mit der Mutter verbringen. Außerdem ist es die Mutter, die die Zwillinge regelmäßig mit *bed-time stories* versorgt.

> When we were about four years old, the children in our neighbourhood found out that we could speak English and asked us whether we were

> English or German. They told us that if we were English we were aliens and they did not want to play with us. In fact, they made up their minds that we were English and just would not play with us, regardless of what we said. Naturally, Allan and I were very upset about this and our mother was equally upset, if not even more. At this stage we refused to communicate in English. We wanted our mother to speak to us in German and we refused to utter a single English word. Our mother who could not bear to see us unhappy, mostly spoke to us in German from then onwards.

Das Erstaunliche (geradezu Empörende?) am Verhalten von Alison und Allan, dass sie so schnell bereit sind, die vertraute, eingespielte häusliche Verständigung aufzugeben. Um die Gunst von ein paar Spielkameraden buhlend, zögern sie nicht, ein Stück Zuhause aufs Spiel zu setzen; darf man sagen: ihre Mutter zu opfern? Später beginnt ihre Mutter wieder mit ihnen englisch zu reden, aber die Kinder selbst bleiben meist beim Deutschen.

Jedenfalls werden Lehrer alles tun müssen, um den Gruppeneffekt positiv zu nutzen, wie Hawkins betont:

> One boy in particular, 'R', who later became a doctor, asked me one day to test him on his homework. We were reading Galdo's novel *Dona Perfecta* in an edition with a full glossary at the back of some 30 pages. 'R' had learned the whole glossary in the first two weeks of term, while I had plodded through only a few pages and had been quite satisfied with myself. 'R's example, and his bluntly spoken contempt for my immature lack of real effort, taught me more than any teacher could have done and I can still remember going home that same day determined to change my attitude to study. Since then I have often observed how powerful the influence of one young learner can be on the rest of the class, both positively and negatively. It suggested to me, as a teacher and headmaster, that one of the main challenges a school faces is to try to ensure that the powerful effect of groups of pupils on each other's attitude, far stronger, usually, than any other influence is made as positive as possible. (Hawkins 1999, 43)

Auf wen hören Jugendliche?

Vor allem auf andere Jugendliche. Marie von Bunsens Bruder wird auf eine englische Privatschule geschickt:

> Ein folgenschwerer Zufall; mein Vater war Idealist, und der Gedanke, dass einer seiner Söhne sich nicht als Deutscher fühlen könnte, war ihm unfaßbar. So hat er die tatsächlich naheliegende Gefahr einer Verengländerung übersehen und glaubte damals, dass diese Episode Lothar nur för-

> derlich sein könnte. Und doch war er in wenigen Jahren gewiß nicht antideutsch, aber glattweg Engländer geworden. (Bunsen 1929, 37)

Den Engländer aus ihm haben aber weniger die Lehrer als die Mitschüler gemacht. Es ist wohl dieser Effekt, an den auch einige deutsche Familien denken, wenn sie ihre Kinder für ein Jahr auf ein englisches Internat schicken. Dabei geht es oft mehr darum, das Kind aus seiner deutschen Freundesclique herauszuholen, die auf Abwege geraten ist, als ihm dazu zu verhelfen, im Englischen einen großen Sprung nach vorn zu tun.

In dem Roman *The Go-Between* von L.P. Hartley hat der 12-jährige Leo eine Einladung von seinem Schulfreund bekommen, die Ferien auf dem Landgut seiner Eltern zu verbringen. Er ist froh, dass seine Mutter für ihn eine Droschke bestellt hat und nicht selbst mitfährt:

> I shouldn't have wanted that. I was haunted by the schoolboy's fear that my mother wouldn't look right, do right, be right in the eyes of the other boys and their parents. She would be socially unacceptable, she would make a bloomer. I could bear humiliation for myself, more easily than I could for her.

Eigentlich dürfte er keinen Grund für solche Befürchtungen haben. Aber er empfindet doch so. Wäre er vielleicht bereit, im ungünstigsten Falle gar seine Mutter zu verleugnen? So wie der Jünger Petrus seinen Herrn? Wie viele schämen sich (grundlos?) ihrer Eltern vor den Spielkameraden und schämen sich zugleich darüber, dass sie sich schämen!

In diesem Roman erfährt man auch von dem besonderen *school slang*, den die Schüler an englischen Internaten entwickeln: "At home we had one way of talking and at school another: they were as distinct as two different languages." Auf diese Weise grenzen die Schüler eine eigene Welt sowohl gegenüber ihren Lehrern als auch der Familie zu Hause ab.

Auch wegen dieses Gruppeneffektes gilt es, von Anfang an im Bereich von Aussprache, Sprechmelodie und Rhythmus ein hohes Klassenniveau anzupeilen. Denn Schüler sprechen nicht gern anders als der Klassendurchschnitt. Wenn einer hier mehr tut, wird das schnell als affig empfunden. Sonja hat ein halbes Jahr lang engen Kontakt mit einer jungen englischen Austauschlehrerin, die in ihrem Elternhaus zur Miete wohnt, und der Akzent der Engländerin färbt auf sie ab. Das hat ungewollte Nebenwirkungen:

> In the beginning of the sixth form I had a very hard time with the other pupils because of my English accent. They made fun of me, accusing me of being arrogant and feeling superior to them. Others started to laugh as soon as I started to speak. (*Sonja K.*)

Ähnlich ergeht es Christiane. Obwohl ihre ganze Klasse am Austausch teilnimmt, gelingt es wohl nur ihr, sich in der kurzen Zeit einen englischen Akzent zuzulegen, aber:

> It was on the exchange that I picked up my English accent. I never lost it and I remember my friends later making fun of the way I spoke English in school. (*Christiane S.*)

D.s ältester Sohn kommt in den USA zur Welt, geht dort in den Kindergarten und spricht akzentfrei amerikanisches Englisch. Er war schon fünf Jahre alt, als die Familie nach Deutschland zurückzog, und kam dort in die Waldorfschule, wo man schon im ersten Schuljahr mit Englisch beginnt:

> Es war eigenartig. Die Sätzchen, Reime und Lieder, die er dort lernte, hatten den erkennbar deutschen Akzent seines Lehrers, während er im Übrigen weiter sein authentisches Amerikanisch sprach. Ich erkläre mir diesen seltsamen Hiatus mit seinem Wunsch, in der Klasse so zu sein wie alle anderen und nicht aufzufallen. (persönliche Mitteilung)

So zeigen Menschen, dass sie dazugehören.

Eine soziobiologische Erklärung

Die Schaltknöpfe der Persönlichkeitsentwicklung sind genetischer Natur, die Feineinstellung liefert die Umwelt, das Elternhaus und die Gruppe der Altersgenossen, deren Einfluss in westlichen Kulturen den elterlichen überlagert. Dies ist das Ergebnis eines Buches, das nach Stephen Pinker "einen Wendepunkt in der Geschichte der Psychologie" darstellt und den Titel trägt: *The nurture assumption. Why children turn out the way they do.* Die Autorin Judith Rich Harris hat einen ganzen Stapel sozialwissenschaftlicher Studien kritisch gelesen, mit neuesten verhaltensgenetischen Studien verglichen und kommt zu dem Schluss: Wir alle haben unseren Einfluss als Eltern – im guten wie im schlechten – offenbar überschätzt. Natürlich haben wir gewusst, dass Kinder nicht einfach Wachs in unseren Händen sind. Und wer mehrere Kinder hatte, dem war auch meist klar, dass Kinder von Anfang an unterschiedlich veranlagt sind.

Besonderes Augenmerk aber sollte den gleichaltrigen Freunden gelten. Sie seien, so Harris, das eigentliche Probier- und Bewährungsfeld für den Heranwachsenden. Auch hier wird ein Stück Persönlichkeit herausgebildet, auch hier werden die genetischen Schaltknöpfe justiert. Die ursprüngliche Allmacht der Eltern über Säugling und Kleinkind verliert sich, oft bis hin zur völligen Ohnmacht, wenn die Jugendlichen immer mehr Zeit in ihren Cliquen verbringen, die ihren Mitgliedern den Stempel aufdrücken. Sie sind der soziale Spiegel, in dem sich die Jugend wiedererkennt, erproben und definieren kann.

> Our problems we tried to solve alone and unaided. It never occurred to us to consult our parents. They belonged, we were convinced, to another world. (Uhlmann 1997, 34)

Es geht ja nicht um Intelligenz oder etwa musikalische Begabung, es geht um Verhaltensweisen und Werteinstellungen, ja schlicht um das, womit man sich die viele Freizeit vertreibt. Kinder aus Problemfamilien, die in einer guten Nachbarschaft leben, haben als Jugendliche weniger Schwierigkeiten als Kinder aus intakten Familien, die in einer schlechten Gegend in eine schlechte Gesellschaft geraten. Man zieht die Klamotten an, die sich die anderen anziehen; man isst gern das, was die Freunde auch essen, und gewöhnt sich deren Sprechweisen an. Sobald die ältere Schwester erklärt – natürlich ohne überhaupt von dem neuen Gericht gekostet zu haben: "Ich mag das nicht", zieht die jüngere nach. Und wenn Freundinnen zu Gast sind, erklären oft vier Kinder hintereinander, dass sie etwas nicht mögen, ohne es überhaupt gesehen zu haben. Es genügt, wenn eine damit anfängt.

Natürlich ist uns schon längst aufgefallen, wie wichtig die Gruppe ist, in der unser Kind verkehrt, wenn es um Klamotten und Konsum geht, um Vorlieben für Musikgruppen, Fernsehprogramme oder auch Drogen jedweder Art. Und es geht uns wider den Strich, dass nun plötzlich irgendwelche Schulfreunde oder Zufallsnachbarn das Wichtigste in ihrem Leben werden, oder doch wichtiger als wir. Genau dies aber ergibt Sinn aus der Sicht der Evolution: Nicht in unserer, sondern in der eigenen Generation müssen sie ihren Partner und ihren Platz im Leben finden und sich mit Konkurrenten auseinandersetzen. Mit ihnen müssen sie in das Kleid einer neuen Zeit hineinwachsen.

So hebt Harris provokativ die *peers* als die wahren Sozialisationsagenten hervor.

Gewiss: Nicht immer zwingt uns das soziale Milieu seine Atmosphäre auf. Wir schaffen uns auch selbst die Welt, nach der unser innerstes Wesen verlangt. Es gibt mannigfache wechselseitige Einflüsse zwischen Genotyp, dem familiären Umfeld, den Spiel- und Schulkameraden, dem Zeitgeist, den Medien, wie auch den lebensgeschichtlichen Zufällen, die uns in bestimmte Bahnen lenken können. Diese Wechselseitigkeit und Verflochtenheit ist schwer durchschaubar. Wie findet man seinen Freundeskreis oder seine Clique? Die kann man sich z.T. aussuchen, und hier gibt es auch einen Spielraum für Eltern und Lehrer mitzuwirken.

Praxis: wie werden Schüler zu Verbündeten des Lernens?

Gilt es also, zunächst die Beziehungen zueinander zu klären, damit gedeihliche Arbeit überhaupt erst möglich wird? Sind demgegenüber Lehrtechniken zweitrangig? Das wäre ein Missverständnis. Denn Beziehungen lassen sich meiner Erfahrung nach am besten bei und anhand der gemeinsamen Arbeit an der Sache in Ordnung bringen. Die objektiven Ansprüche, die in den Sachen stecken, und unsere unterschiedlichen Reaktionen darauf bringen uns immer wieder dazu, auch über unser Verhältnis zueinander zu sprechen und einander besser zu verstehen. Sinnstiftende Sacharbeit, dazu manche Formen robuster, alltagstauglicher Partnerarbeit geben Orientierung: das ist gerade die Chance der Schule. Die Wahl der geeigneten Lehrtechniken und -inhalte ist deshalb keineswegs zweitrangig. Eine Entscheidung über sie und das Bedenken und Besprechen der Beziehungsprobleme gehen Hand in Hand. Was darüber hinaus geht, ist Sache ausgebildeter Therapeuten.

Ein paar konkrete Tipps vorweg:

- Öfter Gruppen neu auslosen.
- Dafür sorgen, dass dem, der redet, auch zugehört wird.
- Schüler übernehmen Lehrfunktionen. Beobachten, was dabei passiert.
- Gemeinsam singen und tanzen.
- Gemeinsam Erfolg haben, indem man einen schwachen Schüler in eine starke Gruppe einbindet. Er bekommt z.B. bei der Dialogarbeit die leichteste Rolle und leistet damit seinen Teil am Gesamterfolg der Gruppe.
- Im Sitzkreis diskutieren.
- Spielkreis, einander anfassen.
- Wenn es die Sitzordnung zulässt und sich die Arbeitsform dazu eignet, kann ein Schüler den nächsten aufrufen, der an der Reihe ist.
- Einfache, lustige Partnerarbeit; z.B. Partner sitzen Rücken gegen Rücken und fragen einander Vokabeln ab.
- Lehrer trägt von ihm selbst korrigierte Schülertexte sehr gekonnt vor und stellt sich somit auf Seiten des Schülers.

Neben solch praktischem Handwerkszeug brauchen wir Einsichten, Einstellungen, Handlungsmaximen. Deshalb zehn weitere Ratschläge:

1) Ein Klima der Sympathie schaffen. Wie unwirksam sind moralische Ermahnungen, wie wenig hilft gutes Zureden, wenn wir nicht zuvor persönliche Bindungen geknüpft haben! Wir können nur wirken, wo Bindungen sind, wo Zutrauen und Vertrauen sind.

2) Sich den Anpassungsdruck an die Alterskohorte, den Gruppenzwang und die Furcht vor Ausgrenzung bewusst machen. Dabei besondere Konstellationen von Cliquen, Rädelsführern und Einzelgängern und die Kommunikationsbarrieren innerhalb der Klasse erkennen.

Hierbei helfen folgende Fragebögen, die an Vorlagen des Londoner *Office for Standards in Education* angelehnt sind: 1) What do you think about your English classes? (Unterstufe) 2) What do you think about your school? (Oberstufe):

1

Draw a ring around your answer to each question, like this:

(Sometimes)

1	Do you like being in my class?	Yes	Mostly	Sometimes	No
2	Do you find out new things in lessons?	Yes	Mostly	Sometimes	No
3	Are our lessons interesting and fun?	Yes	Mostly	Sometimes	No
4	Do you get help when you are stuck?	Yes	Mostly	Sometimes	No
5	Do you have to work hard?	Yes	Mostly	Sometimes	No
6	Do I show you how to make your work better?	Yes	Mostly	Sometimes	No
7	Do other children behave well?	Yes	Mostly	Sometimes	No
8	Are other children friendly?	Yes	Mostly	Sometimes	No
9	Am I fair to you?	Yes	Mostly	Sometimes	No
10	Do I listen to your ideas?	Yes	Mostly	Sometimes	No
11	Are you trusted to do things on your own?	Yes	Mostly	Sometimes	No

Do you want to say anything else about our lessons? Please write it in the box. You can use German.
What I like most about English. What I would like to change about my English classes.

2

For the statements below, please tick the box that best corresponds with your views about the sixth form.

Please tick	*Strongly agree*	*Agree*	*Disagree*	*Strongly disagree*
1 I enjoy being a student in the sixth form of this school.				
2 The teaching is challenging and demanding.				
3 My work is assessed helpfully so that I can see how to improve it.				
4 The staff are expert in their subjects.				

5 I am helped and encouraged to study independently and to research topics.				
6 Worthwhile homework is set regularly.				
7 There is an adult in school who knows me well, to whom I would turn if I had a personal problem.				
8 My teachers are accessible and helpful if I have difficulties with my work.				
9 I had helpful advice on what I should study in the sixth form.				
10 My choice of courses suits my abilities and career plans.				
11 Outside my main courses, there is a good range of enrichment courses and worthwhile activities.				
12 I have well-informed advice from school and/or careers advisers on what I should do after I leave school.				
13 The school seeks and responds to the views of its students.				
14 Students are all treated fairly and with respect.				
15 Students get on well together and there is no bullying, harassment or racial tension.				
16 This school is well run.				

If you wish to make any additional comments, particularly about the things that you like about your school or things you feel should be better, please write them in the box below. Please do not name any staff.

What do you like most about the school? What would you like to change about the school?

3) Eltern aufklären und als Verbündete gewinnen.

4) Werte, vor allem Fairness, vorleben (statt nur zu predigen), damit sie auf die junge Generation abfärben können. Personen, so von Hentig (1973, 36), sind eben die "nachhaltigste Erfahrung in der Schule, dann, mit langem Abstand, folgen erst Gedanken und Gegenstände."

(5) Verhindern, dass die falschen Werte dominieren. Es kann vorkommen, dass eine Klasse oder gar eine Schule gewissermaßen "umkippt", wie es bei Gewässern geschieht. Eine deutsche Lehrassistentin berichtet aus einer Schule in Cornwall:

> Another problem the teachers told me about was that being thick meant being cool – it was a very weird fashion. Bad marks were not embarrassing but rather something to boast of. (*Verena B.*)

Hier gibt es eine Art Nocebo-Effekt, eine seelische Ansteckung der Schüler untereinander, die sich verbreitet und keine Strebsamkeit mehr aufkommen lässt. Also: Ist es für die Schüler wichtig, in der Fremdsprache gut zu sein? Oder machen sie sich unbeliebt, werden sie als Streber verschrien, wenn sie sich anstrengen? Letzteres hieße: Höchste Alarmstufe, sofort gegensteuern!

6) Den Führungsanspruch nicht aufgeben. Versuchen, die starken Persönlichkeiten, potenzielle Anführer auf seine Seite zu kriegen; um sie werben oder doch ihren (verderblichen) Einfluss zurückdämmen. Theodor Heuss bemerkt in seinen Jugenderinnerungen (1964, 93):

> Jede Schulklasse hat, nach meinen Beobachtungen, ihren sonderlichen Geist; er hängt, im Guten und im Schlimmen, von der Wirkungskraft einiger weniger, vielleicht eines einzelnen ab.

7) Die Schwachen stärken. Erkennen, wie verletzlich Schüler sein können. Gerade den ungewollten Außenseitern muss er helfen, Teil der Gemeinschaft zu werden, ja seinen Schutz anbieten. Er respektiert sie, und so respektieren sie ihn. Die Lehrer von Stefan Heym, "dem arroganten jüdischen Bengel", taten das Gegenteil:

> Andere Lehrer spürten die Schwäche des Jungen, die in seiner Isolierung lag. Sie fingen an, ironische Bemerkungen fallen zu lassen, die seine Liebe zum deutschen Vaterland in Frage stellten, die Festigkeit seines Charakters, seine Aufrichtigkeit, seinen guten Willen, und die den für jede Intonation geschärften Ohren seiner Mitschüler bedeuteten, dass hier einer freigegeben war zur allgemeinen Hatz. (Heym 1990, 25)

Stets muss der Lehrer ausgleichen, die vielen Kummer stiftenden Ungleichheiten bedenkend, mit denen das Leben randvoll ist:

> No power on earth can abolish the merciless class distinction between those who are physically desirable and the lonely, pallid, spotted, silent, unfancied majority. (Mortimer 1983, 191)

8) Keine Unterdrückungsverhältnisse zulassen. Hans Dieter Hüsch ging in den Kriegsjahren zur Schule:

> Und wir Kinder, wir Jungens, wußten noch immer nicht alles genau. Nur dass unser Schulfreund Baer, der Sohn des jüdischen Arztes Baer, von Primanern auf dem Schulhof umringt und im Kreise angespuckt worden war, der kleine Schüler, der sich ängstlich an einen Baum drückte und weiter verlacht, verhöhnt und angespuckt wurde, bis schließlich der mutige Kaplan Peus herangeflogen kam, sich dazwischenstürzte, die Primaner auseinandertrieb und den geschockten Jungen nach Hause brachte, das hatten wir mitbekommen. (Hüsch 1992, 105)

> In my class were a few pupils who were, in a way, terrorising the others. We did not learn much in the following four years, and in English I think we learned less than in the first two years. (*Malte N.*)

> Some of the pupils were extremely sure of themselves and always tried to suppress the other class-mates. Although they were not the best pupils Mrs X took the easy way out by doing nothing about them and often sided with them. This bad atmosphere of course affected the whole class.

Wer kennt sie nicht, die "innumerable forms of minor torture, bullying, and mischief which boys can serve to boys?" (Church 1955, 121)

Mit der Brutalität der Lehrer hat der Gesetzgeber Schluss gemacht, die Niedertracht und Brutalität der Mitschüler aber wurde eher gefördert. Aggressionen dürfen sich nicht lohnen! Der Aggressor, der nicht bestraft wird, triumphiert. Er geht als Sieger vom Platz. Das ist demütigend für den Geschlagenen und Getretenen, deprimierend für die, die so etwas nicht billigen, und stimulierend für andere Schüler mit aggressiven Tendenzen, d.h. geradezu eine Aufforderung, diese auszuleben.

9) Aggressionen, die gerade bei Jungen immer vorhanden sind, umleiten. Hier gibt es große Schultraditionen, von denen wir lernen können, den Jesuiten (Funiok & Schöndorf 2000), den Waldorf-Pädagogen (Jaffke 1994), englischen und deutschen Privatschulen wie Schloss Salem oder der Odenwaldschule.

Es gilt, den Ehrgeiz auf edle Ziele zu richten. Bei den Jesuiten wurden Übersetzungen in Form von Wettkämpfen vorgetragen, es gab Wettkämpfe der Beredsamkeit, Schiedsmänner und Richter wurden aufgestellt, Preise zuerkannt. Dem Bedürfnis nach Achtung und Anerkennung wurde auf solche Weise Rechnung getragen. Denn Schüler drangsalieren andere, um die eigene Überlegenheit zu spüren.

10) Den zivilisierenden Einfluss der Gemeinschaft nutzen, um Werte durchzusetzen, Rüpel zur Räson zu bringen usw. Dieses stärkste Mittel des Lehrers ist aber nur zur Hand, wenn die vorigen Leitsätze beachtet wurden. Eine erfahrene Grundschullehrerin erzählt mir:

> Da kommt so ein Knirps und bedeutet mir glattweg: 'Du hast mir nichts zu sagen.' Andere Lehrer, so höre ich, hat er schon mit 'Arschloch' usw. tituliert. Erst als er von der Klasse zurechtgewiesen wird: 'So was sagt man nicht.' 'Das darfst du nicht sagen.', habe ich gewonnen. Das ist immer ein Stück harter Arbeit.

Deutlich zurückweisen, Klartext reden, aber Kinder nie vor anderen demütigen und "fertig machen". Der motivierende Druck auf den Einzelnen kommt vom Lehrer *und* von der Klasse.

Lehrer, die solche Sensibilität entwickeln, werden weit über die Schule hinaus wirken:

> But what really made me love the new school were in fact the English lessons. This was not so much due to the content of what we were learning but to our teacher himself. He was a calm and sympathetic man who succeeded in creating an atmosphere of friendship and confidence which I had never experienced before. Nothing that happened in the following years could detach my ideas about foreign languages from that first impression. Learning English and feeling good were synonymous in those days. (*Nadja M.*)

Die Pädagogik muss ihre Reichweite und erzieherischen Resonanzräume kennen, ohne ihre normativen Ansprüche aufzugeben.

Gemeinsam lernen verschafft uns die Aussicht auf Freundschaft.

[1] Der Wettstreit unter den "Häusern" ist im deutschsprachigen Raum unlängst durch die *Harry Potter*-Bücher und -Filme bekannt geworden.

Guter Sprachunterricht ist mehr als Sprachunterricht.
Mit guten Texten entwickeln wir den Sinn für das Gute,
Wahre und Schöne.

10 Von und mit Texten lernen

Lehrziel literarische Analyse?

> Erklären entwertet. (*Christian Morgenstern*)
>
> We murder to dissect. (*William Wordsworth*)

Für einen guten Fremdsprachenunterricht braucht man gute Texte, gedruckt und auf Tonträgern. Gute Texte, das sind vor allem literarische Texte, die etwas "von der sanften Überzeugungskraft des Schönen, der Kunst, der Dichtung" (H. Hesse) verspüren lassen. Wie kann man Schülern Lust auf Literatur machen? Woher mag es kommen, dass der Anteil der 15-Jährigen, die überhaupt nicht zum Vergnügen lesen, laut Pisa-Studie in Deutschland bei 42% liegt und von keinem anderen Land übertroffen wird?

Für Leavis war das Studium der Literatur "the supremely civilising pursuit ... it trains in a way no other discipline can, intelligence and sensibility together, cultivating sensitiveness and precision of response and a delicate integrity of intelligence." Kafka hat es kürzer gesagt: Ein Buch könne die Axt sein für das gefrorene Meer in uns. Aber müssen wir darum die literarische Analyse zur Hauptaufgabe der Oberstufe erklären?

> Die Textaufgabe, welche auf der reformierten Oberstufe die Nacherzählung beerbt hat, kann eine Reihe guter Argumente für sich geltend machen. ... Die Varianten, welche sie hinsichtlich der Vorlagen inhaltlich und medial zuläßt, dürfen aber nicht darüber hinwegtäuschen, dass sie zumindest sprachlich eine Engführung darstellt. Zur Bewältigung der textanalytischen Aufgaben wird ein Wortschatz gebraucht, dessen Spezifität und geringe lebenspraktische Verwertbarkeit im umgekehrten Verhältnis zu seiner Bedeutung im Unterricht steht. (Linnartz 1989, 90f.)

Die den Text konstituierenden Stilmittel werden herausgearbeitet, das dazu benötigte Interpretationsvokabular verselbständigt sich, bis sich mitunter die Freude an der schönen Literatur verflüchtigt. Die Fertigkeit, die es erlaubt, aus einem Gedicht eine Keule zu machen, nennt man Interpretation, so Enzensberger. Überhaupt, diese klugen Kritiken! Da fragt man sich denn, warum der Dichter nicht gleich die Kritik geschrieben hat, statt den Umweg über das Kunstwerk zu nehmen. Die Schüler lesen Primärliteratur, aber verlangt wird von ihnen eine andere Textsorte: Sekundärliteratur. Wir sollten unsere Schüler nicht zu Sachbearbeitern der Literatur, sondern zu Lesern und Genießern von Literatur heranbilden. Also: weniger analysieren und tranchieren, mehr lesen und genießen und Erfolge erzielen wie bei Tanja:

> I still remember the sweet feeling of success, when I saw that I was able to read a whole story written by Hemingway – a real literary figure! That means it was the first time I recognised that my knowledge of English could be of real use to me. For the first time I had the feeling that our English lessons were not merely an end in themselves, but that English could serve as a basis for getting an insight into a new and exciting world of thought. (*Tanja Sch.*)

Wie alles, so hat auch Shakespeare auf der Schule seine Fans wie seine Gegner, insgesamt aber stößt er auf eine enorm hohe Akzeptanz, wie Schmidt (2003) für ihre Stichprobe von 28 Englisch-Leistungskursen belegt.

> The mere mention of Shakespeare to me had been like a red rag to a bull, probably as a result of the way Mr F. always talked about it: "We have to do it. I don't like it myself, but we can't avoid it. It's very difficult, but I'll try to get it over with as quickly as possible" etc. Strangely enough after all that, I found I liked *Macbeth* very much. (*Christina B.*)

> One day all of the girls from our 'Leistungskurs' had to learn Lady Macbeth's soliloquy: 'O! never shall sun ...' and all the boys the first part of Macbeth's soliloquy "If it were done when 'tis done ...' It was such fun when some of us performed our soliloquies in front of the class. I really enjoyed English lessons a lot when we dealt with Shakespeare and today I often deal with Shakespeare's plays. (*Paraskewi L.*)

In dreißig Jahren als Hochschullehrer sind mir immer wieder Lehramtsstudenten begegnet, die schon in der Schule ihre Liebe zur Literatur entdeckten, auch im Studium Vielleser waren und diese Liebe wieder zurück in die Schule trugen. Es geht um die Ausstrahlung des Dichterischen ins persönliche Leben, um solide textbezogene Arbeit, "die aber nicht den Text zentral setzt, sondern deren Ausgangs- und Referenzpunkt die Perspektive der Schüler ist". (Schmidt 2003, 303) Welchen Bildungswert hätte es denn, in einem halben Dutzend Sprachen die Uhrzeit sagen zu können?

Vom Leichtlesen und Viellesen zum kritischen Lesen

Viellesen hat zunächst Vorrang vor dem langsamen, eindringlichen und detailgenauen intensiven Lesen. Deshalb brauchen wir leichte Texte, um die man sich nicht arg bemühen muss. Camus erzählt von der Stadtbücherei, in der er sich mit seinem Freund reichlich bediente, denn zu Hause gab es keine Bücher:

> Der Zufall ist nicht das Schlechteste in Sachen Kultur, und indem sie alles durcheinander verschlangen, führten sich die beiden Gefräßigen gleichzeitig das Beste und das Schlechteste zu Gemüte ... Auf Verfeinerung konnten sie verzichten, sie kannten nichts und wollten alles wissen. Es machte nicht viel aus, wenn das Buch schlecht geschrieben und plump komponiert war, Hauptsache, es war klar geschrieben und voll wildem Leben; solche Bücher, und nur sie, lieferten ihnen den Stoff für ihre Träume, nach denen sie anschließend bleiern schlafen konnten. (Camus 1997, 209)

Auch Brecht hielt mit Blick auf die kanonisch-museal gewordenen Klassiker nie etwas von absoluten Werten. Einzig die Jeweiligkeit des 'Gebrauchswerts' für Genuss oder Erkenntnis zählte. Theodor Heuss (1964, 156) schreibt rückblickend über seine jugendliche Karl-May-Begeisterung:

> Was frugen wir nach Echtheit, nach Wirklichkeit! Es genügte, dass immer etwas los war, dass man in fremden Ländern und Sitten mit sicherer Hand geleitet wurde, dass es Käuze gab, über die man lachen konnte, Helden, für die man schwärmen durfte, Bösewichte, die man verachten mußte.

Man mag eine Zeitlang für die sentimentalsten, albernsten, billigsten Schlagertexte schwärmen. Das wächst sich aus. Später, wenn die Tür zum Lesen erst einmal aufgestoßen ist, wird sich das wilde Durcheinander ordnen: Das Sichfinden in gehaltvollen Texten und engagierten Gesprächen über sie, unter Ausschluss aller Nebensächlichkeiten und Zerstreutheiten, ohne Kampf, ohne Kränkungen, aber mit Sachkenntnis. Langsam reift der Geschmack. Vielleser entdecken die Brauchbarkeit der Literatur, zum Sichselbstverlieren und Sichselbstgewinnen. Immer besteht die Chance, dass sich einer hineinreißen lässt in die ernsthafte Lektüre. Bücher müssen süchtig machen auf noch mehr Bücher. Wie sehr kommt es auf den nicht planbaren fruchtbaren Moment an, damit die Begegnung zwischen Buch und Leser Wirkung erzeugt! Die Aufgabe ist also nicht einfach, da wir immer viele zugleich bedienen müssen. Wir wollen Schüler, die überhaupt lesen, gern und viel lesen, schließlich verstehend und kritisch lesen. Das Viellesen garantiert, dass man mit Texten und Autoren umgehen kann wie ein Liebhaber, dem eines gefällt und anderes kalt lässt. Nur so gewinnt man die Lust, die von den Büchern kommt, und ein persönliches Verhältnis zu ihnen. Bücher als Genussmittel und Frohmacher und somit als "Lebenshilfe" – ein Wort, zu Unrecht als allzu bildungsbürgerlich verpönt.

Schülerfragebögen und Interviews an englischen Gesamtschulen ergaben:

> Where reading was concerned, pupils wanted more sophisticated material, but did not have the language skills, which left them feeling frustrated: *"They assume that just because you haven't got the higher level of French that you would also have a child's level of interest in reading."* They also wanted more books to read, not textbooks, and something that would make the subject more 'intellectually challenging'. (Fisher 2001, 37)

Es gelte die Devise: Mehr Text, weniger drumherum! (Schwab 2000, 307) Man braucht nicht über jeden Text reden. Man braucht auch nicht ständig einfallsreiche *pre-reading activities* und Hinführungen. Ein guter Text kann zu sich selbst hinführen. Lernen wir auch zu schweigen und hinter dem Text zurückzustehen.

Lesen ist auch die beste Grundlage fürs Schreiben. "Wie lernt man schreiben? Indem man liest", weiß Hilde Spiel (1989, 155), die Wiener Kulturkritikerin, die für die FAZ über England berichtete. – Gute Texte sind wie gute Freunde. Sie machen uns zu besseren Menschen.

Lehrwerke – je bunter, desto besser?

Bildung verlangt "würdige Gegenstände", wie Goethe es nannte. Statt guter Texte liefern manche Lehrwerke einen bunten Materialschwindel, der mehr vorstellen will, als er ist. Anscheinend wird in die Verpackung mehr investiert als in die Texte, die doch das Kernstück des Unterrichts sein müssten. Es stimmt traurig, wenn man sieht, wie frühe Warnungen in den Wind geschlagen und vergessen wurden:

> Es fehlt dem klassischen Unterricht ... die Grundlage des realen Lebens, man möchte sagen, die Atmosphäre. Der moderne Sprachunterricht ist im Gegensatze hierzu in das andere Extrem verfallen, allein das Alltägliche, immer Wiederkehrende, das Drum und Dran des Lebens, Essen und Trinken, Schlafen, Aufstehen und Kleidung, Kaufen und Verkaufen, die gewöhnlichen Verkehrsformen usw. zum Gegenstande der Behandlung zu machen. Das kann aber nicht die Methode eines Unterrichts sein, dessen Ziel doch nicht bloß ist, Nichtigkeiten in mehreren Sprachen ausdrücken zu können, sondern der als Schulunterricht vor allem bildend sein soll. (Aronstein 1926, Bd. 1, 121f.)

Die Bücher werden immer bunter, reicher, kostspieliger, doch die Rechnung scheint nicht aufzugehen. So urteilen ehemalige Schüler:

> One thing I found not very good in the 5th form was the textbook they used. It was a new one (Cornelsen; English G 2000) they had just introduced and I found it too chaotic. With the idea in the back of my mind that the pupils were very noisy and had difficulties in concentrating on

> things for a longer period of time, and the knowledge that children already have too many distractions and are snowed under by too many impressions, I found the book extremely bad.
>
> I think that the layout of the pages was too colourful and too muddled. Seeing a page, even I had difficulties in concentrating on one thing at a time since I always looked at all the other funny and colourful eye-catching things that could be seen on the page as well ... For pupils who obviously have concentration problems, a textbook should be a little bit less chaotic. (*Wiebke G.*)

Der Trend ist international. Aus einer englischen Schülerbefragung:

> I found it really repetitive. You'd go into the lesson and hear the same things for five years ... (for example) ... objects in the house. (Fisher 2001, 37)

Candace ging in Kanada zur Schule:

> Later on we switched to a different textbook where the word lists were shorter and the texts were much less complicated and very boring at that. These texts talked about what two girls where eating at lunch, sort of. I much preferred the older textbook. Because if the texts in the new textbook had been given to us in English, I wouldn't have given them a second glance. (*Candace B.*)

Die Seuche scheint nicht auf die Fremdsprachen beschränkt: "In Westdeutschland habe ich die zehnte Klasse wiederholt. Das Geschichtsbuch dort erinnerte an ein Mickymausheft", heißt es in einem Leserbrief eines ehemaligen "Ossis" an DIE ZEIT (19.12.01). Manchen Lehrern gehen erst die Augen auf, wenn sie selbst einmal einen Sprachkurs belegen: "We followed a multi-media course of a type that would be familiar to most EFL (English as a Foreign Language) teachers, but to my dismay it was devoid of anything approaching a substantial text." (Gower 1999, 10) Anscheinend kennt ein wild gewordener kommunikativer Ansatz kein Halten mehr:

> I have no German to brush up but today I unearthed a pocked-sized phrase book from a shelf of jumbled maps and guidebooks which I thought might prove useful. Now I have my doubts, being dismayed by a page of 'Colloquial Expressions'. They range from the German equivalents of 'ouch!' and 'yum-yum!' to 'barmy, bastard, boozer, nutter, pissed, twit, shut up! I'm absolutely knackered! don't make me laugh! struth! get on with it! learn to drive!' And there is not a lot else by way of colloquial chit-chat. If that is the language our tourists are encouraged to bawl out when visiting a foreign land I don't see much hope for the unification of Europe. (Guiness 1999/2000, 34)

Solange auf unseren Schulprogrammen die Verbreitung der Trivialität steht, haben es besonders zweite und dritte Fremdsprachen schwer:

> Ich will einmal annehmen, er habe auf Sexta Latein in einer Form gehabt, die seiner würdig war. Was für Augen muß er beim Betreten dieser fremden Welt gemacht haben, die seine Phantasie mit Übergewalt ergriff, seinen Horizont ins Bedeutende, Ungeahnte erweiterte! Nun steht er in Quarta erwartungsvoll auf der Schwelle wieder einer neuen Welt, der Welt des Vercingetorix und Rolands, der Jungfrau von Orleans, Napoleons. Und nun? Erst hängt wochenlang die Lauttafel davor, dann fängt das eigentliche Französisch an: Voilà le mur, il y a une porte et trois fenêtres ... Uhr, Fahrkartenschalter, Frühstückstisch – auch in Sexta hielte er diesen französischen Kindergarten nicht aus. (Wähmer 1914, 13)

Die Praxis, die gewöhnlich von Theorien unbeeindruckt ihre Bahn zieht: hier wäre sie so leicht veränderbar! Die Verlage gäben ja nicht ihre Geschäftsgrundlage preis, wenn sie ihr Augenmerk weniger auf Layout, Buntheit und kleinteilige Lockerheit und mehr auf Texte und deren erzählerische und bildende Qualität richteten. Nicht zuletzt auch auf Texte, die von Weisheit, Großmut und Güte berichten und der Kraft des Standhaltens.

Hier ein Beispiel für Texte, wie sie mir vorschweben, etwa zur Einführung des *past tense*:

> Moses Mendelssohn, the philosopher (1729–1786), alias Nathan der Weise (Lessing), was a small hump-backed Jew. One day he proposed to the handsome daughter of a wealthy merchant.
> "Look here, Moses", said the wealthy merchant, "I cannot possibly give you my daughter. Just think of that humpback of yours."
> Moses Mendelssohn was silent for a while. Then he said in a low voice: "Before your daughter and I were born we were, as you know, in Heaven. At that time God held a humpback in his hands and was going to give it to your daughter. I went to him. I told him that I loved her, so would he please give the humpback to me."
> Again there was some silence.
> "God looked at me. He gave me the humpback", said Moses.
> The wealthy merchant looked at Moses. He gave him his daughter. (Lansburgh 1977, 159)

Tröstlich, dass es in unserem Bildungswesen immer auch eigenständige Traditionen gibt, die sich von solchen Trends nicht anstecken lassen, z.B. die Waldorfschulen.

Praxis

Texte als Gesprächsanlass

Oft brauchen wir einen Anstoß von außen, um zu eigenen Gedanken zu kommen. Den besten liefern Texte, weil sie zugleich authentische sprachliche Hilfsmittel mitliefern. Deshalb muss ein guter Text immer zur Hand sein. Begeben wir uns über Texte zugleich auch in die Gesellschaft guter Autoren, die uns etwas zu sagen haben. Je stärker das Thema und die Kunst des Zugriffs, desto weniger bedarf es methodischer Tricks, um die Texte an den Mann zu bringen. Eine Stunde kann nie ganz verloren sein, wenn ihr ein ausgesuchter, unverbrauchter Text zugrunde liegt, den sich die Schüler zu erarbeiten haben.

Je mehr der Unterricht fortschreitet, desto mehr wird Unterricht im Kern eine Übersetzung schriftlicher Texte in die mündlichen der Teilnehmer. Solche zunächst nachvollziehende Rede braucht nicht als außengesteuert und bloß epigonal empfunden werden, so Peter Weiss in *Fluchtpunkt*:

> Selbst wenn jedes Buch mir einen Reichtum von neuen Bildern schenkte, so lag das Wesentliche doch immer im Auftauchen der eigenen Gedanken, die durch die Konfrontation geweckt wurden.

Und Thea, die Heldin eines Schulromans, überlegt:

> Selbstgemachte Gedanken sind die einzigen, die wirklich überzeugen, dachte Thea. Auch wenn ein anderer sie ausspricht, müssen sie auf jeden Fall selbstgemacht sein. Auch Hinterherdenken ist Selbstdenken. Auch Nachdenken ist Denken. (Nordhofen 1998, 184)

Mit Recht gilt ein lebendiges, auf hohem sprachlichen wie intellektuellen Niveau geführtes Gespräch als die Krönung des Unterrichts. Das am Text entlang geführte Gespräch lässt "die geistlose Freiheit des Meinens" (Hegel) nicht zu, gewährt ein verschmitztes Vergnügen am Austausch der Argumente und bildet somit ein Gegengewicht gegen den täglichen Trivialdiskurs des Fernsehens, für den unsere Jugendlichen so anfällig sind.

Eine Standard-Aufgabe sind Lehrer-Fragen zum Text, deren Repertoire an einem einfachen Text exemplarisch vorgeführt sei:

> *The Milkmaid and her Pail*
> A farmer's daughter had been out to milk the cows, and was returning to the dairy carrying her pail of milk on her head.
> As she walked along, she thought: "The milk in this pail will provide me with cream, which I shall make into butter and take to the market to sell. With the money I shall buy a number of eggs, and these, when hatched,

will produce chickens, and by and by I shall have a large poultry-yard. Then I shall sell some of my fowls, and with the money which they will bring in I shall buy a new dress, which I shall wear when I go to the fair; and all the young fellows will admire me, and come up and speak to me, but I shall toss my head and have nothing to say to them."
Forgetting all about the pail, she tossed her head. Down went the pail, all the milk splashed on the road, and all her fine castles in the air vanished in a moment.

In schneller Folge stellt der Lehrer einfache Verständnis-Fragen, auf die die Schüler mit Kurzantworten reagieren können. Es ist oft nötig, "higher order questions" durch "lower order questions" abzusichern:

1) Yes-No questions: Is the story about a farmer's son?
2) True-false statements: She had been out to feed the cows, true or false?
3) Tag-questions: She was returning home, wasn't she?
4) Choice-questions, giving an option: Was she carrying the pail on her head or under her arm?
5) Wh-short-answer questions: What does she want to make the milk into? Who will want to speak to her at the fair?

Verständnisfragen, die ausführlichere Antworten verlangen:

- Can you just retell the beginning, in one or two sentences only?
- Explain how she will be able to buy a new dress.
- Tell me what she will do with the butter.
- What does she want to buy eggs for?
- She thinks that all young men will admire her. Because of what?
- And why do you think would she not talk to them? Isn't she interested in young men?
- And what about the ending, when she forgot about the pail?
- So what steps is she going through in her mind that will eventually make it possible for her to buy a new dress?
  Tafelstütze: milk → cream → butter → eggs → chickens → dress.

Interpretationsfragen und solche, die über den Text hinausführen (Verschiebung zur mitteilungsbezogenen Kommunikation):

People say it's no use crying over spilt milk. What do you think will the milkmaid do? Are you much in the habit of crying over spilt milk? Do you remember a situation when you missed an important opportunity?

Do you see her as a pretty girl? Do you find her nice?

(She knows that boys like her, they have all been nice to her. She is perhaps a bit stuck-up, hochnäsig)
How does one know that one is admired? How does it show?
Do you remember a situation when people admired you?

Is there a moral attached to the story? (Pride comes before a fall)
Could this be a story written by a milkmaid? Who could it be written by?
(A preacher, a clergyman, or a teacher. The idea is perhaps to keep servants in their place, to teach the lower classes a lesson)

Have you ever day-dreamed?
Don't you want to strike it big/hit it big just once in your life?
(perhaps run a marathon, or even win a marathon)
Have you ever dreamed about a great career?
Don't you want to be famous, just once?
("In the future, everyone will be famous for fifteen minutes." Andy Warhol)
Is it a bad idea to hitch one's waggon to a star/nach den Sternen zu greifen?
Do you live in hope of something? Do you keep hoping for something?
Have you ever had to give up hope of something?

Wenn der Lehrer nicht nur persönliche Fragen stellt, sondern auch persönliche Antworten formuliert und eigene Erlebnisse preisgibt, werden ihm die Schüler folgen. Solche Gespräche müssen nicht nur vorbereitet, sondern gelegentlich auch nachbereitet werden. So manches fällt einem nicht zur rechten Zeit ein, so manches bleibt ungesagt. Erst im Nachhinein wird einem plötzlich gewahr, was man hätte sagen müssen. Oder man versteht auf einmal, was ein Schüler eigentlich hatte sagen wollen.

Lehrer müssen erst einmal lernen, ein wohldurchdachtes Fragenetz über einen Text zu werfen. Die Schüler erfahren dabei, wie man einen Text systematisch erarbeitet und für sich fruchtbar macht. Keineswegs jedoch darf man sie daran gewöhnen, stets die Fragen des Lehrers abzuwarten und ihm die Initiative zu überlassen. Deshalb meine Empfehlung, auch immer wieder einen offenen Einstieg zu wählen, etwa mit der Leitfrage: *Which aspects of the text would you like to talk about?* Welche Herangehensweise man auch wählt, Gradmesser des Erfolgs sind letztlich Quantität und Qualität der Schülerbeiträge, wobei es gelingen muss, dass sich Schüler anderen Schülern zuwenden und das Gespräch nicht nur über den Lehrer läuft. Das bekannte Schema: *teacher initiates – student responds – teacher gives feedback* muss durchbrochen werden.

Wir suchen Möglichkeiten der Selbstbegegnung im Fremden, das uns die Texte zutragen, werden uns eigener kultureller Vorprägungen bewusst und kommen einander im Gespräch über die Texte näher. Dabei dürfen wir so leidenschaftlich diskutieren, als hinge das Schicksal der Welt davon ab. Allerdings verwandeln sich Wahrheiten schnell in Dogmen, sobald sie diskutiert werden. Führen wir das Gespräch ohne die calvinistische Sucht des Recht-haben-Wollens und ohne Angst, das Gesicht zu verlieren, immer in dem Bestreben, das Beste, was in den Schülern steckt, aus ihnen herauszulocken. Wir suchen den Punkt des Übereinstimmens oder sagen am Ende: "We agree to disagree".

Textarbeit mit doppeltem Fokus

Mag sein, dass sich der eine oder andere von einem Text nicht angesprochen fühlt. Für ihn bleibt der Text immer noch eine Fundgrube nützlicher Redemittel. Weil der Text sie gleich mitliefert, kann das Gespräch gelingen:

> Ich merkte bald, dass Konversation, die sich nicht an im Unterricht – meist an Texten – Erarbeitetes anschließt, im Klassenzimmer und besonders mit jüngeren Schülern, kaum zu bewerkstelligen ist. (Linnartz 1989, 58f.)

D.h. wir müssen den Texten jeweils ihre Ausdrucksmittel ablernen. Bach & Lausevic (2003, 110) sprechen vom "Bonbonpapiereffekt". Wenn wir uns nur auf die Inhalte konzentrieren, "werfen wir achtlos die Wörter und Strukturen weg, sobald wir die Mitteilung verstanden haben."

Angesichts der Vielfalt literarischer und landeskundlicher Themen und Texte muss auch der Lehrer stets hinzulernen. Beim anspruchsvollen Textgespräch leistet er geistige Schwerarbeit, weil er seine Aufmerksamkeit teilen muss. Ganz bei der Sache sein, genügt nicht. Er muss im Zuhören auch bei der Sprache sein und zugleich bei einzelnen Schülern, um ihnen immer wieder sprachlich beizustehen.

1) Einordnen von Satzteilen und Teilsätzen

Zu aufmerksamem Hören und Lesen zwingen die schon behandelten Arbeitsformen "Texte mit Ankreuzaufgaben", "Geschichten erzählen und verändern", "Textrekonstruktion nach Notizen" und "Geschichten-Mix". An dieser Stelle geben wir ein Beispiel für einen Lückentext, in dem statt der üblichen Einzelwörter ganze Satzteile, auch Nebensätze oder Sätze ausgelassen sind. Diese erscheinen aber in veränderter Reihenfolge neben dem Original. Die Aufgabe wird erschwert durch den Trick, am Rande nicht nur die originalen Textteile, sondern gleich ein paar mehr mitzuliefern. Diese müssten auch plausibel sein, aber eben nicht ganz so gut wie die originalen Stücke in den Text passen. Dies erfordert aufmerksames, genaues, auf Inhalt und Stil des Textes gerichtetes Arbeiten, auch Beachtung der syntaktischen

Anschlussmöglichkeiten. Schüler müssen Passagen mehrfach durchlesen und durchdenken. Wir bringen ein kurzes Beispiel. Normalerweise nimmt man längere Texte, bei denen die Lücken nicht so dicht aufeinander folgen. Damit sich die Schüler in den Text einlesen können, würden solche Texte in den ersten Zeilen keine Lücken haben.

> This is the beginning of the essay *England your England* written by George Orwell in 1941:
> As I write, highly civilized human beings are flying overhead, [1]. They do not feel any enmity against me as an individual, nor I against them. They are 'only doing their duty', as the saying goes. Most of them, [2], are kind-hearted law-abiding men who would never dream of committing murder in private life. [3], if one of them succeeds in blowing me to pieces [4], he will never sleep any the worse for it. He is serving his country, which has the power [5].
>
> on the other hand (3)
> to kill anybody
> trying to kill me (1)
> to absolve them from evil (5)
> I have no doubt (2)
> with a well-placed bomb (4)
> though I have my doubts

Die Arbeit kann mit einem Partner durchgeführt werden, und ein Schüler könnte anschließend die Lehrerrolle übernehmen (LdL). Wie bei den "Texten mit Ankreuzaufgaben" bekommt er das Lösungsblatt und braucht für seine Aufgabe auch ähnliche Phrasen ("Are we all agreed on this item?" "Can you justify your choice?" usw.)

2) Textteile zusammenfügen (quotations in halves)

Zuordnungsaufgaben sind geeignet für Stillarbeit und entlasten den Lehrer. Wir wählen solche Texte, die anschließend Gesprächstoff abgeben können:

> 1) They would never dream of setting fire to an embassy.
> 2) The reasonable man adapts himself to the world. The unreasonable one persists in trying to adapt the world to himself.
> 3) If you spread it around it does a lot of good. But if you pile it up in one place it stinks like hell.
> 4) I boast of being the only man in London who has been bombed off a lavatory seat while reading Jane Austen.
> 5) The worst government is the most moral. One composed of cynics is often very tolerant and humane.

A Money is like manure.
B She went into the bath. I went through the door.
C Therefore all progress depends on the unreasonable man.
D The English – or at least those who are in a position of power – like to believe in the efficiency of negotiations, compromise, reconciliation, give-and-take.
E But when fanatics are on top there is no limit to oppression.

Die fünf Texte sind D1; 2C; A3; 4B; 5E. Natürlich lassen sich alle *matching tasks* auch als *mingles* – Englisch im Stehen – durchführen. Jeder bekommt eine Zitathälfte auf einem Kärtchen und sucht nach seinem Partner, den er natürlich Englisch anspricht: "Let me see what you've got ... No, it doesn't make sense ... Let's move on ..."

3) Fließtexte segmentieren

Alte lateinische Inschriften hatten keine Wortzwischenräume. In dieser Form präsentieren wir Texte, die nun wieder auseinander geschoben werden müssen.

In the following text all the punctuation and all the spaces between words have been removed.Your task is to separate the words by making a thin slash between them with a pencil. Make a dot under the letter where a sentence ends and make commas where you think they are necessary. After that, you should be able to read the text out loud in a meaningful way.
Variant: Re-write the text and put it back to normal.
What would you do if you had a year off, if you could take a "gap year"? This is what the actor Tom Conti said:
I'dgoabroadandexperienceanotherculturreifIwasyoungI'dtakearoominParistosharewithachumpreferablyafemaleFrenchchumlearntospeakFrenchwellandlearnhowtomakeloveinFrenchandfindouthowthepeoplethoughthowtheyviewedtheworldespeciallyhowtheyviewedEnglandIhaveneverhadayearoffmydaughterNinadidshewenttoParisandinawayIenviedherIwouldverymuchliketohavedonethatwhenIwasyoungifmoneywasnoobjectIwouldgoinmyLandRoveritonlydoes13milestothegallonafterFranceImightmoveontoItalyorgodeeperintoEasternEuropepeopleinBritaindon'tunderstandwhataculturedareamainlandEuropeis. (*The Times Educational Supplement*, August 15, 1997)

Eine Variante besteht darin, lediglich die Aufteilung eines Textes in Abschnitte aufzuheben: Where would you put in the paragraph breaks, and why?

4) Textparaphrasen

Es geht darum, eher klassische Texte im gehobenen Stil in ein *Basic English* oder *Français Fondamental* zu überführen. Wir fragen uns, was genau der Autor uns sagen will und ob man das Gemeinte ohne Informationsverlust einfacher ausdrücken kann. Der Anfang von Lincolns *Gettysburg Rede* könnte dann wie folgt aussehen:

> *Original*
> Fourscore and seven years ago our fathers brought forth on this continent a new nation, conceived in Liberty, and dedicated to the proposition that all men are created equal. Now we are engaged in a great Civil War, testing whether that nation, or any nation so conceived and so dedicated, can long endure. We are met on a great battlefield of that war. We have come to dedicate a portion of that field as a final resting-place for those who here gave their lives that that nation might live. It is altogether fitting and proper that we should do this.
>
> *Paraphrase*
> Seven and eighty years have gone by from the day when our fathers gave to this land a new nation – a nation which came to birth in the thought that all men are free, a nation given up to the idea that all men are equal. Now we are fighting in a great war among ourselves, testing if that nation, or any nation of such a birth and with such a history, is able to keep united. We are together on the field of a great event in that war. We have come to give a part of that field as a last resting-place for those who went to their death so that that nation might go on living. It is in every way right and natural for us to do this. (Wynburne 1960, 67f.)

Wynburne nennt diese Aufgabe "vertical translation" und empfiehlt sie als zentrale Arbeitsform für den muttersprachlichen Unterricht.

Kreatives Schreiben

> True ease in writing comes from art, not chance/As those move easiest who have learnt to dance. (*Alexander Pope*)
>
> Ich begann entschieden nach Ausdruck zu suchen, und damit veränderte sich mein Verhältnis zur Welt. (*Reinhold Schneider*)

1) Satzanfänge als Schreibimpulse

Als Schreibimpulse haben sich Satzanfänge der folgenden Art bewährt:

- I have since realised that ...
- I have never forgiven him/her for ...

- I have never been sure whether ...
- I am really fed up with ...
- It would be a fantastic idea to ...
- I know things will change as soon as ...
- I have not yet understood (how, what, why) ...
- My most burning desire is to ...
- If I could turn back the clock, I'd ...
- What I still can't get over is (the fact that) ...
- I never thought the day would come when ...
- If there is one thing I'd like to do it's ...
- What I always dream of is ...
- What I always wanted to tell you about myself is ...

Folgende Satzanfänge regen zum Erzählen und Fantasieren an:

- When I had eaten the apple, I could suddenly ...
- I only have to lie in bed and blink three times with the left eye, then ...
- As we lay in bed together, my teddy started whispering ...
- When I was alone on the island ...
- Once I was invisible ...
- Something knocked from inside my toy cupboard and a voice said: "Let me out of here ..."
- We have a teacher. When he is happy, flowers grow on his head ...
- I have rebuilt my old kettcar. With it I can now ...
- Once I closed my eyes and I found myself in a world ...
- The last thing I clearly remember was ...

Kindheitswünsche, Kindheitsträume ... Lassen wir sie drauflosfabulieren. Geben wir dem, dem partout nichts einfallen will, eine andere Aufgabe, z.B. eine kleine Prosapassage zum stillen Auswendiglernen.

2) Fünfzeiler

Diese Idee stammt von einem Lehrer aus Oslo[1]. Nachdem man der Klasse einige Texte vorgestellt hat, versucht man es selbst nach folgendem Schema:

Write a 5-line poem in the following manner:
On the first line write a **noun** of your choice.
On the second line write **two adjectives** joined by **and** to describe this noun.
On the third line write a **verb** and an **adverb** (or adverbial phrase) to describe this noun in action.
You may also take a verb and its complement.
Start the fourth line with **like** or **as** followed by a comparison.
Start the final line with **if only** followed by **a wish**.

Ice	Mother
cold and blue	warm and caring
lying everywhere	smiling at me
like a carpet	like the sun
if only summer would take its turn	if only this moment could last forever
English	My younger brother
interesting and funny	small and clumsy
taught cleverly	looking up to me
like a superstar in the class test	like no one else has ever done
if only I were a superstar	if only I could protect him forever

3) Minisagas

Die Fünfzeiler führen uns zu einer weiteren, dem Limerick verwandten literarischen Kleingattung, den *Minisagas*. Sie haben genau 50 Wörter, nicht mehr und nicht weniger, die Überschrift darf zusätzlich bis zu 15 Wörter lang sein; der Text sollte eine Geschichte erzählen und eine Pointe liefern. Siebold & Lademann (1999) und Siebold (2000) informieren über Herkunft und Thematik der Minisagas sowie ihren Einsatz im Englischunterricht. Zitiert seien drei Texte, die aus dem Wettbewerb des *Daily Telegraph* (Aldiss 1997) hervorgegangen sind:

AUTOBIOGRAPHY
Throughout their married life, he told her she was useless. He earned much more; he was the life and soul of every party. She dreamed and was quiet. One year, she wrote a novel. It won the Booker prize. Now everyone wants to talk to her, and she talks back.

REBEL REBEL
'Don't pull faces', chided Annie's mother. 'The wind might change and you'll stay that way.' A defiant Annie sucked in her cheeks, narrowed her gaze and stared haughtily into the distance. The wind did change. Annie became a supermodel, married a rock star and continued to ignore her mother's advice.

TO BE OR NOT TO BE?
He felt desperate. His question was easy, 'God, what is life about?'; the email address difficult. He pressed 'Send', gave the Internet a few minutes and asked for his email. It took ages to download, 100,000 words long. The computer flashed: 'Answer received, decoding impossible.' He shot the computer instead.

4) Zwischen Anfang und Ende

Man kann auch Romananfänge und Romanschlüsse zusammenstellen und die Schüler auffordern, zusammen zu fantasieren, was zwischen Anfang und Ende passieren könnte. Wem diese Art der Verklammerung nicht passt, der kann den Schluss ignorieren. Er orientiert sich bloß an den Eingangszeilen und spinnt an der Geschichte weiter.

> 1) When my mother was pregnant with me, she told me later, a party of hooded Ku Klux Klan riders galloped up to our home in Omaha, Nebraska, one night. Surrounding the house, brandishing their shotguns and rifles, they shouted for my father to come out. My mother went to the front door and opened it.
> ... ...
> Yes, I have cherished my "demagogue" role. I know that societies often have killed people who have helped to change those societies. And if I can die having brought any light, having exposed any meaningful truth that will help to destroy the racist cancer that is malignant in the body of America – then, all of the credit is due to Allah. Only the mistakes have been mine. (Alex Haley, *The Autobiography of Malcolm X*)
>
> 2) Emma Woodhouse, handsome, clever, and rich, with a comfortable home and happy disposition, seemed to unite some of the best blessings of existence; and had lived nearly twenty-one years in the world with very little to distress or vex her.
> ... ...
> But, in spite of these deficiencies, the wishes, the hopes, the confidence, the predictions of the small band of true friends who witnessed the ceremony, were fully answered in the perfect happiness of the union. (Jane Austen, *Emma*)
>
> 3) Hale knew they meant to murder him before he had been in Brighton three hours. With his inky fingers and his bitten nails, his manner cynical and nervous, anybody could tell he didn't belong to the early summer sun, the cool Whitsun wind off the sea, the holiday crowd.
> ... ...
> She walked rapidly in the thin June sunlight towards the worst horror of all. (Graham Greene, *Brighton Rock*)

Auf diese Weise könnte man auch einer Klasse mehrere Romane kurz vorstellen, von denen sie einen als Klassenlektüre auswählen.

Eine Variante besteht darin, Kurzgeschichten, Märchen oder Legenden statt Romane zu wählen. Im Bundeswettbewerb Fremdsprachen wird dies als mündliche, auf Tonkassette zu sprechende Aufgabe gestellt und wie folgt hübsch eingekleidet:

> Stell dir folgende Situation vor: Du bist zu Besuch in England. Abends bitten dich die Kinder der Familie, ihnen noch eine Geschichte vorzulesen. Beim Vorlesen merkst du auf einmal, dass Seite 84 und 85 fehlen. Anfang und Ende der Geschichte sind vorhanden. Du willst das kleine Mädchen und den kleinen Jungen nicht enttäuschen und denkst dir den mittleren Teil der Geschichte aus … .

Diese Version hat den Vorteil, dass man zum Schluss den authentischen Text vorlesen und die Eigenproduktionen mit dem Original vergleichen kann.

5) Lernbiografien

Eine weitere Schreibaufgabe hat das Ziel, die Schüler zum Nachdenken über ihr eigenes Sprachenlernen anzuregen. Auch hier setzen wir ihnen nicht einfach ein Thema vor, sondern beschäftigen sie zunächst mit einem Fragebogen, der sie gedanklich anregt und ihnen zugleich wichtige Wörter und Wendungen liefert, die sie beim Schreiben übernehmen könnten. Der Lehrer sollte darüber hinaus alle erdenklichen Formulierungshilfen bereithalten, so dass die Schüler nun auch genau das sagen, was sie sagen wollen. Ideal wäre der Einsatz am Ende der Mittelstufe. Die Schüler blicken zumeist schon auf eine mehrjährige Arbeit an zwei Fremdsprachen mit unterschiedlichen Lehrern zurück. Die Reflexion könnte sogar therapeutischen Charakter haben und zu einer Entdeckungsreise ins eigene Selbst führen und einige Schüler nach umfassender Diskussion im Klassenplenum zu einem Neuanfang bewegen. Dass der Lehrer selbst und sein Unterricht erheblich davon profitieren könnten, versteht sich.

> 1) When the teacher says something in the foreign language, do you:
>   - listen to the message but also pay attention to grammatical details you may have recently learned?
>   - only listen to the words and feel satisfied if you understand the message?
>   - listen passively, occasionally understanding the message?
> 2) When you have learned some new expressions in the foreign language, do you:
>   - practise them by using them on your friends, or practice them while mentally speaking to yourself?
>   - use them in class when called upon?
>   - practise them only when studying for a test?
> 3) When the teacher asks a question and calls upon someone other than you, do you:
>   - mentally (silently) answer along with the person?
>   - listen to the answer?
>   - primarily concentrate when you are called upon?

4) When you meet someone who speaks the foreign language you are studying, do you:
   - initiate a conversation in the foreign language?
   - use the foreign language only if the other person initiates the conversation?
   - keep your knowledge of the foreign language to yourself?
5) When you are speaking a foreign language, do you:
   - try to get meaning across first without worrying about the grammar, using gestures, synonyms etc.?
   - worry about "correctness" rather than meaning?
   - say as little as possible?
6) Mark one answer only
   How often in the week would you like to have English lessons?
   - more often.
   - as it is now, it is just right.
   - less often.
   - doesn't make any difference.
7) Mark only what applies to you
   I have already been able to use my English
   - yes, from watching television.
   - yes, from listening to pop music.
   - yes, from reading books.
   - yes, through visitors from abroad.
   - yes, with tourists on the street.
8) Did you understand what the teacher said in class?
   a. never
   b. almost never
   c. usually
   d. almost always
   e. always
9) Do you think you have learned very much incidentally about England or the United States or English-speaking people?
   a. a great deal
   b. quite a lot
   c. a lot
   d. a little
   e. very little

Wenn Schüler eine Viertelstunde lang oder mehr still überlegen und schreiben, können wir diese schöpferische Phase konzentrierter Arbeit mit beruhigender Instrumentalmusik untermalen.

Ab und zu sollte man eine Schülerarbeit, die man inzwischen berichtigt und geglättet hat, gekonnt vortragen. Es darf auch eine mittelmäßige Arbeit sein, wenn man sie gründlich korrigiert hat:

> The change in atmosphere as well as the temporary change in my role were noticeable. Suddenly I was no longer the marker who watched out for mistakes and meted out penalties in red ink, but rather someone like an editor who tried to make sense of what they had written and who explained and defended the text when it was queried by the class. (Appel 1995, 38)

Die Vierteljahresschrift *Englisch betrifft uns* (EBU) bringt seit ihrem Bestehen in jedem Heft Schreibaufgaben im Anschluss an Texte, die nicht literarische Sezierkunst sein wollen, sondern in erster Linie dazu beitragen wollen, dass junge Menschen unsere moderne Welt und sich selbst mitten darin besser verstehen.

Grenzen des bloß Methodischen

Beim Textgespräch über die großen Themen des Lebens, die uns alle bewegen, stoßen wir an die Grenzen alles Methodischen. So überrascht es uns nicht, wenn am Ende einer großen empirischen Studie die Erkenntnis steht: "Die Person des Lehrers ist meines Erachtens der entscheidende Faktor im Shakespeare-Unterricht." (Schmidt 2003, 314) Didaktisch-methodische Finessen helfen nicht weiter. Ein Text spricht zu uns, doch niemals ganz auf der gleichen Stufe wie das übliche Reden. Wenn Schülern hieraus Kräfte zuwachsen, sind ihre Lehrer mehr als versierte Methodiker. Methodische Kunst ist nur ein Anfang.

---

[1] Andreas Lund: Seine *website* http://home.online.no/~anlun/gram-po.htm.

Menschen lernen Sprachen unterschiedlich schnell und gut.

11 Differenzieren und individualisieren

Traditio sibi puero docendi peritus ingenium eius in primis naturamque perspiciet. (Ein erfahrener Lehrer wird, wenn ihm ein Knabe anvertraut wird, vor allem seine Begabung und Wesensart genau betrachten; Quintilian I,2)

If a man does not keep pace with his companions, perhaps it is because he hears a different drummer. Let him step to the music he hears, however measured or far away. (*Henry David Thoreau*)

Die Verschiedenheit der Köpfe

"Die ursprüngliche Verschiedenheit der Köpfe" (Schopenhauer) ist ein Riesenthema, das wir hier nur streifen können. Wir brauchen unseren letzten Leitsatz als ein notwendiges Korrektiv zu den anderen Leitsätzen. Deren Gültigkeit wird hier nicht in Frage gestellt. Wohl aber wird deutlich, dass Art und Grad ihrer praktischen Bedeutung und Umsetzung für den einzelnen unterschiedlich ausfallen können. Denn unsere Schüler sind keine gesichts- und geschichtslosen Spracherwerbsmechaniker.

Eine Grundstrategie des Lebens ist die, sich über Vielfalt abzusichern. Auf der biologischen Ebene werden unentwegt mutative und genkombinatorische Varianten geschaffen, die sich mit ihrer Umwelt auseinandersetzen, sich dabei bewähren oder untergehen. Bei höheren Tierarten, die wie der Mensch gesellig leben, gibt es ausgesprochenen Individualismus. Das wird uns z.B. für Wellensittiche verbürgt:

> Ich bin fasziniert davon, welche unverwechselbare Persönlichkeit jedes einzelne Tier hat ... Seit über zwanzig Jahren beschäftige ich mich nun mit dem Sozialverhalten dieser Krummschnäbel und entdecke immer wieder neue Facetten, die sich von Individuum zu Individuum unterscheiden. (Arzt & Birmelin 1995, 158)

Beim Menschen wirkt die Vielfalt der Kulturen und Rassen. Er ist das Wesen mit der höchsten innerartlichen Varianz. Jede der sich durch eigene Bräuche, Sozialtechniken und Wirtschaftsformen, Ideologien und Zielvorstellungen auszeichnenden Völkerschaften stellt ein Experiment des Lebensstroms dar. Nicht Einheitlichkeit, sondern Vielfalt und fließende Übergänge sind ein Prinzip des Lebens. (Eibl-Eibesfeldt 1992, 319) Zur Verschiedenartigkeit menschlicher Veranlagungen kommt der Wechsel in den äußeren Lebensumständen, kommen die oft brutalen Eingriffe von außen, Krankheit, Vertreibung, das Walten des Schicksals. Je älter die Schüler sind, desto wichtiger werden individualisierende Momente des Unterrichts, da die Schüler mittlerweile unterschiedliche Erfahrungsschätze angesammelt haben.

Belege fließen aus vielen Wissenschaften zusammen. Die Medizin will eine auf individuelle Bedürfnisse zugeschnittene Arzneimitteltherapie ermöglichen. Hier ist eine neue Wissenschaft, die Pharmakogenetik, entstanden, die auch bisher verborgene Unterschiede zwischen den Geschlechtern berücksichtigt. Die Psychologie meldet angeborene Unterschiede des Temperaments. Schon Kleinkinder unterscheiden sich in eher impulsiv-extravertierte und reflexiv-schüchterne. Dass Schüchternheit ein Problem im Fremdsprachenunterricht ist, wissen wir auch aus den persönlichen Berichten unserer Studenten:

> There were two girls in the Lower Sixth form one of whom was extremely shy whereas the other was remarkably extrovert. Whereas the latter would have liked to discuss topics such as "boy-friends etc" every day, the second girl firmly refused to talk about anything like that. (*Patricia Z.*)

> I have no idea what the cause for this development was, but from then on I hated doing anything orally! I was always so shocked when a teacher pointed to me and requested an immediate answer that I could hardly speak any more. I began blaming myself and the more the English teacher tried to force me to participate in the lesson, the more I "closed down the shutters". (*Tina R.*)

So ist die Verschiedenheit der Menschen auch im Bereich des Spracherwerbs vielfach belegt:

> One conclusion seems uncontroversial: the Average Child is a fiction, a descriptive convenience like the Average Man or the Average Woman. Theories on language development can no longer rely on this mythical being. (Bates et al. 1995, 151)

Das gilt ebenso für den natürlichen Zweitspracherwerb: Wong-Fillmore (1976; 1979) zeigt unter anderem, wie unterschiedlich schnell Zweitsprachenlerner vorankommen; Petit (2002, 443) stellt bei französisch-deutschen Kindergartenkindern große Unterschiede im Hinblick auf die Produktion von Interferenzen fest, die er nicht erklären kann, und so könnte man fortfahren. "Tremendous individual differences" gibt es laut Belasco (1971, 6) auch bei Collegestudenten in Sprachkursen, und natürlich gibt es sie auch in der Schule. Melanie notiert in ihrem Praktikum:

> This class 5 consisted of about thirty pupils with very different characters. While some of them were very shy and sensitive, others seemed to appreciate being the centre of attention. Some of them easily burst into tears while others were very self-confident, lively and clever. During a period of silent work, for instance, one of the latter kind got up, turned to some pupils who kept on talking and said: "Bitte seid leise, ihr stört meinen Lernfluss!" (*Melanie K.*)

Wir selbst wissen um die absolute und unaufhebbare Einzigartigkeit und die Unverwechselbarkeit des je eigenen Schicksals trotz im Äußeren ähnlicher Lebenswege.

Andreas Maier (Romandebüt *Wäldchestag*) erzählt von sich:

> Mein erster Tag im Kindergarten in Friedberg war zugleich mein letzter. Es war laut, es war bunt, die Luft war schlecht. Mein ganzes Leben sind Menschengruppen für mich ein Greuel. Also blieb ich zu Hause und hatte drei goldene Jahre vor mir, völlig mit mir alleine. – Mit der Schule begann das sinnloseste Kapitel in meinem Leben.

Ein Einzelfall, hoffentlich, aber auch damit müssen wir rechnen. Lehrer müssen sich am Durchschnitt orientieren und zugleich Einzelbegabungen, Einzelbestrebungen und -interessen erkennen. "The teachers here seemed to have no thoughts of anyone's personalities apart from their specialty in life, whether it was mathematics, Latin or science", heißt es in Muriel Sparks Roman *The Prime of Miss Jean Brodie*. Leider werden oft selbst eklatante Unterschiede ignoriert, die auf der Hand liegen. So kommt es immer wieder vor, dass Kinder in die Grundschule kommen und schon lesen können:

> Lessons in spelling at school were thus an agony of frustration, until I was given permission to take a book with me and lose myself in it while my classmates struggled with constructions such as "the cat sat on the mat". (Church 1955, 82)

Oder dass man bilinguale Kinder in der Klasse hat. Es scheint manche Lehrer zu ärgern, dass die Kinder so gut Englisch sprechen und ihnen in bestimmten Bereichen sogar sprachlich überlegen sind. Um ihre Kompetenz herauszustellen, triezen sie sie mit Grammatik: "Schau, du kannst doch weniger, als du glaubst", statt ihnen erst einmal freien Lauf zu lassen und sie an der richtigen Stelle mit Grammatik zu locken bzw. herauszufordern. Ihre Andersartigkeit wird nicht als Bereicherung, sondern als Bedrohung empfunden.

Die Verschiedenheit der Bestrebungen

Zu unterschiedlichen Zeiten kann uns in unserem Leben Unterschiedliches wichtig sein. "Geschichte und Erdkunde fand ich langweilig, Fremdsprachen auch ... . Heute sind Fremdsprachen für mich längst kein rotes Tuch mehr. Ich habe sie gelernt, als ich sie brauchte", so ein deutscher Arbeitgeberpräsident. Menschen setzen sich nun einmal unterschiedliche Ziele zu unterschiedlichen Zeiten. Es gibt einfach keine "schlechten" Lernmotive. Wenn Schüler Fremdsprachen nur lernen, weil sie es müssen und sie sich ansonsten andere Ziele gesetzt haben, sollten wir das akzeptieren.

> I would not have found the whole business too dismal if only my teachers had been less intent in trying to save my soul ... The worst situation, however, arose from the fact that even then I was intensely averse to joining movements or associations of any kind. I enraged the kindest and most well-meaning among my teachers by declining to participate in extracurricular group work – debating societies with the solemn election of officers and the reading of reports on historical questions, and, in the higher grades, more ambitious gatherings for the discussion of current political events. The constant pressure upon me to belong to some group or other never broke my resistance but led to a state of tension that was hardly alleviated by everybody harping upon the example set by my father. (Nabokov 1967, 185f.)

Nabokov war eben schon früh ein ausgesprochener Individualist. *Debating societies* sind eine gute Sache, und man wird sie wegen Vladimir nicht aufgeben. Aber eines schickt sich nicht für alle. Das ist leicht gesagt und leicht einzusehen. Aber wenn uns etwas am Herzen liegt, wollen wir andere zu uns herüberziehen. Wir brauchen ein Programm für alle, aber eins mit eingebauten Abweichungsmöglichkeiten. Je älter die Schüler sind, desto ausgeprägter die Ziele, die sie sich setzen. Nicht nur der Grad, auch die Art der Fremdsprachenbeherrschung, mit der sie zufrieden sind, differieren. Z.B. weiß der eine durchaus um seine schlechte Aussprache, spricht aber gern drauflos und hat keine Probleme zu kommunizieren. Der andere möchte auf gar keinen Fall im Sprachland auffallen; was er sagt, muss bis in den Tonfall hinein stimmen usw.

Also versuchen wir Kinder in ihrer Individualität zu erkennen – durch genaues Beobachten, wie hier im Projektunterricht:

> Es entwickeln sich bei den Kindern nach Meinung der Beobachter innere Spannungen zwischen ihrem Wunsch nach Abhängigkeit und dem in der Szene des neuen Unterrichts enthaltenen Appell an Selbständigkeit. Ein Teil der Kinder lehnt sich an andere Kinder an, ein kleiner Teil der Kinder kann sich überhaupt nicht entschließen, ein Teil der Kinder braucht einen antreibenden oder nahen Lehrer. In fast allen Klassen gibt

> es ein oder zwei Kinder, die nur in direkter körperlicher Nähe des Lehrers bestimmte Aufgaben verrichten. (Günther 1996, 50)

Erkennen und respektieren wir unsere Schüler in ihrer Eigenart und ihrem persönlichen Glücksstreben.

Die Verschiedenheit der Begabungen

Immer mal wieder ist von Sprachgenies die Rede, die mehr als eine Handvoll Sprachen fließend beherrschen und sie auch dann nicht vergessen, wenn sie sie lange Zeit nicht mehr gebrauchen. Heinrich Schliemann, Georg Sauerwein, auch Goethe muss man wohl dazuzählen, dem, wie er selbst sagt, die "angeborne Gabe" zustatten kam,

> dass ich leicht den Schall und Klang einer Sprache, ihre Bewegung, ihren Akzent, den Ton und was sonst von äußern Eigentümlichkeiten, fassen konnte ... Es dauerte nicht lange, so nahm ich den Racine, den ich in meines Vaters Bibliothek antraf, zur Hand, und deklamierte mir die Stücke nach theatralischer Art und Weise, wie sie das Organ meines Ohrs und das ihm so genau verwandte Sprachorgan gefasst hatte, mit großer Lebhaftigkeit, ohne dass ich noch eine ganze Rede im Zusammenhang hätte verstehen können. Ja ich lernte ganze Stellen auswendig, und rezitierte sie wie ein eingelernter Sprachvogel; welches mir um so leichter ward, als ich früher die für ein Kind meist unverständlichen biblischen Stellen auswendig gelernt und sie in dem Ton der protestantischen Prediger zu rezitieren mich gewöhnt hatte. (Dichtung und Wahrheut, drittes Buch)

Was wissen wir über Hochbegabung, was über Minderbegabung für Fremdsprachen? Viel zu wenig, aber es gibt sie beide, also ist mit beiden zu rechnen, so auch mit der "Fremdsprachenlegasthenie", einer Teilleistungsstörung. (Grissemann 1984, 82f.) Es zeigen sich deutliche Rechtschreibschwierigkeiten auch bei sonst begabten Schülern, deren frühere Rechtschreibschwierigkeiten in der Muttersprache schon abgeklungen sein können.

Wir können nun dem einzelnen keinen maßgeschneiderten Unterricht geben, aber wir können in Maßen unsere Forderungen mit individuellen Leistungsvoraussetzungen abstimmen, gegebenenfalls Hilfe von Spezialisten anfordern und den Betroffenen Absolution für Rechtschreibung und Interpunktion erteilen. Sie brauchen nicht laut vorlesen, sie brauchen keine Diktate mitschreiben und bekommen stattdessen auf ihren Leistungsstand zugeschnittene Arbeitsblätter. Für alle Lesetexte gibt es Kassetten zum Mithören. Bei der Arbeit mit Dialogen und anderen Lehrtechniken können wir differenzielle Lernziele setzen und in Stillarbeitsphasen einzelnen Nachhilfe erteilen, so dass auch das neu Dargebotene für zurückgebliebene Schüler anschlussfähig bleibt. Man muss erkennen, wo ausgesprochene bereichsspezifische Nicht-Begabungen vorliegen, und Kompensationen suchen:

> Ich konnte nicht handfertigen, nicht kleben, nicht sägen, nicht malen. Als ich nach einigen Wochen wieder eine falsch geleimte Schachtel in den Händen hielt, Gesicht und Haare vom Leim verklebt, dem Weinen nahe, nahm sie mir das misslungene Ding ab, betrachtete es von allen Seiten und sagte: "Du bist ein Idiot in Handfertigkeit. Aber du kannst Französisch und Singen. Was kannst du noch?"
>
> "Häkeln, sagte ich bedrückt."
>
> Sie lachte, wusch mir das Gesicht ab und wischte mir mit einem spiritusgetränkten Lappen den Leim aus den Haaren.
>
> In den Handfertigkeitsstunden lehrte sie mich nebenbei viele französische Lieder singen und kunstvolles Häkeln. (Herdan-Zuckmayer 1979, 18)

Wirkliche Talente sind knapp. Auch sie soll man erkennen, dann hegen und pflegen. Es bleibt eine unserer schönsten Aufgaben, versteckte Begabungen herauszulocken und zu fördern.

Die Verschiedenheit der Interessen

> Dass man mit der Liebe zu einer Sache fast schon die Sache beigebracht hat, ist ein pädagogischer Satz, der bereits ein tausendjähriges Jubiläum gefeiert hat. (*Robert Musil*)

Der Mensch ist das Wesen, das Interessen ausbildet. Was Tiere so tun, kann man an zehn Fingern abzählen, es ist immer wieder das gleiche: Beute machen, fressen, trinken, schlafen, Partner finden, Nachwuchs zeugen und versorgen.

Der Mensch interessiert sich für alles, was da ist, für die Käfer im Mist und die Sterne am Himmel. Zu dem, was er schon vorfindet, erfindet er unzähliges Neue, und vieles davon kann ihn ein Leben lang beschäftigen, seinem Wesen den Stempel aufdrücken und zum Gelingen des Lebens beitragen. Allein er hat diese Sachbezogenheit, den *appetitus noscendi* des Augustinus, der sich zur Wissenslust und Erkenntnisfreude steigern kann. Vielleicht ist dies seine schönste Möglichkeit, dieser Durst nach Wirklichkeit und Wahrheit, verbunden mit dem Drang, sich die Dinge zu erklären. Die nach Kennerschaft strebenden Interessen strukturieren unsere Zeit und festigen das Leben.

Lehrer entdecken Interessen ihrer Schüler in mitteilungsbezogenen Phasen, in denen die Schüler sich selbst, ihre Denkweisen und Erfahrungen einbringen können. Z.B. jeder schreibt ein paar Zeilen zu dem Thema: "What I don't know or do, but would like to know or do." Manche Interessen prägen sich schon sehr früh aus, oft unter dem Einfluss sympathischer

Menschen. Charles Schulz, der Schöpfer der *Peanuts*, will schon als Schüler nichts als zeichnen, nicht einmal malen oder Collagen herstellen usw. Lilli Palmer (*Dicke Lilli – gutes Kind*) lässt sich nicht bremsen beim Gedichte-Aufsagen, verstört gar ihre Mitschüler, schüchtert sie ein damit. Später, auf der Oberstufe, besucht sie nachmittags die Schauspielschule, so dass sie ihre Schularbeiten in die Abendstunden verlegen muss. Ein 16-jähriger Gymnasiast pfeift schon Fußballspiele der Bezirksliga. Sein Traum ist, einmal Schiedsrichter der höchsten Spielklasse zu sein. Und so könnte man fortfahren. Jedes Interessengebiet, und seien es auch die bekannten Briefmarken, die jemand sammelt, ist ein Weg zum echten Menschsein, ein ständiger Sieg der Ordnung und Klarheit über die Unordnung und Unübersichtlichkeit.

Hier ist der Hebel, an dem auch die Schule ansetzen kann. Sie muss die Interessengebiete ihrer Schüler aufspüren, ausbilden und fördern. Zu jedem Hobby findet man englischsprachiges Material im Internet, so dass man sein Gebiet sprach- und fachgerecht der Klasse präsentieren kann.

> I really got into the language through my hobby, the Star-Trek Universe. (*Stephan P.*)

> She happened to mention Lord Tennyson's *The Lady of Shalott.* Jokingly she made a bet that I would not be able to learn this poem by heart (as I had with the one I had prepared) – 19 English stanzas. But to her surprise I agreed, and finally won the bet. I love poetry and I have absolutely no problem learning a text by heart so that it was more or less just fun for me to "play this game". (*Petra F.*)

Es sollte uns ein Anliegen sein, gerade auch die zu fördern, die gewöhnlich im Sprachunterricht zu kurz kommen, z.B. an Technik interessierte Jungen. Für sie finden wir auch einmal persönliche Aufgaben mit speziellen Texten. Wo noch keine Liebhabereien erkennbar sind, muss man sie anregen und Angebote machen. Und beachten: Was für ein Kind funktioniert, muss für das nächste noch lange nicht gut sein:

> The thing I hated most was having to read aloud in front of the class. My attitude did not change until I entered the senior classes. (*Nicole B.*)

Planvoller Wechsel der Arbeitsformen und Methodenvielfalt sind, aufs Ganze gesehen, der sicherste Weg, es allen Schülern recht zu machen. Denn man kann ihre unterschiedlichen Nöte und Bedürfnisse nicht mit Standardroutinen abtun. Bei einer Vielfalt von Arbeitsformen gibt es immer wieder solche, die bestimmten Schülern besonders entgegenkommen, und solche, die es dem Lehrer erlauben, jemanden individuell zu betreuen und ihm das Gefühl geben, für ihn persönlich da zu sein. So muss man auf vielerlei Weise die Segel stellen können und noch die leichteste Brise nutzen. Wir überlegen uns:

- den Wechsel von lauten und leisen Phasen, von produktiver Unruhe zur Ruhe;
- den Wechsel der Sozialformen (Lehrer im Zentrum/Lehrer am Rande des Geschehens);
- den Wechsel der Fertigkeiten, Beanspruchungsarten und Materialien;
- den Wechsel von konzentrativer Anspannung und Entspannung.

Nach Vorträgen, Texteinführungen, Erklärungen lassen wir gelegentlich Denkpausen zu, in denen sich die Schüler mit anderen, die um sie herumsitzen, kurz beraten und miteinander abgleichen können, was und wie sie etwas verstanden haben. Zeit lassen zum Überlegen!

Neben zeitnutzender Unterrichtsorganisation, Klarheit, Strukturiertheit und Variabilität des Unterrichts spielt auch die individuelle Unterstützung des einzelnen Schülers beim Lernen erwiesenermaßen eine wichtige leistungsfördernde Rolle. Sie stellt in den üblichen großen Klassen für jeden Lehrer eine enorme Herausforderung und Beanspruchung dar. (Weinert & Helmke 1997)

Die Verschiedenheit der Milieus

Erinnert sei hier nur an die besondere Pflicht der Schule, bildungswilligen Kindern aus bildungsfernen, ja -feindlichen Schichten eine Chance zu geben. Die Schriftstellerin Margaret Forster, Jahrgang 1938, stammt aus einer Arbeiterfamilie. In der zahlreichen Verwandtschaft gibt es keinen mit Abitur oder gar Universitätsabschluss:

> My father didn't read ... I could never discuss anything I'd read at home, trying to talk about the contents of books was showing off and there was no need for it. My reading was seen as a weapon I used against my family, a way of absenting myself from their company. "All she does is that damned reading", my father complained, and it was true. It made me strange to them. (Forster 1995, 183)

Albert Camus wuchs als Halbwaise bei Mutter und Großmutter auf. Beide Frauen waren Analphabeten, die Mutter dazu noch halb taub. Aber die Schule eröffnet ihm und seinem Freund eine Gegenwelt.

> Was sie zweifellos so leidenschaftlich an ihr liebten, war das, was sie zuhause nicht fanden, wo Armut und Unwissenheit das Leben noch härter, trüber, wie in sich selbst gekehrt machten. (Camus 1997, 127)

Ihr Lehrer gibt ihnen unbezahlten Privatunterricht, damit sie die Aufnahmeprüfung und ein Stipendium für das Gymnasium schaffen:

> Die solide Ausbildung in der Volksschule hatte ihnen eine Überlegenheit gegeben, die sie von der Sexta an in die Spitzengruppe brachte. Ihre un-

> erschütterliche Orthographie, ihr solides Rechnen, ihr geschultes Gedächtnis und vor allem der Respekt, der ihnen vor jeder Art Wissen eingebleut worden war, bildeten, zumindest am Anfang ihrer Schulzeit, entscheidende Trümpfe. (Camus 1997, 189)

Für viele Kinder ist die Schule immer noch die einzige Instanz, die sie bilden kann.

Die methodische Antwort auf die Verschiedenheit der Köpfe ist fünffach: 1) die Individualität des einzelnen zu erkennen, 2) gewisse Eigenarten der Schüler auch dann gelten zu lassen, wenn sie weniger in unser Unterrichtskonzept passen, 3) besondere Fähigkeiten und Interessen nach Kräften fördern und mit den sprachlichen Zielen verbinden, 4) insgesamt ein reiches methodisches Repertoire einsetzen, 5) auf ausgebauten Lernwegen, die alle gehen können, immer wieder Stationen für selbstbestimmtes Lernen schaffen.

"Il faut nécessairement qu'un maître se forme autant de systèmes, qu'il y a d'esprits différents." (Schatz 1724, zit. bei Streuber 1914, 94) Leicht gesagt, denn: "Der Umgang mit Heterogenität gehört zweifellos zu den zentralen Herausforderungen des Unterrichts." (Helmke 2003, 72) Was wir hier leisten können, wird immer nur Stückwerk bleiben.

Epilog

Kann man forschen, ohne zu irren? Jeder Methodiker sagt zwangsläufig mehr, als die strenge Wissenschaft hergibt. Deshalb braucht dieses Buch Lehrer, die umsichtig, klug und wohlwollend prüfen und ausprobieren, ohne zu verzeichnen. Wie schnell wird aus einem Gesicht eine Fratze! Nach vierzig Jahren im Schul- und Hochschuldienst reiche ich den Stab weiter. Gebt dem Schüler die stärkste Stütze der Fremdsprachen zurück: seine Muttersprache. Lernt aus der Geschichte, etwa den Wert des Nachsprechens und der gedächtnisstärkenden Rezitation vorbildlicher Texte. Relativiert moderne Schlagwörter wie "Kommunikation" und "Kreativität"!

Die Brote im Backofen schrien, zieh mich raus, sonst verbrenn ich, ich bin schon längst ausgebacken. Und der Apfelbaum hing voller Äpfel und rief, schüttel mich, ach, schüttel mich. Kümmern wir uns drum. *If you are not part of the solution, you are part of the problem.*

Lehrtechniken fesseln und schnüren nicht ein, sondern machen Energien frei für die Erziehungs- und Bildungsarbeit jenseits von Techniken. Denn wir brauchen Lehrmeister und "Lebemeister" (Meister Eckart) zugleich, die in die Tiefe dringen, wo sich die Fachgrenzen auflösen. In ihrer Vollendung ist die Unterrichtung der Jugend religiöser Dienst – nämlich Sammelpunkt aller Bestrebungen, dem Leben Sinn zu geben.

Die Theorie in zwölf Leitsätzen

1. Sprachen lernt man, indem man sie lebt.
2. Sprachen lernt man, wenn sie uns – *dem Sinn und der Form nach* – verständlich zugesprochen werden.
3. Sprachen lernt man von denen, die sie können, und mit guten Texten.
4. Man lernt nur einmal sprechen. Fremdsprachen müssen an muttersprachliches Wissen und Können anknüpfen.
5. Sprachen lernt man, indem man von endlichen Mitteln unendlichen Gebrauch macht.
6. Sprachen lernt man, indem man sie übt. Niemand kann einem das Üben abnehmen.
7. Sprachen lernt man nur, wenn man sich viel Zeit für sie nimmt.
8. Sprachen lernt man, indem man immer wieder sein eigenes Können erfährt.
9. Sprachen lernt man am besten im Zustand konzentrierter Entspannung.
10. Lehrer und Mitschüler müssen unsere Lernpartner werden.
11. Guter Sprachunterricht ist mehr als Sprachunterricht. Mit guten Texten entwickeln wir den Sinn für das Gute, Wahre und Schöne.
12. Menschen lernen Sprachen unterschiedlich schnell und gut.

Literaturverzeichnis

Aldiss, Brian (1997[9]), Mini-Sagas from the Daily Telegraph Competition. Thrupp, Stroud: Sutton Publishers.

Allen, W. Stannard (1948/9), "In defence of the use of the vernacular and translating in class", ELT III, 33–39.

Amidzic, Ognjen/Riehle, Hartmut, J./Fehr, Thorsten/Wienbruch, Christian/Elbert, Thomas (2001), "Active memory: pattern of focal γ-bursts in chess players", Nature, Vol. 12. London.

Apeltauer, Ernst (2003), Literalität und Spracherwerb. Flensburg: Universitätsverlag (Flensburger Papiere zur Muttersprache und Kulturenvielfalt im Unterricht, Bd. 32).

Appel, Joachim (1985), "Dolmetschen als Übungsform im Oberstufenunterricht", Praxis 1, 54ff.

Appel, Joachim (1990), "Leselust im Unterricht und Unterricht in Leselust", Der Fremdsprachliche Unterricht, 100, 39–42.

Appel, Joachim (1995), Diary of a Language Teacher. Oxford: Heinemann. (The European Language Classroom).

Appel, Joachim (2000), Erfahrungswissen und Fremdsprachendidaktik. München: Langenscheidt-Longman.

Aronstein, Philipp (1926), Methodik des neusprachlichen Unterrichts. 2 Bände. Leipzig: Teubner.

Arzt, Volker & Birmelin, Immanuel (1995), Haben Tiere ein Bewusstsein? Wenn Affen lügen, wenn Katzen denken und Elefanten traurig sind. München: Goldmann Verlag.

Asher, James J. (1977), Learning another language through actions: the complete teacher's guidebook. Los Gatos/Ca.: Sky Oaks Productions.

Aulmann, Georg (2000), "Was eigentlich macht Fremdsprache schwer oder nicht schwer?", Vortragsmanuskript Fachverband Moderne Fremdsprachen Kongress Berlin.

Ausubel, David P./Novak, J./Hanesian, H. (1978[2]), Educational psychology: a cognitive view. New York: Holt, Rinehart & Winston.

Bach, Gerhard (2003), "Alltagswissen und methodisch reflektierte Unterrichtspraxis", in: Gerhard Bach & Johannes-Peter Timm, Hg., Englischunterricht. Grundlagen und Methoden einer handlungsorientierten Unterrichtspraxis. 3. vollständig überarbeitete und verbesserte Auflage. Tübingen und Basel: Francke, 253–268.

Bach, Gerhard & Lausevic, Christina (2003), "Medienkompetenz: Das Video als Sprachhandlungsinstrument", in: Gerhard Bach & Johannes-Peter Timm, Hg., Englischunterricht. Grundlagen und Methoden einer handlungsorientierten Unterrichtspraxis. 3. vollständig überarbeitete und verbesserte Auflage. Tübingen und Basel: Francke, 110–131.

Barley, Nigel (1986), The Innocent Anthropologist. Notes from a Mud Hut. Harmondsworth: Penguin.

Bärwald, Richard (1899a), Neuere und ebnere Bahnen im fremdsprachlichen Unterricht. Eine methodische Untersuchung auf der Grundlage praktischer Unterrichtsversuche. Marburg.

Bärwald, Richard (1899b), Eignet sich der Unterricht im Sprechen und Schreiben fremder Sprachen für die Schule? Marburg.

Bates, Elizabeth/Dale, Philip/Thal, Donna (1995), "Individual differences and their implications for theories of language development", in: P. Fletcher & B. MacWhinney, Hg., Handbook of child language. Oxford: Basil Blackwell, 96–151.

Baur, Rupprecht S. et al. (1993), "Zur Ausbildung einer fachsprachlichen Handlungsfähigkeit bei Schülerinnen und Schülern mit der Herkunftssprache Russisch", Zeitschrift für Fremdsprachenforschung, 4/2, 4–38.

Bayerwaltes, Marga (2002), Große Pause! Nachdenken über Schule. München: Verlag Antje Kunstmann.

Behrendt, Babette (1993), Gesteigerte Lern-Ergebnisse durch Lese-Ergebnisse mit englischsprachiger Literatur: Ein neues Lehrgangsmodell von H.-J. Modlmayr. Bochum: Brockmeyer Universitäts Verlag.

Belasco, Simon (1971), "The feasability of learning a second language in an artificial unicultural situation", in: P. Pimsleur & T. Quinn, ed., The Psychology of Second Language Learning. Cambridge: University Press, 1–10.

Belasco, Simon (1975), Reading College French. A bilingual functional approach. New York: Harper & Row.

Berlaimont, Noel de (1536), Colloquia et dictionariolum. Antwerpen.

Bernstein, Richard (2001), Ultimate Journey. Retracing the Path of an Ancient Buddhist Monk Who Crossed Asia in Search of Enlightenment. New York: Alfred A. Knopf.

Bierbaum, Julius (1886), Die Reform des fremdsprachlichen Unterrichts. Kassel.

Birkenbihl, Vera F. (1992), Die Birkenbihl Methode Fremdsprachen zu lernen. Speyer: GABAL Verlag.

Bleyhl, Werner (1999), "J'accuse! Der gängige Französischunterricht erdrosselt mit seiner Grammatikorientierung das Lernen der französischen Sprache", Französisch heute, 3, 252–263.

Bleyhl, Werner (2003), "Psycholinguistische Grund-Erkenntnisse", in: Gerhard Bach & Johannes-Peter Timm, Hg., Englischunterricht. Grundlagen und Methoden einer handlungsorientierten Unterrichtspraxis. 3. vollständig überarbeitete und verbesserte Auflage. Tübingen und Basel: Francke, 38–55.

Bloomfield, Leonard (1914/1983), An Introduction to the Study of Language, Amsterdam Studies in the Theory and History of Linguistic Science II (3): Classics in Psycholinguistics. Amsterdam & Philadelphia: John Benjamins B.V.

Bloomfield, Leonard (1942), Outline Guide for the Practical Study of Foreign Languages. Baltimore: Linguistic Society of America.

Bogdain, Karin (1989), "Zweisprachige Erziehung in der Familie", in: G. Kegel u.a., Hg., Sprechwissenschaft und Psycholinguistik 3. Opladen: Westdeutscher Verlag, 229–255.

Bohnenkamp, Hans (1975), in: Pongratz, Ludwig J. (Hg.), Pädagogik in Selbstdarstellungen I, 64–94. Hamburg: Felix Meiner.

Bolinger, Dwight (1968, 1975^2), Aspects of Language. New York: Harcourt Brace Jovanovich.

Bollnow, Otto Fr. (1987), Vom Geist des Übens – Eine Rückbesinnung auf elementare didaktische Erfahrungen. Durchgesehene und erweiterte Auflage. Freiburg i.B.: Herder.

Böttcher, Wolfgang & Reisener, Helmut (1994), Sing Grammar. Songs – Exercises – Fun – Activities. Berlin: Cornelsen.

Britton, James (1972), Language and Learning. Harmondsworth: Penguin.

Brown, Christy (1973), Mein linker Fuß. Bern, München: Scherz.

Brown, Roger (1973), A first language: The early stages, Cambridge: Harvard University Press.

Bruton, Anthony (2002/03), "How can TBI not contribute to language development?", iatefl issues, The International Association of Teachers of English as a Foreign Language, December 2002–January 2003 (No. 170), 6–7.

Bunsen, Marie von (1929), Die Welt in der ich lebte. Erinnerungen aus den glücklichen Jahren 1860–1912. Leipzig: Koehler & Amelang.

Burgess, Anthony (1988), Little Wilson and Big God. London: Penguin Books.

Burgess, Anthony (1992), A mouthful of air. Language and languages, especially English. London: Hutchinson.

Burling, R. (1959), "Language Development of a Garo and English-Speaking Child", in: C.A. Ferguson & D. I. Slobin, eds., (1973), Studies of Child language Development. New York: Holt, Rinehart and Winston.

Burney, Pierre & Costandinidi, Paul (1969), Vers un meilleur français. Méthode bilingue destinée aux étudiants grecs. Athen: Collection de l'Institut Français d'Athènes.

Büttner, Hermann (1907), "Die Muttersprache im fremdsprachlichen Unterricht. Ein Beitrag zur Klärung im Methodendstreit", Die Neueren Sprachen, XV, 577ff.

Büttner, Hermann (1910), Die Muttersprache im neusprachlichen Unterricht. Marburg: Elwert.

Butzkamm, Wolfgang (1973), Aufgeklärte Einsprachigkeit. Zur Entdogmatisierung der Methode im Fremdsprachenunterricht. Heidelberg: Quelle & Meyer 1978[2].

Butzkamm, Wolfgang (1980), Praxis und Theorie der bilingualen Methode. Heidelberg: Quelle & Meyer.

Butzkamm, Wolfgang (1985), "The use of the printed word in teaching beginners", IRAL, XXIII/4, 315–322.

Butzkamm, Wolfgang (1998), "Code-Switching in a Bilingual History Lesson: The Mother Tongue as a Conversational Lubricant", International Journal of Bilingual Education and Bilingualism, 1/2, 81–89.

Butzkamm, Wolfgang (2002), Psycholinguistik des Fremdsprachenunterrichts. Natürliche Künstlichkeit: Von der Muttersprache zur Fremdsprache. 3. Auflage. Tübingen: Francke.

Butzkamm, Wolfgang (2003), "We only learn language once. The role of the mother tongue in FL classrooms: death of a dogma", Language Learning Journal 28, 29–39.

Butzkamm, Wolfgang & Remy, Verena (2002), "A Buddhist Story and the Art of Asking Questions", Englisch Betrifft Uns, 4 ('Xmas and the Bible'), 11–15.

Butzkamm, Wolfgang & Butzkamm, Jürgen (1999), Wie Kinder sprechen lernen. Kindliche Entwicklung und die Sprachlichkeit des Menschen. Tübingen und Basel: Francke.

Caldwell, John A.W. (1990), "Analysis of the theoretical and experimental support for Carl Dodson's bilingual method", in: Journal of multilingual and multicultural development, 11/6, 459–479.

Caldwell, John & Pillar, Granville W. (1998), "The role of paralinguistics in second language learning: from theory to practice", in: Gisela Hermann-Brennecke & Wilhelm Geisler, Hg., Zur Theorie der Praxis und Praxis der Theorie des Fremdsprachenerwerbs. Münster: LIT Verlag. (Hallenser Studien zur Anglistik und Amerikanistik, Bd. 4).

Camilleri, Antoinette (1995), Bilingualism in Education. The Maltese Experiment. Heidelberg: Groos.

Camus, Albert (1997), Der erste Mensch. Reinbek bei Hamburg: Rowohlt Taschenbuch Verlag.

Caravolas, Jean-Antoine (1994), La didactique des langues 1450–1700. Tübingen: Gunter Narr; Montréal: Presses de l'Université de Montréal. (Giessener Beiträge zur Fremdsprachendidaktik). 2 Bde.

Carlin, Eithne & Arends, Jacques (2002), Atlas of the languages of Suriname. Leiden: KITLV Press.

Carlton, Elaine (1998), "France? No sweat", TES, June 14th.

Carroll, John B. (1966), "The Contributions of psychological theory and educational research to the teaching of foreign languages", in: Albert Valdman, ed., Trends in Language Teaching. New York: McGraw-Hill, 93–106.

Carroll, John B. (1973), "Implications of Aptitude Test Research and Psycholinguistic Theory for Foreign Language Teaching", Linguistics 112, 5–15.

Carroll, John B. (1975), "The teaching of French as a foreign language in eight countries", International Studies in Evaluation V. New York: Wiley.

Caselmann, Christian (1975), in: Pongratz, Ludwig J., Hg., Pädagogik in Selbstdarstellungen I, 145–189. Hamburg: Felix Meiner, 1975.

Castner, Rochus (1961), "Einsprachigkeit als Patentlösung?", Wirtschaft und Erziehung 13, 279–283.

Caxton, William (v.1483), "Très bonne doctrine pour apprendre briefment françoys et anglois", in Henry Bradley, Hg., (1900), Dialogues in French and English by William Caxton, Extra Series, No. LXXIX. London: Early English Text Society.

Chomsky, Noam (1970), "Diskussionsbeitrag", in: Mark Lester, ed., Readings in applied transformational grammar. New York: Holt, Rinehart and Winston.

Church, Richard (1955), Over the Bridge – an Essay in Autobiography. London: Heinemann.

Clark, Herbert H. & Clark, Eve V. (1977), Psychology and Language. New York: Harcourt Brace.

Cook, Vivian (1993), Linguistics and second language acquisition. Guildford, King's Lynn: Biddles Ltd.

Cordier, Mathurin (1556), Principia latine scribendique ... tr. T.W. London (1575).

Courchêne, R.J./Glidden, J.I./St. John, J./Thérien, C., eds. (1992), Comprehension-based second language teaching (L'enseignement des langues secondes axés sur la compréhension). Ottawa: University Press.

Cross, David (1992), Language Teaching. A Practical Handbook. Hemel Hempstead: Prentice Hall International.

Csikszentmihalyi, Mihaly (1997), Finding flow: The psychology of engagement with everyday life. New York: Basic Books.

Cummins, Jim & Genesee, Fred (1985), "Bilingual Education Programmes in Wales

and Canada", in: Charles J. Dodson, ed., Bilingual Education: Evaluation, assessment and methodology. Cardiff: University of Wales Press, 37–49.
Darwin, Charles (1859), On the Origin of Species. London: John Murray, Albemarle Street.
DeKeyser, Robert M. (2000), "The robustness of critical period effects in second language acquisition", Studies in Second Language Acquisition, 22, 499–533.
Diehl, Erika et al., Hg. (2000), Grammatikunterricht: Alles für der Katz? Untersuchungen zum Zweitspracherwerb Deutsch. Tübingen: Niemeyer. (Reihe Germanistische Linguistik Nr. 220).
Dietrich, Gerhard. (1968), Sprachtheoretische Grundlagen des neusprachlichen Unterrichts. Heidelberg: Julius Groos.
Dodson, Charles Joseph (1967/1972[2]), Language Teaching and the Bilingual Method. London: Pitman.
Döpke, Susanne (1992), One Parent One Language: An Interactional Approach. Amsterdam/Philadelphia: John Benjamins Publishing Company. (Studies in Bilingualism, 3).
Doughty, Catherine & Williams, Jessica, eds. (1998), Focus on Form in Classroom Second Language Acquisition. Cambridge: University Press.
Doyé, Peter (1962), "Zur Problematik der direkten Methode", Praxis des neusprachlichen Unterrichts, Jg. IX, 1, 6–14.
Dufva, Mia & Voeten, Marinus J.M. (1999), "Native language literacy and phonological memory as prerequisites for learning English as a foreign language", Applied Psycholinguistics, 20, 329–348.
Eckstein, Franz A. (1887), Lateinischer und griechischer Unterricht. Herausgegeben von Dr. Heinrich Heyden. Leipzig: Fues's Verlag.
Eibl-Eibesfeldt, Irenäus (1992), Und grün des Lebens goldner Baum: Erfahrungen eines Naturforschers. Köln: Kiepenheuer & Witsch.
Elley, Warwick B. (1991), "Acquiring Literacy in a Second Language: The Effect of Book-Based Programs", in: Language Learning, 41/3, 375–411.
Ellis, Rod (1994), The study of second language acquisition. Oxford: Oxford University Press.
Elston, Tony (1998), "Cereal provides a starter", TES, 6th march 1998.
Erasmus von Rotterdam (1524), Colloquiorum liber, in: Opera omnia, Bd. 1. London (1960): Gregg Reprint, 629–913.
Erasmus von Rotterdam (1947), Vertraute Gespräche. (Colloquia Familiaria), übertragen und eingeleitet von Hubert Schiel. Köln: Balduin Pick Verlag.
Erasmus von Rotterdam (1963), Ausgewählte pädagogische Schriften, hg. von A.J. Gail, Paderborn.
Erdmenger, Manfred (1982), "Die Rolle der Muttersprache im Fremdsprachenunterricht", Die berufliche Schule 6, 360–365.
Ericsson, Eie (1986), Foreign Language Teaching from the Point of View of Certain Student Activities. (Acta Universitatis Gothoburgensis 59).
Ericsson, Eie (1996), Speech within Reach in Foreign Language Teaching. Göteborg: Utbildningsstaden.
Ettinger, Stefan (1984), "Die Vermittlung von Sprechfertigkeit in einigen Französischlehrwerken des späten 17. Jahrhunderts und des 18. Jahrhunderts", in: Günter Holtus & Edgar Radtke, Hg., Umgangssprache in der IBEROROMANIA. Festschrift für Heinz Kröll. Tübingen: Gunter Narr, 415–424.

Ferguson, Gibson (2003), "Classroom code-switching in post-colonial contexts. Functions, attitudes and policies", AILA Review, 16, 38–51.

Finkbeiner, Claudia (1995), Englischunterricht in europäischer Dimension. Zwischen Qualifikationserwartungen der Gesellschaft und Schülereinstellungen und Schülerinteressen. Berichte und Kontexte zweier empirischer Untersuchungen. Bochum. Brockmeyer. (Beiträge zur Fremdsprachenforschung, Bd. 2).

Fisher, Linda (2001), "Modern foreign languages recruitment post-16: the pupils' perspective", Language Learning Journal, 23, 33–40.

Forster, Edward Morgan (1954), Aspects of the Novel. Harmondsworth: Penguin.

Forster, Margaret (1995), Hidden Lives. Harmondsworth: Penguin.

Fritsch, Andreas (1998), "Comenius und der heutige Lateinunterricht", in: Gerhard Michel, Hg., Comenius-Jahrbuch. (Im Auftrag der Deutschen Comenius-Gesellschaft), 39–65.

Frühauf, Manfred (1998), "Chinesische Sprache und interkulturelle Fragen: Auslandskurse des LSI-Sinicum", in: Jochen Pleines, Hg., Sprachen und mehr. Globale Kommunikation als Herausforderung. Wiesbaden: Harrassowitz, 40–48.

Fuhrmann, Manfred (2001), Latein und Europa: Geschichte des gelehrten Unterrichts in Deutschland: von Karl dem Großen bis Wilhelm II. Köln: Dumont.

Funiok, Rüdiger & Schöndorf, Harald, Hg. (2000), Ignatius von Loyola und die Pädagogik der Jesuiten. Ein Modell für Schule und Persönlichkeitsbildung. Donauwörth: Auer.

Ganshowe, L. & Sparks, R. (2001), "Learning difficulties and foreign language learning: A review of research and instruction", Language Teaching, 34, 79–98.

Geisler, Wilhelm (1998), "Überlegungen zur Theorie der Praxis und Praxis der Theorie des schulischen Fremdsprachenerwerbs", in: Gisela Hermann-Brennecke & Wilhelm Geisler, Hg., Zur Theorie und Praxis & Praxis der Theorie des Fremdsprachenerwerbs. Münster: LIT Verlag, 21–33. (Hallenser Studien zur Anglistik und Amerikanistik; Band 4).

Geisler, Wilhelm (1998), "Die Praxis des schulischen Fremdsprachenerwerbs als komplexer Zusammenhang von Bedingungsfaktoren: Wie ist eine konsequente Theoriebildung möglich?", in: Gisela Hermann-Brennecke & Wilhelm Geisler, Hg., Zur Theorie und Praxis & Praxis der Theorie des Fremdsprachenerwerbs. Münster: LIT Verlag, 69–81. (Hallenser Studien zur Anglistik und Amerikanistik; Band 4).

Genesee, Fred (1987), Learning through two languages. Studies of immersion and bilingual education. Cambridge: Newbury House Publishers.

Givón, Talmy (1979), On understanding grammar. New York, San Francisco, London: Academic Press.

Givón, Talmy (1989), Mind, code and context. Essays in pragmatics. Hillsdale, New Jersey: Lawrence Erlbaum Association.

Gleba, Kerstin & Spindler, Rudolf, Hg. (1999), Freistunde. Schüler erzählen von ihrem Leben nach dem Stundenplan. Köln: Kiepenheuer & Witsch.

Goebel, Anne (2003), "Das falsche Lexikon im Kopf", Max Planck Forschung, 2, 37–41.

Goldschmidt, Georges-Arthur (2001), Über die Flüsse. Autobiographie. Aus dem Französischen übersetzt vom Verfasser. Zürich: Amman.

Goodlad, John I. (1983), A Place Called School. Prospects for the Future. New York: McGraw-Hill Book Company.

Gouin, François (1880), L'art d'enseigner et d'étudier les langues. Paris.
Gower, Roger (1999), "Doing as we would be done by", Modern English Teacher, 8/4, 7–15.
Graffmann, Heinrich (2001), "Die Puppe spielt mit. Handpuppen im Deutschunterricht", Fremdsprache Deutsch, 25, 50–54.
Graffmann, Heinrich (1986), "Konzentratives Diktatschreiben", Neues Lernen 1.
Graham, Carolyn (1978), Jazz Chants. New York: OUP.
Graham, Carolyn (1979), Jazz Chants for Children. New York: OUP.
Graham, Carolyn (1982), The Electric Elephant and Other Stories. New York; Oxford: University Press.
Greene, Graham (1938), Brighton Rock. Harmondsworth: Penguin.
Grell, Jochen (2000), "Direktes Unterrichten. Ein umstrittenes Unterrichtsmodell", in: J. Wiechmann, Hg., Zwölf Unterrichtsmethoden. Vielfalt für die Praxis, 2. Auflage. Weinheim: Beltz, 35–49.
Grimm, Hannelore (1999), Störungen der Sprachentwicklung. Göttingen: Hogrefe Verlag für Psychologie.
Grimm, Wilhelm (1883), "Altdeutsche Gespräche" (Gelesen in der Akademie der Wissenschaften am 29. Oktober 1849), in: Kl. Schriften Bd. 3, Berlin: Dümmler, 1883, 472–515, einzeln: Göttingen: Dietrich, 1–24.
Grissemann, Hans (1984), Spätlegasthenie und funktionaler Analphabetismus: integrative Behandlung von Lese- und Rechtschreibschwächen bei Jugendlichen und Erwachsenen. Bern, Stuttgart, Toronto: Huber.
Grittner, Frank M. (1969), Teaching Foreign Languages. New York: Harper & Row.
Grosjean, François (1984), "Le bilinguisme: vivre avec deux langues". Travaux Neuchatelois de Linguistique, 7, 15–41.
Grotjahn, Rüdiger (1998), "Ausspracheunterricht: Ausgewählte Befunde aus der Grundlagenforschung und didaktisch-methodische Implikationen", ZFF, 9/1, 35–83.
Grotjahn, Rüdiger (2003), "Der Faktor 'Alter' beim Fremdsprachenlernen. Mythen, Fakten, didaktisch-methodische Implikationen", Deutsch als Fremdsprache 40/1, 32–41.
Guiness, Alec (1999/2000), Positively Final Appearance. Penguin.
Günther, Henning (1996), Kritik des offenen Unterrichts. Bielefeld: Lernen für die Deutsche und Europäische Zukunft e.V.
Hager Cohen, Lea (1995), Train Go Sorry: Inside a Deaf World. New York: Vintage.
Halberstadt, Gerhard (1974), Das Freie Wort. Sprechtechnik – Redetechnik. Gesprächstechnik und Technik der geistigen Arbeit. Bonn: Verlag Neue Gesellschaft.
Haley, Alex (1965), The Autobiography of Malcolm X. New York: Grove Press.
Hamann, Johann Georg (1967), Schriften zur Sprache. Einleitung und Anmerkungen von Josef Simon. Frankfurt a.M.: Suhrkamp Verlag (suhrkamp theorie 1).
Hammerly, Hector (1989), French immersion. Myths and reality. A better classroom road to bilingualism. Calgary/Alberta: Detselig.
Hammerly, Hector (1991), Fluency and Accuracy. Toward balance in Language Teaching and learning. Clevedon u.a.: Multilingual Matters LTD. (Multilingual Matters, 73).
Harley, Birgit (1992), "Aspects of the oral second language of proficiency of early immersion, late immersion, and extended French students at grade 10", in: R.J. Courchêne/J.I. Glidden/J.St. John/C. Thérien, eds., Comprehension-based se-

cond language teaching (L'enseignement des langues secondes axés sur la compréhension). Ottawa: University of Ottawa Press, 371–381.

Harley, Birgit et al., Hg. (1990), The Development of Second Language Proficiency. Cambridge, New York, Melbourne: Cambridge UP. (The Cambridge applied linguistics series).

Harris, Judith Rich (1998), The nurture assumption. Why children turn out the way they do. New York: The Free Press.

Hartley, L.P. (1953), The Go-Between. London: Hamish Hamilton.

Harvey, Paul (1985), "A lesson to be learned. Chinese approaches to language learning", English Language Teaching Journal, 39, 185.

Hassenstein, Bernhard (1988), Klugheit. Bausteine zu einer Naturgeschichte der Intelligenz. Stuttgart: Deutsche Verlags-Anstalt.

Hawkins, Eric W. (1981), Modern Languages in the Curriculum. Cambridge: Cambridge University Press.

Hawkins, Eric W. (1987), Awareness of Language: An Introduction. Cambridge: Cambridge University Press.

Hawkins, Eric W. (1999), Listening to Lorca. A Journey into Language. London: Centre for Information on Language Teaching and Research (Cilt).

Heald, David (1991), Untranslatables, particles and pitfalls in German Practical Problems in the Classroom. University of Kent at Canterbury. (Norwich). UEA Papers in Linguistics 32.

Heeschen, Volker (1990), Ninye bún. Mythen, Erzählungen, Lieder und Märchen der Eipo im zentralen Bergland von Irian Jaya (West Neuginea), Indonesien. 20. Beitrag zur Schriftenreihe Mensch, Kultur und Umwelt im zentralen Bergland von West-Neuguinea. Berlin: Dietrich Reimer.

Helbig, Beate (2001), Das bilinguale Sachfach Geschichte. Tübingen: Stauffenburg Verlag.

Helmke, Andreas & Schrader, Friedrich-Wilhelm. (1998), "Entwicklung im Grundschulalter. Die Münchner Studie 'SCHOLASTIK'", Pädagogik, 6, 25–30.

Helmke, A. (2003), Unterrichtsqualität: Erfassen, Bewerten, Verbessern. Velber: Kallmeyersche Verlagsbuchhandlung.

Hentig, Hartmut von (1968), Systemzwang und Selbstbestimmung. Stuttgart: Klett.

Hentig, Hartmut von (1973), Schule als Erfahrungsraum? Eine Übung im Konkretisieren einer pädagogischen Idee. Stuttgart: Klett Verlag.

Hentig, Hartmut von (1979), "Die Fremdsprache als Anlass für Menschenbildung. I. Teil", Neue Sammlung, 3, 248–272.

Hentig, Hartmut von (1979), "Die Fremdsprache als Anlass für Menschenbildung. II. Teil", Neue Sammlung, 19, 410–422.

Hentig, Hartmut von (1998), Kreativität. Hohe Erwartungen an einen schwachen Begriff. München/Wien: Hanser.

Herdan-Zuckmayer, Alice (1979), Genies sind im Lehrplan nicht vorgesehen. Frankfurt a.M.: S. Fischer.

Herder, Johann Gottfried (1769), Sämtliche Werke IV. Herausgegeben von Bernard Suphan, (1967). Hildesheim: Olms.

Hermann-Brennecke, Gisela & Candelier, Michel (1992), "Wahl und Abwahl von Fremdsprachen: Deutsche und französische Schüler und Schülerinnen im Vergleich", Die neueren Sprachen. Fremdsprachen im europäischen Haus, 91, 4/5, 416–434.

Hermann-Brennecke, Gisela (1998), "Gedankensprache und Sprachreflektion: Ein Annäherungsversuch", in: Gisela Hermann-Brennecke & Wilhelm Geisler, Hg., Zur Theorie und Praxis & Praxis der Theorie des Fremdsprachenerwerbs. Münster: LIT Verlag, 187–201. (Hallenser Studien zur Anglistik und Amerikanistik; Band 4).

Hermes, Liesel & Klippel, Friederike, Hg. (2003), Früher oder später? Englisch in der Grundschule und Bilingualer Sachfachunterricht. Berlin und München: Langenscheidt. (Münchener Arbeiten zur Fremdsprachenforschung; Band 8).

Hermes, Ursula (1991), "Unterrichtsfreiräume und Kreativität", Praxis des neusprachlichen Unterrichts, 38/1, 37–42.

Heuer, Helmut (1967), "Die angelsächsische 'Formale Debatte' als unterrichtsmethodischer Aspekt der politischen Bildung", Gesellschaft-Staat-Erziehung 12/1.

Heuer, Helmut & Klippel, Friederike (1987), Englischmethodik. Problemfelder, Unterrichtswirklichkeit und Handlungsempfehlungen. Berlin: CVK.

Heuer, Helmut (1998), "Theoriediskussion und Strukturprobleme in der heutigen Fremdsprachendidaktik", in: Gisela Hermann-Brennecke & Wilhelm Geisler, Hg., Zur Theorie und Praxis & Praxis der Theorie des Fremdsprachenerwerbs. Münster: LIT Verlag, 11–19. (Hallenser Studien zur Anglistik und Amerikanistik; Band 4).

Heuss, Theodor (1964), Vorspiele des Lebens. Jugenderinnerungen. Tübingen: Rainer Wunderlich Verlag.

Heym, Stefan (1990), Nachruf. Frankfurt a.M.: Fischer Taschenbuch Verlag.

Hezel, Wilhelm Friedrich (1799), "Methodologie, oder kurze Darstellung der Kunst etc., oder dieser Lehr- und Lern-Methode – Selbst", in: Herbert Christ, Hg., (1985), Didaktik des Französischunterrichts. Darmstadt: Wissenschaftliche Buchgesellschaft.

Hitt, Russell T. (1962), Cannibal Valley: The Heroic Struggle for Christ in Savage New Guinea. New York: Harper & Row.

Holtwisch, Herbert (1994), "Behalten suggestopädisch-unterrichtete Schulkinder ihren Lernstoff besser?", Neusprachliche Mitteilungen aus Wissenschaft und Praxis 47/4, 228–233.

Holyband, Claude (1566), The French Littelton, A most easie ... London.

Hörmann, Hans (1976), Meinen und Verstehen. Grundzüge einer psychologischen Semantik. Frankfurt a.M.: Suhrkamp.

Hughes, John P. (1968), Linguistics and Language Teaching. New York: Random House.

Hüllen, Werner (2000), "Alle Sprachen nebeneinander. Die Anfänge des Fremdsprachenunterrichts in Europa (1450–1700)". Zagreber Germanistische Beiträge 9, 177–192.

Humboldt, Wilhelm von (1908ff), Gesammelte Schriften. Herausgegeben von Albert Leitzmann et al., 17 Bde., Akademieausgabe Berlin: B. Behrs Verlag.

Humboldt, Wilhelm von, "Schriften zur Sprachphilosophie. Bd. 3", in Andreas Flitner & Klaus Giel, Hg. (1963), Humboldts Werke in fünf Bänden. Stuttgart: Cotta'sche Buchhandlung.

Hüsch, Hanns Dieter (1992), Du kommst auch drin vor. Gedankengänge eines fahrenden Poeten. München: Kindler.

Ishii, Takeo/Kanemitsu, Y./Kitamura, M./Masuda, HZ./Miyamoto, H. (1979), "An Experiment on the Acquisition and Retention of Sentence-Meaning and the Imita-

tion Performance", Journal of the Kansai Chapter of the Japan English Language Education Society, 3, 52–59.
Ising, Erika (1966), Die Anfänge der volkssprachlichen Grammatik in Deutschland und Böhmen. Teil 1: Quellen. Berlin: Akademie Verlag.
Ising, Erika (1970), Die Herausbildung der Grammatik der Volkssprachen in Mittel- und Osteuropa. Berlin: Akademie Verlag.
Jaffke, Christoph (1994), Fremdsprachenunterricht auf der Primarstufe: Seine Begründung und Praxis in der Waldorfpädagogik. Weinheim: Deutscher Studienverlag.
James, Carl (1972), "Zur Rechtfertigung der kontrastiven Linguistik", in: G. Nickel, Hg., Reader zur kontrastiven Linguistik. Frankfurt a.M.: Fischer/Athenäum.
Jespersen, Otto (1904/1967), How to Teach a Foreign Language. George Allen & Unwin LTD, London.
Jespersen, Otto (1922), Language: its Nature, Development and Origin. London: Allen & Unwin; New York: Henry Holt & Co.
Ji, Yuhua (2002), "English through Chinese: Experimenting with sandwich stories", English Today, 18/1, 37–46.
Johnstone, Richard (2002), "Research on language teaching and learning: 2001", Language Teaching, 35, 157–181.
Kaczmarski, S.P. (1988), Wstep do bilingualnego ujecia nauki jezyka obcego. (Introducing a Bilingual Approach to Foreign Language Teaching and Learning). Warsaw.
Kade-Luthra, Veena (2000), "Denken Sie an das deutsche Zauberwort. Danke für alles: Eine Sprachlektion für unsere indischen Gäste", Frankfurter Allgemeine Zeitung, Nr. 126 (31.05.2000), 60.
Kahl, Peter W. (1999), "Miss Grube und der etwas andere Englischunterricht", Englisch 34/4, 140f.
Karpf, Annemarie (1990), Selbstorganisationsprozesse in der sprachlichen Ontogenese: Erst- und Fremdsprache(n). Tübingen: Narr.
Kasjan, Andreas (1995), "Die bilinguale Methode im Deutschunterricht für japanische Studenten I: Die Einführung in die Aussprache und das unterrichtliche Funktionsvokabular", Dokufutsu Bungaku Kenkyû, 45, 159–171.
Kasjan, Andreas (1995), "Die bilinguale Methode im Deutschunterricht für japanische Studenten I. Die Einführung in die Textarbeit", Gengobunka Ronkyu 45, 159–171.
Kegl, Judy (2000), "Linguistischer Urknall", Der Spiegel, 3, 180–183.
Keller, Helen (1904), Die Geschichte meines Lebens. Stuttgart: Verlag von Robert Lutz.
Kelly, Louis G. (1969), 25 centuries of language teaching, Rowley/Mass.: Newbury House.
Kelly, Louis G. (2002), "Humanist Latin Teaching and the Roman Orator", in: Werner Hüllen & Frederike Klippel, Hg., Heilige und profane Sprachen. Die Anfänge des Fremdsprachenunterrichts im westlichen Europa. (Holy and profane Languages. The Beginning of Foreign Language Teaching in Western Europe). Wiesbaden: Harrassowitz Verlag, 111–127. (Wolfenbütteler Forschungen, 98).
Kerr, Judith (1983), When Hitler Stole Pink Rabbit. London: Collins.
Kielhöfer, Bernd (2001), "Spracherwerb", in: Günter Holtus et al., Hg., Lexikon der romanistischen Linguistik. Bd. I,2. Tübingen: Niemeyer, 43–63.
Kind, Uwe (1980), Tune in to English. New Jersey: Prentice Hall.

Kirstein, Boni (1972), "Reducing Negative Transfer: Two Suggestions for the Use of Translation", Modern Language Journal, 61/2, 73–78.

Klabund (1913), "Professor Runkel", in: Martin Gregor-Dellin, Hg. (1986^3), Deutsche Schulzeit. Erinnerungen und Erzählungen aus drei Jahrhunderten. München: Nymphenburger Verlagshandlung, 335–339.

Klein, Horst G. & Stegmann, Tilbert D. (2000), EuroComRom – die sieben Siebe. Romanische Sprachen sofort lesen können. Aachen: Shaker Verlag.

Klein-Gunnewiek, Lisanne (2000), Sequenzen und Konsequenzen. Zur Entwicklung niederländischer Lerner im Deutschen als Fremdsprache. Amsterdam: Editions Rodopie. (Deutsch: Studien zum Sprachunterricht und zur Interkulturellen Didaktik, 4).

Kleinschroth, Robert (1992), Sprachen lernen. Reinbek bei Hamburg: Rowohlt.

Kleinschroth, Robert (2000), Sprachen lernen. Der Schlüssel zur richtigen Technik. Reinbek bei Hamburg: Rowohlt Tb.

Klippel, Friederike (1994), Englischlernen im 18. und 19. Jahrhundert. Die Geschichte der Lehrbücher und Unterrichtsmethoden. Münster: Nodus.

Klippel, Friederike/Preedy, Ingrid/Gardner, Marjory (2002), Have you seen my cat? Berlin: Langenscheidt-Longman.

Klüger, Ruth (1995), Weiter leben. Eine Jugend. München: Deutscher Taschenbuch Verlag.

Klyhn, Joan (1976), "Hamburger English", English Teaching Forum, XIV.

Krashen, Stephen D. (1992), "Comprehensible Input and Some Competing Hypotheses", in: R.J. Courchêne et al., Comprehension-based second language teaching/L'enseignement des langues secondes axé sur la compréhension. Ottawa: University of Ottawa Press, 19–39.

Krashen, Stephen D. (1993), The Power of Reading. Englewood, Co: Libraries Unlimited.

Kurtz, Jürgen (2001), Improvisierendes Sprechen im Fremdsprachenunterricht. Eine Untersuchung zur Entwicklung spontansprachlicher Handlungskompetenz in der Zielsprache. Tübingen: Narr.

La Roche, Madame (1727), Nouvelle Méthode pour traiter la Grammaire Françoise. Leipzig: Lanckisch.

Laing, Ronald D. (1982), Conversations with children. Harmondsworth: Penguin.

Lambert, Wallace E. & Tucker, G. Richard (1972), Bilingual Education of Children. The St. Lambert Experiment. Rowley: Newbury House.

Lambley, Kathleen (1920), The Teaching and Cultivation of the French Language in England during Tudor and Stuart Times. Manchester: University Press, Longmans, Green & Co.

Lansburgh, Werner (1977), Dear Doosie. München: Nymphenburger Verlag.

Lansburgh, Werner (1981^2), Wiedersehen mit Doosie. Meet your lover to brush up your English. München: Nymphenburger Verlag.

Leman, Günter (2000), "Leserbrief", Deutsch Lehren und Lernen, 22, 24–25.

Leonhardi, Arnold (1956a), "Das Ende der zweisprachigen Vokabelgleichung", Praxis 1/56, 1–6.

Leonhardi, Arnold (1956b), "Von der Sprechübung zur Einsprachigkeit", Praxis 2/56, 33–38.

Levin, Lennart (1972), Comparative Studies in Foreign-Language Teaching. The Gume Project. Stockholm: Almqvist & Wiksell.

Lewis, Michael (1993), The lexical approach. The state of ELT and a way forward. Hove: Language Teaching Publications.

Lightbown, Patsy & Spada, Nina (1993), How Languages are learned. Oxford: University Press. (Oxford Handbooks for Language Teachers).

Linde, Heinz van de (1983), "Handpuppen im Englischunterricht: 'Lord Snuff' – Diener seines Herrn", Englisch, 18, 136.

Lindner, Gustav (1898), Aus dem Naturgarten der Kindersprache. Leipzig: Th. Grieben Verlag.

Linnartz, Bruno (1989), Jenseits der Sprachzäune. Erfahrungen beim Lehren und Lernen fremder Sprachen. Tübingen: Gunter Narr. (Giessener Beiträge zur Fremdsprachendidaktik).

Lübke, Diethard (1971), "Die Rolle der Muttersprache beim Vokabellernen", Die Neueren Sprachen, 4, 169–177ff.

Macht, Konrad (1986), Methodengeschichte des Englischunterrichts. Bd. 1: 1800–1880. Bd. 2: 1880–1960 (1987). Augsburg: Universitätsverlag. (Augsburger I&I Schriften, Bd. 35), 39.

Macnamara, John (1976), "Comparison between first and second language learning", Die Neueren Sprachen, 75, 175–88.

Maess, Burkhard/Koelsch, Stefan/Gunter, Thomas C./Friederici, Angela D. (2001), "Musical syntax is processed in Broca's area: an MEG study", Nature neuroscience, 4/5, 540–545.

Mahlmann, Friedrich (1997), Pestalozzis Erben (5. Aufl.), Heidelberg: Wolf Schwartz Verlag.

Marchman, Virginia A. & Elizabeth Bates (1994), "Continuity in lexical and morphological development: a test of the critical mass hypothesis", Journal of Child Language, 21, 339–366.

Marcuse, Ludwig (1975), Nachruf auf Ludwig Marcuse. Zürich: Diogenes.

Martin, Richard & Koch, Petra (2000), The Strongest of them All. Tales and Music for Young Learners. (Video, CD, Lehrerheft). Berlin: Cornelsen.

Maugham, William Somerset (1963), The Summing Up. Harmondsworth: Penguin.

Mead, Margaret (1972), Blackberry Winter. New York: Washington Square Press.

Meijer, Tjeerd (1974), De globaal-bilinguale en de visualiserende procedure voor de betekenisoverdracht. Een vergelijkend methodologisch onderzoek op het gebied van het aanvangsonderwijs frans (Academisch Proefschrift). Amsterdam: Vrije Universiteit te Amsterdam.

Meißner, Franz-Josef (2000), "Orientierung für die Wortschatzarbeit", Französisch heute, 31. Jg., H.1, 6–24.

MELT. Mediengestütztes Englischlehrer-Training. Ein Gemeinschaftsprojekt der Universitäten Aachen, Rostock und München (2004). Berlin: Cornelsen.

Meurier, Gabriel (1564), La guirlande des jeunes filles. Anvers: Jan van Waesberghe.

Miller, George A. (1993), Wörter. Streifzüge durch die Psycholinguistik. Heidelberg: Spektrum Verlag.

Mitchell, Rosamond (1988), Communicative Language Teaching in Practice. London: CILT.

Morgen, Daniel (1999), "Les formations aux enseignements bilingues à l'IUFM d'Alsace. Recherches et prospectives dans un cadre national, transfrontalier et international", in: René Métrich et al., éd., Des Racines et des Ailes. Théories, modèles, expériences en linguistique et didactique. Richardménil: Nouveaux Cahiers d'Allemand, p. 389–423.

Morrissey, Vera & Morrissey, Michael (1983), "Conditional Chess", Zielsprache Englisch, 13/4, 18ff.

Mortimer, John (1983), Clinging to the Wreckage. A Part of Life. Harmondsworth: Penguin.

Moskovitz, Gertrude (1978), Caring and sharing in the foreign language class. A sourcebook on humanistic techniques. Rowley/Mass.: Newbury House.

Motluk, Alison (2002), "You are what you speak", New Scientist, 30 November, 34–38.

Moulton, Harold K. (1971), "Translation Work", in: Stephen Neill, et al., A Concise Dictionary of the Christian World Mission. New York: Abingdon.

Müller, Richard M. (1975), "Grammatische Strukturen in Lehrwerken des Englischen", in: Helmut Heuer & Richard M. Müller, Hg., Lehrwerkkritik. 2. Landeskunde, Illustrationen, Grammatik. Dortmund: Verlag Lambert Lensing, 57–95.

Müller, Richard M. (1985), "Spracherwerb als Prozess der (stufenweise) erweiterten Verfügbarkeit von Regelungen", in: Jürgen Donnerstag, Annelie Knapp-Potthoff, Hg., Kongressdokumentation der 10. Arbeitstagung der Fremdsprachendidaktiker. Aachen, Tübingen: Narr, 66–68.

Müller, Richard M. (1989), "Fremdsprachenlehrer als Trainer – oder: Was heißt 'eine grammatische Regelung haben?'", Praxis des neusprachlichen Unterrichts, 15–21.

Müller, Richard M. (2003), "Probleme des Fortschritts in der Fremdsprachendidaktik", in: Liesel Hermes & Friederike Klippel, Hg., Früher oder später? Englisch in der Grundschule und Bilingualer Sachfachunterricht. Berlin und München: Langenscheidt, 7–20. (Münchener Arbeiten zur Fremdsprachenforschung; Band 8).

Nabokov, Vladimir (1967), Speak Memory. An Autobiography Revisited. London: Weidenfeld and Nicolson.

Nachersberg, Johann Heinrich Ernst (1800), Englisches Formelbuch, oder praktische Anleitung, auf eine leichte Art Englisch sprechen und schreiben zu lernen. Breslau: Johann Friedrich Korn.

Neuweiler, Gerhard (2003), Vergleichende Tierphysiologie 1. Berlin: Springer.

Newmark, Leonard & Reibel, David A. (1968), "Necessity and Sufficiency in Language Learning", IRAL, VI, 2, 145–161.

Nickel, Rainer (1999), "Synoptisches Lesen. Zu Bedingungen und Möglichkeiten im Lateinunterricht", in: Friedrich Maier, Hg., Latein auf neuen Wegen. Alternative Formen des Unterrichts. Bamberg: C.C. Buchner, 143–161. (Auxilia, 44).

Noelle-Neumann, Elisabeth (1999), "Ein freiheitliches Wirtschaftssystem macht die Gesellschaft glücklicher. Gleichheit macht passiv und freudloser", in: Frankfurter Allgemeine Zeitung, Nr. 256, 3. Februar, "Wirtschaft".

Nordhofen, Eckhard (1998), Die Mädchen, der Lehrer und der liebe Gott. Stuttgart: Philipp Reclam Verlag.

O'Neill, Robert (1998), "The Myth of the Silent Teacher", Praxis des neusprachlichen Unterrichts, 4, 369–375.

O'Sullivan, Emer & Rösler, Dietmar (1986), Mensch, be careful! Reinbek bei Hamburg: Rowohlt. (Reihe Rotfuchs, 417).

Offenburger, Linda (1992), "Dilemmas", Englisch betrifft uns, 4, 1–5.

Oller, John W. (1979), Language Tests at School. A Pragmatic Approach. London: Longman. (Applied Linguistics and Language Study).
Orths, Markus (2003), Lehrerzimmer. Frankfurt a.M.: Schöffling & Co.
Orwell, G. (1953), England, Your England and Other Essays. London: Secker and Warburg.
Osman, Alice & McConochie, Jean (1979), If You Feel Like Singing. American Folksongs and Accompanying Activities for Students of English. New York: Longman.
Otliker, Johann G. (1702), Sprachbüchlein in Frantz. Und Teusch. Nürnberg.
Palmer, Harold E. (1917/1968), The Scientific Study and Teaching of languages, London: Harrap. (Republished 1968, edited by D. Harper. Oxford: OUP).
Palmer, Harold E. (1921/1965),The Oral Method of Teaching Languages. Cambridge: Heffer.
Palmer, Harold E. (1922/1964), The Principles of Language Study. London: Oxford University Press.
Palmer, Harold E. & Palmer, D. (1925/1959), English Through Actions. London: Longmans.
Palmer, Harold E. & Redman, Vere H. (1969), This Language-Learning Business. London: Oxford University Press. (Language and Language Learning, 22).
Papoušek, Hanus & Papoušek, Mechthild (1979), "Lernen im ersten Lebensjahr", in: Leo Montada, Hg., Brennpunkte der Entwicklungpsychologie. Stuttgart: Kohlhammer, 194–212.
Parent, P. Paul & Belasco, Simon (1970), "Parallel-column bilingual reading materials as a pedagogical device: an experimental evaluation", Modern Language Journal, 54/7, 493–504.
Paulsen, Friedrich (1919), Geschichte des gelehrten Unterrichts auf den deutschen Schulen und Universitäten vom Ausgang des Mittelalters bis zur Gegenwart: mit besonderer Rücksicht auf den klassischen Unterricht. Dritte, erweiterte Auflage, hrsg. R. Lehmann. Bd. 1. Leipzig: Veit. Bd. 2: Berlin und Leipzig (1921).
Peltzer-Karpf, Annemarie (1994), Spracherwerb bei hörenden, sehenden hörgeschädigten, gehörlosen und blinden Kindern. Tübingen: Narr.
Peltzer-Karpf, Annemarie & Zangl, Renate (1998), Die Dynamik des frühen Fremdsprachenerwerbs. Tübingen: Narr.
Peltzer-Karpf, Annemarie (2003), "The Role of Neural Plasticity in Foreign Language Learning", in: J. Ahrens et al., eds., European Language Conference. Heidelberg: C. Winter, forthcoming.
Percy, Walker (1954), The Message in the Bottle. New York: Farrar, Straus, and Giroux.
Peters, Ann M. (1983). The Units of Language Acquisition. Cambridge: University Press. (Cambridge Monographs and Texts in Applied Linguistics).
Petit, Jean (1995), "Struktur und Chaos in natürlichen Sprachen. Konsequenzen für den Erwerb", in: René Métrich und Marcel Vuillaume, Hg., Rand & Band, Abgrenzung und Verknüpfung als Grundtendenzen des Deutschen, Festschrift für Eugène Faucher zum 60. Geburtstag. Tübingen: Narr 101–113. (Reihe Eurogermanistik, 7).
Petit, Jean (2002), "Acquisition Strategies of German in Alsatian Immersion Classrooms", in: Petra Burmeister et al., eds., An Integrated View of Language Development. Trier: Wissenschaftlicher Verlag, 433–448.

Pfau, J.A. (1844), Der Sprachunterricht nach Hamilton und Jacotot für Lehrer an Gymnasien und Realschulen dargestellt. Quedlinburg: L.L. Franke.
Pflüger, Friedbert (2000), Ehrenwort. München: DVA.
Pienemann, Manfred (2002), "Unanalysierte Einheiten und Sprachverarbeitung im Zweitsprachenerwerb", Zeitschrift für Angewandte Linguistik, 37, 3–27.
Pinker, Steven (1994), The Language Instinct. New York: William Morrow and Company.
Plessner, Helmuth (1983), Gesammelte Schriften VIII. Conditio humana. Frankfurt a.M.: Suhrkamp.
Ploiche, Pierre du (1553), A treatise in englishe and frenche righte necessarie and profitable for al yonge children [...]. London: Rychard Grafton.
Politzer, Robert L. (1965a), Teaching French. An Introduction to Applied Linguistics. Waltham.
Politzer, Robert L. (1965b), Foreign Language Learning. A Linguistic Introduction. Englewood Cliffs.
Politzer, Robert L. (1980), "Foreign-language teaching and bilingual education: research implications", Foreign Language Annals, 13/4, 291–97.
Preibusch, Wolfgang & Zander, Heinz (1971), "Wortschatzvermittlung: auf der Suche nach einem analytischen Modell", IRAL, 9/2, 131–145.
Prendergast, Thomas (1864), The Mastery of Languages; or, the Art of Speaking Foreign Tongues Idiomatically. London: Richard Bentley, New Burlington Street.
Price, Eurwen (1968), "Early Bilingualism", in: Charles J. Dodson et al., Towards Bilingualism. Studies in Language Teaching Methods. Cardiff: University of Wales Press, 17–77.
Priestley, John, B. (1962), Margin Released. A Writer's Reminiscences and Reflections. London, Melbourne, Toronto: Heinemann Educational.
Probyn, Margaret (2001), "Teacher's voices: Teacher's reflections on learning and teaching through the medium of English as an Additional Language in South Africa", International Journal of Bilingual Education and Bilingualism, 4/4, 249–266.
Puren, Christian (1988), Histoire des méthodologies de l'enseignement des langues. Paris: Cle International. (Didactique des Langues Étrangères)
Puren, Christian (1993), La didactique des langues étrangères á la croisée des méthodes. Essai sur l'éclectisme. Fontenay/Saint-Cloud: Crédif, Didier. (essais).
Rampillon, Ute (1996), Lerntechniken im Fremdsprachenunterricht. Ismaning: Max Hueber Verlag
Rhys, Jean (1981), Smile Please. An Unfinished Autobiography. Harmondsworth: Penguin.
Richards, Jack C. (1984), "The secret life of methods", in: TESOL Quarterly, 18, 7–23.
Rinvolucri, Mario (1990), "Translation as Part of Learning a Language", Practical English Teaching, 10/4, 26–27.
Robertson, T. (1842), Nouveau Cours Pratique, Analytique, Théorique et Synthétique de Langue Anglaise, Seconde Partie. 1re Section. Paris: A. Derache.
Rohrer, Josef (1989), Die Rolle des Gedächtnisses beim Sprachenlernen. Bochum: Kamp.
Rück, Heribert (1998), "Fremdsprachenfrüherwerb: Positionen, Probleme, Perspektiven", in: U.O. Jung, Hg., Praktische Handreichung für Fremdsprachenlehrer. Frankfurt a.M.: Lang, 30–37.

Rück, Heribert (1998), "Eine neue Sprache lernen – wie geht das? Bekenntnisse eines romanistischen Russischlerners", Praxis der neusprachlichen Unterrichts, 4, 339–349.

Rutter, Michael/Maughan, Barbara/Mortimer, Peter (1980), Fünfzehntausend Stunden. Schulen und ihre Wirkung auf die Kinder. Weinheim: Beltz.

Rymer, Russ (1993), Genie – A Scientific Tragedy. Harmondsworth: Penguin.

Saint-Exupéry, Antoine de (1946), Le petit prince. Paris: Gallimard.

Salinger, Jerome David; Schönfeld, Eike (2003) [Übers.], Der Fänger im Roggen. Köln: Kiepenheuer und Witsch.

Sastri, H.N.L. (1970), "The Bilingual Method of Teaching English – an Experiment", RELC Journal, 2, 24–28.

Saunders, George (1988), Bilingual children: from birth to teens. Clevedon, Philadelphia: Multilingual Matters LTD.

Saville-Troike, Muriel (1985), "Cultural input in second language learning", in: S.M. Gass & C.G. Madden, Hg., Input in second language aquisition. Cambridge: Newbury House Publishers.

Schachter, Jacqueline (1984), "A universal input condition", in: W. Rutherford, ed., Universals and second language acquisition. Amsterdam: John Benjamins, 167–183.

Schäfer, Werner (2003), "Unterrichten ohne Lehrbuch? Einige unzeitgemäße Bemerkungen", Praxis, 50/3, 305–311.

Schanz-Hering, Brigitte & Hering, Wolfgang (1987), Jump down, turn around. Action songs for English. Berlin: Cornelsen.

Schiffler, Ludger (2002), Fremdsprachen effektiver lehren und lernen. Donauwörth: Auer Verlag.

Schlieben-Lange, Brigitte (1999), "Einleitung", Zeitschrift für Literaturwissenschaft und Linguistik, 29/116, 5–8.

Schliemann, Heinrich (2001), Selbstbiographie. Stuttgart: Mayer. (Text nach der ersten Ausgabe Leipzig 1892)

Schlosser, Franz (1998), "Singen im Englischunterricht der Mittelstufe – why not? (mit Praxis-Arbeitsblatt)", Praxis des neusprachlichen Unterrichts, 45/2, 155–157.

Schmid-Schönbein, Gisela (2001), Didaktik: Grundschulenglisch. Berlin: Cornelsen. (studium kompakt Anglistik/Amerikanistik).

Schmidt, Isolde (2003), Shakespeare in the classroom – torture or pleasure? Phil. Diss. Erlangen-Nürnberg.

Schmidt, Paul (1954), Sprachen lernen – warum und wie? Bonn: Athenäum Verlag.

Schmoll, Heike (2001), "Europäisch und polyglott?", Frankfurter Allgemeine Zeitung, Nr. 161/28D (Juli 2001).

Schneider, Wolf (1976), Wörter machen Leute. Magie und Macht der Sprache. München: Piper.

Schopenhauer, Johanna (1922), Jugendleben und Wanderbilder. Danzig: Danziger Verlagsgesellschaft.

Schubel, Friedrich (1963^3), Methodik des Englischunterrichts für höhere Schulen. Frankfurt a.M.: Diesterweg.

Schulzinger, Robert D. (1989), Henry Kissinger: doctor of diplomacy. New York: Columbia Univ. Pr.

Schwab, Götz (2000), "Zur Situation des Englischunterrichts. Anmerkungen eines jungen Fachlehrers", Praxis des neusprachlichen Unterrichts, 47/3, 302–308.

Scupin, Ernst & Scupin, Gertrud (1910), Bubi im vierten bis sechsten Lebensjahr. Ein Tagebuch über die geistige Entwicklung eines Knaben währen der ersten sechs Lebensjahre. Band 2. Leipzig: Th. Griebens Verlag.

Segermann, Krista (2000), "Eine neue Lehrwerkkonzeption: Lehrbuch für Lehrer – Lernmaterialien für Schüler", Praxis 47/4, 339–348.

Siebold, Jörg (2000), "'Brevity Is the Soul of Wit, and a Mini-Saga Is the Soul of Brevity.' Kommunikative und kreativ-sprachbezogene Unterrichtsaktivitäten", EBU 4, 15–20.

Siebold, Jörg & Lademann, N. (1999), "Text – Adressatenbezug – Textproduktion", in: G. Blell & B. Krück, Hg., Mediale Textvielfalt und Handlungskompetenz im Fremdsprachenunterricht. Frankfurt a.M., 121–140.

Silbermann, Charles E. (1971), Crisis in the Classroom. The Remaking of American Education. New York: Random House.

Sinclair, John (1990), "Method and Madness", in: Verner Bickley, ed., Language use, language teaching and the curriculum. Hong Kong: Institute of Language in Education, Education Department, 231–240.

Singleton, David (1989), Language acquisition: the age factor. Clevedon: Multilingual Matters Ltd.

Skehan, Peter (1989), Individual differences in second-language learning. London: Edward Arnold.

Sloane, Paul & MacHale, Des (1994), Great Lateral Thinking Puzzles. New York: Sterling Publishing Co., Inc.

Smith, Richard C. (1999), The Writings of Harold E. Palmer. An Overview. 2nd edition. Tokyo: Hon-no-Tomosha.

Solmecke, Gert (1998), "Aufgabenstellungen und Handlungsanweisungen im Englischunterricht. Äußerst wichtig – wenig beachtet", Praxis des neusprachlichen Unterrichts, 45/1, 32–44.

Solmecke, Gert (2000), "Verständigungsprobleme im Englischunterricht", in: Henning Düwell/Claus Gnutzmann/Frank G. Königs, Hg., Dimensionen der Didaktischen Grammatik. Festschrift für Günther Zimmermann zum 65. Geburtstag. Bochum: AKS-Verlag, 305–326. (Fremdsprachen in Lehre und Forschung 26).

Sparks, Muriel (1961), The Prime of Miss Jean Brodie. New York: Dell Publications.

Spiel, Hilde (1989), Die hellen und die finsteren Zeiten. Erinnerungen. München: List.

Spitzer, Manfred (2002), Musik im Kopf: hören, musizieren, verstehen und erleben im neuronalen Netzwerk. Stuttgart u.a.: Schattauer.

Spitzer, Manfred (2004), Selbstbestimmen. Gehirnforschung und die Frage: Was sollen wir tun? Heidelberg/Berlin: Spektrum Akademischer Verlag.

Standop, Ewald (1971), "Die Rolle der Sprachwissenschaft in einem Fremdspracheninstitut", in: E. Standop & Klaus Vogel, Hg., Sprachlehrinstitute – Modelle und Maßnahmen. Hamburg: AHD.

Aliusque Idem (= Ewald Standop) (1986), Mister Knickerbocker und die Grammatik – oder warum der Sprachunterricht nicht umkehrt. Eine moderne Streitschrift. München: Hueber (Forum Sprache).

Stecher, Hugo (1963), "Retrovertieren? – Retrovertieren!", Forum Praxis, 2, 109–112.

Stern, Clara & Stern, William (1900–1918), Die Tagebücher (elektronische Abschrift der unveröffentlichten Tagebücher aus dem Nachlass). Nijmegen: Max-Planck-Institut.

Stern, Hans H. (1992), Issues and Options in Language Teaching. Oxford: Oxford University Press.

Stevick, Earl W. (1976), Memory, meaning and method, Rowley/Massachusetts: Newbury House.

Strauss, Georg (1973), Schon sagenhaft. Zürich: Classen.

Streuber, Albert (1914), Beiträge zur Geschichte des französischen Unterrichts im 16.–18. Jhd., I. Teil, Berlin. (Eherings Romanische Studien).

Streuber, Albert (1914), "Die Methode des französischen Unterrichts im 16. bis 18. Jahrhundert, mit besonderer Berücksichtigung der Konversation", Die Neueren Sprachen, 448–461; 579–596.

Swain, Merrill (1985), "Communicative competence: Some roles of comprehensible input and comprehensible output in its development", in: Susan M. Gass & Carolyn G. Madden, eds., Input in Second Language Acquisiton. Cambridge: Newbury House Publishers, 235–253.

Sweet, Henry (1899/1964), The Practical Study of Languages. London: OUP.

Taeschner, Traute (1983), The sun is feminine. A study on language acquisition in bilingual children. Berlin: Springer.

Thiering, Christian (1996), Englischunterricht vom Menschen aus: Kreativität und Persönlichkeitsentwicklung im Lernprozess. Neuried: Ars Una.

Thornton, Karen (1999), "Teenage boys lost in French. Male pupils are losing the plot in foreign language lessons which they do not consider to be very important", in: TES (october 8), 11.

Timm, Johannes-Peter (2003), "Schüleräußerungen und Lehrerfeedback im Unterrichtsgespräch", in: Gerhard Bach & Johannes-Peter Timm, Hg., Englischunterricht. Grundlagen und Methoden einer handlungsorientierten Unterrichtspraxis. 3. vollständig überarbeitete und verbesserte Auflage. Tübingen und Basel: Francke, 197–224.

Tinbergen, Nico & Tinbergen, Elisabeth (1984), Autismus bei Kindern: Fortschritte im Verständnis und neue Heilbehandlungen lassen hoffen. Berlin, Hamburg: Verlag Paul Parey.

Toth, Erwin (1973), "Das Problem der Kontrastivität im Englischunterricht", Zielsprache Englisch, 2, 9–15.

Tracy, Rosemarie (1996), "Vom Ganzen und seinen Teilen. Überlegungen zum doppelten Spracherwerb", Sonderheft Sprache und Kognition 15, Heft 1–2, 70–92.

Trosborg, Anna (1987), "Apology Strategies in Natives/Non-Natives", Journal of Pragmatics, 11, 147–167.

Trotski, Leon (1930), My life. New York: Charles Schribner's Sons.

Tudor, Ian (1987), "Using Translation in ESP", English Language Teaching Journal, 41, 268–273.

Turnbull, Miles/Lapkin, Sharon/Hart, Doug/Swain, Merrill (1998), "Time on Task and Immersion Graduates' French Proficiency", in: Sharon Lapkin, ed., French Second Language Education in Canada: Empirical Studies. Toronto: University Press, 31–56.

Uhde-Bernays, Hermann (1986), "Mein Wilhelmsgymnasium", in: Martin Gregor-Dellin, Hg., Deutsche Schulzeit. Erinnerungen und Erzählungen aus drei Jahrhunderten. 3. Aufl. München: Nymphenburger Verlag, 204–216.

Uhlmann, Fred (1997), Reunion. London: Harvill Press.

Vettel, Franz (1996), Cornelsen English Lexicon. Berlin: Cornelsen.

Vives, Juan Luis (1531/1971), On education. A Translation of the *De tradendis disciplinis* of Juan Luis Vives. With an introduction by Foster Watson and a foreword by Francesco Cordaso. Reprint Totowa, N.J.: Rowman and Littlefield.

Wagner, Klaus R. (1981), "Wie viel sprechen Kinder täglich?", Wirkendes Wort 31/1, 17–28.

Wähmer, Richard (1914), Spracherlernung und Sprachwissenschaft. Die Eingliederung des Sprachunterrichts in den wissenschaftlichen Bildungsplan der höheren Schule dargelegt am Französischem. Leipzig: Teubner.

Waiblinger, Franz P. (1998), "Überlegungen zum Konzept des lateinischen Sprachunterrichts", Forum Classicum 1, Zeitschrift für die Fächer Latein und Griechisch an Schulen und Universitäten, 9–19.

Waiblinger, Franz P. (2001), "Vorschläge zu einem neuen Konzept des Sprachunterrichts auf der Grundlage psycholinguistischer Erkenntnisse", Forum Classicum 3, 160–167.

Wajnryb, Ruth (1990), Grammar Dictation. Oxford: University Press. (Resource Books for Teachers).

Walatara, Douglas (1973), "An Experiment with the Bilingual Method for Teaching English as a Complementary Language", Journal of the National Science Council of Sri Lanka, 1, 189–205.

Walker, William (1669), Some improvements to the art of teaching especially in the first grounding of a young scholar in grammar learning. London: S. Griffin.

Walker, Lou Anne (1987), A Loss for Words. The Story of Deafness in a Family. New York: Harper and Row.

Walter, Gertrud (1978), "Unterhaltungen mit Schülern des 9. Schuljahrs – Studien zur Kommunikationsfähigkeit im Englischen", Die Neueren Sprachen 77, 164–176.

Walter, Heribert (1976), "Aspekte der Arbeit mit Dialogen im Französischunterricht", in: Praxis des neusprachlichen Unterrichts, Heft 3, 276–291.

Walter, Max (1908), Zur Methodik des neusprachlichen Unterrichts. Vorträge während der Marburger Ferienkurse 1906 und 1908. Marburg: N. G. Elwert'sche Verlagsbuchhandlung.

Walter, Max (1931), Zur Methodik des neusprachlichen Unterrichts. Bearbeitet von Paul Olbrich. Marburg: N.G. Elwert'sche Verlagsbuchhandlung.

Wandruszka, Mario (1979), Die Mehrsprachigkeit des Menschen, München: Piper.

Wandruszka, Mario (1982), Sprachen lernen, Sprachen erleben. München: Hueber.

Weinert, Franz E. & Helmke, Andreas, Hg. (1997), Entwicklung im Grundschulalter. Weinheim: Psychologie Verlags-Union.

Weinert, Franz E. (1999), "Die fünf Irrtümer der Schulreformer", Psychologie heute, 7, 28–34.

Weinert, Franz E. (2000), "Lehren und Lernen für die Zukunft. Ansprüche an das Lernen in der Schule". Vortrag vom 29. März 2000, gehalten im Pädagogischen Zentrum Bad Kreuznach.

Weinrich, Harald (2003), Sprache, das heißt Sprachen. 2. ergänzte Auflage. Tübingen: Gunter Narr Verlag. (Forum für Fachsprachen-Forschung, Band 50).

West, Michael (1926), Bilingualism. (With Special Reference to Bengal). Calcutta: Simonsen.

West, Michael (1959), "At what age should language study begin?", ELT Journal 14/1, 21–26.

West, Michael (1959), "Practice teaching in the training of language-teachers", ELT Journal, 13/4, 149–154.

West, Michael (1962), Teaching English in difficult circumstances. Teaching English as a foreign language with notes on the techniques of textbook construction. London: Longmans, Green and Co.

Wickert, Erwin (1991), Mut und Übermut. Geschichten aus meinem Leben. Stuttgart: Deutsche Verlags-Anstalt.

Widdowson, Henry G. (1979), Explorations in Applied Linguistics (1). Oxford: University Press.

Wiechert, Ernst (1951), Wälder und Menschen. Eine Jugend. Hattingen-Ruhr: Hundt.

Wienold, Götz (1973). Die Erlernbarkeit der Sprachen. Eine einführende Darstellung des Zweitsprachenerwerbs. München: Kösel.

Wilberg, Peter (1987), One to One. A Teacher's Handbook. London: Commercial Press.

Wirl, Julius (1955), "Erwägungen zum Problem des Übersetzens", in: Karl Brunner, Hg., Anglo Americana. Meine Beiträge zur englischen Philologie 62. Wien: Braumüller, 173–184.

Wode, Henning (1994), "Nature, Nurture, and Age in Language Acquisition. The Case of Speech Perception", in: Studies in Second Language Acquisition, 16, 325–345.

Wode, Henning (2003), Englisch im Altenholzer Verbund von Kita und Grundschule: Erfahrungen aus Praxis und Forschung zum Ende der 3. Klasse. Ms. Kiel.

Wodroephe, John (1623), The Spared Houres of a Souldier in his Travels. Or the True marrow of the French Tongue. Marchand Libraire.

Wong-Fillmore, Lily (1976), The Second Time Around: Cognitive and Social Strategies in Bilingual Education. Washington: Georgetown University Press.

Wong-Fillmore, Lily (1979), "Individual differences in second language acquisition", in: Ch.J. Fillmore et al., Individual differences in second language ability and language behaviour. New York: Academic Press, 203–228.

Wong-Fillmore, Lily (1985), "When Does Teacher Talk Work As Input?", in: Susan M. Gass & Carolyn G. Madden, eds., Input in Second Language Acquisition. Cambridge: Newbury House Publishers, 17–50. (Series on Issues in Second Language Research).

Woodhead, Chris (2002), Class War. The State of British Education. London: Little, Brown.

Wright, David (1969), Deafness. New York: Stein and Day.

Wright, Robert (1995), The Moral Animal. Evolutionary Psychology and Everyday Life. New York: Vintage Books.

Wygotski, L.S. (1971), Denken und Sprechen. Frankfurt a.M.: S. Fischer.

Wynburne, S.B. (1960), Vertical Translation and the Teaching of English. London/Geneva: MacMillan Lmtd.

Zimmer, Dieter E. (1997), Deutsch und anders. Reinbek bei Hamburg: Rowohlt.

Zimmermann, Günther (1969), "Phasen und Formen der Spracherlernung bei einem audiovisuellen Kurs", Praxis des neusprachlichen Unterrichts, XVI, 69–78.

Zweig, Stefan (1965), Die Welt von gestern. Erinnerungen eines Europäers. Berlin und Frankfurt a.M.: G.B. Fischer.

Zydatiß, Wolfgang (2002a), "Luftschlösser und Brüche sprachdidaktischen Handelns: ein Plädoyer für den Gegenstandsbezug der Fremd- und Zweitsprachendidaktik", in: Christiane Neveling, Hg., Perspektiven für die zukünftige Fremdsprachendidaktik. Tübingen: Gunter Narr Verlag. (Giessener Beiträge zur Fremdsprachendidaktik).

Zydatiß, Wolfgang (2002b), Leistungsentwicklung und Sprachstandserhebung im Englischunterricht. Methoden und Ergebnisse der Evaluierung eines Schulversuchs zur Begabtenförderung: gymnasiale Regel- und Expressklassen im Vergleich. Frankfurt a.M.: Lang.

francke
verlag